Die rheinische Mahlzeit

Beiträge zur rheinischen Volkskunde

Herausgeber:
LANDSCHAFTSVERBAND RHEINLAND
Amt für rheinische Landeskunde Bonn,
Rheinisches Freilichtmuseum - Landesmuseum für Volkskunde Kommern
und das Volkskundliche Seminar der Universität Bonn

Band 7
Herausgegeben vom
Amt für rheinische Landeskunde Bonn
in Verbindung mit dem
Rheinischen Verein für Denkmalpflege
und Landschaftsschutz

Berthold Heizmann

Die rheinische Mahlzeit

Zum Wandel der Nahrungskultur im Spiegel lokaler Berichte

1994
Rheinland-Verlag GmbH · Köln
in Kommission bei
Dr. Rudolf Habelt GmbH · Bonn

Titelfotos : Sammlung Dr. Horst Bursch, Bornheim
und Peter Weber, Euskirchen

Gedruckt mit freundlicher Unterstützung durch die
Nordrhein-Westfalen-Stiftung
Naturschutz, Heimat- und Kulturpflege

Kartographie: Esther Weiss

Rheinland-Verlag GmbH · Köln, 1994

Rheinland-Verlag- und Betriebsgesellschaft
des Landschaftsverbandes Rheinland mbH.
Abtei Brauweiler, 50250 Pulheim, Postfach 2140
Herstellung: Norbert Radtke
Satz: rvbg-satz
Lithos und Druck: Druckerei Gronenberg, Gummersbach
ISBN: 3-7927-1454-X

Vorwort des Herausgebers

Wer ältere Leute im Rheinland ganz allgemein nach ihren Erinnerungen an die alltägliche Kultur vor sechzig, siebzig Jahren befragt, der wird feststellen: Erzählerinnen und Erzähler kommen bald in jedem Rückblick auf das Essen, die tägliche Mahlzeit, das Festmahl, die Nahrungsvorsorge, die Essensvorbereitung zu sprechen. Sie streifen nicht nur das Thema, sie geben der Frage des leiblichen Wohls einen bestimmenden Stellenwert in ihren Berichten. Die Logik, die dahintersteht, ist klar und einfach: Das muß so sein, weil das Thema Essen und Hunger - ein Elementarbedürfnis - den Alltag regiert.

Aber die Erinnerungen zeigen auch: Essen ist nicht nur als „Hungerstillen" oder „satt werden" zu verstehen. Essen und Mahlzeit sind immer auch soziales Ereignis, das festgeschriebenen, dann auch fortgeschriebenen Codices folgt.

Die Erinnerungen der älteren Generation schildern noch eine überschaubare bäuerlich-handwerkliche Selbstversorgungsgesellschaft, d.h. die Situation einer Gesellschaft mit hohem Anteil an Eigenversorgung und einem bestenfalls regional ausgerichteten Markt. Die Nutzung der letzten Buchecker aus dem nahen Hain, um Öl zu gewinnen, oder des letzten Schlehdorns aus den Hecken am Feldrain als Wurstpinn - das sind Elemente und Formen der Daseinsbewältigung, die heute so im Rheinland undenkbar wären.

Gibt es überhaupt noch Regionalität in der rheinischen Nahrungskultur? Die Summe der Daten und Belege spricht heute eindeutig für eine globale Agrar-, Ernährungs- und Veredelungsindustrie und für eine Gesellschaft mit geringem Selbstversorgungsgrad. Der Strukturwandel im Bereich der Ernährung ist geradezu schwindelerregend. „Ethno-Food" ist ein sprachliches Symbol für diesen Wandel, ein aktuelles Schlagwort. Einerseits signalisiert es die globale Vielfalt, andererseits verweist es auf den harten Konkurrenzdruck, dem der regionale Markt von außen ausgesetzt ist. Wenn die aktuelle Diskussion bei einer solchen Formel mit dem bestimmenden Teil „Ethno" angelangt ist, dann sollte es allein deswegen schon angeraten sein, den Wandel der letzten Jahrzehnte zu beleuchten und Spuren künftiger Trends herauszufiltern, kurzum zur Standortbestimmung der rheinischen Nahrungskultur beizutragen. Drei Fragen stehen dabei im Mittelpunkt:

1. Wie gehen bzw. gingen die Menschen im Rheinland unter den Bedingungen ihrer Zeit und ihrer Region damit um, sich mit Nahrung zu versorgen, Nahrung bereitzustellen und bereitzuhalten?
2. Welche Erfahrungen und Gewohnheiten, welche sozialen Verhaltensmuster bilden sich im Zusammenhang mit der Nahrungskultur heraus?

3. Welcher Erfahrungsschatz - über lange Zeiträume für unentbehrlich gehalten - bricht unter dem Druck umfassender Veränderungen weg.

Eine erste Übersichtsdarstellung zum Wandel der Nahrungskultur im Rheinland, wie er sich in den drei Fragen herauskristallisiert, ließ sich nur deshalb erreichen, weil viele hundert lokale Experten (angeregt durch eine Umfrage des ehemaligen „Volkskunderates Rhein-Maas") ihre Erinnerungen zu Papier brachten und die (oftmals sehr detaillierten) Berichte dem Amt für rheinische Landeskunde überließen.

Wir achten und nutzen voller Dankbarkeit die Leistung der vielen ehrenamtlichen Mitarbeiterinnen und Mitarbeiter, die diesen bemerkenswerten Fundus für die Forschung bereitstellten.

Die NRW-Stiftung hat den Aspekt des Gemeinschaftswerkes lokaler Kenner gewürdigt, als sie die Drucklegung des Buches mit einem Zuschuß förderte. Für diese Unterstützung sagen wir herzlichen Dank.

Fritz Langensiepen   Alois Döring

Vorwort des Verfassers

Das Beste an meinen Forschungen sei doch sicherlich die teilnehmende Beobachtung, lästern viele Kollegen und Freunde, die mich kennen und wissen, daß ich mich seit mehr als eineinhalb Jahrzehnten dem Thema „Nahrung" wissenschaftlich und vor allem praktisch widme. Ihre Ansicht ist nicht von der Hand zu weisen - Theorie und Praxis ergänzen sich, können ohne einander gerade in diesem Fall nicht bestehen. Aber die Beschäftigung mit einer alltäglichen Notwendigkeit macht den Esser nicht automatisch zum Nahrungsethnologen oder den reinen Konsumenten zum Genießer, genausowenig wie dem fernsehsüchtigen Teenager aufgrund seiner permanenten Seh-Erfahrung unbedingt eine Karriere als Filmregisseur in Hollywood vorgezeichnet ist. Der „Nahrung" nähert man sich am besten von verschiedenen Seiten, die jede für sich ihren Wert hat. Auch hier gilt: Das Ganze ist mehr als die Summe der Einzelteile. Hinzu kommt, daß ein Schwabe im Rheinland das rheinische Essen differenzierter sieht und die notwendige Distanz zum Objekt unserer täglichen Begierde wahren kann.

Bei dieser Publikation ging es mir nicht darum, tiefschürfende Gedanken über historische, soziale, geographische und kulturelle Begriffsbestimmungen zu wälzen. Ebensowenig sollten meine Erfahrung und mein Wissen aus vielen, auch marginalen Bereichen eine zentrale Rolle spielen. Es ging vielmehr darum, die Menschen in den Mittelpunkt zu stellen - sie sind die Protagonisten dieses Buches. Aus ihren lebendigen Schilderungen entsteht ein Bild, wie sich in den letzten achtzig Jahren die Ernährung im Rheinland gewandelt hat. Meine Aufgabe lag demnach eher in der Koordination.

Meine Frau begleitete meine Nahrungsforschungen über viele Jahre hinweg mit aufmerksamem, kritischem Interesse. In unzähligen Diskussionen rückte sie, die Rheinländerin, manches Bild zurecht und gab mir wertvolle Denkanstöße; darüber hinaus ertrug sie nahezu klaglos meine vielen Versuche, einen guten - und meinen Ansprüchen genügenden - „Puttes" zu backen. Leider durfte sie die Drucklegung der „Rheinischen Mahlzeit" nicht mehr erleben - sie starb im November 1993 auf Ibiza. Ihr sei posthum dieses Buch gewidmet!

Berthold Heizmann

Inhaltsverzeichnis

Abkürzungen

ADV   Atlas der deutschen Volkskunde

ARL   Amt für rheinische Landeskunde Bonn

HSTAD   Hauptstaatsarchiv Düsseldorf

Kk   Karteikarte: Einzelbeleg im Rheinischen Volkskundearchiv Bonn, in diesem Fall dem Bereich Nahrung zugeordnet

RhPl   Rheinisches Platt (s.Literaturverzeichnis)

RVA   Rheinisches Volkskundearchiv Bonn

RhWb   Rheinisches Wörterbuch (s.Literaturverzeichnis)

(215)   Nummer des Originalberichts, im ARL durchlaufend archiviert

(4*)   Bericht Nr. 4 ist im Anhang in voller Länge abgedruckt

Altersangaben in Jahren beziehen sich auf das Berichtsjahr 1983.

Im Glossar (S. 212 ff) können Begriffe aus der rheinischen Nahrungsethnologie nachgeschlagen werden - allerdings ohne Gewähr besonders für mundartliche Vollständigkeit.

Vorbemerkung

„Essen und Trinken" geht uns alle an - eine alltägliche und lebensnotwendige Erfahrung. Eine Binsenweisheit: Ohne Nahrung kann der Mensch nicht leben und überleben. Nahrung aufzunehmen ist also unerläßlich, ob wir wollen oder nicht. Hieraus resultiert ein nahezu „intimes" Verhältnis zum Thema „Essen und Trinken". Dies äußert sich zum Beispiel in der sehr subjektiven Beurteilung von einzelnen Lebensmitteln, in der Bewertung von Speisen oder Eßsituationen und auch in der Tabuisierung von bestimmten Bereichen wie dem Schnellimbiß etc.

Das Verhältnis zeigt sich aber auch im allgemeinen Forschungsstand: übergreifende, meist mehr historisch ausgerichtete Studien stammen von Teuteberg, Tolksdorf, Wiegelmann - um nur drei der wichtigsten Nahrungsforscher zu nennen. In der deutschen Volkskunde hat sich in den letzten Jahren ein Wandel vollzogen: „Nahrung" ist hoffähig geworden, wenn auch manche Denk- und Forschungsansätze etwas abgehoben erscheinen mögen. Im Rheinland selbst sind Untersuchungen jedoch recht dünn gesät. Meist bleiben sie in Heimatzeitschriften versteckt und beschränken sich sowohl örtlich wie auch thematisch. Blättert man beispielsweise durch die „Rheinische Volkskundliche Bibliographie für die Jahre 1950-1975", so bestätigt sich diese Ansicht. Gleichzeitig wird deutlich, daß viele Untersuchungen bzw. Aufsätze wiederum historisch ausgerichtet sind und die traditionellen volkskundlichen Themen „Backen" und „Brauen" breiten Raum einnehmen - fast zwei Drittel aller aufgeführten Titel beschäftigen sich damit. Eine Gesamtschau zur rheinischen Nahrungsethnologie allerdings fehlt bislang.

Befragt man - schriftlich oder mündlich - Männer und Frauen gleich welchen Alters oder welcher sozialen Zugehörigkeit zu diesem Thema, so ergeben sich verschiedene Schwierigkeiten. Da ist zunächst einmal die Privatsphäre, die gewahrt werden soll - es sei denn, das Essen findet öffentlich statt; hier gelten andere Regeln. Dadurch, daß die häusliche Mahlzeit den Augen anderer entzogen ist, besteht die Möglichkeit einer Modifizierung - krass gesagt: prassen auf der einen, sparen auf der anderen Seite, ohne daß dies von den Mitmenschen bemerkt wird. Daß die Erzählerinnen und Erzähler sich hierbei nicht offenbaren wollen, ist verständlich.

Die Wahrung der Privatsphäre kollidiert mit dem Phänomen der Erinnerung. Sie ist, selbst bei solchen Ereignissen, die relativ kurze Zeit zurückliegen, eben keine objektive Darstellung der gewesenen Realität (und will es oft auch gar nicht sein), sondern eine durch und durch subjektive Sichtweise, die vielfältigen Einflüssen unterworfen ist. Das Gedächtnis wählt, bewußt oder unbewußt, aus, die einzelnen Bruchstücke sind mit Gefühlswert behaftet. Welche Faktoren dabei eine Rolle mitgespielt haben können, läßt sich im nachhinein meist nicht mehr nachvollziehen. Schon gar nicht, wenn der distanzierte Interviewer die schriftlichen Ergebnisse bearbeitet und die Auskunftgeber nicht mehr befragen kann oder will. Zudem ist für den Erzähler vieles selbstverständlich, wird von ihm also nicht näher ausgeführt. So ist unter dem Hunsrücker Meerrettich keine scharfe Würze zu verstehen, sondern ein mildwässriger Pudding, der gestürzt wurde. Das heißt also, Erinnerung spiegelt eine transformierte und ausgewählte Realität wider. Mag der Einzelbericht dieser Umfrage demnach einer kritischen Überprüfung nicht in jedem Fall standhalten, in ihrer Gesamtheit bilden die Berichte ein Dokument von eigenem Wert und zeigen ein aufschlußreiches und nachvollziehbares Bild.

Die Besprechung der rheinischen Mahlzeit und ihre Wandlungen im Verlaufe von rund 80 Jahren basiert auf dem Material, das durch die Umfrage des Amtes für rheinische Landeskunde Bonn in Verbindung mit dem damals bestehenden „Volkskunderat Rhein-Maas" seit 1982 zusammengetragen wurde. Ausgangspunkt für die Berichterstatter war ein Leitfaden, der bis 1983 bearbeitet werden sollte. Diese Fristsetzung erwies sich als zu knapp - manche Gewährsleute überzogen bis zu drei Jahre. Die Berichte wurden nach den einzelnen Punkten verzettelt und so zugänglich gemacht.

Der Leitfaden insgesamt ist sehr umfangreich und dadurch teilweise unübersichtlich. Die sieben Hauptpunkte sind 47 mal unterteilt - eine Beschränkung auf die Themenbereiche „Vorratswirtschaft" und „Mahlzeiten im Tageslauf / Festessen" hätte sicherlich bessere und auch ausführlichere Ergebnisse gezeigt. Als zweiter Mangel erweist sich aus der Perspektive der Umfrageerfahrungen heraus, daß die verschiedenen Punkte nicht so klar abgegrenzt sind, daß der Leitfadenbenutzer eine eindeutige Hilfe an die Hand bekam. Dies gilt zum Beispiel für die Punkte 1 a und 1 b, häufig auch in Verbindung mit 1 g (Metzgerei/Bäckerei). Was vielleicht eine Gewährsperson aus Wassenberg (31) dazu bewogen haben mag, bei 1 b folgenden, eher ironisch gemeinten Kommentar abzugeben: *Das vorstehend unter a) und b) Erwähnte gilt insgesamt nur insoweit, als die Angaben zu c) dem nicht entgegenstehen.* Auch 2 h (Wintervorräte) fließt oft schon in vorherige Punkte ein bzw. macht ihn im Grunde genommen überflüssig. Zu Verwechslungen führt die Formulierung in 6 c (Vermeidung von bestimmten Speisen): einerseits der (in diesem Fall irrige) Bezug zur Fastenzeit (*Freitags kein Fleisch. In der Fastenzeit keine Süßigkeiten für Kinder.* 220, Haldern), andererseits in Geldern (222) das totale Mißverständnis: *??? Knoblauch - Zwiebeln, (vor geselligen Zusammenkünften). Heute wohl auch noch.*

Manche Formulierungen sind, wie die Praxis erwies, unklar: 3 a „Tischgetränke", 3 g „Zukost", 5 b „ Bereitstellen der Speisen", 1f „hauswirtschaftliche Zwecke", 5 e „familiäre Festgemeinschaft", 5 f „Vorlegen" (Kommentar: *Für die gewöhnlichen Sterblichen unpassender Ausdruck; gemeint ist doch wohl das Anreichen bei Tisch?* 158, Stromberg), 6 c „Zurichtungen" (Kommentar: *Frage verstehe ich nicht* 248, Köln). Ähnliches gilt für schwammige Unterscheidung zwischen „Notspeise" und „Armeleute-Essen" (7 d).

Betrachten die meisten Gewährspersonen den Leitfaden als zu umfangreich, so geht er einigen, allerdings wenigen, nicht weit genug. Sie ergänzen ihn um zwei sicherlich bedenkens- und erfragenswerte Punkte: *8 Einflüsse von draußen auf die angestammten Speisen* und *9 Gerichte, die nicht mehr herstellbar sind* (3, 4*, 5 und 7, alle Köln, von einer Gewährsperson).

Der Leitfaden berührt zudem einige Tabubereiche, über die die Gewährspersonen nur ungern oder gar nicht berichten oder etwa falsche Angaben machen. Eine gewisse Scheu bei der Ausbreitung des teilintimen Themas „Essen" zeigt eine Befragte in Kerken (117): *Eine Dame von 85 Jahren, die Dame möchte unter keinen Umständen namentlich genannt werden.* Gerade bei älteren Gewährspersonen ist darüber hinaus eine eher traditionelle Denkweise anzutreffen: Die Existenz eines Schnellimbisses im Ort wird negiert, obwohl nachweislich einer vorhanden ist. Überhaupt ist die „fast food happiness" ein heikler Bereich, den viele Gewährspersonen gern umschiffen. Dies liegt vermutlich unter anderem an der Altersstruktur der Erzählerinnen und Erzähler: Der überwiegende Teil von ihnen wurde zwischen 1900 und 1930/40 geboren, war also zum Zeitpunkt der Umfrage mindestens 50 bis 60 Jahre alt. Von den Jahrgängen nach dem Zweiten Weltkrieg ist keine Gewährsperson vertreten.

Trotz der Schwachstellen sind Teilbereiche der Umfrage gut auswertbar. Der Punkt „Beschaffung der Nahrungsmittel und Zutaten" ist ausreichend besetzt, besser allerdings „Die häusliche Vorratswirtschaft", die mit dem Aufkommen von Kühlschrank und Tiefkühltruhen nach dem Zweiten Weltkrieg sich grundlegend ändert. Sehr ausführlich werden meist die „Mahlzeiten im Tageslauf" geschildert. „Essen außerhalb des Hauses" findet wiederum kärglicher statt, „Tischsitten" sowie „Sonderkost" und „Nahrung in Notzeiten" dünnen in ihrer Reihenfolge immer stärker aus. Besonders der letzte Punkt berührt wieder einen Tabubereich, an den etliche Gewährspersonen nicht gerne erinnert werden wollen.

Der Rücklauf summiert sich auf 261 Berichte von insgesamt 302 Gewährspersonen, 9 mal erscheint ein Zusatz, daß es sich um mehrere Befragte gehandelt habe. Die Gesamtzahl der Erzählerinnen und Erzähler dürfte sich also auf etwa 320-330 belaufen. Zwar ist das traditionelle volkskundliche Klientel, nämlich der ländlich-bäuerliche Bereich, immer noch stark vertreten, doch zeigt die Aufschlüsselung nach 197 Berufsangaben, daß sich gerade bei dieser Umfrage weite Bevölkerungskreise angesprochen fühlten:

26,9% Landwirtschaft bzw. ländlich-bäuerlicher Bereich
23,4% Angestellte, bürgerliche Mittelschicht aus dem kleinstädtischen und städtischen Bereich
18,8% Handwerk
9,1% Beamte bzw. Pensionäre
8,1% Hausfrauen
6,6% Arbeiter, sowohl vom Land wie auch aus der Stadt
2,0% Rentner

2,0% Winzer
je 1% Ärzte/freie Berufe, Lehrer und Bergleute

In diese Aufstellung sind auch Doppelnennungen wie *Schmiede und Landwirtschaft* eingeflossen, „Angestellte" umfassen u.a. Geschäftshaushalte, Handlungen, Ingenieure, Drogisten. Häufig wird besonderer Wert auf korrekte Bezeichnung gelegt (*Dachdeckermeister, Mann Rangieraufseher (Bahnbeamter))* oder auf eine klärende Erläuterung wie *Kommunalbeamter, Vater Sattler und Polstermeister.*

Die Unterscheidung der Gewährspersonen nach Geschlechtern ergibt folgendes Bild: gut zwei Drittel aller Berichte stammen von Frauen, ein knappes Drittel von Männern.

Die räumliche Verteilung in den Grenzen der alten Rheinprovinz erscheint in der Kartierung zwar etwas dünn, im großen und ganzen aber doch flächendeckend (vgl. Karte „Belegorte"). Weiß bleiben, wie schon bei anderen Umfragen, die Jülicher Börde und das Ruhrgebiet, teils auch die Südeifel. Die größte Belegdichte ist am linken Niederrhein zu finden, um Aachen und im Selfkant, um Euskirchen und Köln sowie im Großraum Simmern. Abhängig ist dies meist von dem jeweiligen Bearbeiter, der für eine bestimmte Region die Verantwortung übernommen hat.

Die Umfrageanalyse breitet das eingegangene Material aus: nach übergreifenden Gesichtspunkten geordnet, die sich am Leitfaden zwar orientieren, seine Themen jedoch umstrukturiert und zusammengefaßt haben. Nur in einzelnen Fällen wurden Literatur oder Ergebnisse aus der Kindheitsumfrage des ARL zum Vergleich herangezogen.

Abb. 1
Marktszene vom Alter
Markt. Köln, um 1890.

Vom Kaufrausch kann keine Rede sein

Bis zum Zweiten Weltkrieg gab es - unter dem Aspekt der Nahrungsmittelbeschaffung bzw. -produktion - drei starke Gruppen: zunächst einmal die eigentlichen Produzenten, also die bäuerliche Bevölkerung, die weitgehend autark war und, wie später zu sehen ist, nur bestimmte Nahrungsmittel zukaufen mußte. Als zweite Gruppe die der teilweisen Selbstversorger, die über einen größeren oder auch nur kleineren Garten verfügte und aus diesem vorwiegend Gemüse und Obst bezog, ihn aber auch zur Kleinviehhaltung nutzte. Schließlich die seit dem ausgehenden 19. Jahrhundert ständig anwachsende Zahl der „landlosen" Industriearbeiter in großen Wohnblöcken, die vollständig auf den Erwerb von Nahrungsmitteln auf Märkten oder in Geschäften angewiesen waren. Hinzu kommt noch, ebenfalls verstärkt seit Ende des vorigen Jahrhunderts, die Gruppe der Angestellten, fast ausschließlich beheimatet in den Städten und ohne Grundbesitz.

Abb. 2
Kirschenmarkt auf
dem Schulhof.
Lay, 1932.

Es kann kaum verwundern, daß vor diesem Hintergrund zwangsläufig eine grobe Unterteilung erfolgt: Auf dem Land gab es kaum Wochenmärkte, wohingegen in städtischen Bereichen der Kauf bei den bäuerlichen Lieferanten gang und gäbe war: *Übereinstimmend gaben die Damen an, daß in nicht-bäuerlichen Haushalten die Nahrungsmittel (Butter, Eier, Gemüse, Salat und Kartoffeln) zweimal in der Woche auf den Wochenmärkten eingekauft wurden. Sie wurden von Bauern mit den eigenen frischen Erzeugnissen beschickt. Die Wochenmärkte waren beliebt, weil die Hausfrauen hier reiche Auswahl hatten.* (Köln, Kk) In Wesel (49*) fand der Wochenmarkt samstags statt. Alle Sorten einheimisches Gemüse und Obst, Käse, Eier, Butter, Fisch kamen zum Verkauf. Das Angebot unterschied sich im ganzen Rheinland nur selten - auf den Ständen lag, was die Bauern der näheren Umgebung produzierten.

Abb. 3
Wochenmarkt
und Kirmes im
alten
Stadtzentrum.
Eschweiler, um
1935.

Für die Jahrmärkte gilt stellvertretend ein Bericht aus Wassenberg (31): *Auf Jahrmärkten wurden weniger Nahrungsmittel des täglichen Bedarfs als vielmehr Bekleidung und Schuhwerk eingekauft, und zwar dies auch keinesfalls ausschließlich, sondern mehr gelegentlich.* Anders in Simmerath bei Monschau (238):*...zweimal jährlich Jahrmarkt. Dort wurden gekauft Gewürze (z. B. Knoblauch, Pfeffer, etc.), ferner Südfrüchte, Nüsse der verschiedensten Art, Backwaren und Zuckerwerk. Einen Wochenmarkt gab es nicht.* Allerdings handelt es sich hier nicht um Güter bzw. Lebensmittel des täglichen Bedarfs.

Weit verbreitet war offensichtlich auch eine Form des Naturalienerwerbs: Für die Mithilfe bei den verschiedenen Ernten erhielt man z. B. Kartoffeln und/oder Getreide (9, Mengerschied; 167, Unzenberg u. a.). Ein regelrech-

Uns Gemöfsfrau

Joſ. Paſsavatiti

Abb. 4
Gemüsehändler
in Köln.

tes Tauschgeschäft, mit Vorteilen für beide Seiten, lag in der Lieferung von
Gemüseabfällen an den Schweinezüchter gegen eine angemessene Beteili-
gung am Schlachttag: *Bis 1970 war es noch üblich, daß Kartoffel- und Ge-
müseabfälle einem verwandten Landwirt aus den Haushalten heraus gegeben wurden. Als Gegenleistung erhielt man vom geschlachteten Schwein
eine Blut-, eine Leber- und mehrere Bratwürste.* Daß diese Erinnerung eines
fünfzigjährigen Postbeamten aus Sinzig (195) auch andernorts Gültigkeit
besaß, zeigt ein Beleg aus Griethausen bei Kleve (61) für die Jahre um den
Zweiten Weltkrieg, erlebt in einem dörflichen Lehrerhaushalt.

Die teilweise Selbstversorgung aus dem eigenen Gärtchen erbrachte haupt-
sächlich Gemüse, Salate, Frühkartoffeln und Hülsenfrüchte, in geringerem
Umfang auch Obst. Sehr viel wichtiger war hier die Haltung von Kleinvieh:
Hühner, Kaninchen, Ziegen (Bergmannskuh) bis hin zu Enten und Gänsen.
Platz dafür fand sich selbst oder auch gerade in Arbeitersiedlungen in den
Jahren um den Zweiten Weltkrieg: *Jede Familie in der Siedlung hatte einen
Garten von etwa 5 m Breite und 20 m Länge. Dort stand auch meist noch ein*

Abb. 5
Die Filialen der „Selbsthilfe" stellten eine Sonderform von Kolonialwarenhandlungen dar. Herzogenrath, um 1920/25.

Kaninchenstall oder es wurden ein paar Hühner gehalten. Angepflanzt wurden - hauptsächlich zur Vorratshaltung - Bohnen, Kappes, Möhren, Erbsen, Porree, Grünkohl, Rosenkohl und Salat der Jahreszeit. (191*, Duisburg-Hochemmerich). Wie gesund das Obst tatsächlich war, sei dahingestellt: die Johannisbeeren in dieser Siedlung waren *vom Staub in der Luft nicht rot, sondern schwarz.* (190, Duisburg-Hochemmerich).

Der Einkauf in Geschäften, früher „Kolonialwarenladen" oder mancherorts „Wenkel", erfolgte zum Teil in werkseigenen Konsumgesellschaften (Kruppscher Konsum in Duisburg-Hochemmerich, 190) oder auch in freien Konsumgenossenschaften (231, Roetgen). In Roetgen gab es zusätzlich eine Casino-Gesellschaft (231). Den größten Teil an Geschäften machten jedoch private Händler aus. Ein Düsseldorfer berichtet für das erste Viertel dieses Jahrhunderts aus dem elterlichen Haushalt: Der Vater war Fabrikarbeiter und stammte aus bäuerlichen Kreisen in Ostpreußen, die Mutter kam aus der niederländischen Provinz Limburg. Deutlich zeigen sich hier die vielfältigen Verbindungen und sozialen Zusammenhänge:

Abb. 6
Konsum-Verkaufsstelle. Gummersbach, um 1930.

In Düsseldorf wurde meist von diesen Fabrikarbeiter-Familien in kleinen Lä-
den eingekauft, wie sie heute als „Tante-Emma-Läden" bezeichnet werden.
Man kannte sich gegenseitig, man konnte anschreiben lassen. Das war wichtig, z. B. bei Notzeiten, Krankheit des Vaters, denn eine Lohnfortzahlung im
heutigen Sinne, gab es um diese Zeit noch nicht. Das Krankenkassengesetz
von 1883 und das Unfallversicherungsgesetz von 1884 von dem Fürsten
Bismarck und Theodor Lohmann gestaltet, brachten noch nicht viele Hilfen
für die Betroffenen. Die Ehefrauen und die Kinder waren nämlich nicht mit-
versichert. Für die ersten beiden Tage der Arbeitsunfähigkeit erhielt der kranke
Arbeiter keinen Pfennig. Erst ab dem dritten Tag konnte er mit der Hälfte
seines Lohnes als Krankengeld rechnen. Es wurde nur 13 Wochen lang gezahlt. Das bedeutete also, immer in Vorsorge leben!

Freitags war üblicherweise Lohntag. Die Frauen standen dann meist an den
Fabrikstoren und warteten auf die Männer mit den Lohntüten. Dann gings
zum Einkaufen. Es wurde meistens pfundweise eingekauft, da für eine größere Menge an Lebensmitteln kein Platz vorhanden war. Die Wohnungen
bestanden aus zwei oder drei Zimmern mit einem Kellerraum. Aufbewahrt
wurden die Vorräte für den täglichen Gebrauch im Küchenschrank und einer
Anrichte. Eisschränke gab es noch nicht. Erbsen, Bohnen, Linsen, Reis, Sajo,
Mehl, Zucker, Salz in Tüten abgewogen, Oel und Essig in Flaschen abgefüllt, Gemüse und Obst oft einfach in die Tasche geschüttet, so spielte sich

der Einkauf ab. Beim Metzger wurde Bauchfleisch (heute oft falsches Kottelet genannt), durchwachsenen Speck, fetten Speck, Suppenfleisch, gemischter Gulasch, Blut- oder Leberwurst, seltener Hartwurst gekauft. An anstehenden Fest- oder Feiertagen auch mal Braten. Der Milchmann fuhr mit seinem Wagen von Haus zu Haus und bimmelte die Hausfrauen an den Wagen. Ein oder zwei Liter Milch wurden in Kannen abgefüllt. Ein Einkauf auf dem Markt geschah nur selten, da zu weit weg. (34)

Ein anderer Bericht, diesmal aus Alfter bei Bonn (254), schildert ebenfalls sehr anschaulich Lohn- und Einkaufstag, wie er zu der damaligen Zeit (etwa ab 1905) üblich war: *Wir hatten ein paar kleine Stückchen Land (ca. 5 ar). Mein Vater war Arbeiter. Er verdiente den Tag 3,-- M; samstags kam er am Abend mit 18,-- M nach Hause. Dann konnte meine Mutter erst zum Einkaufen gehen. Sie kaufte nur das Allernötigste, was wir zum Leben brauchten, z. B. 1 Stollen für 0,50 M, (süßes Weißbrot), 1 Pfund Zucker, Mehl, Petroleum, das Liter für 0,15 M. Wir hatten noch kein Elektrisch. Mein Vater bekam 1 Päckchen Tabak für 15 Pf, ein Paar Zigarren, das Stück für 5 Pf und wir Kinder bekamen ein paar „Knöpplätzche", das sind kinderhandgroße ovale flache Plätzchen mit grobem Zucker überstreut.* Die 82-jährige Gewährsfrau beschreibt den elterlichen Haushalt etwas genauer: der Vater arbeitete als Hausknecht in einem Bonner Kaufmannshaus, die Mutter als Wäscherin bei verschiedenen Familien, u.a. in der Metzgerei eines Juden.

Eines der wichtigsten Grundnahrungsmittel, neben selbst angebautem Gemüse und seit dem ausgehenden 18. Jahrhundert der Kartoffel, war lange Zeit das Brot - in welcher Form und aus welchem Korn auch immer. Welche Qualität zum Beispiel das im vorigen Jahrhundert wohl aus Kostengründen am häufigsten verzehrte Roggenbrot gehabt haben mochte, läßt sich nicht mehr nachvollziehen. Angemengt aus ungebeuteltem Roggenmehl, vielfältige, nicht immer gesundheitsfördliche Zusätze bis hin zum Gips - welche Möglichkeiten hierbei genutzt wurden, macht 1830 der Bericht des Kreisphysikus aus dem Siegkreis deutlich:

Häufig werden dem Korne, Gerste, Erbsen, Bohnen und Hafer und diesem Gemische noch häufiger Erdäpfel zugesetzt und hieraus dann Brod gebakken. Die Erdäpfel werden auf verschiedene Weise zugesetzt, entweder getrocknet nachher im Backofen gedörrt und nun mit dem Korn gemahlen oder sie werden auf Reibeisen gerieben und mit dem Mehl roh der Gärung unterworfen oder sie werden gesotten, zerstampft und nun zugemengt. Mäßig zu dem Brod gesetzt ist gar nicht unangenehm, das Brod wird sanfter und wohlschmeckender. In zu großer Menge zugesetzt, trocknet es schnell aus und wird rauh und grellschmeckend. (HSTAD, Reg. Köln 1332)

Backtag war früher, abhängig von Familiengröße und der Anzahl an Broten, alle ein bis drei Wochen. Eine 78-jährige Bauersfrau beschreibt den Backtag auf einem großen Gutshof: *Der Hof besaß einen eigenen Steinbackofen. Dieser wurde mit Holz vorgeheizt, sodann von der Glut und Asche gereinigt und das Brot eingelegt. Dieses waren ca. 3 - 3,5 Pfund schwere längliche*

Abb. 7
Bäckerei und Kolonialwarenhandlung. Meerbusch-Osterath, 1906.

Vollkornbrotlaibe. Im Herbst wurde, nachdem das Brot fertiggebacken und herausgenommen worden war, in den noch warmen Backofen Äpfel, Birnen und Pflaumen zum Dörren eingelegt. Dieses Dörrobst wurde auf Holzregalen in einem kühlen und trockenen Raum gelagert. Backtag war alle drei Wochen. (146, Aachen-Kornelimünster) Im Schnitt buken zwischen 12 und 15 Brote im Ofen, manchmal bis zu 8 Pfund schwer. Dies hatte natürlich zur Folge, daß die letzten Brotlaibe häufig schon hart und nur schwer zu schneiden waren. Aus diesem Grund, glaubt man der Umfrage, gehörte das Brotschneiden früher und bis weit in unser Jahrhundert hinein meist zu den Aufgaben des Hausherrn oder einer anderen männlichen Person. Andere Familien hatten schon nach dem Ersten Weltkrieg *eine eigene Brotschneidemaschine mit Handbetrieb für Schwarzbrot, das 7 Pfund wog* (108, Xanten/ Moers). In Breitenbenden bei Mechernich (209) stand der Vater, ein Hochofenarbeiter im Bleibergwerk, *dann schon um 3 morgens auf, um den Teig vorzubereiten, für die Mutter zu schwer. Aus dieser Menge wurden 15 Brote gemacht a 5 Pfund. Auf dem letzten Brot wurde vor dem Backen ein Kreuz eingedrückt, das 'Krützbrot'. Dieses Brot wurde zuletzt gegessen. Wenn dies angeschnitten wurde, mußte ein neuer Teig angesetzt werden.* Gab es im Dorf einen gemeinsamen Backofen, losten diejenigen mit gleichem Backtermin die Reihenfolge beim Backen aus, da das Anstochen mit großem Ar-

Abb. 8
Brötchenausfahren
in Büderich.
Um 1930.

beitsaufwand verbunden war und derjenige, der als letzter backen durfte, in den Genuß eines gut durchgeheizten Ofens kam - wichtig eben für das Obst-dörren und auch für die Kuchen, die keine starke Hitze vertrugen.

Um die Jahrhundertwende gab es darüber hinaus bereits Bäckereien, stadt-fern später, stadtnah etwas früher. Eine wichtige Rolle spielte die sogenann-te Lohnbäckerei: *Schon vor 1900 wurde im benachbarten Soperich und Neu-haaren gegen Lohn gebacken. Man brachte den Teig zum Bäcker und ließ dort das Weißbrot backen für 15 Pfennig. Weißbrot gab es nur an Sonn- und Feiertagen. Das Brot buk man selbst bei sich oder in der Nachbarschaft.* Waldfeucht-Haaren (237) war, wie sich die 91-jährige Witwe eines Schmie-demeisters erinnert,...*ein armes Dorf. Da gibt es nicht viel zu berichten.* In den meisten Fällen bei dieser Lohnbäckerei handelte es sich tatsächlich um Weißbrot, das freitags oder samstags, fein säuberlich in ein Tuch gewickelt, zum Dorfbäcker getragen und später wieder abgeholt wurde. Der Lohn be-trug etwa 15 Pfennig, manchmal 20 oder auch nur 10, eben örtlich verschie-den. Schwarzbrot - im Sinne von Vollkornbrot - ließ man selten backen, es

Abb. 9
Bäckerei-Lieferwagen. St. Hubert, 1936.

stammte aus eigener Produktion oder wurde ganz einfach gekauft. Gleiches galt für Mischbrot, das jüngeren Datums ist. Interessant ist noch, daß in Griethausen (61) um 1940/50 nur der Bäcker Brotformen hatte, in anderen Gegenden gehörten sie zum Standardinventar eines Haushaltes.

Durchaus gebräuchlich war auch der Tausch Getreide gegen Brot, wobei das *Anschreibbüchelchen* (53*, Eschweiler-Weisweiler) fast urkundliche Funktionen übernahm. Egal, wie nun gerechnet wurde: *1 Zentner Roggen = 1 Ztr. Brot* (33, Mönchengladbach-Neuwerk) oder *ein Sack Roggen... eine bestimmte Anzahl von Broten* - stets vermerkte der Bäcker die verbrauchte Menge an Getreide und abgerufenen Broten (29*, Bornheim-Walberberg).

In Rees waren an manche Kornmühlen einfache Bäckereien angeschlossen (47). In anderen Ortschaften lieferten die Bäcker hingegen ihre Waren selbst aus, z. B. in Groß Klev bei Dabringhausen (165): *Bäcker Otto Rau von Halzenberg lieferte ab etwa 1920 zweimal wöchentlich - Rau kam dienstags und freitags mit Pferd und vierräderigem Kastenwagen, der mit Segeltuch bespannt war - Schwarzbrot, Graubrot, Mischbrot, Stuten, Rosinenbrot und Teilchen. Früher wurde das Brot in Clevermühle geholt gegen Lieferung von Getreide und Zahlung von Backlohn. Dieser Bäcker backte nur Schwarz-, Grau- und Weißbrot.* Bis 1914 fuhr der Bäcker in Haldern (220) einmal pro Woche das Schwarzbrot aus, in städtischen Bereichen wie Köln-Zollstock

(35) kam täglich das *Pferdefuhrwerk der Fa. Herrmanns-Brot über die Land-straße am Rand der Siedlung - es wurde laut gerufen oder mit einer Schelle auf sich aufmerksam gemacht....* Spezialität waren Marschalltörtchen, die die Mutter allerdings nur an bestimmten Festtagen bestellte. Verkaufswagen sind heute wieder häufiger zu sehen, vor allem in ländlichen Gebieten. So kommen in Mörschbach bei Simmern, einer Ortschaft mit ca. 300 Einwoh-nern, viermal wöchentlich die Bäcker mit ihren Erzeugnissen (58). Es gab auch die Möglichkeit, wie aus Hürtgenwald (20) berichtet, daß dort um 1890 *mehrere Bauern Brot zum Verkauf (buken).*

Fleisch war früher ein Nahrungsmittel, das nicht so selbstverständlich zur Verfügung stand, wie dies heute der Fall ist. Ein Blick zurück ins 19. Jahr-hundert zeigt, daß Fleisch, insbesondere Schweinefleisch, beim Großteil der rheinischen Bevölkerung nur selten auf den Tisch kam. Daß gerade Schwe-inefleisch damals hoch geschätzt wurde, verwundert nicht: die Mast war rela-tiv preiswert und durch den Fettanteil wurde eine hohe Kalorienzahl erreicht. Schweinefleisch war demnach, gemessen an den im vorigen Jahrhundert üblichen Marktpreisen, teilweise erheblich teurer als Rind- oder gar Kalb-fleisch. Der Großteil des geschlachteten Schweines gelangte in den Verkauf - damals für die Bauern eine der wenigen Möglichkeiten, Barerlöse zu erzie-len. Verwurstet oder sonst verwendet im eigenen Haushalt wurden die Re-ste, bis hin zu Innereien und Eingeweiden. Große Bauernhöfe konnten sich die Konservierung umfangreicherer Mengen Fleisch natürlich leisten.

Der bereits erwähnte Kreisphysikus aus dem Siegkreis stand 1830 der häus-lichen Wurstproduktion recht skeptisch gegenüber: *Von dem aufgefangenen Blute dieser Thiere, mit Zumischung von zerschnittenem Fleische, etwas Weisbrod, Salz, Pfeffer und mehreren anderen Gewürzen, als Gewürznägel-ein, Muskatennuße, Muskatenblüthen, Majoran, Thymian && jenachdem diese die Hausfrau mehr oder weniger liebt, werden Blutwürste gemacht und von der zerstoßenen Leber, einem Zusatze von zerschnittenem Fleische, Schwar-ten, Speck, geriebenem Weisbrod und einem Zusatze von Salz, Pfeffer und der erwähnten Gewürze, sogenannte Leberwürste verfertiget. Sie werden meist frisch genoßen und geben häufig zu großen Diätfehlern Veranlassung, und können, wenn sie alt werden oder, was nicht selten geschieht, sauer werden, wegen der sich darin entwickelnden Fettsäure der Gesundheit in einem hohen Grade gefahrdrohend werden,...Diese nemlichen Nachteile und noch wohl in einem höheren Grade haben die hier so beliebten Weißwürste, die von gekochtem Reis, Weisbrod und Fett bereitet werden. Diese gehen sehr schnell in die saure Gährung über und sind dann wirklich im hohen Grade gefährlich.* (HSTAD Reg. Köln 1332)

Metzgereien kamen, im Gegensatz zu Bäckereien, später auf, da Haus-schlachtungen (auch mit Hilfe des Metzgers oder einer der Schlachterei kun-digen Person) lange noch üblich waren, als im Backes die Glut schon jahre-lang verloschen war. Archivalische Quellen und die Nahrungsumfrage zei-gen, daß häufig Juden dieses Gewerbe betrieben (HSTAD Reg. Köln 1332; 19, Brünen; 20, Hürtgenwald-Gey). Unterschieden wurde bis Ende der 1920er

Abb. 10
Geschäftsfahrrad einer Metzgerei. Oedt, 1910.

Jahre in Schweine- und Ochsenmetzgerei (4*, Köln), wobei diese Unterscheidung auch die Wurstherstellung mit einschloß. Hammelschlächterei und Pferdemetzgerei erweiterten das Angebot, machten jedoch nur einen geringfügigen Teil aller Geschäfte aus. In der Zeit nach dem Ersten Weltkrieg gab es zudem *in Düren eine Metzgerei in der Weierstraße, in der amerikanisches Gefrierfleisch verkauft wurde. Das Fleisch war billiger, der Speck außergewöhnlich hoch und luftgetrocknet. Die Geyer kauften dort ein. Es wurde Wilson-Fleisch genannt... Die Geyer Juden verkauften Fleisch, das sie als 'Frauenstolz' anboten. Das war Euterfleisch und erheblich billiger. Es wurde in Salzwasser abgekocht, dann gebraten. Auch als Brotbelag schmeckte es.* (11, Hürtgenwald) In Winterspelt bei Prüm fuhr, allerdings nur bei Nichtlandwirten, regelmäßig ein Metzger vor (213). Erwähnt sei auch noch, daß bäuerliche Betriebe ebenfalls Fleisch zukauften: zur Kirmes zum Beispiel, aber nur Rindfleisch, das als „grünes", also frisches Fleisch serviert wurde.

Eine Anmerkung zu den Öffnungszeiten: Im städtischen Wesel hatten bis zum Ersten Weltkrieg manche Metzger sonntags kurz vor Mittag, also direkt nach dem Kirchgang, geöffnet, *...so daß man... den Aufschnitt für den Sonntagabend kaufen konnte...* (49*). Der Grund? Metzger hatten zumindest schon Eisschränke, während die Privathaushalte noch lange ohne Kühlmöglichkeiten auskommen mußten. Häufig genügte es, nicht nur wie in Köln-Zollstock (35), die Kinder mit einem Zettel ins Geschäft zu schicken: *Man wurde im-*

Abb. 11
Milchwagen mit Molkereiprodukten. Eschweiler, um 1935.

mer reell und gut bedient, damit man 'wiederkam'.

Es war zwar schon die Rede von dem Tauschgeschäft Gemüse-abfälle gegen Fleisch bzw. Wurst, es lohnt aber, noch einen kurzen Blick auf verwandtschaftliche Beziehungen im Zusammenhang mit dem Schlachttag zu werfen. Am unteren Niederrhein, z.B. in Emmerich (24) schenkte die Tante *Potthaste (Am Schlachttag von allem ein Stückch.)*, in Rees (203) fiel es etwas üppiger aus: *1 Pröllewörßke (Probewurst), Hötzpott (so von allerlei etwas), Teutje Woßnatt (Kanne Wurstbrühe zur Herstellung von Balkenbrei - Panhas).* Auch in Hückeswagen (13) war es üblich, den Verwandten Kochwurst oder Grütze (*Wurstbrüh-Extrakt mit Buchweizenmehl versetzt und gedickt*) zu schenken.

Eine durchaus übliche Einkaufsmöglichkeit bestand, wie eben bei Brot und Fleisch gesehen, im ambulanten Handel. Die fahrenden Kaufleute waren im gesamten Rheinland anzutreffen und hatten zunächst im Pferdewagen, später im Auto ein breites Sortiment: *Je nach Bedarf Reis, Gries, Malzkaffee, Bohnenkaffee (nur in geringen Mengen), Salz, Zucker, Gewürze, Buchweizenmehl und Heringe.* Dieser Beleg aus Nieukerk (42*) zeigt, daß auch große Höfe - immerhin 36 ha, Zuchtbetrieb mit 16-18 Milchkühen und 6 Pferden - auf Zukauf angewiesen waren. Auch Backpulver, Petroleum, Öl bis hin zum Scheuersand *für die Küche... und zum Verzieren um und auf dem Herd...*

Abb. 12
LKW einer Lebensmittelgroßhandlung. Hermeskeil, vor 1914.

(192, Kerken; 151, Willich-Schiefbahn) gehörten dazu. Senf brachte der „Senf-
mann" (238, Simmerath - hier ist die Rede von „Mostert Breuersche" aus
Monschau; 192, Kerken), in Linnich-Körrenzig (226) fuhr die Essigfrau bis
etwa 1930 und der Gewürzmann bis etwa 1955 rund und nicht zuletzt der
Milchmann brachte seine Erzeugnisse an den Haushalt. Aus Simmerath (238)
ist für die 1920er Jahre schließlich noch überliefert: *Einzelne Familien fuhren
mit Handwagen von Tür zu Tür: Sie verkauften z. B. Salzheringe, Bücklinge,
Sprotten und Ölsardinen. Zucker wurde in 2 1/2 Kilo Platten gekauft,* andere
Vorräte ... *z.T. gemeinsam mit Nachbarn angeschafft und auf dem Speicher
gelagert: z. B. Reis, Haferflocken, 2 - 3 Liter Öl und Essig.* Interessant bei
diesem Bericht aus Meerbusch-Osterath (50) für die Zeit um und nach dem
Ersten Weltkrieg sind die familiären Verhältnisse: Der Vater war Postange-
stellter, die Mutter hatte neben 7 Kindern noch eine Kolonialwarenhandlung
zu betreuen.

Butter kaufte die Hausfrau direkt beim Bauern oder auf dem Wochenmarkt,
wobei die Weselerinnen (49*) ein Teelöffelchen mit sich führten, um die Butter - in 10 cm dicken und 30 cm langen Walzen - erst einmal probieren zu
können. Die 81-jährige Erzählerin erinnert sich an die Jahre 1905 bis etwa
1915 und beschreibt den elterlichen Haushalt: In der Mietwohnung lebten die
Eltern mit den vier Kindern und einem Dienstmädchen, der Vater als Ober-

Abb. 13
Stampfen von Butter
im Butterfaß.
Mastershausen,
1940er Jahre.

zahlmeister war Militärbeamter, die Mutter stammte *aus einfachem, bürgerlichem Haus* in Düsseldorf. In Korschenbroich (85) konnten die Hausfrauen zwar mit einem Fünfpfennigstück probieren, aber gegen die schöne Färbung, verursacht durch rohen Möhrensaft, waren auch sie machtlos. Zur Aufbewahrung der gesalzenen oder ungesalzenen Butter bzw. zur Frischhaltung benutzten die Bauern auf dem Kölner Markt Rhabarberblätter (235) oder auf dem Hunsrück Mangoldblätter (160). Außerdem gab es die Butter per Versandhandel, wie sich die 76-jährige Tochter eines Schreiners erinnert: *... Mitte der Zwanziger-Dreißiger Jahre bezog man die Butter aus Ostpreußen, durch Versand - als Postkolli = 9 (Pfd) - von Ernst Falk aus Kaukehmen. Diese Butter wurde in einer Holzmulde mit Salz mit einem Holzlöffel geknetet, in einen grau-blauen Steinguttopf fest eingefüllt und mit einem in Salzwasser getränkten Leinentuch abgedeckt und im Keller aufbewahrt.* (166, Wermelskirchen) Ansonsten wurde, gerade im ländlichen Bereich, in der Woche ein- bis zweimal gebuttert und Quark zubereitet, in Nieukerk (42*) vor dem Zweiten Weltkrieg sogar dreimal. Noch früher, vor 1914 nämlich, mußte der Hofhund ins Laufrad und trieb die Zentrifuge an (192, Kerken). Die einzelnen Butterrollen waren gekennzeichnet: *ein senkrechter Strich mit den Messer war 1 (Pfd.), ein Kreuz waren 1 1/2 (Pfd) u. 2 senkrechte Striche 1 Kilo Butter. Wurde auf dem Markt in Moers oder an Privatkunden verkauft.* (198, Moers) Zu erwähnen ist schließlich noch die weiße Ziegenbutter, während des Ersten Weltkrieges heimlich selbst hergestellt in besonderen Gefäßen und durchaus nicht ungebräuchlich (31, Wassenberg).

Ein Nahrungsmittel, das fast ausschließlich zugekauft werden mußte, war der Fisch. So zum Beispiel die Maifische, die in Emmerich schubkarrenweise angelandet und auf dem „Alten Markt" *bennekeswies (körbchenweise) zu 30 - 50 Stück* versteigert wurden (21). Ein bekannter Versteigerer war wohl Gerd Vallee: *Aus einem großen Korb wurde eine Schale (ein Flatje) mit Fisch herausgenommen und angeboten. Anfangsgebot 5 Pfg., Steigerung immer um 5 Pfg.* (25) Die Erinnerung bezog sich wohl eher auf Heringe (s. u. bei Fastenspeisen, dort auch Stockfisch etc.). Hausierer fuhren mit dem Pferdewagen durch den Selfkant und boten Heringe aus der Tonne an, *10, 12, oder 15 Stück für eine Mark* (215, Waldenrath). Donnerstags und freitags kamen die holländischen Heringsverkäufer bis zum Zweiten Weltkrieg durch die Kölner Straßen (6) - hauptsächlich Monnikendamer Bückinge, und der Rest wurde am Wochenende in der Eifel verkauft.

Was die Bauern ernteten ...
oder auch nicht

Die Frage nach der Eigenproduktion ländlicher Betriebe läßt sich recht kurz und bündig beantworten: *Alles was im Haushalt... gebraucht wurde außer Rindfleisch* (192, Kerken) oder auch *bis auf Kolonialwaren alles* (208, Wassenberg-Myhl). Mehr oder weniger abgewandelt gilt eben, was von mehreren Gewährspersonen aus Hückeswagen berichtet wird (13): *Bauern waren und sind noch heute Selbstversorger in allen Grundnahrungsmitteln. Brotbäckerei im Hof- oder Dorfverband ist hier seit ca. 1920 nicht mehr üblich. Außer sämtlichen hier üblichen Feldfrüchten wie Weizen, Hafer, Roggen, Gerste und Raps hatten die Bauern, ob klein oder groß, umfangreiche Obsthöfe und großflächige Gärten. Die eigene, heute nicht mehr zulässige Hausschlachtung sorgte überdies für ausreichend tierische Fette und Fleischprodukte. In die Schlachtung einbezogen wurden Hühner, Enten, Gänse und Puter. Rinder, Kälber und Schweine sorgten hier für den Großteil. Im Bergischen kam das Rindfleisch also aus der eigenen Schlachtung, in anderen Gegenden wurde es zugekauft.*

Abb. 14
Kinder helfen beim Einbringen der Ernte. Gutenthal, um 1943.

Abb. 15
Apfelernte am Vorgebirge.
Bornheim, 1913.

Ein wichtiger Punkt ist allerdings grundsätzlich zu bedenken: In der Nordeifel oder auf dem Hunsrück waren selbst größere Bauern nicht so gut gestellt wie vergleichsweise kleine in anderen Regionen. Zur Butterproduktion vorab eine interessante Schilderung, wie zwei Hausfrauen in Heisterbacherrott (256) bis zum Zweiten Weltkrieg diesen Brotaufstrich selbst herstellten: *Das Schönste war, wenn das Kaffeewasser aufgesetzt wurde und frische Butter gemacht wurde. Die Sahne wurde 300 mal rund gerührt, dann kochte das Kaffeewasser, dann noch 200 mal gerührt, schließlich mußte man die Butter abstreichen, damit die Klumpen zusammenhielten und nochmals etwas langsamer drehen. Die Buttermilch wurde abgeschüttet, der Butterklumpen dreimal gewaschen, gesalzen und ins 'Butterdöppen' gefüllt.*

Salz, und zwar sehr feinkörniges „Buttersalz", das zur Butterherstellung verwendet wurde, war zum Beispiel ein Artikel, den auch die Bauern zukaufen mußten (165, Groß Klev bei Dabringhausen; 164, Kürten). Überhaupt mußten von allen Haushalten die „Kolonialwaren" zugekauft werden, eine nicht mehr gebräuchliche Bezeichnung für Produkte aus tropischen und subtropischen Ländern (hauptsächlich Gewürze, Kaffee, Tee, Kakao, Reis, Südfrüchte etc.). Eine Gewährsperson aus Haldern (220) listet die einzelnen Waren auf: *Zucker, Mehl, Reis, Grießmehl, Graupen, Nudeln, Kaffee, Salz, exotische Gewürze, Zimt, Vanille, Piment u.a.* Weniger kolonial oder gar exotisch,

Abb. 16
Anzeige aus der
Eschweiler Zeitung
vom Juni 1921.

aber doch notwendig, war der Zukauf von Waschmittel, Seife, Streichhöl-
zern bis zu den an der Haustür erworbenen Essig- und Ölportionen. Etwas
luxuriöser waren sicherlich schon die Zigarren, die ein Korschenbroicher Klein-
bauer und Markthändler (85) bis 1930 im Wenkel kaufte. In Weeze kaufte
man (60) - wer ist nicht ganz klar - hin und wieder eine Schinkenwurst vom
Metzger sozusagen *zur Abwechslung der von der Bäuerin hergestellten Wurst.*
Da es in Hamminkeln-Brünen (19) eine Krautfabrik gab, lohnte sich die Eigenproduktion von Rübenkraut nicht.

Örtliche Gegebenheiten konnten den Zukauf recht deutlich beeinflussen:
*Zugekauft wurde nicht viel, für Feste wurde auch mal Rindfleisch erworben,
'Südfrüchte' waren kaum bekannt. Die Hunsrücker waren immer ein sparsa-
mes Volk, bedingt durch die wirtschaftlichen Verhältnisse.* (167, Unzenberg).
Ergänzend berichten alle sechs Gewährspersonen - fünf Männer und eine
Frau - aus Unzenberg (167): *Bei den Einwohnern Unzenbergs gab es wäh-
rend der fraglichen Zeit (Anm.: aufgrund der Geburtsdaten muß es sich um
die Zeit zwischen den beiden Weltkriegen handeln) kaum nichtbäuerliche
Haushalte, Handwerker betrieben auch Landwirtschaft nebenbei. Andere
Einwohner verdingten sich während der Ernte bei Bauern und erhielten als
Entlohnung auch landwirtschaftliche Erzeugnisse außer Geld.*

In Wald und Flur gesammelt
- nicht nur in Notzeiten

Mit einem Exkurs in die rheinische Volksmedizin

Zu einer willkommenen Bereicherung des häufig eher kargen Speisezettels verhalf besonders zwischen den Weltkriegen das Sammeln von Wildfrüchten. Zwar sei es dem Städter unbekannt gewesen (124, Köln) bzw. habe bei der einheimischen Bevölkerung kaum oder gar nicht stattgefunden (12, Emmerich), doch drängt sich der Eindruck auf, daß es sich bei diesen Angaben um Ausnahmen bzw. um die direkte Abwehr des Eindringens in einen Bereich handelt, über den man nicht gerne spricht. Viele Berichte sind andererseits mehr als ausführlich, decken sich zum überwiegenden Teil und wecken Erinnerungen vor allem an die Kindheit. Besonders fällt dies bei einer bestimmten Beerensorte auf: der Waldbeere, häufig auch Blaubeere genannt. Typisch ist hier ein Bericht aus Wassenberg (31) von zwei Männern und einer Frau, alle geboren kurz vor dem Ersten Weltkrieg: *Meine Heimat - der Wassenberger Raum - ist reich an ausgedehnten Wäldern und Heideflächen. So ist es nicht verwunderlich, daß wir Kinder, ob wir wollten oder nicht, in den Wald zum Sammeln von Waldbeeren geschickt wurden. Die schon Größeren brachten es dabei leicht auf 2 - 3 l an Nachmittagen, wenn schulfrei war. Das Ergebnis wurde in einer 'Töet' (meist der 'Melkstöet') nach Hause getragen, wo die Beeren zum Ausreifen meist noch bis zum nächsten Tag stehen blieben. Was am Sonntag nicht als Auflage für 'ene Koek' oder 'en Taat' verwandt wurde, wurde für den Winter eingeweckt.* Auf Leseschein gesammelt (61, Griethausen), zu Gelee gekocht, eingeweckt oder im Pfannkuchen verbacken - so sind vielen Erzählern die Waldbeeren in Erinnerung.

Die gesammelten Beeren wurden zu Gelee oder Marmelade eingekocht bzw. zu Saft verarbeitet, selten jedoch frisch verzehrt: Brombeeren (Blätter auch für Tee - 211, Velbert), Walderdbeeren, Preiselbeeren, Stachelbeeren, Himbeeren und schließlich Ebereschenbeeren, die man auch für Nachtisch einkochte (259, Busch) - deren Kompott *war aber nicht allgemein üblich* (49*, Wesel). Süßen Brotaufstrich lieferte ebenfalls die Schlehe, aber auch Likör. *Im Dezember wurden Schlehen gepflückt. 3 kg Schlehen und 3 l Wasser und 400 gr Zucker über Nacht ziehen lassen, in Flaschen gefüllt - für Schlehengrog Saft heißgemacht evtl. Rum dazu (bes. in der Eifel)* (258, Hürtgenwald-Straß). Sehr vielseitig war der Holunder: Saft, Gelee, Suppe bis hin zum Tee. Sogar aus Faulbaumblättern wurde Marmelade gekocht, wie eine 75-jährige Bäuerin aus Velbert-Heiligenhaus (212) noch weiß.

Gesundheitsfördernde oder - erhaltende Tees gewannen die Hausfrauen aus vielen Kräutern, wobei jedes Blättchen seine besondere Wirkung hatte - volksmedizinisches Wissen, das heute mehr und mehr wieder zu Ehren

Abb. 17
Schulausflug zum
Blaubeerensammeln.
Buisdorf, 1916/17.

kommt. Gesammelt wurden hauptsächlich Lindenblüten, Schafgarbe, Kalmus, Buschwindröschen, Spitzwegerich, Ackerschachtelhalm (in Korschenbroich - 85 - die Wurzeln für Nierentee), Huflattich, Elz bzw. Wermuth (auch für Aufgesetzten), Arnika (als Stachelstee" (Bronchialtee) getrocknet - 189, Waldorf bei Blankenheim), Zinnkraut (auch zum Töpfereinigen), Tausendgüldenkraut, Tormentill, Odermennig, Salbei, Fenchel, Johanniskraut (auch für Öl bei Prellungen etc.), Augentrost, Baldrian, Pimpernell, Stiefmütterchen, Beifuß, Bitterklee, Mädesüß - eine schier unendliche Liste, sicherlich noch unvollständig.

Pfefferminze diente nicht nur als Tee, sondern auch als Badezusatz (208, Wassenberg-Myhl), ebenso wie Kamille *bei Wundreinigung* (24, Emmerich; 208, Wassenberg-Myhl). In Xanten (108) wurden die Kamillen *... in Säckchen genäht... erwärmt und aufgelegt bei Zahn- oder Ohrenschmerzen.* Nicht zuletzt die Hagebutten, die man im November sammelte: *Sie werden im Trokkenen gepflückt, getrocknet und verwahrt. Die trockenen Früchte wurden aufgeschnitten und die Kerne entfernt (früher mitgekocht). Früher wurde*

Abb. 18
Aus den gesammelten Beeren und Früchten wurden Marmelade, Gelee und Getränke zubereitet. Mastershausen, um 1930.

Hagebutte 12 Stunden eingeweicht, dann erst gekocht, sie mußte richtig *ausziehen. Sie wurde verwendet als Tee, Marmelade oder Gelee.* (258, Hürtgenwald-Straß).

Holzäpfel ergaben Essig oder *werden noch heute als Gelierhilfe mit Holundersaft zu Gelee gekocht* (213, Winterspelt). Quittengelee herzustellen war sehr aufwendig, wie überhaupt die gesamte Hausproduktion zeit- und arbeitsintensiv war. Einfacher zu verarbeiten waren Gemüsezusätze oder -ersatz: Sellerieblätter (*getrocknet... für die Eintopfsuppe* - 26, Aldekerk), Brunnenkresse, Sauerampfer, Löwenzahn (der berühmte „Kettensalat"), Knöterich. Brennessel verzehrte man als Gemüse (wie Spinat) oder als Salat. In Köln-Zollstock (35) pflückte eine Frau *Brennesseltriebe zur Fütterung der empfindlichen Küken und junger Puter.* Tee aus Brennesseln hatte eine enorme Wirkungsbandbreite: *...zur Blutreinigung, bei Verdauungsschwierigkeiten, belebt die Kopfhaut, wenn als Haarspülung angewandt (bei trockenem Haar), bei Diabetes zur Unterstützung der Medikamente (gut für die Bauchspeicheldrüse).* Die Gewährsfrau, Jahrgang 1924, aus Hürtgenwald-Straß (258) besuchte 1938 eine Kochschule und bekam vermutlich dort dieses ausführliche Wissen vermittelt.

Als Kräuter und Würzzutaten galten Estragon, Meerrettich, Petersilie, Dill, Kümmel, Liebstöckel und Borretsch (*Verfeinerung von Salaten, Gemüse und zum Einmachen der Gurken* - 42*, Nieukerk). Wacholderbeeren dienten als Sauerkrautwürze oder zur Schinkenherstellung (19, Brünen), während die Zweige *zum Räuchern und als Tee zur Blutreinigung* (162, Schöneberg) verwendet wurden. Maikräuter, gemeint ist Waldmeister, wanderten getrocknet in die Bowle oder in den Teetopf, manchmal sogar als Tabakersatz in die Pfeife (189, Waldorf bei Blankenheim).

Öl lieferten vor allem Raps und Bucheckern, beide gleichermaßen von Kindern und Erwachsenen gesammelt. Manchmal tauschte man auch die Bucheckern gegen Margarine (245, Erkrath). Nüsse, ebenfalls ein nahrhaftes Sammelobjekt: meist Haselnüsse, in Köln (243) allerdings nur im Zweiten Weltkrieg, lediglich in einem Falle Walnüsse (85, Korschenbroich). Getrocknete Nußblätter ergaben sogar Tee (253, Mendig). Die Kinder am unteren Niederrhein sammelten Kastanien - Korschenbroich ist der südlichste Beleg (85).

Pflanzenblätter fanden unterschiedliche Verwendung: Mangoldblätter (160, Stromberg) und Rhabarberblätter (235, Köln) dienten als Einwickelpapier für Butter, in Brünen (19) reicherten Weintraubenblätter das Sauerkraut an, und im Garten eines dörflichen Lehrerhaushaltes in Griethausen (61) wuchs eine Maulbeerhecke - die Blätter wurden an die Seidenraupen verfüttert.

Eine wichtige Sammelgruppe, über die sehr unterschiedliche Angaben vorliegen, zum Schluß: die Pilze. Typisch ist der Bericht aus Bergisch Gladbach aus einem Schreinerhaushalt (194): *Pilzesammeln kannten wir nicht. Erst in meiner Kinderlandverschickung 1939 (Anm.: Jg. 1932) in den Spreewald lernte ich Pfifferlinge und Steinpilze kennen und suchte sie anschließend auch hier (galt als fortschrittlich). Erst nach 1945 lernten wir von den Flüchtlingen den Hallimasch kennen und verwerten.* Die Flüchtlinge aus dem Osten fungierten auch in Griethausen (61) als Schrittmacher, denn eine einheimische Familie wurde *anfangs ausgelacht, ... als wir körbeweise Champignons von den Weiden holten...* In Roetgen (231) sammelten nur *Förster oder Zugewanderte* Pilze. Sie wurden entweder getrocknet *für den Winter hergerichtet* (34, Düsseldorf - der Vater war Ostpreuße; 247, Kürten, - der Vater war Kleinbauer/Tagelöhner und hatte 12 Kinder zu ernähren) oder aber ausschließlich frisch verzehrt (249, Busch). In Berichten aus dem Hunsrück tauchen diese heutigen Delikatessen häufiger auf, während in der Gegend um Aachen (148), wie mehrere Gewährspersonen erzählen, *eigenartigerweise ... von den Einheimischen keine Pilze gesammelt (wurden), deshalb dafür auch keine Mundartausdrücke, allgemein heißen Pilze 'Jüddefleäsch', derselbe Ausdruck wie für Sehnenbündel im Kalbfleisch, als auch für Fingerhut (digitalis)!* Im Gegensatz zu anderen Hunsrücker Belegen nochmals eine Stimme aus Ellern/Simmern (57): *Gemieden wurden alle Pilze, da diese meistens unbekannt waren. Diese wurden von allen Personen im Haushalt gemieden.*

Exkurs in die rheinische Volksmedizin

Über medizinische Selbsthilfe und therapeutische Maßnahmen im Haushalt ist ansatzweise schon gesprochen worden. Welche Heilwirkung sollten nun Kräuter, Blätter und Früchte haben? Bekannt ist, daß bei bestimmten Krankheiten Tees getrunken wurden und auch noch werden, weil ihr Heileffekt unbestritten ist: Pfefferminz, Salbei, Kamille (nicht vor dem 24. Juni gesammelt, da der Johannistau darüber gegangen sein muß - 192, Kerken), Lindenblüten, Wermut, Fliederblüten und Brombeerblätter.

Als allgemein stärkend erachtete man Kalbsbrühe von Kalbsknochen, besonders für Rekonvaleszente, oder ein rohes Ei mit Zucker und Weinbrannt verquirlt, wobei auch Rotwein den Alkohol ersetzen konnte. Eine Grießsuppe, ebenfalls mit Kalbsbrühe, galt einer Gewährsperson in Köln (129) als besonders stärkend. Eine ausführliche Schilderung häuslicher Behandlung stammt aus Nettetal-Breyell (216b), und zwar aus der Mitte der 1920er Jahre. Der Vater verdiente als Oberweichenwärter, also Eisenbahnbeamter, sein Geld, und die *Lebensumstände* lagen *geringfügig über dem Durchschnitt.* Die Familie wohnte *in einem gemieteten Bauernhaus,* hielt Ziegen und Hühner und versorgte sich zum Großteil selbst aus 300 qm Gemüsegarten sowie 1/2 Morgen Acker. Der älteste Sohn (geb.1917) der fünf Kinder:

Als ich eines Morgens wach wurde und ein entzündetes Auge hatte, ging Vater mit einer kleinen Milchkanne zum Bullner Bächlein (Sonnenbach) Wasser holen. Das war gut, um die Augen auszuwaschen und mein Auge wurde auch wieder besser.

Die kleinste Schwester litt oft unter Ohrenschmerzen. Wenn es die hatte, stand immer ein Schuhcremedosendeckel mit warmen Rüböl hinten auf dem Herd, und der Kleinen wurde das mit einer Hühnerfeder ins Ohr getan. Es wurde schon mal erzählt, daß sehr geizige Leute das Öl hinter auch noch für Ölsauce brauchten.

Wer erkältet war und husten musste, bekam ein Fettpflaster. Dazu machte Mutter mit einer Stecknadel in einen Bogen Pergamentpapier eine Menge kleiner Löcher. Darauf strich sie ungesalzenes Schweineschmalz und rieb eine halbe Muskatnuß darüber. Das wurde dann mit einer Kinderwindel oder einem wollenen Schal auf die Brust gebunden, und es half.

Hattest du Halsschmerzen, drehtest du dir am besten über Nacht eine wollene Socke darum, noch besser war ein langer Wollstrumpf, aber er durfte nicht gewaschen sein. Half das nicht, konntest du immer noch nach Lobberich gehen, wo eine Frau war, die dir den Hals einpinselte.

Eine Warze kriegtest du am besten fort, wenn du einem Toten damit durchs Gesicht strichst und dann neun Tage lang von einem bis zu neun Vaterunser betetest. Es gab auch Leute, die sie dir für einen Pfennig abkauften.

Auf der Boisheimer Nette gab es eine Frau, die Kinder, die Krämpfe hatten, gesundbetete, und wer Hautausschlag hatte, musste zu einem Mann nach Gier oder Natt gehen. Der beste von allen aber war ein Schmied auf dem

Ritzbruch. Der arbeitete mit Sympathie, und ich glaube heute noch fest, daß der vielen Leuten, die sich verbrannt hatten, oder unter Zahnschmerzen litten, geholfen hat.

Aber es gab noch mehr Sachen, mit denen man sich selbst helfen konnte. Wenn du aufgesprungene Hände hattest, oder eine Wunde, die nicht heilte, und du pinkeltest dir darüber, half das fast immer. Blutgeschwüre oder Gerstenkörner (Wegscheißer) kriegte man mit einem Breitwegerichblatt oder einer Scheibe fetten Speck weg, und auf dem Feld und im Bruch wuchsen eine Menge Dinge, die gegen Krankheiten gut waren.

Heute gibt es Leute, die sich daran wieder erinnern und ganze Bücher darüber schreiben.

So wie die Breyeller Familie selten zum Arzt ging, konnten sich auch manche Griethausener ihn kaum leisten: *...er hatte 4 km Anfahrt, die extra bezahlt werden mußten.* (61) Die Gesundbeterin gehört noch nicht der Vergangenheit an: In Kürten (247) geht man auch heute noch zu ihr, um sich behandeln zu lassen.

Die Erkrankungen im einzelnen mit den verschiedenen Behandlungsmöglichkeiten durch Kräuter und Pflanzen:

<u>Magenerkrankung/-verstimmung</u>: gemieden werden sollen grundsätzlich Kohlsorten (75, Emmerich), Hülsenfrüchte (37, Köln) und auch Sauerkraut (8, Uckerath). Ist jedoch der Ernstfall eingetreten, helfen Tees: Wermut, Rainfarn (81, Nirm), Kamille, Pfefferminze, Minze, Tausendgüldenkraut und Kümmel (207, Winterspelt). Ebenso wirksam sollen sein: Haferschleim, Elz als Schnaps am unteren Niederrhein, eine dünne Milchsuppe (86*, Düsseldorf), Kartoffelsuppe (73, Lahnstein) oder, fünffach für den Hunsrück belegt, eine einfache Wassersuppe: *Butter mit Zwiebel gebräunt etwas Salz und Maggi, mit Wasser aufgießen und etwas Weißbrot hineingeben* (58, Mörschbach). An festeren Speisen: *abgekochtes, ungewürztes mageres Fleisch, Kartoffelpürree ohne Salz, Haferschleim* (226, Linnich-Körrenzig). Grießbrei ohne Zucker und Fett (156, Schweppenhausen), geriebener Apfel und in einem Fall sogar Rauchfleisch (71, Rees). Mehr im kinderpsychologischen Bereich anzusiedeln ist ein Rezept aus Gangelt-Harzelt (107): *... von meiner Mutter wurden uns bei kleinen Weh-Weh-chen Eierkuchen gebacken, wobei der Schnee vor dem Backen mit dem Dotter vermischt wurde, bes. bei Magenverstimmung.*

Bei <u>Blähungen</u> verschaffte Pfefferminztee Luft (116, Kerken).

Schlug die normale Verdauung in <u>Durchfall</u> um, nahm man stopfende Speisen oder Getränke zu sich: Reis, Zwieback, Kakao oder, in einem Winzerhaushalt in Alf an der Mosel (224*), Blockschokolade.

Gestampfte Holzkohle war in Hückeswagen (13) schon während der 1920er Jahre in den Drogerien zu haben. Daß Rotwein stopfen soll, glaubte man in Bonn-Beuel (251), und ein roh geriebener Apfel mit Schale war allgemein als Heilmittel bekannt. Eine besondere Bedeutung bei der Bekämpfung von

Durchfall kam den Waldbeeren zu: ... *wurde in einem Dorfladen für 20 Pfg. in einem kleinen Fläschchen Waldbeersaft geholt, teelöffelweise eingegeben* (260, Meerbusch). Im Aachener Raum und in der Nordeifel dienten selbst gesammelte und getrocknete Waldbeeren diesem Zweck, und in Hürtgenwald (11) galt dies auch für Birnen.

Spitzwegerich linderte die unangenehmen Beschwerden von <u>Hämorrhoiden</u> (150 b, Gressenich).

Bei allgemeinen <u>Nieren- und Blasenerkrankungen</u> gab es Brennesseltee (46*, Emmerich), Rainfarn (81, Nirm) oder, wie in Gressenich (150 b), Johanniskraut- und Hagebuttentee.

<u>Fieber</u> und fiebrigen Entzündungen rückte man mit einer ganzen Liste bewährter Hausmittel zu Leibe. Vor allen Dingen Obstsäfte, warm oder kalt, aus Birnen (33, Mönchengladbach-Neuwerk), Pfirsichen, Himbeeren, Kirschen. Auch Tees waren nicht zu verachten: Holunderblüten, Lindenblüten, Schachtelhalm, Pfefferminz, Fenchel, Kamille. Besonders dem Holundersaft wurden Heilkräfte zugeschrieben, wie u. a. das Rezept für warme oder kühle Holundersuppe aus Duisburg-Hochemmerich (190) zeigt: *Zu der Holundersuppe wurden die Beeren aufgekocht und durchgesiebt. Der Saft wurde in Flaschen aufbewahrt, bei Gebrauch mit Wasser verdünnl, dazu kam dann Zucker und etwas Zitronensaft und alles wurde mit etwas Mondamin - damals wohl eher Maizena abgebunden.* Andere probate Mittel waren *Schmalz mit Muskat auf die Brust* (85, Korschenbroich) oder *Huflattich-Umschläge (rauhe Seite auf die Haut)* in Hückeswagen (13). Diese Umschläge erinnern natürlich an die kalten Wadenwickel, die überall angewendet wurden. In einem gutbürgerlichen Haushalt in Xanten (108) trank man bei Fieber eine Weinsuppe, in Lahnstein (73) dagegen eine salzige Fleischbrühe.

Bei <u>Erkältung</u> gab es häufig heiße Milch mit Honig, sofern nicht ein Husten dem Genuß von schleimfördernder Milch entgegenstand. Ansonsten trank der Kranke Fliedertee, schweißtreibenden Lindenblütentee, Zwiebelsaft mit Zucker (151, Schiefbahn; 241, Lindlar), Blaubeersaft, heißen Holundersaft oder *helles Bier mit Zucker*, gekocht und heiß getrunken (149, Schleckheim). Kamillendampfbäder halfen ebenso wie das Gurgeln mit Salbeitee (245, Erkrath) oder Salzwasser (249, Busch). Kamen Halsschmerzen oder gar eine Mandelentzündung hinzu, linderten heiße Pellkartoffelpackungen um den Hals oder, und dies mit dem Zusatz *Kein Witz!* versehen, ein aufgeschnittener Hering (82 a, Mannebach). Ein in seiner Zusammensetzung ungewöhnliches Gemisch bereitet eine jetzt 71-jährige Rentnerin aus Emmerich (15), die zwischen den Weltkriegen als Hausmädchen gearbeitet hatte: *Kalmus, Lakritz, Pfefferminz u. Zwiebeln in einem Topf gekocht u. heiß gereicht.*

Dies erinnert an ein Rezept aus Hürtgenwald (11), das bei <u>Husten</u> angewendet wurde: *ein Sud aus getrockneten Ilex-Beeren, getrockneten Brombeerblättern und Hafer-Ähren, Kandiszucker (= Brustzucker) und Lakritz (= Klitsch).* Haferstrohtee gab es auch in Schiefbahn (151), und Brombeerblättertee bzw. Brombeersaft waren erprobte und schmackhafte Hustensäfte. *Brombeersaft gab man Kindern mit viel guter Butter ...* (258, Hürtgenwald-Straß). Stand jedoch kein Saft zur Verfügung, behalfen sich die Lessenicher (119) mit einem Löffel Brombeergelee, mit heißem Wasser übergossen und heiß getrunken. Auch Brustwickel mit Schmalz und Muskat sollten (wie auch bei Fieber) helfen (226, Linnich-Körrenzig) und natürlich der bekannte und offensichtlich bei Kindern sehr beliebte Saft, der aus schwarzem Rettich, ausgehöhlt und aufgehängt, und Kandiszucker entstand. Bei einer ausgewachsenen Bronchitis verschaffte, gerade für Kinder, eine spezielle Rezeptur Linderung: *Tannenspitzen wurden im Wald im Juni gepflückt (in einem Körbchen, nicht in Plastiktüte gesammelt), Insekten und Ungeziefer wurden entfernt. Dann gab man die Tannenspitzen in ein unten mit Zucker gefülltes Glas, darauf füllte man wieder Zucker, darauf Tannenspitzen, dann wieder Zucker usw. Oberste und unterste Schicht mußte immer Zucker sein. Das Glas wurde mit einem Leinenlappen abgedeckt und im Dunkeln abgestellt. Nach 1 Monat ist soviel Saft gezogen, daß er über den Tannenspitzen stand. Dieser wurde durch ein Sieb in eine Flasche geschüttet. Dieser Saft kann auch im Tee, allerdings nicht zu heiß, sondern kalt eingenommen werden. Er ist sehr süß und schweißtreibend.* (258, Hürtgenwald-Straß)

Entzündungen: Umschläge von Kamillenaufguß (245, Erkrath), *Packungen von Leinsamen od. frisch gekochten Kartoffeln* (207, Winterspelt), ein Teilbad in gekochtem Haferstroh (218, Rees-Speldrop) oder, bei Nagelhautentzündungen, in grüner Schmierseife (42*, Nieukerk). Bei Zahnentzündungen halfen Kamillensäckchen (204, Kreckersweg; 150b, Gressenich), in Kissen eingenähte Haferstreu (116, Kerken) oder *Salbei ... ein Stück hinter den Zahn gelegt* (ebda.) Schmerzen bei Gelenkentzündungen linderten Packungen mit Heublumen (220, Haldern) oder Tee aus Zinnkraut (241, Lindlar).

Bei Geschwüren und Ausschlag griffen die Rheinländer hin und wieder zu recht ungewöhnlichen oder gar drastischen Mitteln. Ein Bad in Kamille (225, Rees-Wittenhorst) oder mit Weizenkleie (238, Emmerich), Packungen mit gekochtem Roggenbrei (220, Haldern), Einreiben mit *Heilöl ... aus Rüböl und Johanniskraut* (79, Aphoven) oder das Auftragen von Nieren- und Darmschmalz ohne Salz (249, Busch) - all dies erscheint uns heute noch verständlich. Problematischer wird es aber bei Quarkumschlägen oder Honigumschlägen bei eitrigen Geschwüren (143, Aachen), wenn eine Scheibe fetter Speck aufgelegt wurde (216, Nettetal-Breyell) oder selbsthergestellte Pasten: aus kleingeschnittener Vogelmiere mit ungesalzener Butter (19, Brünen) bzw. geriebenem Grünkohl mit Öl vermischt (210, Kapellen).

Wunden wurden man nicht nur in Aphoven (79) mit Johanniskrautöl behandelt, Schnittwunden mit Harnlimmeröl (165, Groß Klev), Schwellungen mit Quarkumschlägen (238, Simmerath) und Verstauchungen mit *Tonerde oder Schnaps zum Kühlen* (42*, Nieukerk). Um Furunkel zu kurieren, ... *machte man eine Packung aus weich gekochten heißen Kartoffeln* (226, Linnich-Körrenzig).

Probates Mittel gegen Würmer war Rainfarn (81, Nirm; 226, Linnich-Körrenzig), über den eine Gewährsperson aus Heisterbacherrott (256) folgendes berichtet: *Gegen Maden und und Würmer gab es 'Rewansknöpp' aus dem 'Kruckwösch' = knopfförmige gelbe Blüte des Rainfarns, später gab es die auch in der Apotheke oder Drogerie. Sie waren gesüßt wie Liebesperlen.*

Bei <u>Gewichtsverlust</u> sollte Ziegenmilch aufpäppeln (22, Rees), Mittel gegen <u>Pocken</u> waren frische aufgelegte Salatblätter (218, Rees-Speldrop), bei <u>Nesselfieber</u> Rhizinus (251, Bonn-Beuel), und ganz allgemein schließlich wird Brennesseltee als blutreinigend beschrieben (258, Hürtgenwald-Straß).

<u>Rheuma und Gicht</u>: Rainfarn (81, Nirm) und vor allem Birkenblätter wie in einem Rezept aus Hürtgenwald-Straß (258), wobei sich hier wiederum der Besuch einer Kochschule ausgewirkt haben kann: *Die Birkenblätter werden nachmittags, nicht morgens, weil dann Tau auf den Blättern hängt, gepflückt. Sie werden trocken in ein Körbchen geerntet, dann auf einer Holzhürde getrocknet, vorher jedoch von Insekten und Spinnen befreit. Die trockenen Blätter werden klein gerieben und zu Tee verarbeitet. Eine Tasse Blätter wird angesetzt, aber nicht gekocht, da beim Kochen die Heilstoffe verloren- gehen. Der Tee muß eine Nacht lang ziehen und wird morgens kalt, schluckweise getrunken. Man kann die Birkenblätter auch in einem Apfelsinennetz in die Badewanne hängen.*

Gegen <u>Kopfschmerzen</u> half in Kissen eingenähte Haferspreu (116, Kerken) oder zum Kühlen ein *Kappes-Blatt* (82a, Mannebach - wieder mit dem Zusatz *Kein Witz!*). Obwohl viele Gewährspersonen schreiben, daß in ihrer Familie nicht getrunken wurde - aus Sparsamkeit oder Überzeugung -, kennen doch sehr viele die gängigen Rezepte nach allzu exzessivem Alkoholgenuß am Vorabend: Hering gesalzen, sauer, grün oder als Rollmops, Gurken, Sardellenbrötchen (243/44, Köln), Bohnenkaffee, auf dem Hunsrück mit Salz, Fleischbrühe (eher wohl für den angegriffenen Magen), rohes Sauerkraut (29*, Bornheim- Walberberg) bis hin zu ein wenig Alkohol als Kontraindikation, um die Entzugserscheinungen zu mildern. Zusammenfassend kann festgehalten werden, daß mit wenigen, selbst und mit geringem Aufwand herstellbaren und eigentlich recht einfachen Mitteln allen gängigen Krankheiten begegnet werden konnte - und das sicherlich nicht zum Schaden der Menschen, wie etliche Gewährspersonen ausdrücklich betonen.

Dem Erfindungsreichtum sind keine Grenzen gesetzt
Speisen und Zusätze in Notzeiten

Zusätzlich zu den selbst gezogenen oder zugekauften Nahrungsmitteln wurden etliche in Wald und Feld gesammelt und bereicherten den täglichen Tisch. Dies waren vor allem Pflanzen wie Brennesseln, Löwenzahn, Sauerampfer, Breitwegerich, Spitzwegerich, bis hin zu Schlehen, Holunder und Mehlbeeren. In krassen Notzeiten , wie im berüchtigten Rübenwinter (1917/18) während des Ersten Weltkrieges, gab es fast nur ein Gemüse, nämlich die Steckrübe: *Schlimmste Notzeit war vor allem von Herbst 1917 bis Frühsommer 1918, wo Steckrüben die Ersatznahrung für Vieles bildete: Steckrüben täglich mittags zum Gemüse statt Kartoffeln, das davon Übriggebliebene abends als 'Bratkartoffeln'. Steckrüben, zu Marmelade verarbeitet, als Brotaufstrich (ohne Butter natürlich). Steckrüben geschnitzelt, gedörrt, gebrannt als Malzkaffeeersatz.* Dies also selbst in einem Weseler Beamtenhaushalt (49˙), der vermutlich nicht schlecht gestellt war.

Spinat aus Rübenblättern, Kleie zum Backen von Pfannkuchen (216, Nettetal-Breyell), Ebereschenbeeren für Marmelade, Wibbelbohnen, und in der südlichen Eifel sowie auf dem Hunsrück teilweise Pilze (aber nur in Notzeiten) - übliche und durchaus gebräuchliche Nahrungsmittel, wenn es 'mal knapp wurde'. Und zum Thema Brennessel ein Bericht aus Radevormwald (27c): *Als Kinder mußten wir, mit Handschuhen, Korb und Schere bewaffnet junge Brennesseln, höchstens 10 centm. groß, an Hecken und Waldrändern suchen. Man ließ sie kurz aufwallen, damit die Vitamine nicht verloren gingen. Der leicht braune Sud wurde weggeschüttet wegen des strengen Geschmacks. Dann mit Beigaben gekocht wie Spinat oder Mangold. Es hatte den Vorzug, daß man schon Frischgemüse hatte, wenn die Saat ... im Garten noch am keimen war. Manchmal waren uns die Handschuhe lästig beim pflücken. Es juckte ganz schön an den Fingern. Und so stellte ich einmal beim Mittagessen die kindlich-naive Frage: 'Moder, worümme brennt dä Brenni'etteln dann nich im Liewe?'*

Etwas ganz anderes konnte geschehen, wenn sich die Nachbarn oder Dorfbewohner durch Ungewohntes überfordert sahen. So in einem Griethausener Lehrerhaushalt (61) mit einer Pflanze, die wir heute allgemein als Delikatesse betrachten: *Mein Vater legte schon früh ein Spargelbeet an. Die Leute, die diese Pflanze nicht kannten, verulkten uns, die wir weiße Wurzeln essen mußten. Auch 'waren wir nicht fähig', den Garten aufzuräumen, da das Spargelkraut noch lange stehen bleiben mußte.*

Notzeiten machten erfinderisch: Die Hausfrau längte oder veränderte die Speisen und paßte sie so den schlechten Zeiten an. Dabei ist nicht die Rede

Abb. 19
Spargelstechen am Vorgebirge. Bornheim, 1936.

von absichtlichen Verfälschungen, wie sie teilweise im 19. Jahrhundert schon gang und gäbe waren: bis zu 20% Gips im Weißbrot oder Schwefelsäure im Schnaps, um die Rauschwirkung zu erhöhen. Es geht vielmehr darum, sich mit den von außen aufgezwungenen Umständen zu arrangieren. Einen sehr guten Überblick über gängige Zubereitungsarten gibt ein Bericht aus Aachen (143):*Kuchenteig wurde ebenfalls über gängige Zubereitungsarten mit gekochten, durch gepreßten Kartoffeln „gelängt"; geriebene Möhren gaben z.B. Napfkuchen Farbe und „Saft", man brauchte weniger Eier; Malzkaffee: um Farbe zu geben verwendete man Zichorien mit (Wegwarte) und sparte so Getreide; an Rührei kam mehr Mehl als Ei! Pfannkuchenteig wurde statt mit Eiern mit Mehl und Backpulver gemacht; es gab einen Brotaufstrich aus (wenig) Leberwurst, Backhefe und gekochten Kartoffeln gemischt; man süßte Rhabarber z.B. mit Sirup aus Zuckerrüben; Kohlrabi- oder Möhrengemüse wurde mit Steckrüben gestreckt; „falscher Hase": wenig Gehacktes mit viel gekochten, geriebenen Kartoffeln, Zwiebeln, Ei und etwas Milch zum Binden zu Teig verarbeitet, in Back- oder Auflaufform gebacken oder im Wasserbad gekocht; helles Brot wurde zweimal gebacken (wie Zwieback) man kaute länger daran. „falsche Koteletts": dünne Speckscheiben paniert und gebraten; aus Blut und Roggenmehl wurde „fleischlose" Blutwurst gemacht;....* Der Vater der 56-jährigen Gewährsfrau war Baumeister, die Familie verfügte über einen Garten, 2 Kühe, 4 Schweine, Hühner und Gänse - trotzdem kamen in den Jahren um den Ersten Weltkrieg auch hier Notspeisen auf den Tisch.

Was gab es zu Notzeiten im einzelnen an Speisen?

An erster Stelle steht ein Brotaufstrich, der im ganzen Rheinland üblich war: Eierschmier, um nur einen der vielen Namen zu nennen. Die verschiedenen oder auch gleichen Zubereitungsweisen sind im Glossar nachzulesen.

Botterschmeer war Butter mit Kartoffeln verknetet(41, Kapellen), *Klotzebutter* ausgelassener Speck mit Mehl, Milch und Ei (189, Waldorf), *Streckbutter* eine aufgerührte Butter mit Mehl, Milch und Ei (119 Lessenich), *Butter mit Eigelb und Eischnee verlängt* (92, Süggerath), die *Marmelade wurde mit Griesbrei aufgelängt* (81, Nirm), und manchmal *wurde das Brot mit einer Hühnerfeder befeuchtet und mit Zucker bestreut* (206, Mönchengladbach-Neuwerk). Eine noch einfachere Methode kannte man in Niederdollendorf (233): *eingeweichte Brötchen mit Thymian und Majoran.*

Gängige Zugaben zum Brotteig fand man in Holzmehl (nach dem Ersten Weltkrieg in Niederdollendorf, 233), sehr häufig in Mais, gemahlenen Bucheckern (230, Rees), gekochten Kartoffeln für Weiß- oder Schwarzbrot, Gerstenmehl (*Das Brot aus diesem Gemisch - Anmerkung: Roggenmehl mit Gerstenmehl - hatte einen bitteren Geschmack und war oft mit Rissen durchzogen* (145, Dichtelbach) oder auch in ausgesiebter Kleie.

Süßspeisen kamen kaum auf den Tisch, einmal abgesehen von dem gekauften oder auch selbst produzierten Rübenkraut, das noch mit Wasser (192, Kerken) oder gar mit Kaffee gestreckt und verdünnt wurde (226, Linnich-Körrenzig). Aus Kirchberg bei Simmern (171) stammt ein Rezept für Honigersatz: *Buttermilch und Zucker wurde solange gekocht, bis es eine honigähnliche Masse war, wurde dann als Brotaufstrich gegessen.* Einfacher machten es die Krefelder (115): *... bestrich man eine Scheibe Brot mit Margarine, streute Zucker darauf und stellte sie in den heißen Backofen. Der Zucker karamelisierte und man hatte nachher den Geschmack von Honig.* Marzipan, wurde aus *gekochtem Gries mit Zucker und Mandelaroma* gewonnen (150a Krauthausen), oder aus gekochten Kartoffeln mit Bittermandelöl und Zucker (194, Bergisch Gladbach; 13, Hückeswagen), und als Ersatz für Schlagsahne galt *gesüßter Eischnee, eventuell mit etwas Himbeersaft* (194, Bergisch Gladbach).

Fleisch und Wurst gehörten selbst in normalen Zeiten nicht zu den häufigen Speisen auf rheinischen Tischen. Der zum *Arbeiterkotelett* panierte Bauchspeck (192, Kerken), ebenso panierte Selleriescheiben (105b, Gressenich), Frikadellen aus Brot, Fleischresten und Schwarten (z.B. 222, Geldern), die mit Mehl verlängerte Blut- oder Leberwurst, die mit Milch vermengte Leberwurst, die sich dann besser streichen ließ (115, Krefeld) - aus der Not geborene Speisen. Aus Winterspelt (207) in der Eifel wird berichtet: *In die Blutwurst kam gekochter Weißkohl od. Kohlrabi, die war dann zum Braten geeignet.* (vgl. Weißkohlwurst). War die Wurst knapp, erlaubte man sich in Moers

Abb. 20
Suppenausgabe an der evangelischen Schule. Eschweiler, 1947.

(40) einen kleinen Selbstbetrug: *Die Wurstscheiben wurden an den Rand der Brotscheibe gelegt. Es sah dann so aus, als ob die ganze Scheibe belegt sei.* Eine andere „Ersatzleberwurst" kannte man in Bergisch Gladbach (194): *... mit ein paar 'Pielen' Speck, Mehl, Bouillonwürfel und viel Thymian.*

Viele Hausfrauen schließlich erinnern sich noch daran, wie sie Bratkartoffeln auch ohne Fett schön knusprig und braun aussehen lassen konnten: durch die Verwendung von Kaffeesatz. Wie dies schmeckte, schreibt allerdings keine der vielen Gewährspersonen.

Beim Kaffee selbst mußten viele Körner, Wurzeln etc. als Ersatz herhalten: Roggen, Gerste, Hirse (13, Hückeswagen), Zichorienwurzel, Eicheln, Mehlbeeren, Steckrüben (49*, Wesel) und Bucheckern. Über die Zubereitung: *Gerste gemahlen und gebrannt in gußeisernem Topf (Kasterol) mit etwas Zucker und Fett. Zucker, damit es blinkt ..., genannt Muckefuck.* (117, Kerken)

Reibekuchen bestanden in Notzeiten aus gut gewaschenen Kartoffelschalen, die die sparsame Hausfrau durch den Fleischwolf drehte (86*, Düsseldorf, ähnlich 118, Mechernich). In Mönchengladbach-Neuwerk (206) wurde die Reibekuchenpfanne *mit einem in Lebertran getränkten Korken eingerieben.* Kakaoschalen dienten als Kakaoersatz (71, Rees), kleingeschnittenes Dörrobst (111, Moers) oder gedörrte Kirschen (251, Bonn-Beuel u.a.) für

Rosinen, Safran ersetzte Eier *zum Färben von Grieß oder Kuchen* (120, Lessenich), Selterswasser oder Natron das Backpulver (256, Heisterbacher-rott), und Bucheckern mußten als Nüsse herhalten (222, Geldern), Hafer-flocken (160, Stromberg) oder Kürbiskerne (236, Königswinter). Geröstete Haferflocken ersetzten übrigens in Königswinter (236) auch die Streusel auf dem Kuchen.

Abschließend aus der Zeit der beiden Weltkriege und den Jahren danach zwei Kuchenrezepte, die zwar aus Köln stammen (Kk.), aber so oder in ähn-licher Form überall gebacken wurden:

Möhrentorte ...

Zutaten: 375 g rohe geriebene Möhren, 1 Ei oder Eiersatzpulver, 150 g Grieß, 200 g Mehl, 150 g Zucker, 1 Backpulver. Zubereitung: Nachdem man Ei und Zucker schaumig gerührt hatte, mischte man die geriebenen Möhren unter und dann die übrigen Zutaten. In einer mit Pergament ausgelegten Torten-form wurde die Torte gebacken. Die Möhrentorte schnitt man waagerecht durch und füllte sie mit Marmelade oder Vanillecreme.

Kaffeetorte ...

Die Torte wurde aus Mehl, „Kaffeesatz", also gemahlenem Bohnenkaffee, aus dem man Kaffee gekocht hatte, Backpulver, etwas Fett, Zucker oder Süßstoff gebacken. Die Kaffeetorte schnitt man waagerecht durch und füllte sie mit Marmelade oder einer Creme.

Daneben nahmen sich die „Manöverplätzchen" aus dem Ersten Weltkrieg sehr bescheiden aus. Es waren die Zwiebacke aus der eisernen Ration der englischen Soldaten: *... etwa 5 cm - quadratische Plätzchen von schnee-weißem Mehl. Für die deutschen Kinder war das eine Kostbarkeit.* (131, Köln)

Aus rheinischen Landen: Frisch (?) auf den Tisch

Brikett und Holz in Scheunen und Kellerräumen; heute in Öltanks draußen, jedoch meistens in Heizölräumen des Kellers (185, Mechernich) - mit diesem nahezu klassisch anmutenden Mißverständnis beginnt eine Betrachtung über das Vorratswesen und speziell darüber, wie verschiedene Nahrungsmittel möglichst frisch durch den Winter gebracht werden konnten.

Wichtigste Voraussetzung für eine zweckmäßige und langandauernde Aufbewahrung waren geeignete Räumlichkeiten, die kühl, dunkel und trocken mit etwas Restfeuchte sein sollten. Auf dem Lande gab es diese Räume fast immer, in der Stadt jedoch, wie in der Kruppsiedlung in Duisburg-Hochemmerich (190), galten andere Gesetze: *... dafür waren die Wohnungen zu klein und der Keller zu warm. Die Angebote auf dem Markt und im Konsum verlockten aber auch dazu, keine Vorratshaltung zu betreiben. Die Waren waren dort ja viel frischer.*

Alle Backwaren, Weiß-, Grau- oder Schwarzbrot sowie Kuchen und Gebäck, lagerten im Keller oder zumindest in einem kühlen Raum. Mäusesichere Aufbewahrung gewährleistete eine trickreiche Konstruktion: Von der Kellerdecke herunter hingen die Bretter an Seilen oder Eisenketten, und zwar so, daß von allen Seiten gut Luft an die Brote herankam: *lose auf eine Planke* (19, Brünen). Ebenfalls beliebt waren einfache Wandbretter oder ganze Holzregale wie auch Fliegenschränke, die hin und wieder im Erdgeschoß untergebracht waren. Steinguttöpfe, gut geeignet für die Brotlagerung, wurden manchmal ambulant gekauft: *Händler aus dem Kannebäckerland kamen nach Düsseldorf und fuhren mit ihren vollbeladenen Wagen voller gebrannter Tonerde durch die Straßen und priesen ihre Waren an.* (Düsseldorf, 34). Diese „Döppen" wurden häufig mit Leinentüchern abgedeckt, das Brot hielt sich bis zu 14 Tagen. War es schon etwas älter, legte die Hausfrau speziell das Schwarzbrot *in feuchte Tücher ..., dann schmeckte es wie frisch* (92, Süggerath).

Der gute, alte Brotkasten, aus Holz, Blech oder Emaille, stand in der Küche (106, Willich) oder eben im Keller. Leinensäckchen dienten ebenso der Aufbewahrung von Brot (252, Mendig) ebenso wie die Backmulde. Gab es ein Backhaus, sei es gemeinschaftlich (*Backofen fürs Dorf, Stellage für alle Bewohner beim Backes* - 85, Korschenbroich) oder als Hausbackes (8, Uckerath), lagerte dort das Brot. Kleine Holzkisten schließlich dienten in Moers (111) dazu, *in der Form nicht ganz gelungene Brote oder Brot aus Teigresten*, die nach dem Backen im Ofen getrocknet worden waren, für die Brotsuppe aufzunehmen.

Frisches Fleisch lagerte nur in Ausnahmefällen im Sommer, und zwar kurzfristig in einem Steinguttopf im Keller (245, Erkrath). Ansonsten mußte es, ebenso wie Wurst, haltbar gemacht werden. Eine ungewöhnliche Interpretation dieses Themas liefert ein Landwirt-Ehepaar aus Gangelt-Harzelt (107): *Eine Art Frischhaltung auf Umwegen könnte man sagen, war die Sitte, beim Schlachten die 'Nächstnachbarschaft' mit einer Schüssel Pannhas (Gekrüüsch), einer Bratwurst und ein Stück Kotelett (Karmenad) zu beschenken.*

Kleinere Mengen Mehl kamen in einen Steintopf auf den Speicher, größere in Mehlsäcke (*besonders fein gewebte Hanfsäcke* - 170, Niederkostenz), *dessen Oberkante nach außen aufgerollt war für die Lüftung* (26, Aldekerk). Ein Stock, in das Mehl gesteckt und hin und wieder bewegt, sollte vermeiden helfen, daß das Mehl „sticksig" wurde. Verselbständigte es sich trotz aller Vorsichtsmaßnahmen, bekamen der Wetterfrosch (244, Köln) oder die Goldfische (246, Holthausen) die Mehlwürmer.

Obst lagerte, sofern nicht durch Trocknen oder andere Methoden konserviert, im Keller auf luftigen Gestellen oder manchmal auch *in Roggenkornvorräten auf dem Speicher* (19, Brünen).

Gemüse hielt sich besonders an zwei Orten frisch: entweder in der Miete oder im kalten Keller. Eingemietet wurden *Möhren, Steckrüben, Schwarzwurzeln, Rote Beete ... in eine ca. 1/2 m tief ausgehobene Grube und ... dick mit Laub abgedeckt, dann zugegraben* (61, Griethausen). In Nettetal-Breyell (216) *... (wurden) Weißkohl, Wirsing und Rotkohl ... den Wurzeln noch oben in flache Furchen im Garten gelegt und mit wenig Erde oder Laub abgedeckt. Kohlrabi, Möhren und Futterrüben kamen in eine Grube.* In Lessenich bei Euskirchen (119) kam auf die Miete mit Kohlgemüsen eine Schicht Bohnenlaub. Sellerie lagerte ebenfalls in der Miete, aber auch in Lehm eingepackt im Keller (95, Bardenberg/Aachen). Beliebt war die Methode, erntefrische Gemüse in ein Sandbett zu stecken: Rote Bete, Möhren, Sellerie, weiße Rüben. Manche Kohlsorten hingen an den Strünken im Keller (212, Neviges-Heiligenhaus), andere blieben im Freien stehen: *Wirsing blieb im Garten stehen, mit Erde eingeschlagen, nur Köpfe frei, wenn besonders kalt, dann Säcke drüber. Rotkohl im Keller, ich habe die Köpfe immer auf die Kartoffeln gelegt, Kohlrabi ebenso. Rosenkohl (erst seit 30er Jahren bekannt) ließ und läßt man ebenso wie Krauskohl im Garten stehen.* Oeverich (229), woher der Bericht stammt, hatte zu der Zeit (etwa 1920-1950) rund 300 Einwohner, war landwirtschaftlich strukturiert und wies sehr gute Böden auf. Die unersetzlichen Kartoffeln lagerten in Mieten oder in einem großen Kartoffelkeller, dunkel und kühl, aber frostfrei. Zwiebeln hingen zopfweise im Keller.

Fett hielt sich am besten in Steinguttöpfen, die im Keller standen. Sei es nun das *Überschußfett beim weihnachtlichen Geflügelbraten* (13, Hückeswagen) oder die im Winter besonders geschätzte, gesalzene Maibutter (146, Aachen-Kornelimünster) - ein Pfund Salz auf 20 Pfund Butter. Aus Köln (5) kommt die Nachricht über ein spezielles Sommerbehältnis, das heute wieder häufiger anzutreffen ist: *Im Sommer kam die Butter in eine sogenannte Butterdose. Das war ein Topf aus rotem Ton, der einen Glaseinsatz hatte. Der*

Tontopf wurde mit kaltem Wasser gefüllt, das oft frisch erneuert wurde, und die Butter stand, eingestrichen in dem Glaseinsatz, in dem kalten Wasser und hielt sich so frisch und fest. Auch hier handelte es sich um gesalzene Butter; ebenso wurde Margarine, *einmal im Monat von Bremen geschickt,* haltbar gemacht und im Keller aufbewahrt (241, Lindlar). Der Aspekt „Fett" wäre unvollständig ohne das Rezept aus Elten (97) für die Zubereitung von Bratfett: *1 Teil Rinderfett, 1 Teil Schmalz, 1 Teil Margarine u. 1 Teil Oel. Dieser 'Fettopp' hielt sich unbegrenzt.*

Nicht unbegrenzt halten konnten sich Produkte wie Milch, Quark, teilweise Käse und Eier. Milch fiel entweder täglich an (ländlicher Bereich) und kam in den Keller (bzw. wurde in der Kanne an einer Kette in den kalten Brunnen hinabgelassen - 19, Hamminkeln-Brünen) - oder aber wurde im Laden bzw. in der Molkerei gekauft. Die bei der Weiterverarbeitung entstehende Buttermilch war Grundlage für Suppe im Haus, Magermilch wurde verfüttert. Die Hausfrauen legten Eier, und zwar hauptsächlich die Augusteier, ein: in Kalk bzw. Garantol und später in Wasserglas, in Ausnahmefällen auch in Salyzil (236, Königswinter) oder einfach in Salzlake (57, Ellern/Simmern). Eingepackt in Papier hielten sie vielleicht ein bis zwei Wochen, in Getreidekörnern bis in den Winter hinein: Hafer (195, Sinzig), Weizen (239, Kirf) oder meistens Roggen (107, Kreuzrath; 31d, Wassenberg).

Konservierung alter Art ...

Nahrungsmittel haltbar zu machen und damit vor allem den winterlichen Speisezettel etwas abwechslungsreicher zu gestalten, war schon immer das Anliegen jener Rheinländer, die aus wirtschaftlichen Zwängen heraus sparen mußten - und das waren bis nach dem Zweiten Weltkrieg eigentlich die meisten. Auf dem Land bot sich die Konservierung der eigenen Ernten und Schlachterzeugnisse an, in den Städten versuchten die Hausfrauen, die Wirtschaftskosten möglichst niedrig zu halten. Aus dem ländlichen Bereich, genauer gesagt von einem großen Hof bei Nieukerk (42*), kommt ein ausführlicher Bericht aus der Zeit zwischen den beiden Weltkriegen. Er bezieht sich zunächst nur auf die Konservierung von Fleisch:

Fleischkonservierung erforderte viel Kenntnis und Aufmerksamkeit. Schweine wurden nur in der Zeit von Ende Oktober bis Anfang März geschlachtet. Dies etwa bis in die Jahre 1935-38. Zerlegt wurde das Schwein in Hinterschinken mit dem Knochen, vom Vorderschinken nur einige feste Stücke - die kleineren Stücke wurden für die Mettwurst gebraucht -; Rippen, Eisbein,

Abb. 21
Schlachter auf dem Weg zu einer Hausschlachtung. Esserden, um 1922/23.

Abb. 22
Nach dem „Brühen" wird das Schwein zerlegt. o.O., o.J.

fetter und durchwachsener Speck wurden gepökelt. Bauch, Kopf, Leber, Lunge, Herz, Schwarten und Speckwürfel kamen in Leber- und Blutwurst. Sehr wichtig war das Flomenfett, das zu Schmalz ausgelassen wurde. In Notzeiten verarbeitete man auch das Darmfett. Das Fleisch wurde 3-4 Wochen, je nach Gewicht des Schweines, gepökelt, dann über Nacht gewässert und ca. 10 Tage luftgetrocknet. Dann kam es in den großen Rauchfang. Im Abstand von einigen Tagen wurde es je einen Tag lang mit Buchenholz und Sägemehl geräuchert. Wurst wurde nur in Schweinedärme gefüllt. Darin mußten Leber- und Blutwurst sehr vorsichtig bei 80 bis 90 eineinhalb Stunden erhitzt werden. Ab 1934 kamen auch Papierdärme in den Handel. Eine gute Mettwurst wurde vorsichtig durch festes Füllen - es durften sich keine Luftblasen bilden - hauptsächlich in die geraden Mastdärme gefüllt, dann langsam getrocknet, geräuchert und in einem kühlen Raum, der für alle Fleischdauerware separat gehalten wurde, aufbewahrt. Es war die Fleischkammer, die durch Fliegenfenster gegen Ungeziefer geschützt war. Der gut getrocknete Schinken kam trotzdem aus Sicherheitsgründen noch in einen Nesselbeutel. Als es noch kein Einmachen in Gläser gab, wurde Blutwurst z.T. getrocknet, bei der Leberwurst war aber das Risiko auf längere Zeit hin größer. Vor allem durften bei diesem Verfahren in der Wurstmasse keine Mehlzusätze sein. Bei Bratwurst gab es ein Spezialverfahren: Sie wurde in Dünndärme eingefüllt und gebraten, dann in passende, sterile Gefäße ein-

Abb. 23
Hausschlachtung.
Mastershausen, 1940.

gerollt und siedendes Schmalz darüber gegossen. Die Wurst war damit luftdicht abgeschlossen und das für mehrere Wochen. Diese Wurst war das
Fleischgericht des Sonntagsessen. Mit dem Einwecken, das um 1910 bis
1914 bei uns seinen Einzug hielt, wurde das Mittagessen, aber nur allmählich, vielseitiger gestaltet, vor allem bei den Fleischgerichten. Im Ersten
Weltkrieg wurden Bratfleisch, Leber- und Blutwurst schon eingeweckt, aber
nur in kleinen Mengen; denn die Gläser waren Mangelware. Das Tiefgefrieren hielt bei uns 1954 seinen Einzug. Zwei Jahre davor war der Kühlschrank
da. Unser Keller war so kalt und luftig, daß ein Fliegenschrank genügte.

Hausschlachtungen fanden, so Schlachtvieh vorhanden war und geeignete
Räumlichkeiten und Geräte zur Verfügung standen, verständlicherweise in
den Wintermonaten zwischen Oktober und März statt, im Xantener Raum
(109) zu zwei Terminen: nach Allerheiligen und nach Weihnachten. Seltener

geschlachtet wurde im Sommer: nur auf wichtige Ereignisse wie Kirmes, Hochzeit etc. hin. Schlachttiere waren überwiegend Schweine, nur ausnahmsweise Rinder, die zugekauft wurden.

Die größeren Fleischstücke wie Schinken, (*ab den 30er Jahren ... ausgebeint* - 168, Ober Kostenz), Vorderschinken und Speck mußten zunächst einmal eingesalzen werden: entweder ohne Flüssigkeit - die wasserziehenden Eigenschaften von Salz sind bekannt - oder aber direkt in die Pökellake: *13 l Wasser, 5 (Pfd.) Salz, 3/4 (Pfd.) Kandis* (218, Rees-Speldrop). Um eine schönere Rotfärbung des Schinkens zu erreichen, setzte man hin und wieder Salpeter zu (u.a. 76, Elten; 223, Geldern-Hartefeld; 1, Strempt). In Wassenberg-Myhl (208) blieb das Fleisch zunächst eine Woche im Salz liegen und wurde erst dann mit dem Pökel übergossen. In der Regel wirkte die Lake zwischen zwei und vier Wochen, abhängig von der Größe der Stücke, vielleicht auch von der Qualität des Fleisches. Interessanterweise lagerte in Alf (224*) das Fleisch nur in Lake (Solper) für den kurzfristigen Verbrauch - es hielt lediglich einige Wochen. In Hückeswagen schließlich *wurde mit Natureis gepökelt* (13). Weniger bekannt war die Methode, das Fleisch bis zu vier Wochen in Essig einzulegen, (212, Neviges-Heiligenhaus; 46*, Emmerich).

Aus der Lake entnommen, mußte das Fleisch wieder wässern, bis zu zehn Tagen an der Luft trocknen und dann im Rauchfang mehrere Tage räuchern. Bei den Trockenmöglichkeiten behalf man sich u.a. mit dem Ofenrohr oder dem Backofen, - nach dem Zweiten Weltkrieg bevorzugt für die gewilderten Hirsche und Wildsauen, wie ein Rentner (Jg. 1901), früher Waldarbeiter und Landwirt, aus Oberschömbach, Gem. Hellenthal (83) berichtet. Das Räuchern scheint ein komplizierter Arbeits- vorgang gewesen zu sein, bei dem es vor allem auf Erfahrung und Fingerspitzengefühl ankam: *Auf dem Blechboden wurde Ofenglut eingebracht und mit Sägemehl so abgedeckt, daß die Glut nicht mehr zu sehen war, aber auch nicht zu dick, weil sonst das Feuer erstickte. ... Das ganze Räuchern mußte ständig kontrolliert werden, manchmal wurde in der Nacht noch Sägemehl zugestreut. In einer Nacht brannte unser Speicher ...* (254, Alfter). Als Brennmaterial dienten Sägemehl, Buchenholz, Späne von Eichenholz, Tannennadeln und auch Wacholderzweige, die dem *geräucherten Fleisch den aromatischen Duft eben d. Wacholderstrauches (verliehen)* (31d, Wassenberg). Selbst in ausgewiesenen Schutzgebieten wie an den südlichen Ahrbergen war die Verwendung von Wacholder üblich. Die fertigen Schinken hingen auf dem Speicher, vorsorglich oft noch in Leinensäcke eingehüllt.

Der Schlachttag selber war ein Festtag für alle Beteiligten und lange Zeit - zumindest auf dem Land, in der Stadt war Fleisch eher über das Jahr hinweg verfügbar, aber nicht unbedingt bezahlbar - die einzige Möglichkeit, frisches Fleisch zu genießen. Ganz wesentlich für die Vorratshaltung war das Wursten: Blutwurst mit oder ohne Grieben, Leberwurst, Mettwurst - luftgetrocknet und oft zusätzlich geräuchert. Reichten die Därme des geschlachteten Tieres nicht aus, wurden Rinderdärme zugekauft (112*, Moers) oder aus

Abb. 24
Hausschlachtung - Wursten. Mastershausen, 1984.

Nessel genäht (241, Lindlar). Bratwurst konnte man durch heißes Fett, das hermetisch abschloß, haltbarer machen (78, Millingen; 42, Nieukerk) ebenso angebratene Fleischstücke (120, Lessenich), das Zubehör (Gerätschaften) des Schweines durch Eingelieren in einem Steintopf.

Eine Hausfrau in Köln (35a) stellte aus Hühner- oder Gänseklein eine Geflügelwurst her: *... in die Hälse wurde eine Farce aus Brötchen-, Zwiebel- und Gewürzzusatz mit durchgedrehten Geflügelteilen eingefüllt, diese Würste an den Enden zusammengenäht und gebraten.*

Eine erste entscheidende Erleichterung in der Vorratshaltung bewirkten die von der Firma Weck um die Jahrhundertwende (genauer: am 1. Januar 1900) auf den Markt gebrachten Spezialgläser zum „Einwecken" - ein gutes Beispiel dafür, wie ein Firmenname zur Bezeichnung für eine Tätigkeit werden kann. Im Rheinland kam diese Neuerung aus dem Badischen nur langsam zum Zuge: am linken unteren Niederrhein nach und nach schon vor dem Ersten Weltkrieg, im übrigen Rheinland verstärkt in den 1920er Jahren, um zehn Jahre später weit verbreitet zu sein. Das Einkochen von Fleisch in die Weckgläser scheint allerdings im Rheinland keine allzu große Rolle gespielt haben - die Belege sind dünn und weisen nur auf die Einführung hin, nicht aber darauf, welche Fleisch- oder Wurstsorten so konserviert wurden.

Zur gleichen Zeit erwuchs aus der damals noch jungen Weißblechindustrie eine ernstzunehmende Konkurrenz: *Etwa ab 1930 gab es die Möglichkeit, Wurst und Fleisch in Büchsen zu konservieren. Am Ort war beim Büchsenlieferanten (Haushaltswarengeschäft) eine Maschine, auf der man die gefüllten Büchsen luftdicht verschließen lassen konnte. Danach kamen sie noch in ein Kochbad zum Haltbarmachen.* Die Eltern dieser Gewährsfrau, Jahrgang 1915 und in Uckerath (8) ansässig, betrieben eine Landwirtschaft mit 40 Morgen, 8-10 Kühen und beschäftigten einen Knecht und eine Magd. Sicherlich eine bessergestellte Familie, zumal der Vater von einem großen Hof mit Posthalterei kam. Die Mutter hatte als Gastwirtstochter das Kochen in einem Pensionat gelernt.

Alle Nachrichten über Dosen stammen aus Eifel, Hunsrück oder dem Rhein-Sieg-Kreis, wo sie nicht nur zu Kriegszeiten üblich waren. Nach dem Krieg kamen in Sinzig (195) *Dauerbüchsen mit Gummiring und Gummistopfen* auf - leider wird nicht berichtet, wann sie außer Mode kamen - vermutlich, als die ersten Tiefkühlgeräte ihren Einzug hielten.

Einen anderen Ratschlag zum Thema „Fleischkonservierung" gibt die Wochenbeilage Nr. 50 zum „Rheinischen Merkur/Kölner Landboten" aus dem Jahre 1901: *Um Schinken nach dem Räuchern vor dem Verderben zu schützen, empfiehlt es sich, das zur Aufbewahrung oder Versendung bestimmte Rauchfleisch in Pergamentpapier, das eine Stunde lang in heißem Holzessig gelegt war, einzuwickeln, und dann, in eine Kiste mit verschließbarem Deckel gelegt, reichlich mit Holzasche zu überschütten. So verpackt, wird es gar nicht vorkommen, selbst im Sommer bei großer Hitze, daß das Rauchfleisch verdirbt.*

Zum Thema der Aschenkonservierung berichten ausführlicher mehrere Landwirte aus Üxheim/Daun (257): *Rindfleisch wurde vielfach im Ofen nach dem Backen getrocknet und zwischendurch an der Luft weitergetrocknet. Danach wurde es in gesiebter Buchenasche in einem festen Behälter aufbewahrt. Der Boden dieser Behälter wurde erst mit Asche bestreut. Es kam Asche zwischen die einzelnen Lagen und alles wurde mit einer dicken Aschenschicht bedeckt. Vorteil: Schutz gegen Mäuse und Fliegen, luftdicht abgesichert. Auch Pökelfleisch, Trockenfleisch und nur angeräuchertes nicht durchgeräuchertes Fleisch kam in diese Aschenbewahrung.*

Bei der Konservierung von Obst und Gemüse verwendeten die Hausfrauen alles mögliche, um einigermaßen unbeschadet vor allem durch den Winter zu kommen: Salz, Essig, Alkohol, Kalk bzw. Wasserglas, Senf, Schwefel. Früchte und Gartenpflanzen wurden eingemacht, eingedost und getrocknet.

An die Salzkonservierung erinnern sich noch viele Gewährspersonen - sei es wegen der tätigen Mithilfe, der gemeinsamen Arbeit oder schlicht wegen der Tatsache, daß nach längerer Lagerung das eingemachte Sauerkraut „ruchbar" wurde. Dann war meist die Zeit gekommen, sich mit frischem Grünzeug zu versorgen. Sehr ausführlich berichtet ein Gewährsmann aus Wassenberg (54):

Abb. 25
Verschließen der
Wurstdosen.
Mastershausen,
1984.

Mit dem nahenden Winter verband sich für unsere Vorfahren viel mehr als
heute für uns der Gedanke an Hunger und Kälte. Durch geeignete Vorratshaltung mußte daher auch insbesondere für die Sicherstellung der Ernährung im Winter gesorgt werden.

Feld und Garten erbrachten dazu das ihrige, und zwar u.a. in Form von
Weißkohl („wette Kappes") für das Sauerkraut („Suere Kappes") und Bohnen, beides für die Konservierung im Faß („Vaet" oder „Tonn") bzw. im Steintopf („Döppe") geeignet.

Der Kohl wurde zwischen September/November geschnitten und anschließend für „de Tonn" zurecht gemacht. Und das geschah mittels der „Kappesschaaf". Hierbei wurden die „Kappesköpp" in einem kastenförmigen Holz-
rahmen von etwa 40 X 40 cm im Quadrat über eine entsprechend breite und
etwa 1 1/2 m lange Holzplanke mit seitlichen Führungsleisten hin und her
geschoben. In der Mitte der Planke waren 3 o. 4 Messer seitlich versetzt
montiert, über die der Kasten unter Andrücken des Kohls geschoben wurde.

Die „Schaaf" lag auf einer Wanne oder Bütte, wo die abgeschabten Kohlstücke hineinfielen. Beim Schaben mußte schon aufgepaßt werden, damit die Fingerkuppen nicht gleich mit abgeschabt wurden, was sicherlich mehr als nur einmal passiert ist.

Es war in der Regel so, daß für das ganze Dorf nur eine „Schaaf" vorhanden war, und zwar meist im Besitz des Schlossers oder Schmieds am Ort. Von dort aus wurde die „Schaaf" verliehen und machte ihren Weg reihum durch das Dorf. Es war immer ein Problem, zur rechten Zeit „dran" zu sein, da der einmal geschnittene Kohl durch längeres unverarbeitetes Liegen nicht besser wurde. Und wenn es mit der „Schaaf" gar zu lange dauerte, dann mußten die Mutter und die erwachsenen Töchter dem „Kappes" schon mit dem Brotmesser zu Leibe rücken, damit allenfalls nur die oberen Blätter verdarben. Meistens wurde vom „Halter" der" Schaaf" eine geringe Gebühr erhoben, die sich nach der Menge des zu verarbeitenden Kohls richtete. Es konnte auch so sein, daß das Ausleihen im Sinne gut-nachbarlicher Verhältnisse und etwa aus dörflicher Gemeinschaft heraus oder auch aus geschäftlichen Interessen umsonst erfolgte.

Der geschnittene „Kappes" kam nun in „de Tonn" oder „et Vaet", wobei das Fassungsvermögen dem Bedarf entsprach, d.h. gut und gern bis zu 60 l. In der „Tonn" wurde der „Kappes" lagenweise mit Salz bestreut und gut eingestampft. Dies geschah entweder mit den nackten Füßen oder mit neuen Holzschuhen an den Füßen oder mit einem Holzstampfer, den der Vater meist selbst gefertigt hatte. Es war richtig, daß der Kohl in der Tonne auch „goed gelae voer", d.h. er mußte gut geschichtet, verteilt und angedrückt sein, wie es sich für eine „gut geladene Pferdekarre" eben auch gehörte. Abgedeckt wurde das Ganze mit einem Leinentuch und darüber ein rundes Holzbrett, auf dem ein dicker Stein zum Andrücken lag. Es gab aber auch in meiner Jugend eine etwas modernere Art des Andrückens mittels einer Art von Kurbelpresse, die über seitliche Führungsleisten in „dr Tonn" arbeitete. Dies hatte den Vorteil, daß jeweils stärker nachgedrückt werden konnte. Alle 8-14 Tage wurde die Gärflüssigkeit (Salzwasser) abgeschöpft und die gesäuberte Abdeckung wieder aufgelegt. Bis über die Holzabdeckung wurde frisches Wasser nachgegossen. Nach etwa 6 Wochen konnte mit dem Verzehr des Sauerkrauts begonnen werden.

Viel anders war es mit der Konservierung der Stangenbohnen im Steintopf („Döppe") auch nicht. Der schon etwas feineren Art des Gemüses entsprechend war zwar die Methode des Andrückens nicht ganz so grobschlächtig und das „Döppe" auch nicht so groß wie „de Tonn" beim „Kappes". An der Stelle des Schabens mit der „Kappesschaaf" trat das „Fitscheln" mit dem kleinen Küchenmesser, nach dem die „Fäden" von den beiden Oberkanten der Bohnen abgezogen waren. Die heutige „fadenlose" Bohnensorte war früher unbekannt. Mit dem Verzehr nach Öffnen des „Döppes" wurde in der Regel im Spätherbst begonnen, wenn eben das Frischgemüse nicht mehr zu Verfügung stand. Und dann konnte man wohl der Nachbarin, die vielleicht den angenehm-säuerlichen Geruch in die Nase bekommen hatte, sagen

58

hören: *„Tring,eir hat et Döppe op. Gäv e Koake met".* Gepflückt wurden die Bohnen etwa Juli/August.

Da naturgemäß bei jedem Arbeits- oder Schabegang kleinere Kohlblätter übrigblieben, verkochte man diese am nächsten Tag mit Speck, dazu gab es Salzkartoffeln (27, Radevormwald). Rezepte, den eingelegten Kappes geschmacklich zu verfeinern, kursierten mehrere: Beifügung von Wacholderbeeren oder gar Sauerteig und einige Lagen kleingeschnittener Äpfel (120, Lessenich). Man benötigte ein bis eineinhalb Pfund Kochsalz pro Zentner Weißkohl, und der *sich bildende Saft mußte handbreit über dem Kraut stehen* (42*, Nieukerk).

Die bereits für Wassenberg erwähnten Bohnen - Stangen- oder Strauchbohnen - mußten kurz blanchiert werden, ehe sie in Faß oder steinerne Döppe kamen: *auf 10-l-Wasser kamen 2,5 kg Salz, 150 - 250 g aufgekochter Zukker, der erkaltet darüber gegossen wurde* (42* Nieukerk). Die Methode, in die Bohnen Zinkplatten zu legen, *um eine kräftige grüne Farbe zu erhalten,* beschrieben von einem 60-jährigen Landwirt in Geldern-Hartefeld (223) aus *teils eigene(r) Erfahrung, teils Überlieferung von Eltern und Großeltern,* erinnert fatal an die im 19. Jahrhundert weit verbreitete Unsitte, während des Kochens von Gemüse einen kupfernen Löffel im Topf zu lassen, um ein frischeres Grün zu erreichen.

Kappes und Bohnen waren aber nicht die einzigen Gemüsesorten, die im Salz durch den Winter gebracht wurden. Zum Beispiel Stielmus und Stoppelrüben: *... zusammen mit Stoppelrübenrippen und bei den ärmeren Leuten auch die Blätter. Die Stoppelrübenblätter wurden mit dem Messer abgezogen, die Rippen mit der Brotmaschine in 5 cm lange Stücke geschnitten. Die Blätter (außer bei den Armen) und die Rüben als Viehfutter verwandt. Stielmus und Stoppelrübenrippen wurden abgekocht und im Faß eingesalzen wie die grünen Bohnen. Bei der Zubereitung mit Kartoffeln durcheinander gekocht.* Dieser Gewährsmann aus Meerbusch-Osterath (52), Jahrgang 1913, gehörte als ehemaliger Korbflechter sicher nicht zu den Besserverdienenden der damaligen Zeit.

Gurken legte man nicht nur in Essig ein (siehe unten), sondern häufig auch in Salz: scheibchenweise und in Lagen zwischen das Salz (7, Köln) oder gar zusammen mit dem Kappes: Diese Salzgurken sollen wegen der Säure des Krautes besonders schmackhaft gewesen sein (Köln, Kk.)

Nicht zu vergessen schließlich weiße Rüben (85, Korschenbroich), *Porree mit Salz im Zubindeglas* (164, Kürten), rohe Erbsen (164, Kürten) und Heringe (225, Rees), sofern sie nicht schon als Salzheringe gekauft worden waren.

Auch die konservierende Wirkung von Essig bzw. Sud aus Essig, Wasser und Würzzutaten war schon den alten Ägyptern bekannt. Die Rheinländer legten viele und sehr unterschiedliche Vorräte darin ein: an Obst Birnen, Pflaumen mit Kandis, Stangenzimt und Nelken (z.B. 192, Kerken); 113, Willich) sowie Trauben (162, Schöneberg), wobei die Gläser meist mit Pergamentpapier oder Leinen zugebunden wurden (u.a. 26, Aldekerk); ganz allgemein Fisch (61, Griethausen) oder etwas präziser Salzhering (225, Rees-Wittenhorst), Brathering (222, Geldern) oder grünen Hering (18, Uerdingen); manche Sorten Fleisch: *einige Braten legte man in Essig - Sauerbraten, hielten sich im Winter bis zu 3 Wochen* (47, Rees); ferner natürlich Gemüse: Tomaten (233, Niederdollendorf), Kürbisse (u.a. 206, Mönchengladbach; 136, Köln), Wirsing (der in der Essigbrühe zu Sauerkraut wurde - 46*, Emmerich), häufig auch Rote Bete und Möhren sowie Gurken. Sie kamen in einen Sud von *Essig, Dill, Estragon, Lorbeer, Nelken, Zwiebeln* (236, Königswinter), oft zusammen mit Zwiebelchen - nicht nur in den Wintermonaten ein beliebter Zusatz auf der Speisetafel. Ein Bericht aus Köln (4*), bezogen auf die Zeit zwischen den Weltkriegen in dem Haushalt eines leitenden Angestellten, beschreibt ausführlich die Herstellung:

Wir hatten etwa 2 Dutzend westerwälder Steintöpfe in den verschiedensten Liter-Größen. In diese Gefäße legte meine Mutter in der August-September-Zeit die „Zwiebelchen und Gürkchen" für den Winter ein.

Die ersten Gürkchen, die auf dem Markt oder bei dem Gemüsemann angeboten wurden, waren noch klein, etwa 5 - 6 cm lang. Also machte diese Gurkensorte den Anfang. Sie wurden gewaschen, mit einer weichen Bürste sorgfältig saubergebürstet und 24 Stunden in Salzwasser gelegt. Nach dieser Zeit wurden sie abgetrocknet und in die kleineren Steintöpfe eingeschichtet, mit einer abgekochten Halbessig-Halbwasserlösung übergossen, in der Salizyl aufgelöst worden war, und nach einer Würzzutat, aus Senfsaat, einigen Pfefferkörnern, zwei getrockneten Lorbeerblättern und frischem Dillkraut, mit angefeuchtetem Pergamentpapier zugebunden. Früher gab es das Einmachzellophanpapier noch nicht. Später, im September kamen die etwas größeren Gurken in die Gemüseläden, etwa 10 - 12 cm lang. Auch diese Gurkenart kam mit den gleichen Zutaten in die Steintöpfe. Auf die selbe Art wurden auch frische, geschälte Zwiebelchen in Essig eingelegt. Außerdem gab es die Variation: Zwiebelchen und Gürkchen in einem Topf zusammen.

Zu noch späterer Jahreszeit wurden die reifen, gelben Gurken, die man schälte, das Kerngehäuse auskratzte und in Stücke schnitt, als sogenannte Senfgurken auch so in Essig eingelegt.

Dieses „Eingemachte" war ein wichtiger Wintervorrat, mit dem man auf vielerlei Art Abwechslung in den Speiseplan bringen konnte.

Als Beilage zu dem sonntäglichen Suppenfleischzwischengang, oder zum Wurstbrot am Abend standen immer „Zwiebelchen und Gürkchen" auf dem Tisch. Kleingeschnitten waren sie unentbehrlich im „Fleischsalat", Heringsalat oder anderen Mayonnaisesalaten. Mit den kleinsten Gürkchen sahen Aufschnittplatten oder Salatschüsseln besonders appetitlich verziert aus.

In Nieukerk (42*) übrigens wurden die Gurkengläser nicht mit Einmachhaut oder ähnlichem zugebunden, sondern mit Schweinsblasen.

Der Verdauungsschnaps nach den Gürkchen soll, so der Volksmund, das Innenleben des Menschen konservieren - eine Ansicht, der die Mediziner heftig und sicherlich zu Recht widersprechen -, unbestritten jedoch ist, daß Alkohol tatsächlich konserviert: vor allen Dingen Obst wie *Schattenmorellen und Johannisbeeren, Reineklauden ...* (17, Elten), auch Sauerkirschen, Feigen (*in reinem Alkohol* - 126, Köln), Schlehen und Holunder als Aufgesetzten. Am linken unteren Niederrhein war der Bees (Johannisbeeraufgesetzter mit Korn, echter Vanille und Kandis, manchmal auch mit Kirschen) weit verbreitet, in Köln (u.a. 123) angeblich schon vor dem Zweiten Weltkrieg Rumtopf. Rees (71) belegt den heute beliebten Rumtopf in einem Geschäftshaushalt vor 1960 - ein wahrscheinlicheres Datum.

Kalk bzw. Wasserglas diente der Konservierung von Eiern, über Salizyl wird im Zusammenhang mit der Marmeladenherstellung zu sprechen sein, und Schwefel kam offensichtlich nur ausnahmsweise bei der Haltbarmachung vor: *Schwefelhölzchen wurden angezündet und auf die Frucht gelegt, Gummi und Deckel auf das Glas gelegt. Wenn das Schwefelhölzchen verbrannt war, hatte sich der Deckel durch das Vakuum zugezogen.* (120, Lessenich/ Euskirchen)

Einmachgläser wurden auch für die Konservierung von Obst und Gemüse verwendet. Regional gab es im Rheinland neben der Firma Weck zumindest noch einen Hersteller, der nach 1918/20 ebenfalls Einmachgläser produzierte: die Gerresheimer Glashütte (Düsseldorf), 1864 gegründet und Richtung Mettmann gelegen. Eine 73-jährige Gewährsfrau aus Düsseldorf-Erkrath (245), die nach ihrer Schulzeit zunächst bei den Ursuline-rinnen gelernt und später ein Jahr als Haustochter auf einem Hof in Ratingen gearbeitet hatte, erinnert sich an die Zeit zwischen 1938 und 1950: *Durch Leute, die in der Gerresheimer Glashütte .. arbeiteten, bekam man gegen Tausch von Zigaretten Einmachgläser, drin wurde eingekocht: Bohnen, Möhren, Zwiebeln, Gurken, Rot- und Weißkohl, Birnen, Apfelstücke oder -kompott, Pflaumen.* Damit ist bereits eine ganze Reihe von Obst - und Gemüsesorten genannt. Zu ergänzen seien Kohlrabi, Erbsen, dicke Bohnen, Spargel (besonders am Vorgebirge - 254, Alfter - und in Aachen - 143c), Tomaten (auch nicht ganz reif gewordene - 233, Niederdollendorf) und Blumenkohl; ferner Kirschen, Pfirsiche, Aprikosen (81, Nirm) und Mirabellen (229, Oeverich), Erdbeeren und Stachelbeeren (71 Rees). Eine Bauersfrau in Busch bei Kürten (249) machte regelmäßig 100 - 120 Gläser mit Gemüse ein - sicherlich nicht die Regel in der Vorratshaltung.

Beim Einmachen galt es übrigens eine Besonderheit zu beachten: Hatten Frauen ihre Regel, durften sie nicht helfen - *es hieß dann, die Einmachgläser halten nicht zu* (26, Aldekerk). Ähnliche Berichte stammen auch aus anderen Regionen, und für Holthausen bei Düsseldorf (246) wird es in einem katholischen Beamtenhaushalt mit sieben Kindern noch präziser: *Während der Menstruation durften Mädchen keine Salate, Gurken und keine anderen sauren Speisen essen. Auch durften sie während dieser Zeit nicht mithelfen beim Einmachen von Obst u. Gemüse, ganz bes. nicht beim Haltbarmachen von Tonnengemüse.* Wie mühselig oder auch ungenau die Formulierung von Tabuthemen sein kann, zeigt ein Bericht aus Moers (111): *Frauen durften in besonderen Fällen nicht einmachen oder beim Schlachten helfen.*

Zum Thema „Eindosen" sagt ein Bericht aus der Zeit um 1940 über die Kruppsche Siedlung in Duisburg-Hochemmerich (190): *Obst und Gemüseangebote wurden wahrgenommen und die Sachen in Dosen eingeweckt. Wir hatten eine Maschine zum Schneiden der Ränder und zum Zudrehen der Dosen. Eine mühselige Geschichte, dieses Einkochen, aber für die damalige Zeit schon eine große Errungenschaft.*

Das Trocknen von Nahrungsmitteln gehört zu den ältesten Methoden der Konservierung. Getrocknet wurden, abgesehen vom Fleisch, hauptsächlich Obst, Gemüse, Kräuter und Pilze.

Äpfel schnitt man, entkernt natürlich, zu Ringen, reihte sie auf Schnüre und ließ sie an der Luft trocknen, manchmal in der Nähe des Herdes, meist aber auf dem Speicher. Vor dem Verzehr kamen sie in Wasser und dienten dann als Beilage oder als Mus zerkocht auf Kuchen. Halbierte und entkernte Birnen kamen auf einem Rost in die ausklingende Hitze des Backofens. Wieder aufbereitet dienten sie, ebenso wie Äpfel, als Kuchenbelag oder für die Zubereitung von Brotaufstrich. Pflaumen trockneten ebenfalls auf Holzrosten in dem noch warmen Backes, mit den Stielen nach oben, damit sie keinen Saft verloren. Dieses Steinobst mußte besonders vorsichtig getrocknet werden, da bei zu großer Hitze die Gefahr bestand, daß die Pflaumen platzten. Eine 70-jährige Gewährsfrau aus Strempt (2), deren Vater in der Reparaturwerkstatt für Waggons im Bleibergwerk arbeitete, berichtet aus ihrem elterlichen Haushalt von einer ungewöhnlichen Methode: *Bei der Pflaumen- bzw. Zwetschgenernte hat ihre Mutter immer den Ast, der am dichtesten Früchte trug und die auch am gesündesten (ohne Wurmstiche) aussahen, nicht abgeerntet. Später, wenn diese Pflaumen schon schrumpelig wurden, hat sie den ganzen Ast mit den anhängenden Früchten vom Baum abgetrennt und im Haus, in einem kühlen Raum, aufgehängt. So bestand die Möglichkeit ..., daß sie mitunter noch im Dezember frische Pflaumen essen konnten, die zwar nicht mehr fest und prall waren, aber dafür umso süßer schmeckten.*

Getrocknetes Obst, zu ergänzen sind noch Aprikosen (234, Niederdollendorf) und Mirabellen (162, Schöneberg), war u.a. *als Einlage in Milchsuppen, vornehmlich Buttermilch* (105, Straelen) geeignet, in Puffendorf bei Aachen (228) auch zusammen mit Graupen.

Suppen erfreuten sich früher großer Beliebtheit. Verständlich also, daß die Hausfrauen durch Trocknen von Suppengemüse (Petersilie, Lauch, Sellerie und Möhren) Vorsorge für den Winter trugen. In Dörrebach (154) salzte man dieses Grün zunächst ein, um es erst dann zu trocknen. Gefragte Würzzutaten waren neben Bohnenkraut und Porreeblättern auch Sellerieblätter *an der Luft getrocknet* (252, Mendig) bzw. gebündelt aufgehängt sowie Zwiebeln: ... *werden rechtzeitig ausgerupft und auf der Erde etwas getrocknet, dann mit* dem Kraut gebündelt und aufgehängt. *Nach vollendeter Trocknung werden Kraut und lose Schale entfernt und die Zwiebeln frostsicher aufbewahrt.* (145, Dichtelbach/Simmern).

Weitere Trockengemüse waren Mais (143, Aachen), Erbsen, Stangenbohnen, Strauchbohnen, dicke Bohnen (*Erbsen, Bohnen und ganz früher dicke Bohnen wurden getrocknet mit der Schale und erst im Winter, wenn Zeit dafür war, ausgelesen* - 111, Moers), Spargelschalen für eine Suppe (143c, Aachen) und schließlich Salatsamen als Sägut für das folgende Jahr (163*, Pantenburg).

Konservierte Pilze dienten der Verfeinerung von Suppen und /oder Saucen (149, Schleckheim; 150a, Krauthausen) - insgesamt liegen jedoch nur sechs Belege darüber vor.

Bei der Zubereitung von Säften und sonstigen Getränken wurden alle möglichen Obstsorten verwendet, die sich pressen ließen. Himbeeren, rote und schwarze Johannisbeeren, Rhabarber, Stachelbeeren, Erd- und Brombeeren, Kirschen, Äpfel, Birnen und Trauben (185, Mechernich), bis hin zu Hagebutten (245, Erkrath) und Holunder. Die Herstellung war einfach: auf kaltem Wege, also ohne Erhitzung, unter Zuhilfenahme von Weinstein- oder Zitronensäure. Das Rezept aus Puffendorf (228), niedergeschrieben von einer 73-jährigen Landwirtin, die die Haushaltsführung bei der Mutter und *von Okt. 1930 bis August 1931 in der Küche des Hlg.-Geist-Klosters Mariaort, Kerkrade (Niederlande)* gelernt hatte, kann als typisch gelten: *2 1/2 kg ungewaschene Himbeeren gibt man mit 1 1/2 l kaltem Wasser und 50 gr. Zitronensäure in eine Keramikschüssel, läßt alles einen Tag ziehen, siebt danach den Saft durch ein Leinentuch ab. In etwa 2 1/2 l Saft löst man 2 1/2 kg Zucker und ein Päckchen Einmachhilfe durch Umrühren mit einem Holzlöffel auf und füllt den Saft in Flaschen ab.*

Manche Hausfrauen verwendeten die Rückstände noch für Marmelade (198, Moers). Um die Haltbarkeit der Säfte zu erhöhen, mengten sie hin und wieder Salicyl bei. Die Flaschen verkorkte man, umwickelte sie mit Pergament, Cellophan, Ölpapier oder Läppchen, setzte Gummikappen darauf oder dichtete sie ganz einfach mit Schmalz ab (20, Hürtgenwald). Als eine neue Technik ab Mitte der 50er Jahre in Gestalt von Dampfentsaftern aufkam, hatte das mühselige Auspressen, über vier Stuhlbeinen oder wie auch immer bewerkstelligt, ein Ende. In Erinnerung jedenfalls haben viele Gewährspersonen diese Säfte als besondere Delikatesse - meist sonn- oder feiertags - zu Vanille- und Grießpudding oder, gestreckt mit Wasser, als Getränk für Kinder.

Ein anderes Erfrischungsgetränk im Sommer bestand aus Wasser mit einem Schuß Essig und einem Löffel Zucker (216, Nettetal-Breyell). Hausgemachte „Limonade" bildete wohl aber die Ausnahme: *Man füllte Steinkrüge mit Wasser und obendrauf kam ein Schimmelpilz. Nachdem diese Mischung einige Tage gestanden hatte, konnte man dies trinken. Es wurde immer frisches Wasser beigefüllt. Dies Getränk nannten wir Kinder Limonade.* (95, Bardenberg).

Die Vergärung zu Fruchtwein war eine weitere Zubereitungsart: Stachelbeeren, und zwar rote und weiße (109, Xanten), alle möglichen Wildfrüchte, rote Johannisbeeren, Brombeeren, Kirschen, Trauben (in Nirm 81, in Holzfässern zu Wein vergoren; an der Mosel, genauer in 232 Traben-Trarbach, *keine weitere Obstgärung ... da Weinanbau*). Apfelwein und/oder Viez (Apfel/Birnen-Gemisch) gab es in der Eifel und vor allem auf dem Hunsrück. Holunderwein kam ebenfalls auf den Tisch, sogar Holunder-'Sekt' (159, Stromberg). Über ein anderes alkoholischen Getränk berichtet eine 60-jährige Erzählerin aus Hürtgenwald-Straß (258): *Butterblumenkorn. In eine große Flasche werden 12 Butterblumen (=Löwenzahn, für jeden Monat eine) gegeben und darauf Korn gefüllt. Die Flasche muß dann drei Wochen stehen bleiben. Bei Bedarf kann der Schnaps auch mit Vanillezucker gesüßt werden. Das Schnaps wurde abends vor dem Schlafengehen getrunken. ... Vater machte im August Bier selbst, aus Malz, Hopfen, Kandiszucker und Hefe. Die Flaschen mußten einige Zeit lagern und wurden am Kirmessonntag probiert.*

Bei den Brotaufstrichen aus Früchten läßt sich grundsätzlich zwischen Kraut und Sirup auf der einen und Gelee, Marmelade und Mus auf der anderen Seite unterscheiden. Kraut, sei es nun aus Rüben, Äpfeln, Birnen, Möhren oder Zwetschgen, entsteht durch Eindampfen oder Einkochen des reinen Fruchtsaftes, wobei unter bestimmten Umständen - im gewerblichen Bereich - der Zusatz von Zucker erlaubt sein kann. Auf jeden Fall benötigt das Kraut, wie auch der Sirup, der einen höheren Zuckergehalt aufweist und auch auf kaltem Wege hergestellt werden kann, keine „externen" Geliermittel. Gelee, Marmelade und Mus hingegen brauchen den Zusatz von nicht nativ im Obst enthaltenen Geliermitteln und werden darüber hinaus durch Verarbeitung des Fruchtfleisches, nicht des Saftes, hergestellt. Eine partielle Ausnahme bildet Gelee.

Die Verwendung von Rüben- oder Obstkraut hatte eine starke soziale Komponente: *Rübenkraut gab's nur in schlechten Zeiten, sonst Apfeloder Birnenkraut oder gemischt.* So berichtet eine Landwirtin aus Busch bei Kürten (249), Jahrgang 1905, die bis 1980 einen mittleren Hof mit 10 ha Land und 23 Stück Vieh bewirtschaftete. Manchmal ging die Unterscheidung so weit, daß unter der Woche das preiswertere, und daher nicht so prestigeträchtige Rübenkraut auf den Tisch kam, sonn- und feiertags jedoch das höher angesehene Obstkraut. Überhaupt lag Kraut (auch Seem, Siepnat, Krückche genannt) im unteren Bereich einer individuellen Bewertungsskala: Obstkraut wurde verzehrt, weil Gelee meistens zu teuer gewesen sei (79, Aphoven). War das Geld in Notzeiten für den normalen Brotaufstrich allzu knapp, wich man auf Runkelrüben (hauptsächlich auf dem Hunsrück) oder Apfelschalen (115, Krefeld, 95, Bardenberg) aus. Betont wird auch häufig, daß selbstverständlich nur solches Obst verwertet worden sei, das man nicht mehr verkaufen oder höherwertig einmachen konnte. Der Aufbewahrung von Kraut dienten meist Baaren, also hohe Tongefäße, oder auch, wie in Moers (198), die Krutstau: *(Holzfaß nach unten verjüngt mit zwei Griffen, Holzdeckel mit Loch für* den Holzlöffel zum rausnehmen) Rübenkraut wurde ebenfalls so aufbewahrt.

Als Grundlage für Gelee sind, da Geliermittel in Form von Zucker oder Saft von ausgekochten Apfelschalen (216, Nettetal-Breyell; 228, Puffendorf) zugesetzt werden, sehr viele Früchte geeignet: Johnnisbeeren, Kirschen, Äpfel, Brom-, Him- und Erdbeeren, Rhabarber. Aus Pflaumen machten die Hausfrauen nicht nur Latwerg (siehe unten), sondern auch Gelee. Schlehen (224*, Alf), Hagebutten (u.a. 13, Hückeswagen; 57, Ellern) und Holunder - der Brotaufstrich ist meist in guter Erinnerung. Es fehlt eine Frucht? Von einer Emmericher Hausfrau (16), 71 Jahre alt, stammt ein Rezept, das noch vielen bekannt sein dürfte: *5 kg Quitten, etwa 4 l Wasser, etwa 2 1/2 bis 3 kg Zucker. Die Quitten werden trocken gerieben, um den Flaum zu entfernen, Blüten, Stiele u. schlechte Stellen werden herausgeschnitten. Die zerkleinerten Früchte werden mit Wasser bedeckt und weichgekocht. Man filtert den Saft von den Früchten, wiegt den gewonnenen Saft und gibt ebensoviel Zucker hinzu. Jetzt bringt man den Saft unter ständigem Umrühren zum Kochen. Das fertige Gelee nimmt man vom Feuer, läßt es einige Minuten stehen, schäumt es ab und füllt es in saubere trockene Gläser. Rückstände wurden zu Marmelade verarbeitet. Nach 1950 nahm man erheblich weniger Zucker, aber dafür Einmachhülfe.*

Die alte Formel „Pfund auf Pfund" galt lange Zeit bei der Herstellung von Gelees und Marmeladen. Es war dies wegen fehlender besserer Möglichkeiten die einfachste Methode, einen Brotaufstrich, teilweise hoch angesehen und nur sonntags zum Weißbrot gereicht (42*, Nieukerk) oder eine Zugabe zu Pudding bzw. Milchsuppe, auf den Tisch bringen können. Die verwendeten Obstsorten sind nun schon hinreichend bekannt: Stachelbeeren, rote und schwarze Johannisbeeren, Erd-, Him- und Waldbeeren, Brombeeren, Äpfel, Quitten, Kirschen, Aprikosen, Mirabellen. Um Holundermarmelade etwas süßer zu machen, kamen einige Äpfel hinein (258, Hürtgenwald-Straß); Rhabarber, Hagebutten und Schlehen blieben rein. Haltbarer wurden alle Aufstriche durch zugemengten Weingeist (97, Elten) und natürlich wieder durch Salicyl. Zusätzlich wurden die Gläser mit Cellophan und darauf gestreutes Salicyl abgedeckt.

Pflaumenmus, auch Latwerg genannt und im Unterschied zu Marmelade keine erkennbaren Früchte enthaltend, verfeinerten die Hausfrauen mit Sternanis (119, Lessenich) und meist etwas Zucker. Es war offensichtlich, wie bei Quittengelee, eine langwierige Angelegenheit: bis zu sechs Stunden, langsam und ständig gerührt (85, Korschenbroich). Das fertige Mus kam *in Steinguttöpfe, Korn auf Lappen, dann mit frischem Lappen zubinden* (ebda). In Bornheim-Walberberg (29*) goß man auf das Mus, das in Steintöpfen aufbewahrt war, eine Schicht geschmolzenes Nierenfett, das nach dem Erkalten luftdicht abgeschlossen habe.

... und Konservierung neuer Art:
vom Natureis zum Freezer

Waren Weckgläser und Dosen schon bedeutende Neuerungen auf dem Gebiet der Vorratshaltung, so gebührt der Kühl- und Kältetechnik fast schon das Attribut „revolutionär". In der Tat hat keine Erfindung die tägliche Ernährung stärker und umfassender beeinflußt als Kühl- und Gefrierschränke. Ein kühler oder auch kalter Keller war zwar ein geeigneter Aufbewahrungsort, die Nahrungsmittel mußten trotzdem arbeits- und zeitaufwendig vor- bzw. zubereitet werden und hielten unter Umständen doch nicht so lange wie erwünscht. Aus Dreisel bei Windeck (Kk) berichtet eine Gewährsperson über eine etwas ungewöhnliche Kühlanlage: *Der Großvater hatte den Lauf eines Baches, der nahe an seinem Haus vorbeilief, so umgeleitet, daß fließendes Bachwasser an einer Stelle seines Hauses in ein Loch unter dem Keller laufen konnte, dort ein Bassin füllte, und den Überlauf des Wasserbeckens so angebracht, daß das Bachwasser hier wieder nach draußen in den Bach einmünden konnte. In das Bassin wurden hohe Steintöpfe mit Nahrungsvorräten eingestellt, die durch das ständig fließende Bachwasser gekühlt aufbewahrt werden konnten.*

Nur wenige Haushalte konnten sich in der glücklichen Lage schätzen, über eine solche Einrichtung zu verfügen. Neben kaltem, fließendem Wasser war bis weit in das 19. und sogar das 20. Jahrhundert hinein Natureis die einzige Möglichkeit der direkten Kälteproduktion. 1850 kamen die ersten Kunsteismaschinen auf den Markt. Die Erfindung der Ammoniak-Kompressionsmaschine 1874 durch Linde veränderte grundlegend diese Technik, und seit 1920 wurden Haushaltskühlschränke seriell hergestellt. Vor diesem Hintergrund ergibt sich folgende Periodisierung, die im großen und ganzen für das Rheinland typisch ist: Eisschränke (mit Kunst- oder Natureis gefüllt) bis zum Zweiten Weltkrieg, Kühlschränke vereinzelt in den 20er, etwas verstärkt in den 30er Jahren und durchgängig nach 1950, Gefriertruhen/-schränke ebenfalls nach 1950 mit weiter Verbreitung nach 1960.

Eisschränke waren Behälter, mit Zinkblech ausgeschlagen und in der Mitte ein Fach, das mit Natur- oder Kunsteis beschickt wurde, bei anderen Varianten lag das Eis in den Zwischenwänden. Das Eis konnte bis zu einer Woche halten, geliefert wurde es von Brauereien, vom „Eismann" oder es stammte aus hauseigener Produktion- durch das winterliche Eissägen. Nicht nur am Niederrhein gewannen die Menschen die natürliche Kälteenergie, auch die Kölner (Kk) sägten Eis aus einem toten Rheinarm, um es privat zu verwenden oder aber, im Nebenerwerb, an Brauereien und Weinhandlungen zu verkaufen. Manche Häuser hatten mehr oder weniger große Eiskeller, und in den Gewölben der Bierhersteller hielt sich das Eis bis in die Sommermonate hinein.

Abb. 26
Eiswagen einer Bierbrauerei. Aachen, um 1913.

Kühlschränke erschienen, soweit sich die Gewährspersonen erinnern, anfangs der 1930er Jahre: so etwa in Much (242-Landwirtschaft), schon 1933 in Eschweiler-Weisweiler (53*-Landwirtschaft und Schmiede), 1940 und später in Rees (48-großer Gutshof mit 150 ha) und Emmerich (75).

Ab Anfang der 1950-er Jahre gehörten Kühlschränke mehr und mehr zur Ausstattung eines Haushaltes, und nur wenige Belege erwähnen eine Anschaffung nach 1960. Dazu gehören ländliche Bereiche wie Hunsrück oder der untere rechte Niederrhein, aber auch eine Stadt wie Moers (111). Der Grund: eine Tiefkühltruhe war für die Erleichterung bei der Vorratshaltung entschieden wichtiger als ein Kühlschrank, denn kalte Keller waren hier offensichtlich vorhanden. Nicht umsonst wird von zwei Bauerntöchtern aus Brünen (19) berichtet: *Ein Kühlschrank galt noch lange als Luxus und wurde grundsätzlich später gekauft.*

Die Einführung von Gefriertruhen revolutionierte die gesamte Vorratshaltung. Eine ganze Reihe von guten und einleuchtenden Argumenten sprach und spricht noch immer für diese Aufbewahrungsart. Sonstige, meist arbeitsaufwendige Konservierung entfällt; Ersparnis durch den Kauf von Sonderangeboten für eine vielseitigere Speiseplangestaltung über den aktuellen Tag hinaus; damit verbunden die Zubereitung von größeren Mengen für mehrere Mahlzeiten bzw. die bessere Nutzung von Resten, die nicht mehr am gleichen Tag verzehrt werden müssen; schonender Umgang mit den Nahrungs-

Abb. 27
Transport von
Stangeneis für
Metzgereien und
Gaststätten. Eschweiler,
um 1935.

mitteln bei relativ geringem Verlust an Vitaminen und anderen Wirkstoffen; die jahreszeitliche Unabhängigkeit im Schlachttermin, speziell für den ländlichen Bereich. Verständlich, daß Mitte der 1950er Jahre (siehe oben) Gefrierschränke sich unaufhaltsam weiter zu verbreiten beginnen.

Auf eine interessante Eigentümlichkeit in diesem Zusammenhang sei noch hingewiesen: die sogenannten Gemeinschaftsanlagen, in denen ein Dorf die Nahrungsmittel unterbrachte. Praktisch im gesamten Rheinland gab es in den 1950er Jahren diese Anlagen, jedoch ausschließlich in ländlichen Gebieten. In Bornheim-Walberberg (29*) hatte jeder Bauer in der Versteigerungshalle sein eigenes Gefrierfach, in Weeze (60) schlossen sich die Landwirte zusammen, in Strempt (1) oder Ober Kostenz (168) hatte jeder Haushalt sein eigenes Fach im gemeinsamen Tiefkühlhaus. In Mengerschied (9) zeigt sich eine Verquickung verschiedener Trends: *Einfrieren geschah erst nach Einführung von Gemeinschaftsgefrieranlagen Ende der 50er Jahre. (Mengerschied hatte keine Gemeinschaftsgefrieranlage. Hier kaufte man sofort Gefriertruhen. 1959 gab es 9 Gefriertruhen im Dorf, 1957 5 Kühlschrän-*

ke). Heute sind diese Anlagen fast verschwunden, mit einer Ausnahme: 1982 soll in Schweppenhausen (156) noch eine bestanden haben.

Seit Beginn der 1970er Jahre hat sich im Bereich der Vorratswirtschaft ein weiterer drastischer Wandel vollzogen: neben Kühlschrank und Gefriertruhe ist die massenweise Produktion von Halbfertig- und Fertigwaren getreten, zum Teil in Dosen mit mehrjähriger Haltbarkeit. Eine in ganz Deutschland verbreitete Kette vertreibt fast ausschließlich solche Produkte, von denen sie rund 1.500 im Sortiment führt. Und wenn ein Artikel über längere Zeit nicht geht, verschwindet er wieder aus dem Angebot. So sind nun - Mitte der 1990er Jahre - über das ganz Jahr hinweg Obst und Gemüse, Fleisch und Wurst, Fisch oder exotische Lebensmittel, haltbar oder nicht, verfügbar: eingedost, tiefgefroren oder gefriergetrocknet, meist noch zu Preisen, die sich viele der Gewährspersonen vor zwanzig Jahren nicht hätten träumen lassen.

„Weenter af Sommer, öm seewen Ur hät dän Buur Honger"
Die täglichen Mahlzeiten

Sieben, zehn, zwölf, vierzehn, neunzehn - keine magische Zahlenreihe, vielmehr das rheinische Mahlzeiten-Schema, genauer: die Zeiten für Frühstück, zweites Frühstück, Mittagessen, Brotzeit oder Vesper und schließlich Abendessen. Natürlich nicht verbindlich oder gar unumstößlich - die Zeiten können leicht variieren, manchmal fällt das zweite Frühstück und ganz selten die Vesper aus, in Abhängigkeit von Arbeitsbeginn/Schicht/Feld- Stallarbeit und der Jahreszeit. Aber im großen und ganzen kann man sagen, daß dies die allgemein übliche Zeitenfolge war. Sie änderte sich nach dem Zweiten Weltkrieg. Dies hängt natürlich mit der Umstrukturierung im gesamten Erwerbsleben zusammen: Schwer- und Schwerstarbeiter auf dem Lande und in den Fabriken sind heute eher die Ausnahme, die Automatisierung hat in weiten Bereichen des täglichen Arbeits- und Freizeitlebens Erleichterungen geschaffen, deren Auswirkungen die Ernährungsweise stark beeinflussen.

Aus Groß Klev bei Dabringhausen im Rhein-Wupper-Kreis (165) stammt eine ausführliche Auflistung der fünf Tagesmahlzeiten, wobei der Unterschied zwischen Sonn- und Werktag sehr schön herausgearbeitet ist. Die Systematik mag daher rühren, daß die 71-jährige Bäuerin auf der Landfrauenschule Lennep kochen gelernt hatte.

Werktags morgens 7.00 - 7.30 Uhr, Bratkartoffeln = Brotäepel oder Kartoffelkuchen = Äepelskochen, Muckefuck und Milch, Schwarzbrot = Schwazzbruet, Margarine (die Butter wurde verkauft), Quark= Klatschkäs, Apfelkraut=Appelkruet.

Sonntags ersetzte ein Brei in der Pfanne zubereitet = Pannenbräe - die Kartoffel. Eier, Mehl, Milch, Salz - kein Zucker, und ausgelassener Speck. Die Zutaten wurden angerührt und in die Pfanne mit dem ausgelassenen Speck gegeben. Dann muß solange gerührt werden, bis der Brei steif ist. Manchmal Kakao.

Alle Tage 10.00 - 10.30 Uhr gab es für jeden eine Meng- oder Graubrotschnitte mit Margarine, mit Wurst, Schinken oder Käse belegt. Sie wurden geschmiert und auf der Faust gegessen - nicht am Tisch.

Werktags mittags 12.00 - 12.30 Uhr als Vorspeise Milchsuppe angedickt mit Haferflocken, Gries, Mondamin, Puddingpulver oder Buttermilch mit Zucker, Zimt und geröstetem Schwarzbrot, Salzkartoffeln oder Pürree, jeden Tag Fleisch vom Geschlachteten eingepökelt, geräuchert oder aus den Einkochglas. Gemüse dazu Kompott von Äpfeln, Birnen oder Pflaumen. Kein Getränk.

Abb. 28
Kinder beim Gemüseputzen. Hürth-Gleuel, 1944.

Sonntags: Fleischsuppe, Salzkartoffeln,Braten vom Rind oder Schwein, Gemüse oder Salat, Kompott. Zum Nachtisch Pudding ohne Saft oder Sonstiges.

Werktags 16.00 Uhr zweierlei Brot, Margarine, kein Weißbrot, Klatschkäs, Rüben-, Birnen- und Apfelkraut, Muckefuck und Milch

Sonntags selbstgebackenen Plattenkuchen, z.B. Streusel, Rodonkuchen, Weißbrot und Stuten mit Rosinen / Korinthen vom Bäcker gebacken, Margarine, selbstgekochte Marmelade. Waffeln, die wurden auch gebacken, wenn in der Woche Besuch kam.Die Kinder erhielten Margarine und Muckefuck. Die Eltern Butter und Bohnenkaffee.

Werktags 20.00 - 20.30 Uhr, Bratkartoffeln oder Äepelskochen, manchmal ein Ei mit Salat, Salzkartoffeln mit Zwiebelsoße = Öllichzaus, Pellkartoffeln mit Heringstipp, Salzkartoffeln mit Rohmzaus = Sahne mit Pfeffer, Salz, Zwiebel; Puffelskochen, Pillekochen, Rievkochen

Sonntags Obstpfannekuchen oder Äepelschloet mit Ei und Butterbrot mit Schinken und Wurst, Milch, Muckefuck, Kakao.

Das Frühstück zwischen 6.00 h und 7.30 h, *für den schwer arbeitenden Menschen die wichtigste Mahlzeit* (23, Rees), bestand häufig aus Bratkartoffeln, denn *das war billiger als Brot* (164, Kürten). Verwendet wurden dafür die vom Vorabend übriggebliebenen Kartoffeln. War Fett rar oder zu teuer, erreichte man die Bräunung durch Kaffeemehl. Ebenfalls beliebtes Frühstücksgericht war der Pfannekuchen, aus Buchweizen- oder sonstigem Mehl, süß mit Pflaumen (110, Neukirchen-Vluyn - nur zur Pflaumenzeit) oder deftig mit Speck (220, Haldern). Nicht umsonst hieß in Brünen (19) das Frühstück auch *Pannekukäten*. Ein anderer, geläufiger Name für die erste Mahlzeit des Tages, allerdings in der Eifel, war schlicht *de Brei* (207, Winterspelt) in Anlehnung an die bis ins 20. Jahrhundert weit verbreiteten Breispeisen. Am Niederrhein kamen sie bereits um die Jahrhundertwende aus der Mode. Es gibt jedoch auch Belege mehrerer Gewährsleute dafür, daß die morgendliche Milchsuppe z.B. im Bergischen ebenfalls als „Brei" bezeichnet wurde (13, Hückeswagen).

Die Morgensuppe mit eingebrocktem trockenem Brot (z.B. 111, Moers) hieß „Brockenpapp" und kam nicht nur zum Frühstück auf den Tisch: *Abends gab es um 19.30 Uhr den Rest vom Morgenmehlpapp (den allerletzten Rest bekam dann der Hund und die Katze durfte den Topf auslecken).* Dieser Hinweis einer 49-jährigen Bäuerin aus Moers (111) hat einen ganz interessanten Hintergrund. Sie stammt von einem kleinen Hof, auf dem Essen drei Voraussetzungen erfüllen mußte: Es durfte nicht viel kosten, sollte schnell gehen und mußte gesund sein, denn ...*der Vater von Frau F....war den Lehren von Kneipp und dem Lehmpastor Felke sehr zugetan.*

Über die Zubereitungsweisen von Suppen im allgemeinen wird noch bei der Darstellung des Mittagessens (s.u.S. ...) zu sprechen sein.

Nach dem Schlachttag in den Wintermonaten *gab es Panhas ca. 3 Wochen jeden Morgen frisch gebraten* (110, Neukirchen-Vluyn; ähnlich 90, Waldfeucht).

Während fast schon exotisch anmutende Speisen wie Buchweizenknödel und Haferbrei (213/207, Winterspelt) auf das südliche Rheinland beschränkt blieben und Ziegenmilch als Morgengetränk offenbar nicht jedermanns Sache war (linker Niederrhein und Bergisches Land, dazu eine *Haferflokken-Ziegenmilchsuppe* bis 1952 in Bergisch-Gladbach, 194), gehörte Brot in allen möglichen Variationen und mit einer Vielzahl von Aufstrichen zum Standardangebot auf dem Frühstückstisch. Interessanterweise betrachtete man es in einem Düsseldorfer Fabrikarbeiterhaushalt (34) als *billiges Nahrungsmittel, das immer auf den Tisch kam*, in Korschenbroich hingegen gab es nur selten Brot als Hauptspeise - *zu teuer* (85), so die lapidare Erklärung des 83-jährigen Kleinbauern und Markthändlers.

Was gab es nun als Brotbelag? Zunächst eine Übersicht aus Simmerath (238): *Im bäuerlichen Haushalt gab es Speck, Schinken, Wurst, Eier oder Quark aber alles in bescheidenen Maße, denn ein Teil der landwirtschaftlichen Produkte wurde verkauft, um sonstige notwendige Anschaffungen zu tätigen. Bei den Arbeiterfamilien gab es oft nur trockenes Brot oder mit Margarine ganz dünn bestrichen manchmal auch mit etwas Rübenkraut dazu. Wenn es möglich war am Sonntag mal etwas Blut- oder Leberwurst, Quark, Schmalz. Trevel wurde auch viel aufs Brot getan. Bei armen Leuten bestand* dieser aus wenig Eier und viel Mehl und bei besser gestellten Leuten die selber Hühner hatten, mehr Eier als Mehl.

Vornehmlich also das preisgünstige Kraut (Rüben-, Obst- oder Möhrenkraut), Quark mit und ohne Kraut, Wurst und seltener Käse (*nur bei besonderen Anlässen* in Brünen, 19). In der Aachener Gegend beliebt waren die „Frauen-bröttchen" aus Vollkornbrot und einem halben Brötchen oder Weißbrot (148), benannt nach dem schwarz-weißen Habit „der Brüder unserer Lieben Frau". Hauptsächlich aus dem Monschauer Raum belegt, wie schon gesehen, der Trevel, in anderen Landschaften Eierschmier, Schmier und ähnlich genannt: eine Art weicher Brei aus Mehl, Eiern, Milch, Salz und Grieben bzw. Schmalz. Einen ungewöhnlichen Aufstrich gab es in Kreckersweg bei Dabringhausen (204): *gekochte Kartoffeln mit der Gabel zerdrückt (jequetscht) u. auf mit Butter oder Birnenkraut bestrichenes Schwarzbrot gelegt.*

An Getränken gab es, außer der bereits erwähnten Ziegenmilch, normale Kuhmilch, Tee, bei besonderen Anlässen Kakao (für die Kinder), Buttermilch und Wasser. Bohnenkaffee gab es höchstens sonntags, ansonsten mußte man mit Malz- oder Kornkaffee bzw. einem anderen Surrogat vorliebneh-men. Häufig wurde der „Kaffee" selbst gebrannt und mit etwas Zucker gla-siert. Aus dem Erkelenzer Raum (28) stammt die Schilderung einer Situati-on, wie sie bis weit nach dem Zweiten Weltkrieg nicht nur im Rheinland herrschte:

Dazu diente nun ein Gebräu, das zwar mit dem Namen Kaffee bedacht war; aber diese Bezeichnung wohl kaum für sich in Anspruch nehmen konnte. Denn nur ganz selten - etwa an Sonn- und Feiertagen oder zu Familienfe-sten - waren dazu einige gemahlene Kaffeebohnen vorhanden. Ansonsten bestand unser Kaffee aus geröstetem Roggenkorn, das gemahlen als Auf-guß diente. Es gab damals aber auch schon den „Kathreiners Malzkaffee", der geröstet und gemahlen als 1/2 Pfund Paket im „Wenkel", dem einzigen Kaufladen im Dorf, der ansonsten die anspruchsvolle Bezeichung „Kolonial-waren-Handlung" oder „Gemischtwaren-Handlung" führte, zu erwerben war. Kuh- bzw. bei den kleinen Leuten mehr noch die Ziegenmilch (die Ziege war eben die Kuh des kleinen Mannes) verliehen dem Kaffee dann erst den Ge-schmack, der ihn zum Genuß geeignet machte. Zucker zum Süßen gab es nicht.

Zum zweiten Frühstück um 10 Uhr, treffenderweise „Zehnührchen" genannt, gab es als Getränk ebenfalls Kaffee und seine Varianten. Auf dem Hunsrück ließ man sich Viez schmecken, bei der Feldarbeit am Vorgebirge (29*, Bornheim-Walberberg) tranken die Alten ein Schnäpschen. Generell war das Zehnührchen eine ausgesprochene Brotmahlzeit mit ausschließlich deftigem Belag oder Aufstrich: Wurst, manchmal Käse, Quark. Herzhaft ging es im Bergischen zu: In Lindlar (241) und Kürten (247) brutzelten Kartoffeln in der Pfanne. Ähnlich in Kapellen bei Moers (41): *... Schwarzbrot und Weißbrot mit Butter + Wurst oder getrocknetem Speck ... In der Zeit, wenn Wurst und Fleisch etwas knapper wurden, hatte man immer noch reichlich Kartoffeln.*

Abb. 29
Kartoffelschälen
außerhalb des
Hauses. Heisdorf,
um 1930.

Aus einem übriggebliebenen festeren Kartoffelbrei vom Vorabend wurde ein zwei fingerbreit dicker Pfannkuchen in der Bratpfanne geformt und von beiden Seiten, durch Wenden mit einem Deckel, goldbraun gebacken. Mit Schwarzbrot und Rübenkraut war das ein schmackhaftes zweites Frühstück. 'Dat schtunn in de Rebben.' Zum Braten wurde nur Schweineschmalz genommen. Wobei man wissen muß, daß die Redensart soviel bedeutet wie „hält lange vor" oder „macht satt".

Ein „Zehnührchen" hatte die Hausfrau besonders am Waschtag verdient: ... nahm die Mutter mit der Waschfrau, die zur Hilfe dabei war, um 10 Uhr ein zweites Frühstück ein. Das war meist eine Tasse Bohnenkaffee mit einem frischen Brötchen mit einfacher Leberwurst als Belag. (128, Köln) Auch auf dem Land bedeutete der Waschtag harte Arbeit: In Gangelt-Harzelt (107) bekam deshalb die Magd ausnahmsweise ein Ei oder Wurst. Das Mittagessen war stets, verständlicherweise, ein Gericht, was von allein kochte. Das waren meist Eintopfsuppen von Erbsen, Bohnen oder Linsen. Als Einlage *war das Fleisch oder die Wurst in kleine Stückchen geschnitten.* (141, Köln). In einem anderen Kölner Haushalt (244) kamen z.B. *Erbsensuppe mit Bröckchen (in Würfeln geschnittenes Brot, hart gebacken) - auch in Bohnensuppe,* natürlich Erbsensuppe pur, ferner *Bohnen oder Linsen mit Würstchen oder Speck* oder gar *Biersuppe aus Dröppelbier - Kneipe* auf den Tisch.

Breiten Raum in allen Berichten nimmt das Mittagessen ein. Besonders werktags zeigten sich deutliche Unterschiede: Montag war Restetag vom vorhergehenden Sonntag, Dienstag bis Donnerstag einfache Küche, Freitag fleischlos, Samstag Eintopftag. Typisch der Bericht eines Ehepaares (er Jahrgang 1917, sie 1925) aus Krefeld (217):

Montag:	*Reste vom Sonntagsessen*
Dienstag:	*Bratkartoffeln, Eier, Salat*
Mittwoch:	*Milchsuppe mit Nährmittel*
Donnerst:	*Gemüseeintopf m. geräuch. Speck*
Freitag:	*Kartoffeln, Soße m. Zwiebel geröstet, Fisch, eingel. Heringe, Pfann-Reibe-Schnibbelskuchen*
Samstag:	*Suppeneintopf m. Fleischeinlage.*

Sehr ausführlich schildert eine Gewährsfrau, Jahrgang 1915, aus Uckerath/ Rhein-Siegkreis (8) den Wochenspeiseplan in einem gutsituierten landwirtschaftlichen Haushalt um 1920, vor allen Dingen auch unter dem Aspekt der jahreszeitlichen Verfügbarkeit von Nahrungsmitteln:

1. Beispiel: Sommer

Montag	*Suppe, Fleischreste vom Sonntag, Salat,Braten- oder Senfsoße, Salzkartoffeln*
Dienstag	*Eintopf: grüne Bohnensuppe*
Mittwoch	*Suppe, Spinat m. Salzkartoff. u. Spiegeleier od. Pfannkuchen*
Donnerst.	*Suppe, Rindfleisch, Senfsoße, Gurkensalat, Salzkartoffeln*
Freitag	*Suppe, Nudeln mit Dörrobst*
Samstag	*Eintopf, abwechselnd Erbsen-, Bohnen-, Linsensuppe*
Sonntag	*Suppe, Huhn auf Reis, Griesmehlpudding mit Apfelweinschaum*

2. Beispiel: Sommer

Montag	*Suppe, dicke Bohnen mit durchwachs. Speck, Salzkart.*
Dienstag	*Suppe, Rotkohl mit Apfelkompott, Bratwurst, Salzkart.*
Mittwoch	*Suppe, grüne Bohnen (geschnippelt) mit Rindfleisch u. Meerrettigsoße, Salzkart.*
Donnerst.	*Suppe, Königsberger Klopse, Salzkartoffeln*
Freitag	*Suppe, Kartoffelklöße mit Specksoße*
Samstag	*Eintopf: Grüne Bohnensuppe*
Sonntag	*Suppe, Schmorbraten, Erbsen u. Möhren, Bratensoße, Schokoladenpudding*

Winter	*(1. Beispiel)*
Montag	*Suppe, Saure Bohnen mit Kartoffeln (untereinander), Panhas (aus eig. Schlachtung)*
Dienst.	*Suppe, Grünkohl-Eintopf mit Mettwurst v. Metzger oder eig. Bratwurst*
Mittwoch	*Suppe, Kartoffelpüree mit Apfelkompott untereinander = Himmel on Äed, Blutwurst gebraten*
Donnerst.	*Weiße Bohnensuppe mit Schweinerippchen*
Freitag	*Suppe, selbst hergest. Dampfnudeln mit Pflaumen aus dem Glas u. Vanillesoße*
Samstag	*Suppe, Sauerkraut + Püree durchwachs. Speck*
Sonntag	*Suppe, Poularde m. Salatbohnen, Salzkartoffeln Schmorapfel*
Winter	*(2. Beispiel)*
Montag	*Suppe, Endiviensalat, Fleischreste v. Sonntag,Soße, Salzkartoffeln*
Dienstag	*Gerstensuppe mit Kartoffeln (untereinander) = Jääesch on Äepel, Geselchtes*
Mittwoch	*Suppe, Breitlauchgemüse und Salzkartoffeln, frische Schweinerippe*
Donnerst.	*Suppe, weiße Bohnen u. Möhren untereinander als Gemüse = Jold on Selever (Gold u. Silber), Frikadellen*
Freitag	*Milch- oder Buttermilchsuppe, Kochfisch, Salzkartoffeln mit ausgelassener Butter od. Senfsoße*
Samstag	*Jägerkohl mit Gulasch*
Sonntag	*Suppe, Schwarzwurzel, Salzkart., Karamelpudding.*

Die elterliche Landwirtschaft umfaßte 40 Morgen und 8-10 Kühe, die Mutter hatte Kochen in einem Pensionat gelernt.

Montag war in den meisten Familien Restetag. Sommers wie winters - in vielen Fällen wurde sonntags etwas reichlicher gekocht, um das nächste Mittagessen zu sichern. Dieses „Vorkochen" bewährte sich vor allem auch vor Waschtagen oder ganz einfach für das Abendessen.

Aufschlußreich ist beim Sommerplan die eindeutige Verwendung von frischen Gemüsen: Die ersten grünen Blättchen gehörten in die Gründonnerstagsspeise, ab Mai waren dann nach und nach immer mehr frische Gemüse verfügbar: Pflücksalat, Spinat, Melde, Sprutenmus, zarte Runkelrübenblätter als Spinat, Kohlrabi, Spitzkohl, Wirsing, Blumenkohl, zeitlich versetzt verschiedene Bohnensorten (110, Neukirchen-Vluyn). Die jahreszeitliche Gebundenheit, die uns heute durch Supermarkt und Importe fast fremd ist, wird in einem Beispiel aus Nettetal-Breyell (216 b) aus der Mitte der 1920er Jahre deutlich. Die siebenköpfige Familie des Eisenbahnbeamten versorgte sich zu einem Großteil selbst aus 300 qm Gemüsegarten und etwa 1/2 Morgen Acker: *Im Frühjahr gab es Gartenmelde mit Rübstiel und Kartoffeln untereinander mit einem Stück Speck, oder Spinat mit Kartoffeln und einem Ei, oder Kartoffeln mit Specksauce und Salat. Auch schon mal, und das meist Freitags, Kartoffeln mit Zwiebelsauce, Löwenzahnsalat und einem eingelegten*

Hering. Der Hering wurde so verteilt, daß Vater einen ganzen kriegte, Mutter aß nur einen halben, und wir Kinder mußten uns einen mit drei Mann teilen. Nach Peter und Paul wurden etliche Male Kartoffeln mit Dickebohnen, Karotten, Zuckererbsen und Speck durcheinandergekocht. Das war das leckerste Essen des ganzen Jahres.Nach dem Essen gab es gewöhnlich einen Teller Milch- oder Buttermilchsuppe. Es hieß, das wäre nötig, um die Löcher vollaufen zu lassen. Nur wenn es Pfannkuchen gab, aßen wir die Suppe vorher. Das war eine dünne Gemüsesuppe mit Kartoffeln und Graupen, und wenn wir die aufgegessen hatten, drehten wir den Teller auf die verkehrte Seite und legten uns den Kuchen darauf. Kein Mensch brauchte für Suppe und Gemüse besondere Teller.So wurde das ganze Jahr hindurch das gegessen, was im Garten wuchs oder was man günstig kriegen konnte.

Im ersten Sommerbeispiel des Uckerather Speisenplans wird mittwochs fleischlos gegessen, ein Phänomen, das in mehreren Berichten auftaucht. Der Freitag als kirchlich verordneter Fasttag ist, bedingt durch katholische Vorschriften, er-klärbar, der zweite „Fast"-Tag ist jedoch nicht verordnet. Auf dem Hunsrück variiert lediglich der Wochentag: In vier Beispielen (56, 158, 168, 171) werden dienstags Mehlspeisen, Nudeln, Pfannkuchen und Klöße genannt. Alle diese Gewährspersonen haben übrigens als Konfession „evangelisch" angegeben.

Die Uckerather Freitagsspeisen: im Sommer Nudeln mit Dörrobst und Kartoffelklöße mit Specksoße, im Winter Dampfnudeln mit Pflaumen und Vanilesoße sowie Kochfisch mit Salzkartoffeln. Dieser Katalog ergibt bereits einen ziemlich repräsentativen Querschnitt durch die rheinischen Freitagsgerichte. Eine über 80-jährige Gewährsfrau, aufgewachsen in einem Weseler Militärbeamtenhaushalt (49*), breitet eine ähnliche Palette von Freitagsspeisen aus:

Fisch: Kabeljau oder Schellfisch (selten ein anderer Fisch), mit Kartoffeln, Buttersoße

oder Reibekuchen mit Gries- und Reisbrei
  Pfannkuchen mit Kompott
  Pfannkuchen mit Kopfsalat
  Salat, Kartoffeln, Spiegelei
  Nudeln mit Dörrpflaumen
  Mehlklöße mit Dörrpflaumen
  Reis mit Apfelkompott
  Hering mit Pellkartoffeln

Die Fischarten waren recht unterschiedlich: Stockfisch (meist mit in Rüböl gebratenen Zwiebeln), Schellfisch gekocht und mit Buttersoße unter dem ausdrücklichen Hinweis, daß er teurer als Kabeljau gewesen sei, Rotauge, Hecht, Zander, in seltenen Fällen Forelle, Aal (auch in Aspik - 108, Xanten), Bratbückinge, Kieler Sprotten (150a Krauthausen; 149 Schleckheim; 96 Bardenberg - also Belege aus dem Aachener Raum), Muscheln und schließlich Rohesser. Zum Hering, über den eine Unzahl von Geschichten kursiert und

Abb. 30
Eingehängte Aale vor dem Räuchern. Wesel, 1953.

der stets als Arme-Leute-Essen bezeichnet wurde, schreibt eine 70-jährige Hausfrau aus Strempt (2):

Wohl gab es <u>freitags</u> schon mal Fisch und zwar immer dann, <u>wenn der „Holländer"</u> mit seiner Karre dagewesen war und <u>Heringe</u> zum Kauf angeboten hatte. Diese holländischen Heringsverkäufer, die in Köln donnerstags und freitags durch die Straßen mit ihren Kastenhandwagen fuhren und durch Ausrufen zum Kauf aufforderten, kannte man <u>auch</u> in den kleinen <u>Eifeldörfern</u>.

Sie kamen von Köln mit der Eisenbahn, die <u>früher</u> auch <u>Wagen</u> „zum <u>Transport für Reisende mit Lasten"</u> angehängt hatte, stiegen z. B. an der Bahnstation Mechernich aus und gingen <u>mit</u> ihrem <u>Handwagen von Dorf zu Dorf</u>.

Überall waren sie mit ihrem Ausruf: <u>„Hollandsche Haring"</u> bekannt.

Die preiswerten <u>grünen</u> und die <u>gesalzenen Heringe</u> wurden gerne gekauft und waren eine willkommene Abwechslung auf dem Kostplan.

Die frischen <u>grünen Heringe</u> kamen <u>gebraten</u> auf den Tisch und die <u>Salzheringe</u> wurden gewässert und dann in eine Würzsoße aus Sahne, verdünntem Essig, mit viel Zwiebelscheiben und Gewürzen <u>eingelegt</u>, dazu aß man Pellkartoffeln.

Gebratene Bückinge im Rühreimantel und Kettensalat waren eine Kölner Spezialität, die die Gewährspersonen häufig nennen. Ebenso das sogenannte „Kuschelemusch": *Reste vom Stockfisch ergaben für den nächsten Tag eine Mahlzeit, die man 'Kuschelemusch' nannte. Dazu wurden die Stockfischreste mit gekochten Kartoffelscheiben vermischt und in einer Auflaufform im Herd überbacken.* (126, Köln) Neben Hering, der für die Kinder gedrittelt wurde, während der Vater einen ganzen bekam, zählte in Hückeswagen (13) - so mehrere Gewährspersonen - Stockfisch wie auch Scholle zu den „billigen" Fischen für die ärmere Bevölkerung, Kabeljau und Dorsch zu den besseren Arten. Filet kannte man früher nicht. In Heisterbacherrott (256) kam *ein Fischmann ... schon mal durch das Dorf und brachte geräucherte Aale von der Sieg, die jedoch relativ teuer waren.*

Großer Beliebtheit erfreuten sich neben den vielfältigen Mehlspeisen auch Bratkartoffeln mit Zwiebel- oder Specksoße, die man dann zu Hering reichte. Hinzuweisen wäre nun schließlich noch auf die Religionszugehörigkeit, die den freitäglichen Speiseplan beeinflußte: Während Katholische sich meist sehr genau an das Fastengebot hielten, galten für die evangelischen Rheinländer deutlich weniger Einschränkungen. So war in Moers (10), einer Gegend mit überwiegend evangelischer Bevölkerung, *Kappes mit Schinken* ein durchaus übliches Gericht am Freitag.

Samstag galt als Eintopf- und Suppentag, wobei die Grenzen im wahrsten Sinn des Wortes fließend sind. Als Grundlage dienten Erbsen, Linsen, Brechbohnen, Bohnen, Graupen, Gemüse - immer mit der Winter-/Sommerunterscheidung eingemacht bzw. getrocknet / frisch. Allen Gerichten gaben Eisbein, Schälrippchen, Kinnbacke und Gerätschaften (Schweinspfote/-ohr/-rüssel) die entsprechende Würze. Süße Suppen kannte die Tischgesellschaft in Kürten (164), und zwar nach jedem werktäglichen Mittagessen, wobei offen bleibt, ob es sie auch nach der Samstagssuppe gab. Unabhängig vom Wochentag berichtet die 71-jährige Landwirtin aus Nieukerk (42*): *Im Sommer gab es bei Hitze Obstsuppe kalt - Rhabarber oder Buttermilch mit getrockneten Birnen auch mit Rosinen. Die Buttermilch mußte bis zum Kochen mit dem Schneebesen - (1935), der aus feinen Rutenzweigen gebunden wurde, - geschlagen werden, da sie sonst gerinnt. Dazu gehörte 2/3 Buttermilch und in 1/3 Vollmilch wurde Mehl angerührt und wieder durchgekocht und mit Zukker oder Süßstoff abgeschmeckt.*

Abschließend eine Besonderheit von der Mosel: die Dunges, oder: Tunken, heute vornehmer Dips genannt. Ein Rezept aus Traben-Trarbach (232) schildert die Herstellung von 'Zwiwweldunges': *... in einer hellen Sauce aus Schmalz, fein geschnittenen Zwiebeln, Mehl, Wasser, Salz, Essig, Lorbeerblatt ...* Gereicht wurde sie hauptsächlich zu Kartoffeln und erinnert an die nördlicher verbreitete Zwiebelsoße.

Brot als Zukost beim Mittagessen spielte eine recht unterschiedliche Rolle. In Erbach bei Sankt Goar (55) wurde *Brot bei uns nur bei Eintopfsuppe mit geräuchertem Fleisch gegessen,* in Winterspelt bei Prüm (207) jedoch *bei* *allen Suppen wo kein Fleisch drin war.* Allgemeiner bekannt war die Zusammenstellung Brot mit kaltem (13, Hückeswagen) oder warmem (224*, Alf) Suppenfleisch. Auch Speck als Brotbelag kam häufig auf den Tisch: entweder mit Schwarzbrot bei Eintopf (26, Aldekerk) oder in der Mönchengladbacher und Meerbuscher Gegend (206, 199) ebenfalls auf Schwarzbrot zum Sauerkraut. Für hungrige Kinder gab es in Lessenich (119) *Schrapp*, also geschabten rohen oder gekochten Speck auf Brot.

Am linken unteren Niederrhein bis in die Monschauer Gegend hinein kannte man das „Beschütt" - Zwieback oder sonstige geröstete Weißbrotstückchen, die heute als Croutons in der klaren Brühe schwimmen.

Die einzelnen Gemüsesorten waren häufig einem bestimmten Fleischgang zugeordnet. Die <u>Möhren</u> gab es mit gebratener Blutwurst (105 Straelen; 106, Willich; 206, Mönchengladbach - mittwochs; 92, Süggerath - donnerstags) oder mit Frikadellen (123/141, Köln; 204, Kreckersweg). *Gulasch von Fleischresten* begleitete in Xanten (108) das Möhrengemüse, gebratene Leber in Krefeld (115). Penibel geachtet auf die Kochfolge wurde in Moers (111): *Die Reihenfolge der Speisen im Topf wurde streng eingehalten z.B. erst Fleisch (Anm.: durchwachsener Speck), dann Möhren, dann 1 Zwiebel, 1 kleingeschn. Apfel dann die Kartoffeln* mit dem Zusatz *gebraten wurde das Fleisch nie.*

<u>Stielmus</u> erforderte eine kräftige Beilage, z. B. Kinnbacken (111, Moers), Schinken oder durchwachsener Speck (10, Moers), geräucherter Speck (204, Kreckersweg) oder gar deftige Schweinerippchen (115, Krefeld). Interessantes wird noch einmal aus Krefeld (114) für die Jahre bis etwa 1935 berichtet, und zwar von einer 77-jährigen Hausfrau, deren Vater Briefträger war: *... mit Euter, wobei das Euter voher in Essig mit Zwiebeln und Gewürzen eingelegt wurde.*

<u>Grünkohl</u>, ein typisches Donnerstagsgericht, aß man als Beilage zu Mettwurst, manchmal auch Rauchwurst (92, Süggerath) oder geräucherte Bratwurst (123, Köln; 165, Groß Klev) genannt. Wichtig der Hinweis, daß diese Wurst mitgekocht und normalerweise nicht gebraten wurde. Ausnahmen bleiben als Beilage Irkeswurst (110, Neukirchen-Vluyn - Wurst aus Nieren), Kochfleisch (47, Rees - gemeint sind Rippchen und Rückenknochen) sowie Speck und frische Bratwurst in Linnich-Körrenzig (226).

<u>Rotkohl</u> gab es meist mit frischer Bratwurst zusammen, die, im Gegensatz zur Mettwurst, auch gebraten wurde. Die Ausnahme hier: Speck (226, Linnich-Körrenzig - vgl. oben bei Grünkohl). <u>Weißkohl</u>, als Frischgemüse fast ein Exot im Rheinland, bekam Hammelfleisch (142, Köln) oder schlicht Schweinefleisch (115, Krefeld) zur Seite. Der feine und geschätzte <u>Rosenkohl</u> erforderte eine ebensolche Beilage - Braten (47, Rees) oder Koteletts (141, Köln).

<u>Butterkohl</u>, ein wenig bekannter gelblicher Mangold, *...wurde auch mit geräucherter Bratwurst, aber immer allein, gekocht* (165, Groß Klev). <u>Blumenkohl</u>, ebenfalls ein „feineres" Gemüse, kam mit Braten auf den Tisch (47, Rees), wurde aber in Groß Klev (165) *...allein gekocht und mit einer hellen Mehlschwitze angemacht mit ausgelassenem Speck und Zwiebel.* Das se-

parate Kochen galt auch, zumindest in Groß Klev (165), für den <u>Wirsing</u>. Beilagen: Schnitzel (47, Rees), Speck (105, Straelen; 92, Süggerath), *Gulasch aus dem Suppenfleisch vom Sonntag* (216, Nettetal-Breyell) oder einfach mit Hackfleisch gefüllt (108, Xanten). Typisches Gewürz bei der Zubereitung war in Linnich-Körrenzig (226) Muskat, dafür jedoch weder Kümmel noch Wacholderbeeren wie in anderen Rezepten. Die <u>Melde</u>, ein spinatähnliches Gemüse, gab es zu Spiegelei, Rührei oder geräucherter Bratwurst (165, Groß Klev) und wurde ähnlich wie Spinat mit Muskat, Pfeffer, Salz, Milch und Mehl zubereitet.

Es bietet sich an, hier etwas Grundsätzliches über die Zubereitung von Blattgemüse einfließen zu lassen. Am besten wieder mit den Worten einer Kölner Hausfrau (6), die von dem großelterlichen Haushalt der Jahre 1900 bis 1940 erzählt:

Alle grünen Blattgemüse wurden sorgfältig verlesen, gründlich in kaltem Wasser gewaschen und <u>in kochendem Wasser</u>, dem eine <u>Messerspitze Natron</u> zugefügt war, <u>gargekocht</u>.

Wenn die abgekochten Gemüseblätter in einem Sieb abgetropft waren, <u>hackte</u> sie meine Großmutter <u>auf einem Holzbrett</u> mit einem großen Messer <u>ganz fein</u>.

<u>Gemüse</u>, die zu einem <u>Eintopfgericht</u> zubereitet werden sollten, kamen so <u>feingehackt in den Kartoffelbrei</u> und wurden <u>untergemischt</u> und -gerührt, z.B. Grünkohl. Sonst wurde eine <u>Mehleinbrenne</u> gemacht, die mit Milch oder Fleischbrühe aufgefüllt wurde, bis es eine gebundene Mehlsoße war, die mit Salz, Pfeffer, wenig Muskat und einigen Tropfen Maggi gewürzt wurde. <u>Unter diese Mehlsoße</u> zog man dann die ganz <u>feingehackten Gemüseblätter</u>. So wurden z. B. Spinat, Rübstielchen, Mangold, Weißkohl und Wirsingkohl angerichtet, auch grüne Bohnen kamen in eine solche Milchmehlsoße.

<u>Spinat</u> war und ist auch heute noch ein typisches Freitagsgemüse, zusammen mit Salzkartoffeln und verschiedenen Eiergerichten eine weit verbreitete Fastenspeise. Sehr viel weltlicher geht es bei den <u>dicken Bohnen</u> zu: Kochfleisch (57, Rees) oder Speck sind die gängigen, deftigen Beilagen. <u>Kohlrabi</u> gab es zu Frikadellen (108, Xanten), <u>Schwarzwurzeln</u> zu Braten (47, Rees). Etwas aus der Reihe fällt hier, da nicht gekocht, der <u>Salat</u>, der aber der Vollständigkeit halber erwähnt werden soll: mit Frikadellen (108, Xanten), zu Speckesoße und Stampfkartoffeln (115, Krefeld) und schließlich zu Schweinekotelett mit Salzkartoffeln (ebda.).

An eingemachten Gemüsen steht natürlich das <u>Sauerkraut</u> an erster Stelle. Durchweg ist zu sagen, daß auch hier wieder eine deftige Beilage zum Zuge kam (vgl. Schwarzbrot mit Speck zu Sauerkraut): Bauchspeck, Kochfleisch, Mettwurst, Geräuchertes oder Frischfleisch, Eisbein, Rippchen, durchwachsener Speck. Trotz allem: Fleisch blieb häufig die Ausnahme auf dem Mittagstisch, und wenn, dann gab es ein Stück pro Esser, Schwerarbeiter einmal ausgenommen.

Ähnlich deftige Beilagen servierte die Hausfrau zu <u>Schnittbohnen</u>, oft auch „Bohnen aus der Tonne" genannt: Bauchspeck, geräucherter Speck, Mett-

Abb. 31
Kaffeetafel auf dem Hof. Lank-Latum, 1916.

wurst und dicke Rippe bis hin zur Kinnbacke (108, Xanten). Ebenfalls zu den eingemachten Gemüsen zählt auch noch die Rote Beete, in Traben-Trarbach (232) mit Hausmacherwurst serviert.

Bei den Suppen und Eintöpfen ergänzend folgende Hinweise: Zur Gersten-suppe gab es in Linnich-Körrenzig (226) *Fleischknochen, bzw. fette Rippe oder Bratwurst,* Bohnensuppen verfeinerte mancher Willicher mit Rindfleisch (106) oder fügte, außer Speck, Hämchen und Füßchen, noch *Porree, Selle-rie, Petersilie, ein paar Möhren, Zwiebel, Salz, Pfeffer und Senf* bei (165, Groß Klev - ähnliches gilt für die dortige Erbsensuppe). Aus Nettetal (89) schließlich berichtet eine Bahnbeamtentochter aus der Zeit bis Mitte der 1920-er Jahre über eine ganz anders geartete Beilage: *Bei Bohnensuppe ... stand immer eine große Schüssel mit gekochten Tafelbirnen ungeschält mit Stiel-chen, die wurden zu der Suppe gegessen.*

Die vierte Mahlzeit im Tageslauf war der Nachmittagskaffee, der in den mei-sten Fällen um 16 Uhr eingenommen wurde. Es war in der Tat Kaffee-Ersatz und nicht wie heute Bohnenkaffee. Im Gegensatz zum morgendlichen zwei-ten Frühstück gab es nachmittags eher süße Beilagen: Brot mit Rüben- oder

Obstkraut, Marmelade, Gelee, manchmal auch Plätzchen. Im Rheinisch-Bergischen, genauer in Busch (249), gab es Reibekuchen oder Waffeln, bei Feldarbeit auch Apfelpfannkuchen oder Rührei, *wenn man zuwenig Butter hatte.* In der Kruppschen Siedlung in Duisburg-Hochemmerich (191*) ging es einfacher zu: *Hatten die Kinder zwischendurch Hunger, dann schallte es über den Hof: 'Mamm, schmeiß mich en Butta!' - dann gab es eine Scheibe Brot mit Rübenkraut, wenn die Mutter es erübrigen konnte (oder wollte).*

Wie sehr Arbeitsablauf und Art der Arbeit auch die Nahrungsgewohnheiten beeinflussen können, zeigt ein Bericht aus Bonn-Beuel (251), wo zu Beginn dieses Jahrhunderts etwa 20% der Bevölkerung in Wäschereibetrieben beschäftigt waren: *18.00 in den Wäschereien 'Sechsührsch' - 1 Scheibe Brot mit etwas Fettigem belegt; wenn es heiß war, wurde einer zur Wirtschaft geschickt, ein Pott Bier holen.*

Das Abendessen fand, mit geringen arbeitsbedingten Abweichungen, meist um 19 Uhr statt. Die verschiedenen Gerichte gleichen einem Sammelsurium, wie der für weite Teile des Rheinlands typische Bericht aus Wesel (49*) belegt: *... falls vom Mittag Reste übrig waren, wurden diese aufgewärmt. Fast immer aber gab es zuerst für jeden eine kleine Portion Bratkartoffeln, dann Graubrot mit Wurst oder Käse, für die Kinder Milch, für die Erwachsenen dünnen schwarzen Tee. Oder es gab abends: - Eierpfannkuchen - frischgekochte Kartoffeln mit Speckzwiebeln-Soße und eingelegter Rote Beete - Milchsuppe (Grieß, Haferflocken) eventuell mit Schuß Himbeersaft und Scheibe Butterbrot ohne Aufschnitt - Bratkartoffeln mit eingemachtem Kürbis - Reisbrei mit Zucker und Zimt - Brotsuppe - Biersuppe mit Scheibe Brot.* Der Weseler Haushalt eines Militärbeamten unterschied sich also gar nicht einmal so wesentlich von ländlichen Haushalten.

Diese Liste läßt sich erweitern: Papp mit Often, Sago oder Reis, *Buttermilchsuppe mit Fliederblüten* (76, Elten), Eiergerichte, Kartoffelsalat bis hin zum „Jan in de Sack" (Gerste und getrocknete Pflaumen im Wasserbad gegart). Zum Thema „Suppe" noch der Beleg einer 72-jährigen Landwirtin aus Much (242): *Abends gab es häufig eine gute Milchsuppe - mit getrocknetem Obst - od. Brotsuppe - Gries- Reis u. auch Graupensuppe. Graupen wurden auch häufig in Fleischsuppen - wie Gemüse - od.- Bohnensuppen verwendet.* War gerade geschlachtet worden, stand Panhas auf dem Speiseplan (204, Kreckersweg; 71, Rees; 192, Kerken). Eine Besonderheit am Vorgebirge (255, Alfter; 29*, Bornheim-Walberberg) bestand darin, daß es zu Milch- oder Rindfleischsuppen Stollen gab - gemeint war einfaches süßes Brot.

Häufiger Bestandteil des Abendessens war auch der Klatschkäse, über den eine Kölner Gewährsperson (5) Amüsantes zu berichten weiß:

Mein Großvater beteiligte sich an dem Kartoffelessen nicht. Sein Abendessen bestand aus Bauernschwarzbrot bestrichen mit gesalzener Bauernbutter, darauf Apfel- oder Rübenkraut und als Schlußlage: „Klatschkii's" = Klatschkäse, so in Köln genannt. Heute sagt man Quark dazu.

Die, für seinen Geschmack, erforderliche Höhe der Klatschkäseschicht maß mein Großvater, indem er sich die Brotscheibe in Mundhöhe hielt. Sie war erreicht, wenn ihm der Käse bis an die Nase reichte.

Die Getränke zum Abendessen: vom einfachen Wasser, von Milch und Säften über den bekannten Kaffee-Ersatz bis hin zum Schnaps (in Busch, 249, nur für die Männer) und schließlich zum Bier für den Vater, das eines der Kinder in der nahen Wirtschaft im 'Siphon' holte (236, Königswinter). Dies war aber nicht die Regel, denn ebenso wie Kakao war Bier fast ein Luxusgetränk, zumal im Haushalt eines Oberpostmeisters (ebda.), da beide Elternteile des 56-jährigen Gewährsmannes aus sehr einfachen Verhältnissen kamen. Beide Großmütter waren früh verwitwet und (mußten) sich eine bescheidene Existenz (Wäscherei; Lebensmittelgeschäft) aufbauen...

Bislang ist nur von der Familie gesprochen worden, die sich zur Essenszeit um den Tisch versammelte. Wie sah es nun aber aus, wenn Handwerker im Haus waren? Gute und verbreitete Sitte war es offensichtlich, den Handwerkern Branntwein, Bier oder auch eine „gute" Tasse Kaffee anzubieten. Und was die Handwerker heute mit nachsichtigem Lächeln quittieren und dann dankend ablehnen, galt früher nahezu als „Muß": das obligatorische Gläschen Schnaps, zu Beginn der Arbeit (145, Dichtelbach), während des Vormittags ein oder zwei Körnchen (17, Elten), präzise um 11 Uhr (75, Emmerich) oder vor dem Essen (25, Emmerich). Im südlichen Rheinland tranken die Handwerker eher Wein und Viez.

Zur Beköstigung: Handwerker aßen das, was gekocht war, falls sie überhaupt beköstigt wurden, was keine Selbstverständlichkeit war. (229, Oeverich) Diese Aussage spiegelt ganz gut das Kernproblem wider: Eine einheitliche Linie, ob freie Kost oder nicht, läßt sich nicht feststellen. Wurden die Handwerker mit beköstigt, dann im Idealfall besser als die übrigen Familienmitglieder - oft als Zusatz ein größeres Stück 'Fleisch' oder ein Ei... (225, Rees-Wittenhorst) oder gar Weizenmehlpfannkuchen, während sich die anderen mit Buchweizenpfannkuchen begnügen mußten (19, Brünen). In einem Fall fiel die Kost so reichlich aus, daß Kinder dadurch keine Butter für aufs Brot hatten (207, Winterspelt). Aber auch das Gegenteil konnte der Fall sein: Brot wurde möglichst lange vorher gebacken, dann war es fest u. es wurde nicht soviel gegessen. Ansonsten gab es mittags nichts anderes als sonst, außer des öfteren Eintopf aus Erbsen, Linsen u. Bohnen. (170, Nieder Kostenz) In Kirchberg bei Simmern (171) war es Sitte, daß die Bauhandwerker jeden Tag in einem anderen Haus beköstigt wurden..., das sei für die Bauherren, bis etwa 1935, eine große Hilfe gewesen.

Feine Differenzierungen traten auch bei den verschiedenen Handwerken auf. Die Hausschneiderin bzw. -näherin aß grundsätzlich mit am Familientisch (234, Niederdollendorf; 106, Willich), die örtlichen Handwerker im Gegensatz dazu jedoch nicht (ebda.). Der Metzger zählte zu den Kostgästen und nahm an den üblichen Mahlzeiten teil (108, Xanten). Der Anstreicher trank Flaschenbier (236, Königswinter) und aß ansonsten eben-

Abb. 32
Dreschmaschine auf dem Feld. Wachendorf, 1929.

falls am Familientisch mit (126, Köln). Gleiches galt für die Sattler (212, Neviges), wohingegen die fest angestellte Dienstmagd alleine in der Küche essen mußte: Allerdings bekam sie das gleiche Essen (255, Alfter). Daß es auch anders ging, berichtet eine 74-jährige Gewährsfrau aus Neukirchen-Vluyn (110): Handwerksbetrieb mit einem Tisch, mit Familie, Gesellen, Lehrlinge u. Hausgehilfin gemeinsam gegessen.

Welches Essen bekamen die Männer auf den Tisch, die nur wenige Tage auf einem Hof als Lohndrescher arbeiteten? Diese schweiß-treibende und anstrengende Arbeit wurde häufig mit besonders gutem Essen belohnt, und der Spruch „er frißt wie ein Scheunendrescher" sagt lediglich etwas über die Quantität aus, jedoch nichts über die Qualität. Eine ausführliche Beschreibung zum Essen beim Dreschen, übrigens gleichgesetzt mit Festtagsessen, stammt aus einem kleinbäuerlichen Betrieb in Kapellen (41) bei Moers: ... gab es eine Rindfleischsuppe vorweg, meist von der hohen Rippe oder Bug. *'Di Sup mot schtell siin un dech met ein Ouch ut dän Tälder aankiiken.' Mutter machte eine Einlage aus Ei, Mehl, Salz und Muskat. Nach der Suppe wurde das gekochte Rindfleisch mit selbst eingelegten sauren Gurken und Zwiebeln gegessen. Dann zum Hauptgang 'Brodem'. Gebratenes Schweinefleisch, Salzkartoffeln, Soße und Gemüse. 'Et liffs: fiifunseewenzich Ärpeln un en Ömmerken Tsaus, dat schmiik, un se frooten, bis se an de Böken fingen'. - Braten und Bratensoße gabs ja nur selten. Als Nachspeise waren* entweder die Obstsorten aus dem Glas oder 'dikke Riis met Often ...Kwätschen af Biireschtökker gekokk. Oder dikk Riis met Tsukker und Knell' (Zukker und Zimt). Drescher wurden also, ebenso wie die Schweizer, beim Essen bevorzugt bedient. Auf die Sonderstellung gerade des Schweizers soll näher in dem Kapitel über die Tischordnung (s.u.S. ...) eingegangen werden.

Die Drescher rückten aber auch mit ihrem Henkelmann an, brachten also von zuhause ihr Mahl mit. Aus Köln-Müngersdorf (193) zum Beispiel wird aus der Zeit zwischen 1910 und 1920 berichtet: *Die Maschinisten, bspw., die mit der angeheuerten Dreschmaschine auf den Hof kamen, hatten ihr 'Henkelmännche' bei sich, das auf dem riesigen, freistehenden Herd der Gutsküche im Wasserbad gewärmt wurde.* Dies scheint häufig der Fall gewesen zu sein, daß eben die Hausfrau das vom Handwerker mitgebrachte Essen aufwärmte, und die Familie anschließend gemeinsam zu Tische saß.

Das festliche Mahl - sonn- und feiertags, das ganze Jahr über, inklusive Sonderspeisen

In die Betrachtung der einzelnen Festtage und des Sonntagsessens einzusteigen, ohne vorab zumindest den regionalen Aspekt von Speisen angerissen zu haben, erscheint wenig sinnvoll - ergeben sich doch immer wieder Querverweise. Eine grundlegende Erkenntnis zum Thema Regionalität stammt aus Straelen (105): *es gibt hier keine typischen Speisen oder Getränke, die es nicht auch anderorts am Niederrhein gäbe.*

Dies mag platt klingen, ist in dieser Kürze aber sicherlich auch richtig.

Manche Speisen oder auch Getränke jedoch lassen sich etwas enger eingrenzen, ebenso einige Zubereitungsarten wie z.B. das am Niederrhein übliche Durcheinanderkochen von Gemüse, Kartoffeln und Fleisch. Bees, also Johannisbeeraufgesetzter, war ein weit verbreitetes Getränk, wohingegen Gemührde (Korn mit Underberg) nur für Griethausen (61) belegt ist. Weiterhin typisch für den Niederrhein, einmal abgesehen von den Gerichten und ihren Spezialbezeichnungen, wie sie im Glossar erscheinen: Grünkohl mit Mettwurst, Stuhl und Bänke, Stampfkartoffeln mit Salat. Im Aachener Gebiet Fladen und besonders Reisfladen, ebenso Beschütt (auch am Niederrhein), allgemein im nördlichen Rheinland Reis mit Zucker und Zimt, Himmel und Erde, belegte Brötchen wie Halver Hahn, Milch- und Buttermilchsuppen, im Vorgebirge Spargel und in der Eifel bzw. auf dem Hunsrück Knödel aus Buchweizen. Die Eifeler Taaten waren Hefegebäcke oder Plattenkuchen mit vielfältigen Belägen: Äpfel, Pflaumen, Möhrenbrei, Birnen bis hin zu den „schwarzen" Taaten mit gekochten und passierten Backpflaumen.

Zu besonderen Anlässen kochten die Hausfrauen, wie gleich zu sehen ist, nicht nur spezielle Speisen, sondern buken auch eine Reihe von bestimmten Gebäcken: Plätzchen, die man *auf dem Speicher in einem Leinensäckchen aufbewahrt* (107, Gangelt-Harzelt), am Vorgebirge auch Knipp-Plätzchen, verschiedene Fettgebäcke. In Langbroich (107) und im gesamten Selfkant bekannt war der *Langbrööker dicke Flaa* - dick an Teig (sue dett man neet drüver jaape kuusch) und mit aufgeweichtem Dörrobst bestrichen (Ooft, Oaft). In Haaren bei Waldfeucht (237) kam eine spezielle Suppe auf den Tisch: *Früher war für Haaren mit seiner Klus die 'Kluser Papp' die typische Suppe; der Karnevalsverein übernahm daher die Bezeichnung 'Kluser Pappmuule', was früher ein Neckname für die Haarener war.*

Nicht fehlen darf bei diesem Aspekt die Bergische Kaffeetafel, über die schon viel geschrieben und noch mehr gemutmaßt worden ist. Es sei einmal die Frage dahingestellt, ob es sich dabei in der Tat um ein ganzheitliches Gericht oder vielmehr um eine Vielzahl von Einzelgerichten gehandelt hat, die in

Abb. 33
Wichtiger Bestandteil eines
Festessens war die Suppe
mit Einlage, hier mit
Markbällchen. Meindorf,
1951.

wechselnden Zusammenstellungen und abhängig von der Finanzkraft auf den Tisch kamen. Eine ausführliche Beschreibung für die Kaffeetafel stammt aus Kreckersweg bei Dabringhausen (204): ... *die gab es, wenn größeres Familientreffen war und die Verwandten 'aus der Stadt' kamen. Das wurde bei uns so gehandhabt: Am Vortage wurde Reisbrei gekocht, der stundenlang gerührt werden mußte; der wurde dann in Schüsseln gefüllt u. erkaltet mit Zimt und Zucker bestreut; einige Zeit vor dem Eintreffen der Gäste wurde schon der Waffelteig zubereitet, dann wurde das Herdfeuer hochgeheizt u. d. Waffeleisen vorgewärmt, aber mit dem Backen der Waffeln wurde erst begonnen, wenn der Besuch am Ende der Straße in Sicht war (vom Beobachtungsposten am Fenster ging der Ruf in die Küche: 'do kummen se!'). - Die Kaffeetafel wurde traditionsgemäß immer mit Brezeln und Zwiebäcken, die in Kaffee 'gezoppt' wurden, eröffnet. - Inzwischen waren dann nämlich einige Runden Waffeln fertig geworden, sodaß einige Gäste mit dem Waffelessen beginnen konnten. Die nächsten bekamen dann nach und nach den frischen Nachschub aus der Küche. Die Waffeln wurden mit Reisbrei belegt*

u. mit Zimt und Zucker bestreut. - Auf der 'Bergischen Kaffeetafel' standen noch verschiedene Brotsorten (Rosinenstuten, Schwarzbrot) und selbstgemachte Käsesorten (Klatschkäs, Kochkäs, Eierkäs). Wann es diese reichhaltige Tafel gab? Zu besonderen Anlässen wie Familientreffen, Jahresfest und natürlich auch zur Kirmes.

Bei den Wochenspeiseplänen ist bislang ein Bereich nur gestreift worden: Die traditionellen Mahlzeiten an Sonn- und Feiertagen. Vorweg ein paar Worte zum sonntäglichen Frühstück, das meist üppiger und feiner als unter der Woche ausfiel. Zum Beispiel in der Aachener Gegend: *... zum Sonntagsfrühstück mit 'Speck und Ei'. Rezept: Pro Kopf ein Ei, schlagen (bei 5 Eiern 2 Essl. Mehl), 2 Tassen Milch, 1 Tasse Wasser, 1 Prise Salz. Durchwachsenen Speck in der Pfanne auslassen, darüber die geschlagene Masse geben und dauernd rühren.* (149 Schleckheim; Nennung ebenfalls 150a, Krauthausen)

Eine im ganzen Rheinland herkömmliche Zusammenstellung der Hauptmahlzeit, also des Mittagessens, bestand aus Rindfleischsuppe, gekochtem Rindfleisch mit „Zubehör" (sauer eingelegte Zwiebeln und Gürkchen), Braten mit Gemüse und Kartoffeln sowie Grießmehlpudding mit Himbeersaft oder Reis mit Zimt als Nachtisch. So richtig diese grundsätzliche Aussage ist, so breit und differenziert angelegt sein können die Varianten. Wie dies im konkreten Fall aussieht, zeigt das Beispiel aus Korschenbroich (85), das nicht nur für die hier geschilderten Jahre 1910-1930 gilt:

Bratwurstsuppe, kleingeschnitten mit Porree, Sellerie, Reis u. Graupen, Gemüse, Kartoffeln, Bratwurst oder Carbonade, Vanillepudding mit Himbeersaft

Schlachttag Winter und Herbst: Panhas warm, Kinder der Nachbarschaft kamen mit Löffeln zum Panhasschrappen, evtl. aus Wurstbrühe Suppe

Kirmes-September: Rindfleischsuppe, Kappes mit Bohnen (Kirmesätte?) Pudding oder <u>*Pusspas*</u> *(Apfel-Birnen-Pflaumenkompott, lange gekocht, in Steinguttöpfen 4 - 5 Wochen verwahrt), Appeltaat, Prumetaat, Streuselkuchen, gekochter Schinken mit Brot*

Gründonnerstag: Spinat, Grünkohl oder Rübengemüse mit Eiern

Karfreitag: Fastentag bis Karsamstag: Fisch

Ostern: Osterkranz aus Hefeteig, gekochte gefärbte Eier, Hühnersuppe

Heiligabend: bis Mittag Fasten, abends Kartoffelsalat mit Brat-, Blut- oder Leberwurst

Weihnachten: Rindfleischsuppe, Kartoffeln, Gemüse, Schweine- oder Rindfleisch, Pudding, Kaffee mit Kuchen

Hochzeit: ebenso, abends Kartoffelsalat

Taufe oder Begräbnis: Kaffee mit Kuchen-Streuselkuchen, selten Reiskuchen, Weck mit Butter und Apfelkraut.

Der fast wichtigste Gang des sonntäglichen Essens war die Rindfleisch-suppe: *Ein Sonntag ohne Rindfleischsuppe war kein Sonntag. Es wurde noch ein Huhn darin gekocht, und gut war sie, wenn einen Finger dick Fett darauf stand.* (216, Nettetal-Breyell) Eine besondere Variante der Suppe gab es in einem Kölner Dachdeckerhaushalt zu Beginn dieses Jahr-hunderts (38): *... in der, außer einem großen Stück Rindfleisch und Kno-chen, auch noch ein kleines Stückchen Rinderlunge mitgekocht wurde. Das gab der Suppe die besondere Note.* Keine Suppe jedoch auch ohne Einlage: entweder je nach Jahreszeit frisches Gemüse wie Blumenkohl, Porree und/oder Sellerie, häufig Markklößchen/-bällchen, Eierstich, Nu-deln, Sago oder gar, eine seltene und fast kostbare Ausnahme, Reis. In Langenfeld-Richrath (14) reicherten frische Gemüse aus dem Garten die Suppe an, oder es gab ganz schlicht eine *Einbrenne aus Gries.* Am linken Niederrhein bis in den Aachener Raum verbreitet war der „Beschütt", hier im Sinne von Suppenzwieback gebraucht (z. B. 42*, Nieukerk). In einem gutbürgerlichen Xantener Haushalt (108) gab es an *Festtagen... zur Sup-pe Suppenzwieback oder kleine Suppenbrötchen, zu Kalbs- und Hühner-ragout gab es Blätterteiggebäck (Halbmonde).* Hühnersuppe schien nicht sehr verbreitet gewesen zu sein: Nur wenige Belege wie z.B. aus Haldern (220 - Vorsuppe, anschließend gebratenes Hähnchen oder gekochtes Huhn als Hauptgang) geben nähere Auskunft, Wildsuppen im Winter tauchen nur in einem Beleg auf: *Im Winter gab es sonntags, da wir Jagd hatten, Wildsuppe, Hasen oder Fasan gebraten...* (42*, Nieukerk).

Nach diesem beliebten Auftakt kam das gekochte Rindfleisch auf den Tisch. Als Beilagen dienten *selbsteingemachte Zwiebelchen und Gürkchen* (89, Kaldenkirchen), in Rees (47) Senfsoße und Salat. Manchmal gab es Kartof-felsalat dazu (105, Straelen) und in einem Fall war die Reihenfolge vertauscht: in Geldern (222) zuerst das Suppenfleisch mit Gurken und Kartoffeln, dann die eigentliche Suppe. Nicht überall jedoch konnte die Hausfrau die Tafel üppig mit einem zweiten Gang besetzen: In Köln ergab das Suppenfleisch ein Montagsessen, und in einem Düsseldorfer Arbeiterhaushalt (86*) wurde das gekochte Rindfleisch durchgedreht und mit Brötchen, Ei und Zwiebeln zu Frikadellen verarbeitet - mit dem ausdrücklichen Hinweis, daß es nur sel-ten Braten oder Bratwurst gegeben habe.

Den Hauptgang des Sonntagsmenus bildete der Braten. Die Hochschätzung mag sicherlich auch daher rühren, daß früher Fleisch fast ausnahmslos ge-kocht wurde - dies natürlich im Zusammenhang mit den Konservierungsme-thoden bzw. den fehlenden Aufbewahrungsmöglichkeiten für Frischfleisch - und daher Gebratenes etwas Seltenes war. Als rheinisches Nationalgericht gilt der Sauerbraten (den es allerdings auch in anderen Landschaften gibt...). Wie er vor- und zubereitet wurde, beschreibt ausführlich eine Kölner Haus-frau (5) für die Jahre 1900-1930 im großelterlichen Haushalt:

Eine Kochspezialität meiner Großmutter war: Sauerbraten, in Köln „Suur-broode".

Dieses Gericht war in ihrem Familien- und Freundeskreis so anerkannt und beliebt, daß es zum Festtagsessen und besonderen Sonntagsessen erkoren war.

Das *Fleischstück* wurde zwei Tage in eine *verdünnte Essiglösung, der geschnittene Zwiebelscheiben, Lorbeerblätter, Nelken und Pfefferkörner* zugefügt waren, eingelegt. Meine Großmutter wählte dazu ein gutes Stück *Rindfleisch* aus, doch meist und erst recht *zu besonderen Anlässen* legte sie *Schweinefleisch* für ihren Sauerbraten ein. An die *Sauerbratensoße* kamen, kurz vorm Anrichten, *viel Rosinen.* Die Soße wurde mit *Mehl gebunden* und mit *Maggi* abgeschmeckt. Als *Beilage* zu dem Braten gab es *Kartoffelklöße* von *rohen Kartoffeln.*

Die Beilagen, sei es nun zu Sauer- oder einfachem Braten (Schwein), waren vielfältig: im Winter eingemachtes Gemüse wie verschiedene Kohlsorten, im Sommer alle verfügbaren frischen Gemüse aus dem eigenen Garten. Aus Kapellen bei Moers (41) stammt aus den 1920er Jahren die Beschreibung einer speziellen Beilage zu Sonntags- und Festessen,wie sie in einem kleinbäuerlichen Betrieb mit 7 ha eigenem und etwa 1,5 ha zugepachtetem Kirchenland zubereitet wurde: *Igemakte Kappes met witte Boonen und Scheenk. Das Sauerkraut wurde über Nacht gewässert. Am nächsten Tag mehrmals gewaschen, so daß die Säure nicht mehr vorschmeckte. Nun gut ausgedrückt wurde es in die Fleischbrühe des gekochten Knochenschinkenstücks gegart, bis die Brühe verkocht war. Dann die garen weissen Bohnen untergehoben. 'Dä Kappes mot fan de Gaffel reisen un gut gläänzen',* das heißt er muß vor Fett glänzen und notfalls noch mit einem Eßlöffel voll Schweineschmalz nachgefettet werden und leicht mit Muskat nachgewürzt. Zu diesem Gericht werden keine Kartoffeln gereicht, nur das Kappes-Boonen-Gemisch und gekochter Schinken. Gerade dieser Schinken, zudem auch noch gekocht, führt zu den Ausnahmen von der Regel. Gebratenes kann auch Bratwurst bedeuten, Kaninchen, Huhn *und bei armen Familien auch nur eine Blutwurst, dazu Kartoffeln mit Gemüse, Salat oder Obst,* (238, Simmerath). Schließlich auch noch gebratene Rippchen mit Sauerkraut und Kartoffelpüree (89, Kaldenkirchen). Das Hunsrücker „Nationalgericht" bestand zunächst aus Suppe mit (häufig) Reis, dann *gekochtes Rindfleisch mit Meerrettich (eventuell als Vorspeise), gepökeltes und geräuchertes Schweinefleisch, gek. Rindfleisch, Sauerkraut, weiße Böhnchen und Kartoffeln, gek. Meerrettich* (9, Mengerschied). In Kirchberg (171) wurde manchmal auch Rauchfleisch als Hauptgang serviert.

Die Nachspeisen zum sonn- oder festtäglichen Essen: Grießmehlpudding mit Himbeersaft (der in Düsseldorf - 86* - viertelliterweise vom Kolonialwarenhändler erstanden wurde), frisches oder gedörrtes Obst, steifer/dicker Reis mit Zimt und Zucker. Getrocknete Pflaumen kochte man übrigens am unteren Niederrhein zusammen mit Gerste und Mettwurst in Wasser - eine Hauptmahlzeit am Sonntag, „Jan im Sack" genannt.

Auch am Abend stellte die Hausfrau etwas Besonderes auf den Tisch. In Kaldenkirchen (89) *stand für jeden ein Teller voll Milch-Reisbrei mit Zimt und Zucker bestreut auf dem Tisch.*

Daß die Zeiten sich geändert, die Speisen sich jedoch nicht immer, zeigt das Beispiel aus dem Haushalt eines Aachener Baumeisters (143) für die Zeit bis zu Beginn der 1960er Jahre: *klare Rindfleischsuppe mit Markklößchen - Rinder- oder Schweinebraten (od. Wild/Geflügel) mit Sauce, Kartoffel oder 'Spätzle' - 'feines' Gemüse (Spargel, Schwarzwurzeln, Erbsen und Möhren, gelbe Brechbohnen...) und Salat (grüner Gurken- u./o. Tomatensalat) - Vanille - (od. Grieß-, Reis-) Pudding m. Vanillesauce oder Quarkspeise mit gezuckerten Früchten wie Erdbeeren/Himbeeren etc.*

Tischgetränke waren normalerweise nicht üblich und selbst an Feiertagen außergewöhnlich: *... für den Vater ein wenig helles Bier, das im Syphon geholt wurde, für Kinder Saft, für die Damen dunkles Bier oder ein Glas Wein, evtl. auch Brombeer- oder Himbeerwein, im Sommer ab Mai vielfach Bowle* (35 a, Köln). Aus ebenfalls städtischem Milieu (Arbeiterhaushalt) stammt die Düsseldorfer Nachricht (34), wonach die Kinder aus der Wirtschaft eine Kanne Bier holen mußten und auch ein gut gekühlter Klarer bereit gestanden habe. Den ländlichen Bereich vertritt eine 86-jährige Gewährsfrau aus Meerbusch-Osterath (51), Tochter des Organisten und Küsters, für die Zeit nach 1905, wobei die beschriebene Verkaufsstelle natürlich nicht repräsentativ ist:

Abb. 34
Vollgummibereifter Lastwagen für Biertransport. Kornelimünster, um 1910/20.

Der Küster kaufte jedes Jahr 1 - 2 Fäßchen Wein aus Langenlonsheim am Rhein. Davon verkaufte er flaschenweise für 1,20 RM - 1,50 RM Wein an Leute, die Kranke zu Hause hatten. Diese Flaschen wurden im Keller abgezapft. Die Leute kamen und fragten: „Köster, en Flesch Wiien!". Der Küster selbst trank selten. Nie wurde Bier getrunken, es gab keine Biergläser im Haus. Wein wurde angeboten bei besonderen Gelegenheiten, z. B. am Geburts- oder Namenstag, wenn der Pastor zum Gratulieren kam.

Grundsätzlich verantwortlich für das Essen war die Hausfrau - sie traf alle Vorbereitungen und kochte auch selbst. Dies galt zwar noch für den Sonntag, nicht jedoch für den Festtag, insbesondere dann, wenn es sich um ein Fest im „Lebenslauf" handelte. Häufig halfen dann, zum Beispiel bei Hochzeiten, Kommunion und Beerdigung, Frauen aus der Bekannt- oder Verwandtschaft - oder aus benachbarten Häusern. Der Begriff „Kochfrau" meinte dann keine ausgebildete Köchin, sondern eher eine Frau, die der Kochkunst anerkanntermaßen mächtig war. Entweder arbeitete sie unentgeltlich in einer Art Nachbar-schaftshilfe, oder die Kochfrau *wurde vom Gastgeber entlohnt. Nach dem Abendessen dankte einer der Gäste der Köchin, ließ sich einen Schöpflöffel geben und sammelte darin Trinkgeld (das wurde beim Lohn berücksichtigt)* Dieser Bericht stammt aus einem mittelständischen Handwerkerhaushalt in Bonn-Beuel (251). Die Mutter des 78-jährigen Gewährsmannes bügelte für größere Wäschereien Hemden im Stücklohn. Es konnte auch vorkommen, daß die Hausfrau die Speisen am Vortag vorbereitete, aber am eigentlichen Festtag *die Kocharbeiten in der Küche (von) Frauen aus der Verwandtschaft* erledigt wurden (138, Köln). Traiteure sind nur in dem Bericht aus einem Kölner Architektenhaushalt belegt (243) - ihre große Zeit war nach dem Ersten Weltkrieg offenbar schon vorüber. Nicht vergessen darf man allerdings auch, daß Lohnkochfrau wie auch die Beschäftigung von Traiteuren stets eine Frage der Finanzen war. Eine über 80-jährige Gewährsfrau aus Alfter (254) sagt deutlich, daß selbst bei größeren Festen nie eine Köchin genommen wurde, *weil uns das Geld dafür fehlte.*

Die fünfte Jahreszeit im Rheinland war früher - anders, als es sich in den letzten Jahrzehnten herausgebildet hat - nicht der Karneval, sondern die Kirmes, die sich örtlich verschieden und abhängig häufig vom Kirchenheiligen von Frühjahr bis Herbst verteilte. Welche Bedeutung ihr zukam, läßt sich heute nur noch schwer nachvollziehen. Eine Ahnung davon vermittelt ein Schreiben aus dem Jülicher Raum, das 1914 als Stellungnahme an den Aldenhovener Bürgermeister gerichtet war: *Auch haben die Kirmessen ohne Frage eine soziale Bedeutung und tragen dazu bei, daß die alten patriarchalischen Sitten, die mehr und mehr in Wegfall kommen, in den Gemeinden noch in etwa aufrecht erhalten werden. In unserer Zeit, wo die Familien des Erwerbes wegen oft so sehr auseinander gerissen werden, dienen die Kirmessen dazu, das Familienband vor Auflösung zu schützen, weil sie den Familien Gelegenheit zu gegenseitigem Besuchen bieten, wozu sie erfahrungsgemäß noch immer benutzt zu werden pflegen. (HSTAD LA Jülich 463)* Diese ausgeprägte soziale Bedeutung kommt auch in vielen Berichten unserer Gewährspersonen zum Ausdruck: Kirmes war eigentlich wichtiger als jedes andere kirchliche Fest, entsprechend fiel natürlich das Essen aus, zu dem nicht selten bis zu 30, 40 Gäste kamen.

Eine Ausnahme bei der Hochschätzung der Kirmes bilden zwei Berichte aus Moers. *... an Einzelhöfen wurde nichts besonderes gekocht* (198) und *...spielte keine Rolle, da wir zu weit von der Stadt weg waren* (112*), wobei dieses Argument sicherlich nicht repräsentativ sein kann.

Die klassische Zusammenstellung an Speisen findet sich in dem Bericht einer 80-jährigen Hausfrau aus Elten (76) für die Zeit bis zum Zweiten Weltkrieg: *Rindfleischsuppe mit Markklöschen, Suppenfleisch mit Gürkchen u. Zwiebelchen, Braten, Kartoffel u. Gemüse. Als Nachtisch gab es Griesmehlpudding mit Rosinen u. Himbeersaft. Zum Frühstück gab es an dem Tag selbstgeb. Weißbrot, Rosinenbrot u. Schwarzbrot mit Käse od. Mettwurst.* Die Suppeneinlagen variierten: Markklößchen waren in der Tat sehr beliebt, ebenso wie Eierstich, Beschütt, Nudeln, Reis oder Gemüse (z. B. Blumenkohl).

Der zweite Gang, das gekochte Rindfleisch mit „Zubehör" (Gürkchen und Zwiebelchen), wurde auf dem Hunsrück mit Meerrettich angereichert, am Niederrhein hin und wieder mit Kartoffelsalat, konnte unter Umständen aber auch einmal wegfallen. Der dritte Gang bestand in Braten, eine seltenere und herausgehobene Zubereitungsart. Ob nun vom Schwein oder vom teureren - da zugekauften - Rind, oder aber auch ein ganzer gebackener Schinken - der festtäglichen Freude tat es keinen Abbruch.

Die Beilagen zum Fleisch hingen meist von der Jahrzeit ab. Lag die Kirmes sehr früh, kam Sauerkraut, manchmal gemischt mit weißen Bohnen auf den Tisch. War bereits Frischgemüsezeit, konnte man damit keinen Staat mehr machen: *Zur Kirmes im Juni ... Das Gemüse durfte aber kein Sauerkraut sein, weil Sauerkraut kein Kirmesessen war.* (216, Nettetal-Breyell) Gängige Gemüsebeilagen waren Mangold oder Rübstiel (143, Aachen) und platte oder blaue Nieren (*Kartoffeln für den Festtag*), oder *junge Kartoffeln, Erbsen, Möhren* (71, Emmerich), Schwarzwurzeln (102 b, Buschdorf), Spargel in Willich (106) oder später im Jahr Rosen- bzw. Blumenkohl (ebda).

Zur Dernauer Frühkirmes (31 a) gab es Anfang Mai jungen Spinat und Zicklein - daher auch der Name „Zickelsches Kermes". Lammfleisch verzehrten die Gäste auch in Uckerath (8) und Heisterbacherrott (256), bei der Küdinghovener Frühkirmes jedoch Krammetsvögel aus dem Siebengebirge (251). Seltenen Bestandteil bildete, besonders im Kölner Raum, der Sauerbraten, ebenso wie Hasenbraten und Huhn (192, Kerken) oder Fleisch von Ochsen, die in Alf (224*) *vorher von den Metzgern zum Begutachten durch den Ort getrieben* worden waren. Bekannt als „Jelengs" war eine Winterspelter (207) Kirmesspeise: *gekochte Lunge, Herz u. etwas Fleisch wurde ganz fein gekocht, mit gekochtem Reis und Backpflaumen gemischt, die Brühe mit Mehl eingedickt u. säuerlich abgeschmeckt. Dann gab es noch gebratene Blutwurst.* Aus Kirf bei Saarburg (239) schließlich stammt das Rezept für einen

Kirmesschinken, dessen zweite Version folgendermaßen lautet: *Ein kompletter Schweineschinken wird auf zarter Flamme halbgar gekocht. Jetzt wird die Schwarte abgezogen und der Schinken mit großen Zwiebelscheiben und Petersilie voll belegt und die Schwarte wieder aufgelegt. Der Kräutergeschmack zieht nun in den heißen Schinken ein: „Etwas feines!"* Bei fast allen Berichten klingt ein ähnlicher Tenor an: Das Kirmesessen war etwas Außergewöhnliches, an das sich die Erzählerinnen und Erzähler lebhaft erinnern.

Zum Kirmesessen gehörte natürlich auch ein Nachtisch. Reisbrei mit Dörrobst, Zimt und Zucker, Grießmehlpudding mit Himbeersaft, eingemachtes Obst - und die Nachspeise mußte den Erwartungen entsprechen: *...und nach dem Essen mußte Mutter einen großen Topf mit gekochten Backpflaumen in einer Sauce aus Zuckerwasser, Essig, Zitronen und Zimtstangen bereit haben. Das war lecker. Und ich erinnere mich noch, daß Mutter anstatt der Pflaumen einmal Pudding gemacht hatte, und wie da meine Patentante ganz spitz fragte: 'Seid ihr am sparen?'* (216 b, Nettetal-Breyell).

Familie und Gäste tranken, wenn überhaupt ein Getränk auf den Tisch kam, Viez (Hunsrück und Eifel), in seltenen Fällen Wein und etwas häufiger Bier. In Moers (197) wurde zur Kirmes ein kleines Fäßchen gekauft, und für Nettetal-Breyell (216) heißt es lakonisch: *Tischgetränk für Männer: Bier. Für Frauen kein Tischgetränk.*

Im nahegelegenen Aldekerk (26) fragte vor dem Ersten Weltkrieg *...z. B. vor der Kirmes... der Brauer an, ob Bier gewünscht wurde. Wenn das Fäßchen (Anker) angestochen ... oder angezapft wurde, bekam auch jedes Kind ein kleines Gläschen Bier mit Zucker versüßt zu trinken. (Das war für die Kinder ein besonderer Festtag) Vom Rest des Bieres wurde Biersuppe ... gekocht.*

Der traditionelle Nachmittagskaffee stand dem Mittagessen an Luxus in nichts nach. Dies ging in Bornheim-Walberberg (29*) sogar so weit, daß Kirmesgebäck *sehr reichlich beim Bäcker bestellt (wurde), weil jedem Kirmesgast ein Kuchenpaket mit nach Hause gegeben wurde.* Hauptbestandteil war also der Kuchen in jeglicher Form. Zwei Beispiele machen dies deutlich: *Sommerkirmes: Hefekuchen: Reisfladen, Grießmehlkuchen, Spießfladen (Spies ist gekochtes Mus aus getrockneten Birnen, manchmal Pflaumen) - 'Appeltaat' = Hefeteigboden m. Apfelmus belegt, Teiggitter darüber - 'Semmel'-kuchen = Streuselkuchen - manchmal 'Zuckerkuchen' = Hefeteigplatten mit Butterflöckchen belegt, Zucker u. Mandelsplitter darüber, sehr schnell und sehr heiß abgebacken.* (143, Aachen) Es fehlt in dieser Aufstellung der „schwarze Fladen", ein für den Aachener Raum typischer Kuchen. Das zweite Beispiel aus den Jahren 1910-1925 führt uns nach Süggerath (92) im Selfkantkreis: *Kirmesbesöck bekamen Buttercremekuchen oder den sog. 'Platz', einen Kuchen aus bestem Weißbrotteig mit Rosinen und guter Butter, oder den sogen. Kesselweck, einen aus Mehl und Zucker, Hefe gerührten Teig, der in einem schwarzen Kessel in Öl ausgebacken wurde. Dazu gab es traditionell Leiterfladen (Leddere-Fla), belegt mit Apfel, Streusel, Aprikose usw.* Im Kempener Land (188) gab es um 1920 zum Nachmittagskaffee zunächst Deftiges, nämlich *Weißbrot und Rosinenbrot mit Schinken und Käse.* Waren die Kirmesbesucher dann immer noch nicht satt, was man sich eigentlich kaum vorstellen kann, fuhren die Gastgeber *Kuchen und Torten* auf.

Zum Abschluß des Festtages das Abendessen, das zumindest in den Erzählungen der Gewährsleute keine große Rolle spielt. Ein zaghafter Hinweis aus Düsseldorf (86*) berichtet von Kartoffelsalat, etwas ausführlicher der Bericht aus Kerken (116): *Schinken, Mettwurst und Kartoffelsalat.*

Im ländlich-bäuerlichen Bereich nahm man darüber hinaus verschiedene Termine zum Anlaß, besondere Speisen zu servieren. Zum Erntedankfest in Kapellen (41) mußten *der älteste und überzählige große Hahn und ein fettes Huhn* dran glauben. Bei der Kartoffelernte bzw. danach zur sogenannten „Ärpelszech" gab es in Aldekerk (26) Eierpfannkuchen, in Heisterbacherrott (256) *Kesselsbrütcher mit einem Kranz Bratwurst oder Speck.* Im nahegelegenen Königswinter (251) verspeiste man nach der Weinlese *Most und frische Walnüsse.*

Neben der Kirmes war naturgemäß der Schlachttag die herausragende Möglichkeit, frisches, also „grünes" Fleisch zu essen. Angeregt durch die begeisterte Erinnerung vieler Gewährspersonen könnte man fast von einer sechsten Jahreszeit sprechen, die sich von November bis Februar/März hinzog. Die Witterung mußte kühl bis kalt sein, damit das Fleisch während des Ausblutens und bis zur Weiterverabeitung am nächsten Tag nicht verderben konnte. Bezeichnend für Ablauf und Gerichte ist der Bericht von einem Bauernhof in Nieukerk (42*): *Am Schlachttag wurde üppig gelebt. Nach Herzenslust durften zu Graubrot Wellfleisch, Zunge, Niere, Gehacktes und Wurst gegessen werden. Nach dem Schlachttag wurden Freunde und arme Leute mit einem 'Hötschpot' bedacht. Dieser bestand in der Regel aus Leberwurst, Blut- und Mettwurst, Rippen und einem großen Stück Panhas.* Die Sitte, nach dem Schlachten den Hötschpott zu verteilen, war am gesamten unteren Niederrhein verbreitet, ebenso wie die Pröllewürstchen: Probewürstchen oder manchmal auch einfache Mehlwürste mit Korinthen für die Kinder. Offensichtlich größter Beliebtheit erfreuten sich die Schmalzäpfel: süße Äpfel, die in frischem Schmalz mit Grieben gedünstet und heiß gegessen wurden. In Kerken (192) war sogar der Zeitpunkt festgelegt: 16.00 Uhr.

Panhas, andernorts Klappertüt oder Balkenbrei genannt, gehörte ebenfalls zum unverzichtbaren Bestandteil des Schlachttages. Eine 72-jährige Gewährsfrau aus Moers (197), die auf einem Bauernhof aufgewachsen war, erinnert sich: *Abends. Panhas kam in der Schüssel warm auf den Tisch, in der Mitte eine Kuhle reingemacht, dies mit Rübenkraut gefüllt u. jeder nahm aus dieser Schüssel (Krautbahn von Schüssel bis zum Teilnehmer).* Der Rohstoff für Panhas, nämlich die Würstbrühe, besaß einen eigenen Stellenwert und konnte je nach Umständen auch noch variiert werden: *Am Schlachttag wurde aus der Brühe, die beim Wurstkochen entstand, eine kräftige Suppe zubereitet; beim Kochen der Würste gelangten durch die nicht ganz dichten Naturdärme Bestandteile der Wurst in die Kochbrühe, manchmal platzte eine Blutwurst. Aus der sehr kräftigen Brühe wurde mit Porree, Sellerie und Kartoffelwürfeln die 'Blootwuschsupp' zubereitet, Schweinshirn wurde zubereitet und zum Mittagessen gab es frische Rippchen gebraten.* (228, Puffendorf) Ähnliche Nachricht stammt aus Hürtgenwald-Gey (20), in der Brühe kochten zusätzlich Schweinskopf, Lunge und Leber. Im weiter westlich gelegenen Aachen (143) stand in der Zeit bis zum Ersten Weltkrieg die Speisefolge fest: *1) 'Puttes'-suppe (Blutsuppe; Weißbrot) aus gekochtem 'Halsstück' - 2) Halsstück aufgeschnitten mit Kartoffeln und Grünkohl, Senf - 3) Bratwurst und Rippchen gebraten mit Kartoffeln und 'gestuften Äpfeln' (Äpfel m. Schale in Butter geschmort) - 4) Vanille- oder Grießpudding.*

Vereinzelte Belege deuten am Niederrhein auf das Häschen hin - heute Filet -, am Schlachttag eine beliebte Spezialität. Hirn und sonstige Innereien kamen auch in Hückeswagen (13) auf den Tisch, dazu Wurstbrocken, Wellfleisch, fette Fleischsuppen mit Brot und Panhas. Weiter südlich, in Eifel und Hunsrück, heißt die Wurstbrühe Metzelsuppe. In Pantenburg bei Wittlich (163*) servierte man zum Mittagessen Geling, ein Gulasch aus Innereien, in Seibersbach (157) die bereits genannte Metzelsuppe und in Alf an der Mosel (224*) frische Blut- oder Leberwurst, Wurstbrühe, Wellfleisch und für die Kinder Heinzelmännchen.

Schlachttag bedeutete also Frischfleisch in großen Mengen und deshalb eine willkommene Abwechslung in der täglichen Eßmonotonie. Unnötig zu sagen, daß sich dieser Abschnitt auf die ländlichen Gegenden bezieht, die Städter nur manchmal daran teilhaben konnten oder aber auf eigene Schlachtung von zumeist Kleinvieh angewiesen waren.

Nächste Station im Herbst ist der Martinsabend. Am unteren Niederrhein typisch waren die Hefekrapfen/Schmalzgebackenes, bekannt als Krachekröttcher oder Püfferkes. Pfannekuchen aus Buchweizen und Vollmilchsuppe (237, Waldfeucht-Haaren), Pfannekuchen aus geschlagenem Eiweiß (91, Frilinghoven) oder auch Mutzen (34, Düsseldorf) und Hiezemann (236, Königswinter) - weitere Speisen am Martinsabend. Im Raum um Bonn wird es deftiger: in Beuel (251) und Königswinter (236) Kesselsbrütchen, im benachbarten Niederdollendorf (234) Dielsknall, ein großer, im Tiegel gebackener Kartoffelreibekuchen. Aus der Eifel und vom Hunsrück fehlen Nachrichten über diesen Abend völlig.

Die Adventszeit brachte hauptsächlich Plätzchen und Gebäck mit sich: Spekulatius, Printen, Spritzgebäck, Pfeffernüsse, Stollen, Lebkuchen, Zimtsterne, Honigplätzchen, Vanille-Halbmonde bis hin zu den braunen Kuchen, die mit Rübenkraut und Natron gewürzt waren. Kein Unterschied zu heute also, höchstens in der Qualität der Grundzutaten oder vielleicht in der Menge des Gebackenen.

Nikolaus war und ist immer noch einer der traditionellen Termine für die Weckmänner. Mutzen und Krapfen scheinen hingegen an diesem Tag eher die Ausnahme gewesen zu sein. Aus Strempt (1) wird berichtet, daß es für die Mädchen Weggefrauen, für die Jungen ein Pferd mit Reiter gegeben

Abb. 35
Silvesterfeier mit Weck und Wurst. Mastershausen, 1950.

habe. Die Figuren waren ca. 40 cm hoch und entsprechend breit und dick. Selbst hier überwog die Sparsamkeit: *Man aß nicht wahllos davon. Es gab jeden Tag eine Scheibe von dem Nikolausgebäck.* Verständlich, war doch der Vater der 66-jährigen Erzählerin als Bergmann im Bleibergwerk tätig und verdiente sicherlich nicht allzu viel.

Heiligabend, Vigiltag vor Weihnachten und damit früher automatisch Fasttag, *war am Niederrhein, zumindest als Fest, unbekannt* (105, Straelen). In Waldenrath (215) gab es *kein besonderes Essen,* in Düsseldorf (86*) galt *bis Mitternacht strikt fleischlos.* Aber auch in den Haushalten, in denen normal gegessen wurde, schlug das Fastenangebot häufig durch. Heringssalat von Rees bis Stromberg, nicht selten auch einfacher Kartoffelsalat, zum Teil mit Bratwurst (159, Stromberg), oder Grünkohl mit Bratwurst (13, Hückeswagen). Große Gerichte blieben die Ausnahme: in Rees *gespickter Hase mit Salzkartoffeln und Apfelkompott* (69), in Nieukerk (42*) *Hasenbraten zu Weißbrot mit Butter* oder gar Gänsebraten wie in Köln (244) und Bitburg (240). Allerdings unterscheiden gerade hier manche Gewährspersonen nicht deutlich zwischen Heiligabend und Weihnachten.

Der 25. Dezember gehörte einigen wenigen Fleischsorten: jahreszeitlich bedingt der Hasenbraten, Gans oder Ente und schließlich das Kaninchen: *Kaninchen in Essig eingelegt, Rotkohl, Apfelmus* (109, Xanten). Die Hückeswagener (13) Kaninchenzüchter brachten Ragout auf den Tisch, dazu Waffeln aus Weizenmehl mit Zucker, früher *aus Hafermehl und zum Süßen Rübenoder Apfelkrautsaft.* Im Bergischen gab es *... fast überall Grünkohl ... mit*

Frischgeschlachtetem (hauptsächlich Bratwurst) ... (247, Kürten; ähnlich 164, Kürten). In einem Schmiedehaushalt in Neukirchen-Vluyn (110) waren Dampf-nudeln das traditionelle Essen: *Am zweiten Weihnachtstag gab es Knudeln (Dampfnudeln) auf gedörrtes Obst gelegt, da der Schwaden nicht aus dem Topf kam, legte man noch ein Handtuch - Küchentuch drüber. Das Dörrobst war zugleich auch der Nachtisch.* Den Schwartenmagen an Weihnachten erstmals anzuschneiden, galt es in Xanten (108).

Silvester stand zunächst einmal der Brezeleinkauf bzw. das Backen für den folgenden Neujahrstag auf dem Programm. In Wesel (49*) wurden Balle-bäutzkes gebacken - *tennisballgroße Bällchen aus süßem Mehlteig (mit Back-pulver) ... in heißem Fett - meist Palmin - knusprig braun ... Dazu gab es Grog oder für die Kinder dünnen schwarzen Tee.* Eine Spezialität gab es in Rees (22): *Knochenpott (Schweinepfötchen, Zwiebel, Lorbeerblätter u. Eis-bein wurde zusammen in einem Topf langsam gekocht)* - und zwar so lange, bis die Knöchelchen blank und weiß strahlten (und für das Würfelspiel ver-wendet werden konnten).

Kranz, Brezel, Krapfen - das sind die traditionellen Gebäcke zu Neujahr, bekannt im gesamten Rheinland. Ebenso verbreitet war die Sitte des Neu-

Abb. 36
Kinder mit umgehängter
Neujahrsbrezel. Lobberich,
1928.

jahranwünschens, bei dem die schnellsten Kinder entsprechend viele Neu-jährchen gewinnen konnten. Die Erwachsenen, in diesem Fall die Männer, hatten schon in der Nacht um Brezeln und Kränze in den Kneipen gekartet (29*, Bornheim-Walberberg). Eiserkuchen, auch Hippen genannt, aß man in Neukirchen-Vluyn (198), in Hellenthal (83) einen *Weck in Form eines Men-schen (ca. 40 cm lang), daran war eine Brezel gehangen*. Hasenbraten stand in Wesel auf dem Tisch (49*), in Dörrebach bei Kreuznach (154) Rippchen mit Sauerkraut.

Sauerkraut hatte nicht nur in Köln (Kk) besondere Bedeutung: ... *das tradi-tionelle Neujahrsessen: Sauerkraut. Das mußte so sein, denn man glaubte fest daran, daß die langen Sauerkrautfäden für das kommende Jahr 'ganz lang Geld im Portemonnaie' verursachen würden. Von anderen Kölner Haus-halten weiß Herr T. zu berichten, daß das Neujahrsessen: Linsensuppe war. Dort hoffte man, daß die platten, kreisrunden Linsen im kommenden Jahr die 'Pfennige' in den Geldbeutel brachten. An dem Sauerkrautessen zu Neu-jahr hat Herr T. bis zum heutigen Tag festgehalten.* Ein anderes, ebenfalls symbolträchtiges Gericht war der Karpfen: *Dieses Neujahrsessen war fester Brauch, denn die Schuppen des Karpfens wurden an die Familienmitglieder verteilt und in die Portemonnaies getan. Eine Schuppe vom Neujahrskarpfen bedeutete das ganze Jahr Geld im Portemonnaie. Man verschenkte sogar davon an Freunde und Verwandte.* (141, Köln)

Kurze Zeit später lag das nächste Fest: Dreikönig, früher und im eigentlichen Sinne Tag der Bescherung, da schließlich erst die Heiligen Drei Könige die Gaben gebracht hatten. In Nettetal-Breyell (216) allerdings wurden nicht die Kinder beschenkt: *Die verheirateten Kinder mußten ihren Eltern einen Platz, einen süßen runden Rosinenstuten, bringen...* Die Sitte von *Königskuchen und Kuchen mit Bohne und Königinnenmehl* ist nicht mehr oder nur noch vom Hörensagen bekannt (244, Köln).

Fastnacht, die heutige Hoch-Zeit und ein gesellschaftliches Ereignis ersten Ranges, wurde früher auch gefeiert, aber keinesfalls in diesem Umfang. Das spiegelt sich alleine schon in den Speisen wieder: Ölkrabben, Muzen, Muze-mandeln, allgemein Krapfen in allen möglichen Variationen bis hin zu den Berlinern. Nur für Moers (198) ist die nun schon reichlich bekannte Festtags-folge belegt: *weiße Bohnen mit Sauerkraut u. gekochtem Schinken, Kartof-felbrei, hinterher: dicker Reis oder Grießpudding oder gekochte, getrocknete Pflaumen. Suppe vorher.* Mancherorts bedeutete „Fastnacht" einer von meh-reren Terminen für Heischegänge, wie z.B. in Willich-Schiefbahn (s.S. ...).

Am Aschermittwoch sind auch heute noch die Speisen recht mager: *absolut fleischlos und alle Gerichte frei von tierischen Fetten* (223, Geldern- Harte-feld). Das bedeutete in erster Linie Fisch, wenn überhaupt verfügbar, anson-sten die für das Rheinland übliche Palette an Fastenspeisen. Nicht verges-sen sollte man dabei, daß „Fasten" früher recht einfach war: Das Fleisch wegzulassen, war meist kein großer Verzicht, da es ohnehin selten welches gab. In der Grafschaft Moers war zudem Fasten nicht üblich: *da evangelisch*

(198), aber auch, *da die Männer schwere Arbeit leisten mußten* (40, Moers). Schwere Arbeit, die mußte in der Tat der Vater im Fuhrgeschäft leisten: *4 Pferde, 4 Knechte, die im Haushalt versorgt wurden und dort wohnten. So wurden Sand, Kies, Steine und Kohlen für die Bergleute gefahren (Deputat). Nebenbei wurde noch eine Landwirtschaft geführt.*

Fastenspeisen waren im einzelnen: Nach Aufhebung des Laktizinienverbots - Laktizinien = aus Milch hergestellte Nahrungsmittel - vornehmlich Quark, Käse, Eierspeisen (als *verlorene Eier in Senfsoße* in Schleckheim, 149; gebacken, aber nicht als Spiegeleier in Alfter, 254), verschiedene Suppen (Milch, Buttermilch, Brot), Pfannekuchen, Reibekuchen, Breie, Mehlknödel (mit ausgelassener Butter in Willich, 106), Schnibbelskuchen mit süß-sauren Zwetschgen in Bonn-Beuel (251), Kartoffelsalat, Panhas und besonders auf dem Hunsrück Nudeln. Auch in Bonn-Beuel (251) kamen Nudeln auf den Tisch, ebenso wie in Willich (113), hier *mit Kompott aus getrockneten Pflaumen, Birnen, Äpfeln.* Im gleichen Bericht erwähnt ist für die Kempen-Krefelder Gegend der Drikkes im Sack: *großer Hefekloß, über Dampf in einem großen Topf gegart.*(113)

Fischgerichte bestanden in der Regel entweder aus frischem Rheinfisch bzw. importiertem Hering oder aus konservierten Fischen wie Stockfisch. Die Rheinfischer fingen Rotaugen, Hechte, Zander und Aale. Importierte Fische waren Hering, Kabeljau, Schellfisch, Bückinge, Stockfisch, Klippfisch, Salzhering.

Über die Zubereitungsweisen schreibt eine 56-jährige Katholikin aus Aachen (143): <u>Hering</u> *eingelegt mit Zwiebeln, Äpfeln, Rosinen, Lorbeerblatt (Salzheringe wurden dazu gewässert; aus dem 'Milcher' die obige Sauce bereitet mit Sahne dazu) - 'grüne Heringe': in der Pfanne gebratene Heringe, oft paniert;* <u>Stockfisch</u>: *wurde einige Tage in Wasser eingeweicht und dann gekocht. Angerichtet in heißem Öl gewendet, dazu ganz kleine (ausgesuchte) Salzkartoffeln.* Schellfisch wurde gekocht oder gebraten, Bücklinge besonders im Kölner Raum als Bratbückinge im Eierteig serviert.

Gründonnerstag war der Tag der „grünen" Speisen. Neben dem Spinat bildete das „Jrönjemös" eine Besonderheit: *Grüne Suppe hergestellt aus 7 versch. Gemüse- bzw. Kräuterarten als da wären Spinat, Brennessel, Sauerampfer, Petersilie, Porree, Sellerie, Löwenzahn. Diese Kräuter wurden vormittags frisch gesucht und dann zu einer Eintopfsuppe mit Kartoffel verarbeitet.* (92, Süggerath) In Möchengladbach-Neuwerk (206) ergänzten *junge Hainbuchenblätter, Jier, etwas Grünkohl, Feldsalat und Suppengrün* diesen Eintopf. Zur Herkunft des Brauches bzw. seiner Tradierung schreibt die 74-jährige Hausfrau, die aus einer Kommunalbeamtenfamilie mit 10 Kindern stammt: *Das Gemüse an Gründonnerstag bestand in der Hauptsache aus Spinat. Dem wurden sechs grüne Kräuter oder junge Blättchen in kleinen Mengen beigegeben, so daß es insgesamt sieben Pflanzen waren. Diese erinnerten an die sieben Sakramente, wovon eins an Gründonnerstag eingesetzt worden ist. Diesen Brauch habe ich von meiner Mutter übernommen. Sie hatte ihn von*

ihrer Mutter, meiner Großmutter, womit ich als Kind noch die Kräuter gesam-
melt habe. Meine Großmutter hat diesen Brauch nach ihrer Heirat um 1850
eingeführt. Ich pflege ihn heute noch. Meine verheirateten Kinder haben ihn
auch übernommen. (206)

In Heisterbacherrott (256) glaubten die Einwohner, daß, wer an Gründonnerstag grünes Gemüse esse, im Sommer weniger unter der Mückenplage
zu leiden hätte. Deshalb aßen sie Krauskohl, *dazu durchwachsenen Speck*
ausgelassen, der aber wieder entfernt wurde (nur, damit der Geschmack
dran war). In Köln (140) gab es ebenfalls Grünkohl, jedoch mit und ohne
Grieben. Konnte aber der Spinat schon geerntet werden, dann bot die Küche
Spinat mit Spiegelei. Wie immer donnerstags gab es Mettwurst zu grünen
Bohnen, Grünkohl oder auch Rübstiel: Sei es nun in Nieukerk (42*), Köln
(140, Speck), Heiligenhaus (212), Willich-Schiefbahn (106) oder eben Moers
(197 f.). Weiter nördlich, am unteren Niederrhein, kamen Spinat mit Eiern,
Ölgebäck, und gelegentlich Fisch auf den Tisch: So zum Beispiel in
Rees-Speldrop (218) *Kabeljau mit Buttersauce, Salzkartoffeln u. Salat*, oder
in Kerken (192) Stockfisch.

„Richtiger" Fischtag war erst der folgende Karfreitag, der strengste Fastentag in beiden Kirchen. Auf einem großen Nieukerkener Bauernhof (42*) fa-
steten alle Bewohner streng nach Vorschrift: *Morgens gab es nur eine Schei-*
be trockenes Brot mit Kraut, mittags nur eine dünne Milchsuppe, Hering oder
Stockfisch mit Pellkartoffeln, abends trockenes Brot mit frischem Käse. Die
passenden Gewürze zu den verschiedenen Gerichten: Salz, Pfeffer, Mus-
kat, Bohnenkraut, Petersilie.

Gekochter Schellfisch mit Buttersauce und Salzkartoffeln, Monnikendamer Bücklinge oder Aal (*Vor Karfreitag ging der Vater nach Stürzelberg a.*
Rh., dort waren die Aalfischer. Da holte er 2 Aale - 246, Holthausen) waren typische Gerichte ebenso wie die breite Palette an Nichtfischspeisen.
Ob Fisch auf den Tisch kam, hing davon ab, welche Gewässer in der
Nähe lagen, oder aber von den Einkaufsmöglichkeiten. Extrem deutlich
macht dies ein Bericht aus Kreckersweg bei Dabringhausen im Bergischen
(204): *... das war der einzige Tag im Jahr, an dem es Fisch gab, vermut-*
lich weil nur am Gründonnerstag ein Fischverkäufer mit einem Dreirad-Auto
über Land kam u. es in der übrigen Zeit kaum frischen Fisch zu kaufen
gab. Die Erzählerin, Jahrgang 1929 und evangelisch, stammt väterlicher-
seits aus kleinbäuerlichen Verhältnissen, während die Mutter aus einem
städtischen Haushalt in Langenberg kam und kochen in einem Wermels-
kirchener Restaurant gelernt hatte.

Als Fastenspeisen galten weiterhin: Pfannekuchen und Krapfen in jeglicher
Form und unter jeglicher Bezeichnung, Hefeklöße mit Dörrobst wie in Krefeld (115), südlich von Köln bevorzugt Nudeln ebenfalls mit Dörrobst (hauptsächlich Backpflaumen). Im bergischen Much (242) kochte die Hausfrau von
Gründonnerstag bis Karsamstag *Nudeln mit eingemachten Pflaumen od Ein-*
topfsuppen - wie weiße Bohnen - Zuckererbsen mit Milch und Hafer zuberei-

tet - dazu selbst gebackenen Platz. Zudem legt die Gewährsfrau Wert auf die Feststellung: *... keine Bratkartoffel, kein Fleisch, keine Gemüse mit Fett zubereitet.* ... Auf dem Hunsrück gab es wieder Nudeln, häufig selbstgemacht und in Unzenberg (167) mit gerösteten Brotstückchen serviert.

Karsamstagmittag lockerten sich die strengen Fastengebote etwas, die Speisen blieben jedoch immer noch karg: *Kartoffeln mit einer Mehlsoße mit geröstetem Speck und Zwiebeln; dazu gab es manchmal Essiggürkchen und gebackene Eier...* (254, Alfter). Nicht auszuschließen ist allerdings, daß die knappe Mahlzeit ganz einfach auf die wirtschaftlichen Verhältnisse zurückzuführen war: Der Vater war Hausknecht, die Mutter arbeitete als Wäscherin u.a. in der Metzgerei eines Juden. Vermutlich deshalb berichtet die gleiche Gewährsperson aus der Karwoche von einer interkonfessionellen Begebenheit: *Vom benachbarten Juden (Metzger) gab es für die Kinder am 'Schabbes' (Sabat) sogenannte 'Matzen' (Gebäck aus Mehl, Wasser und Salz),* also die dünnen, ungesäuerten Brote für das Passah-Fest. Aus Bonn-Beuel (251) wird für Ostern ähnliches berichtet unter dem ausdrücklichen Vermerk *Juden ... waren sehr freigiebig.*

Beim Osterfest brachte die Hausfrau alles, was Kammer, Keller und Speicher boten, auf den Tisch. In der Schilderung einer 79-jährigen Bäuerin aus Willich-Schiefbahn (151) sind bereits definierte Elemente des Festessens im Rheinland zu erkennen: *Vorspeise: Hühnerragoutfin (Hühnerklein mit Schwitzsauce), Rindfleischsuppe mit Klößen (danach Wein) - 1. Gang: Rindfleisch mit Senfsoße, oder Zuckergurken - 2. Gang: Erbsen mit Möhren, besonders kleine ganze Kartoffeln in Butter und Paniermehl, geschwitzt - 3. Gang: Dörrobst mit Schweinebraten - Nachtisch: Pudding (Weincreme) mit Vanillesauce.* Andernorts gab es Kalbsnierenbraten (69, Rees), Rinderlende mit Spargel (71, Rees), Geflügelbraten, Kalbsbraten oder Rinderzunge (204, Krekersweg) oder einfach wie in Straelen (105) *... Festessen wie zu Kirmes, Hochzeiten oder Taufen.* Lamm oder Zicklein stand in einigen Familien auf dem Speiseplan, zu Zicklein gab es Kartoffeln, Gemüse und Salat (159, Stromberg). In Süggerath (92) servierte die Hausfrau zum Osterlamm eine besondere Beilage: *... mit Weißkohlgemüse Kartoffeln Weincreme Nachtisch frische Pflaumen in Steinbaare eingeweckt mit Schmalz wurden die Pflaumen von oben in der Baare abged. Man trank evtl. Wein dazu.* Beeinflußt hatte diesen Nachtisch vielleicht die Großmutter: Sie lernte zunächst in einem Aachener Professorenhaushalt kochen, dann in einer Alsdorfer Metzgerei.

Am unteren Niederrhein bedeutete Ostern eine Verlängerung des Schlachttages: offizieller Termin, den gut abgehangenen Schinken und auch die Mettwürste anzuschneiden (21/25, Emmerich; 108, Xanten).

Kein Ostern aber auch ohne die gefärbten Eier, deren Anzahl sich pro Person auf 3 bis 5 (42*, Nieukerk) oder häufig auf 12 (Apostelzahl) belief. Einem anderen Kerkener Bericht zufolge (192) bekam *jeder Angestellte auf dem Hof ... 12 Hühnereier, 2 Enteneier und ein Gänseei, um 12.00 Uhr auf einem Teller - sie waren mit Zwiebelschalen (Lookschale) bunt gefärbt.*

Speisenfolge

*

Schwedische Vorspeise

Kraftbrühe mit Einlage

Filetbraten
mit Gemüsekranz umlegt und Pommes frites

Brüsseler Poularden

Salat-Kompott

Eisbombe

Abends:

Königinpastetchen

Stangenspargel
mit Schinken und Räucherzungen

Käseplatte

Abb. 37
Menükarte zum
Kommunionsessen.
Bonn, 1939.

Der erste Sonntag nach Ostern, „Weißer Sonntag", war früher der Erstkommunion vorbehalten. Das Essen glich dem allgemeinen Festessen: *Es wurde gemacht wie Kirmes, jedoch nicht so aufwendig, wie das heute ist. Um 9 Uhr war Feierabend, wie man so sagt, denn am nächsten Morgen mußten die Kinder wieder früh aufstehen, um zur Kirche zu gehen.* (215, Waldenrath). Stand kein Fest ins Haus, gab es zumindest wie an Ostern, sozusagen im Nachschlag, Eier - in Rees - Speldrop (218) frisch gekocht und warm, in Kerken (192) die bereits erwähnte Zwölferzahl plus 2 Enteneier und ein Gänseei.

Bliebe abschließend noch über drei Anlässe zu berichten. Zunächst soll es um die Maifische gehen, eine Spezialität Kölner Kneipen und insbesondere von Wattlers Fischerhaus. Eine Kölnerin (4*), Jahrgang 1889 und Tochter eines leitenden Angestellten, schreibt dazu: *Maifisch in Gelee. Das Gericht aßen zu meiner Kinderzeit meine Großmutter und meine Mutter in einem Kölner Restaurant. Dieser Fisch wanderte früher während der Laichzeit in großen Scharen rheinaufwärts und wurde von den Poller Fischern gefangen. Zeit: Ende April bis Mai.*

Abb. 38
Kommunionsgesellschaft im Hause einer Bäckersfamilie. Bonn-
Poppelsdorf, 1950.

Die Jugend vergnügte sich Pfingsten, indem sie von Haus zu Haus zog, Pfingsteier sammelte (165, Groß Klev; 256, Heisterbacherrott), und diese anschließend meist gemeinsam verzehrte. In Heisterbacherrott (256) erging dazu auch an die Mädchen eine Einladung. Am linken unteren Niederrhein buk man Pfingststütchen, *das waren kleine aneinandergebackene Stütchen* (105, Straelen).

Fronleichnam hebt sich von den Gerichten her nicht sonderlich ab, lediglich aus Nettersheim (Kk) berichtet eine Kennerin über eine spezielle Speise:

Griesbrei als Fronleichnamsessen

Bei einem Onkel ihres Mannes, der einen großen Bauernhof in Nettersheim hatte, mit viel Land, viel Vieh, vielen Helfern und einer großen Familie, muß-ten am Fronleichnamstag alle in der <u>Fronleichnamsprozession</u> *mitgehen. Das bedeutete für die Hausfrau, daß sie in allem vorplanen mußte. Am Vorabend des Fronleichnamstages kochte sie von der zuletzt am Abend gemolkenen Milch einen großen Griesbrei. Wenn am nächsten Tag alle von der Prozessi-on heimkehrten, kam mittags die vorbereitete Griesbreispeise auf den Tisch. Griesbrei war auch in anderen Familien in Nettersheim das herkömmliche Gericht am Fronleichnamstag.*

Über vier wichtige Ereignisse im Verlaufe eines Lebens berichten viele Erzähler recht ausführlich:

Taufe, Erstkommunion, Hochzeit und Beerdigung.

Ein typisches, oder besser: spezielles Taufgericht ist nicht bekannt, sieht
man einmal vom rheinischen Festessen oder dem Hunsrücker Nationalgericht ab. In Schweppenhausen (156) ... *wurde nicht gefeiert*, in Elten (17)
oder Mörschbach (58) wie zur Hochzeit. Einheitliches läßt sich in der Tat
nicht feststellen. Interessant sind die Taufbräuche wie zum Beispiel in Hük-
keswagen (13): *Früher bis um 1930 herum gingen Vater, Paten und Täufling
in die nächste Wirtschaft und ließen den 'Kleinen pinkeln'. Die weiblichen
Personen gingen 'schon vor' und deckten den bergischen Kaffeetisch mit
Schwarzbrot, Stuten, Waffeln, Reis, Zimt (Kneil), Quark und Brezeln.*

Die Frauen kamen in Nieukerk (42*) auf andere Art und Weise zu ihrem
Recht: Die Nachbarsfrauen halfen beim Kochen für die Tauffeier im engsten
Kreis der Familie, wurden aber dafür ... *nach dem ersten Kirchgang der Mutter
zum Kaffee eingeladen. Man nannte diese Sitte den 'Kinnekeskaffee', die bis
1939 in unserer Gegend beibehalten worden ist.*

Erstkommunion war Anlaß für ein ausgedehntes Essen, mit dem, wie sich
ein 54-jähriger Griethausener (61) erinnert, *Staat gemacht wurde*. Das Festmahl 1937 habe sogar der erstklassigen Speisenfolge eines Grandhotels
entsprochen. Eine ähnliche Wertschätzung erfuhr das „Kommunionsessen"
in einem Kölner Arzthaushalt (7), wo dieser Ausdruck auch allgemein ein
„gutes Essen" bedeutete. Zeitlich liegt dieser Bericht später als der Griethausener, nämlich nach dem Zweiten Weltkrieg, wobei leider kein genauerer
Zeitraum angegeben ist (aus den persönlichen Angaben kristallisiert sich etwa
die Zeitspanne 1955 - 1965 heraus):

*Die beiden einzigen festlichen Essen, zu denen wir eine größere Gästeschar
ins Haus geladen hatten, fanden aus Anlaß der Erstkommunion meiner Kinder statt.*

*Dazu hatten wir eine „Kochfrau" engagiert, die schon am sehr frühen Morgen
erschien und in der Küche allein das ganze Festmahl zubereitete und servierte. (Es war keine gelernte Köchin). Ein solches Essen besteht meist aus
vier Gängen: Einer Hühnersuppe z. B., einer kleinen Vorspeise: z. B. ein
Ragoutfin, dem Hauptgang, meist guter Roastbeef- oder Rinderfiletbraten
mit verschiedenen feinen Gemüsen und Petersilienkartoffeln und als Abschluß eine Eisspeise, die als Eisbombe vom Konditor besonders hübsch dekoriert und ins Haus zur rechten Zeit geliefert wird. Der Konditor brachte auch
die Kuchen und Torten für den Nachmittagskaffee. Nach einem solchen Festtag, mit so viel gutem Essen reichte man zum Abend nur noch ein paar
belegte Butterbrötchen und einen pikanten Mayonnaisensalat. Z.B. Geflü-
gelsalat aus dem Hühnerfleisch der Mittagssuppe oder den, bei Kölner Fei-
ertagsabendessen üblichen „Hiringsschloot", den Heringsalat, der meist eine
Spezialität der Hausfrau und deshalb auch von ihr persönlich angerichtet*

worden war. Das Tischgetränk war Wein. Für die älteren Kinder Schorlemor-
le, das war wenig Wein mit viel Sprudelwasser.

Diese „Komnioonsessen", Kommunionsessen, waren in den meisten Kölner
katholischen Familien, in der oben beschriebenen From, so üblich.

Grundsätzlich wurde also ein gutes, sprich: Kirmes-Essen serviert, wie auch
aus der Kindheitsumfrage des ARL deutlich wird: *Zuerst gab es eine kräftige*
Rindfleischsuppe, dann kam das Fleisch aus der Suppe mit Gürkchen, Sil-
berzwiebeln und Remouladensauce auf den Tisch. Es folgten Pastetchen,
Blätterteig gefüllt mit Hühnerfleisch. Der Hauptgang bestand meist aus
Schweinebraten mit Kartoffeln und Gemüse. Als Abschluß dann Zitronen-
creme und Schokoladenpudding mit Vanillesoße. (J.B., Nütterden)

Die Konfirmation gab der evangelischen Bevölkerung Gelegenheit, mit einem ausgedehnten Festessen aufzuwarten: *Kartoffelsalat, abends Herings-*
salat, eingewecktes Schweinefleisch, gekochte Kartoffeln, Möhren, Erbsen.
Zum Kaffee gefüllter Streußelkuchen. Als außerordentliches Getränk ein Glas
Moselwein. (Kindheitsumfrage ARL: F.B., Wiehl) Auf dem Hunsrück wiederum gab es auch zur Konfirmation das „Nationalgericht":

Rindfleischsuppe mit Markklößchen und Eieinlage (recht steif), gekochtes
Rindfleisch, geräuchertes und gesalzenes Schweinefleisch, selbsteingemach-
tes Sauerkraut, Meerrettich aus dem Hausgarten (gekocht mit Fleischbrühe
oder Milch und roh), weiße gekochte Böhnchen und Salzkartoffeln. Als Nach-
tisch reichte man Vanillepudding und Schokoladenpudding.

Zum Nachmittagskaffee gab es Zimmet (=Sträusel)kuchen, Obstkuchen mit
eingemachten Zwetschen und Äpfeln oder mit Mus aus gedörrten Birnen
(Beereflaare), Kranzkuchen (geflochten) und Formkuchen (=Napfkuchen) mit
viel Eiern, Fett und Rosinen (letzterer Kuchen war der teuerste und wertvoll-
ste). An Torten konnte sich niemand erinnern. Getränke waren Bier und Wein
vom Faß.

Das Abendessen bestand aus Rinder- und Schweinebraten (Schweinefleisch
gewöhnlich aus eigener Hausschlachtung. Rindfleisch wurde ausnahmswei-
se an Festtagen gegessen und beim Metzger gekauft). Dazu gab es Salz-
kartoffeln, viel Soße und Salat, auf Wunsch Bier. Meist jedoch wurde vom
Mittagessen an bis zum Ende der Feier Wein getrunken (vielleicht auch Mi-
neralwasser und Limonade für Kinder). (Kindheitsumfrage ARL: G.S., Mengerschied)

Das Hochzeitsessen im Rheinland glich lange Zeit dem allgemein üblichen
Festessen, dessen Zusammenstellung relativ klar definiert war: *... daß das*
traditionelle Hochzeitsessen im Rheinland bis in die 1950er Jahre aus Rind-
fleischsuppe, durchschnittlich zwei Fleischgängen (Rind und Schwein), Kar-
toffeln, Sauerkraut und Nachtisch bestand. Regionale Unterschiede zeigten
sich in den Beilagen: Meerrettich und/oder ein Erbsen-Sauerkraut-Gemisch
auf dem Hunsrück, salzige Reisspeisen sowie Reis als Suppeneinlage süd-
lich der Mosel, Nudeln südlich der Nahe (sonst nur in Einzelbelegen). Süßen

Reisbrei als Nachspeise gab es vornehmlich am Niederrhein und im Bergischen Land. Wichtig ist außerdem, daß das Hochzeitsessen häufig gleichbedeutend war mit besserem Sonntags- oder eben dem Kirmesessen ... (Heizmann 1990: S.55 f) Eine Ausnahme bei den Reisspeisen bestand in Mönchengladbach-Neuwerk (206), wo es Hühnersuppe mit Reis gab, die Einlage jedoch einzeln aufgetragen wurde und jeder sich selbst bediente. Auch dies galt als ein Zeichen für den hohen Prestigewert von Reis, der ja erst spät seinen Weg aus den städtischen Oberschichten auf den „einfachen" Tisch und z.B. die Bergische Kaffeetafel gefunden hatte. Erwähnenswert an dieser Stelle sei vielleicht noch die Eifeler Fladenhochzeit, bei der die Gastgeber eine Unmenge an Kuchen aus Weizenmehl reichten: *Die sogenannten „Fladen"- oder auch „Kuchenhochzeit" war nach den Belegen des ADV in einem recht klar umgrenzten Eifeler Raum üblich: von Bad Neuenahr über Bad Münstereifel bis nach Gemünd, südlich bis etwa Dahlem und weiter mit einem Einzug über Hillesheim und Gerolstein, südlich an Daun vorbei Richtung Ulmen - Kaisersesch und schließlich durch die Hohe Eifel wieder Norden, wobei verschiedentlich Auslappungen von mehreren Kilometern Ausdehnung vorkommen. Die Fladen, auch Blechkuchen genannt, konnten mit Birnenkraut (Bunes), Zwetschgen, Äpfeln, Grießmehl, Streuseln oder Zucker belegt sein. Abwandlungen gab es durch Weck und/oder Kranzstuten, wobei ausdrücklich vermerkt wird, daß es dies bereits zum Mittagessen gegeben habe. Wichtig war immer, daß der Teig aus hellem Mehl (Weizen) hergestellt wurde. Eine interessante Variation berichtet man noch für die Zeit nach dem Zweiten Weltkrieg bis Mitte der 1950er Jahre aus Antweiler: hier kamen die Fladen auch als Kartoffelkuchen (Flübese) auf den Tisch.* (Heizmann 1990: S. 53) Der Beleg aus Mannebach (82 a) spricht nicht von Fladen -, sondern von Weck-Hochzeiten, bei denen es nur Hefekuchen gegeben habe. Völlig anders zusammengesetzt kam eine Folge in Kürten (164) auf den Tisch: *... kochte man gerne Sauerkraut mit weißen Bohnen und Kartoffelpürree mit Milch angerührt, dazu Bratwurst.* Ebenfalls Sauerkraut mit weißen Böhnchen, als Beilage dafür Eisbein und Schweinebraten gab es in Simmerath (238). Sicherlich nicht die Regel waren Eiercremes aus 25 Eiern (143, Aachen) oder gar das luxuriöse Essen in Nieukerk (42*):

Hochzeit wurde stets auf dem Hof groß gefeiert. Verwandte und Nachbarn gehörten dazu. Die Nachbarschaft half beim Kränzen und Ausschmücken eines großen, geeigneten Raumes, wie etwa einer Scheune. Zwei Köchinnen bereiteten das Festmahl zu... Vor dem 1. Weltkrieg waren diese (Speisefolgen) geradezu üppig! Pastetchen, Kraftsuppe mit Spargel und Klößchen, Rindfleisch mit russischem Salat und Senfsoßen, Schinken in Burgunder, Sauerkraut und Kartoffelpürree, Kalbsfrikandeau mit Erbsen, Poularden mit verschiedenen Kompotten. Verschiedene Puddings, dann Kaffee, Kuchen und Dessert. Abendessen: Kalbsragout mit Salat, Roastbeef mit Kartoffeln.

Einen Gegensatz hierzu bildet der Bericht über eine Hochzeit in Gelsenkirchen-Rotthausen im Jahre 1940:

Abb. 39
Hochzeitsfeier - die Naturalien für das Essen mußten mitgeliefert werden.
Krefeld, 1942.

Abb. 40
Mittagessen bei einer Hochzeitsfeier. Meindorf, 1951. (Vgl. Abb. 33)

Abb. 41
Kaffee bei einer Hochzeitsfeier. Meindorf, 1951.

Das Essen, zuhause von einer Köchin, meist eine Bekannte oder Freundin der Familie, am Vorabend bzw. je nach Gang während der Trauung zubereitet, bestand aus einer Rindfleischsuppe, entweder klar oder mit Einlagen aus Markklößchen bzw. Eierstich, sowie einem Bratengang, wobei man bevorzugt Schweine- und Rinderbraten zusammen in einem Topf briet und garte, um eine kräftigere Sauce zu erhalten. Als Beilage dazu servierte man Kartoffeln und Erbsen-Möhren-Gemüse. Zum Nachtisch gab es Vanillepudding mit Himbeersaft, an Getränken Schnaps und Bier, aber kaum Wein. Rodonkuchen, manchmal mit Rosinen, Plattenkuchen mit Äpfeln oder Streuseln sowie Marmorkuchen komplettierten das Speisenangebot. Diese Zusammensetzung - sowohl Mittagessen als auch Kaffee - war typisch für die dreißiger Jahre im Ruhrgebiet. (Heizmann 1990: S. 51)

Der Vergleich zur ADV-Umfrage von 1932 (s. Karte „Hochzeitsessen") zeigt die weitgehende Übereinstimmung mit den Ergebnissen der Nahrungsumfrage: Rinderbraten, Schweinebraten oder gekochter Schinken bzw. mehrere Fleischgänge sind häufige Bestandteile des Hochzeitsessens; nur wenige Belege nennen Bratwurst, Kalbfleisch und Geflügel.

Für das Totenmahl galten, ähnlich wie beim Festessen zu Kirmes, Hochzeit etc., ziemlich feste Speisefolgen. Im nördlichen Rheinland zwischen 1870 und 1910 zeichnete sich, zumindest auf dem Lande, ein Wandel ab: Das Essen wird allmählich einfacher und mit der Zeit häufig durch Kaffee mit Imbiß ersetzt. Ganz allgemein ist folgendes festzuhalten:

Durchgängige Bestandteile sind Suppe, Rindfleisch mit Zubehör und Schinken mit Beilage/n. Diese Kombination gilt traditionell bis weit in unser Jahrhundert hinein als ein typisches Festtags- oder Kirmesessen. Kartoffeln bzw. Purée werden über den gesamten Zeitraum hinweg als Beilagen genannt, grüne Gemüse spielen demgegenüber eine weitgehend untergeordnete Rolle. Abschluß des Leichenessens bildet der Kaffee, zu dem man Korinthenwecken und später Brezeln verzehrt. Tischgetränke sind Wein und Bier, wobei sich der Wein gegen Ende des vorigen Jahrhunderts immer stärker in den Vordergrund schiebt. Das Leichenessen wird ab etwa 1880 auch einfacher serviert, gleichzeitig taucht als einzige Beköstigungsform der Leichenkaffee auf. (Heizmann 1984: S.155)

Was ist zwischen den beiden Weltkriegen davon übriggeblieben? Eigentlich alles, denn beide Formen bestehen nebeneinander, wobei vielleicht ein kleines Übergewicht für den Kaffee zu konstatieren ist. Wichtigster Kuchen war der Streuselkuchen, der auch heute noch als typischer Beerdigungskuchen gilt. Im Aachener Raum und im Selfkant sind wieder die bekannten Flaa zu finden, über die ein Landwirtehepaar aus Gangelt-Harzelt (107) berichtet: ... *bei Unverheirateten weiße Flaa und bei Verheirateten schwarze Flaa Ooftflaa, diese wurde in der Mitte des Tisches, nachdem die in große Stücke geschnitten war, auf einen Stapel gelegt und jeder nahm sich, bis er satt war. Um 1910.* In Harzelt gab es bis zum 1. Weltkrieg auch für die Schulkinder, die alle mit zur Beerdigung gingen, den Leichenweck (*Liekeweck*) ca. 20 cm lange Weckchen, diese standen bei der Rückkehr in die Schule in einigen Waschkörben (*Wäschmang*) auf dem Schulflur, für arme Hinterbliebene eine schwere finanzielle Belastung. In Puffendorf bei Aachen (228) kam diese Ausgabe, also ein kleines Weißbrötchen für alle Schulkinder, nur auf wohlhabende Familien zu, wozu dieser bäuerliche Haushalt mit 16 ha Land vermutlich auch zählte. In Süggerath (92) kannte man, wie in Harzelt, ebenfalls den schwarzen Flaa, servierte zusätzlich aber noch Knöppele (Graubrotstücke mit Wurst).

Ein Festessen wie an Kirmes mußte unbedingt auf den Tisch, galt es, Unverheiratete zu beerdigen. Gängiges Argument: *Wir konnten ja keine Hochzeit mit ihm feiern.* (42*, Nieukerk). Ähnlich sah dies nicht nur eine Bauerntochter in Straelen (105), wo es normalerweise zum Leichenschmaus Stockfisch mit Kartoffeln und Zwiebelsoße gab. Jedoch: *Wurde eine Jungfrau oder ein Junggeselle begraben, so wurde ein Festessen wie an Kirmes o. ä. gegeben, als Ersatz für entgangene Hochzeiten.* Blieben noch zwei Hinweise: Die Hückeswagener (13) verzehrten als typische Totengebäcke Schneckhäuschen und Wingkbü'els, und zweitens die Vorratshaltung in Brünen (19), die besagte, *daß stets ein guter, luftgetrockneter Schinken als Vorrat da sein mußte, 'wenn es plötzlich wat ees'.*

Aus Pont bei Geldern stammt ein ähnlicher Beleg aus den 30er Jahren (ADV 108-6-4 bu): *Hier besteht seit alter Zeit die Sitte des Totenschinkens. Ist ein Schwerkranker im Haus, so wird der größte Schinken als Totenschinken aus der Fleischkammer genommen und an einen besonderen Platz gehängt. Alte*

Leute treiben einen regelrechten Kult mit dem Totenschinken. Noch in gesunden Tagen bewahren sie alljährlich den schönsten Schinken als ihren Totenschinken auf und zeigen ihn mit Stolz den liknoberen (Leichennachbar, RhWb V, Sp. 334). Oft schreiben sie in gesunden Tagen schon die einzelnen Speisen des Leichenessens sowie den Kreis der Einzuladenden genau vor. Stets aber spielt der Totenschinken die Hauptrolle. In vielen Fällen läßt man es auch bei einem likkoffie (Leichenkaffee, RhWb V, Sp. 336) bewenden, bei dem aber der Totenschinken als Brotauflage (oft auch Käse noch dazu) verzehrt wird. Nach dem Kaffee darf der Leichenkuchen nicht fehlen.

Manchen Familienmitgliedern wurden zu bestimmten Anlässen oder während besonderer Zeitabschnitte verschiedene Sonderspeisen serviert. Die Wöchnerin beispielsweise verzehrte natürlich stärkende Speisen, von denen die Rheinländer recht fest umrissene Vorstellungen hatten: Suppen von Taube, Rebhuhn, Rindfleisch, Kalbsknochen oder Huhn, wobei Hühnerbrühe wirksam gegen Brustentzündung gewesen sein soll (92, Süggerath) bzw. angeblich zu einer schnellen Heilung beitrug (229, Oeverich). Das gekochte Fleisch, vornehmlich von Taube und Huhn, aß die Wöchnerin anschließend, zusammen mit Gemüse, Kartoffeln und Salat. In der Eifel und auch auf dem Hunsrück bekam sie häufig eine Schmandsuppe: *Rahmsuppe mit Haferflocken mit 1 Ei, dazu Weißbrot* (252, Mendig). Haferflocken scheinen so oder so mehr in diesem Gebiet verbreitet gewesen zu sein - in Milch gekocht eben als Suppe oder steifer als Brei. Als Spezialitäten galten weiterhin Kalbsragout und Kalbfleisch, teilweise mit Kartoffelbrei (159, Stromberg) auf dem Hunsrück und, wie schon bei anderen Gelegenheiten gesehen, Nudeln, mit oder ohne Dörrobst.

In Kreckersweg (204) aß die Wöchnerin eine besondere „Kengerbett-Suppe": *Milchsuppe mit Safran u. Rosinen angerührt mit Eigelb, darüber Schnee.* Stärkende Getränke waren ganz allgemein Bohnenkaffee mit Ei, Ei mit Rotwein oder Branntwein, Malzbier. Guter Kaffee mit Zucker und Milch förderte die Brustmilch (26, Aldekerk). Gemieden wurden säuerliche Getränke und darüber hinaus Obst, Hülsenfrüchte und sämtliche Kohlarten.

Die Wöchnerinnen *... bekamen von der Patin 1. Pfd. Kaffee, 2 Pfd. Würfelzucker, 1 Pfd. getrocknete Pflaumen (zur besseren Verdauung) und 1 Pfd. Zwieback geschenkt.* (75, Emmerich) Trockenpflaumen und Kandiszucker gab es in Geldern-Hartefeld (223); in Kerken (192) und Mönchengladbach-Neuwerk (206) Pfefferkuchen - ebenfalls der besseren Verdauung wegen. In den ländlichen Gebieten um Moers (198) schließlich geriet der Besuch zum sozialen Ereignis: *Nachbarn brachten der Wöchnerin Würfelzucker (u.) Kaffee: 1/4 (Pfd.). Der Kaffee wurde aufgegossen u. die Frauen tranken alle Kaffee und Zucker.*

Brühe aus Kalbsknochen galt auch für Kinder als besonders stärkend, und zwar für den Knochenbau bei Kleinkindern (92, Süggerath). Manchmal, aber wohl selten, eine Zuckerei - *das war ein rohes Ei mit Zucker verquirlt* (38, Köln). Eier waren fast verpönt, eher bekamen die Kinder *... immer gute Butter und viel Milch* (213, Winterspelt-Hasselbach). Und natürlich gab es Lebertran, auch noch für die Heranwachsenden, wie eine Auflistung aus Aachen (143) zeigt: *Heranwachsende: Lebertran, gebratene Leber mit Äpfeln und Zwiebeln; Milch (m. Reis, Grieß, Graupen oder Mehl zu Suppe gekocht, darin oft Rosinen oder Trockenpflaumen; 'Mockensuppe': Milchsuppe mit Zwieback oder altback. Weißbrot, mit Zucker und Butter, viel gekochtes Fleisch und größere Fischportionen; viel grünes Gemüse: Spinat, Mangold, Grünkohl, Rosenkohl, Salat.*

Die Männer erhielten kräftige Kost, größere Portionen und mehr Fleisch. In Meerbusch-Büderich (199) bekam der Vater *morgens ein rohes Ei und Zucker in den Kaffee geschlagen.* Dieses kräftigende Getränk gab es auch für ältere Menschen (12, Emmerich; 218, Rees-Speldrop). Darüber hinaus vor allem Milchsuppen mit und ohne Zwieback, Weinsuppen (218, Rees-Speldrop) und auch, wie in Lessenich (120) eine besondere Buttersuppe: *1 dünne Scheibe Weißbrot, 1 Scheibe Schwarzbrot kleinbröckeln, etwas Salz, 1 guten Stich Butter und kochendes Wasser dazugeben, gut anrühren, daß alles schön weich ist.*

Was Elberfeld und Barmen gemeinsam haben: den Griff

Die Überschrift zu diesem Kapitel kann man durchaus wörtlich nehmen, denn im Bergischen hieß der Henkelmann einfach *Elberfeld-Barmen* als Sinnbild für Zweiteiliges. Es geht also um die Speisen, die früher mitgenommen wurden: Zu Schule oder Arbeit, in die Fabrik, aufs Feld oder gar, wenn es, meist nur einmal im Jahr, nach Kevelaer und in andere Wallfahrtsorte ging.

Auswahl für das Schulbrot gab es damals nicht viel, wie die Tochter (geb. 1934) eines Bahnmeisters bei Krupp erzählt: *Als ich zur Schule kam, gingen die alten Traditionen schon flöten, aufs Brot gab es, was zu bekommen war und nicht was man gern gehabt hätte.* (190, Duisburg-Hochemmerich) Was also diente als Belag? Das konnte Schmalz sein, Aufschnitt oder Wurst (besonders nach Schlachttagen auf dem Land), manchmal Käse, Eischeiben, häufig auch nur Marmelade oder Kraut, Zucker, oder auch einfach Pfannekuchenecken (15, Emmerich). Es war, wie meist zwischen den beiden Weltkriegen, eine Frage der Finanzen. So mußten in Nieukerk (42*) die begüterten Bauernkinder ihr belegtes Butterbrot *zur Hälfte mit weniger begüterten Kinder teilen, die nur trockenes oder gar kein Brot hatten.* In Willich (106) bestand das Schulbrot früher meistens aus einem trockenen Brötchen, *was von den Kindern ausgehöhlt und an der naheliegenden Dorfpumpe mit Wasser gefüllt wurde, um es aufzuweichen.* Daß die Kinder sich etwas beim Bäkker kauften, war sicherlich die Ausnahme: 5 Pfennig kostete Anfang der 1920er Jahre das Rosinenbrötchen in Lüttenglehn, das als Pausenbrot reichen mußte (88, Lüttenglehn).

In weiten Teilen des Rheinlands bekannt war das doppelte Brot: eine Scheibe Schwarzbrot mit einer Scheibe Platz, Graubrot oder einem halben Brötchen darauf. Ein Wassenberger (31 a) schreibt dazu: *Beim Besuch des Gymnasiums in Erkelenz (ab 1920) bekam ich 'en Dubbelte' (eine Doppelte) mit, d. h. eine Scheibe Schwarzbrot und eine Scheibe 'Weck' mit dazwischen Margarine als Aufstrich und mit fettem Speck aus der Hausschlachtung als Belag. 'Bruet on Weck ope'n: Dat gäeve stärke Been'* so kommentierte Mutter dieses Schulbrot. *Das Einwickelpapier mußte zur Wiederverwendung schön gefaltet zurück gebracht werden.*

Viele Gewährspersonen erinnern sich auch noch, gerade im städtischen Bereich, an die Quäkerspeisen nach den beiden Weltkriegen und auch an die Kakaoausgabe, die eine Kölnerin (126), 70 Jahre alt und aus einem Metzgerhaushalt stammend, sehr plastisch schildert:

In die Schule bekam man auch ein Butterbrot mit Belag mit und in der großen Pause ging man mit seinem Kakaobecher aus Emaille und seiner Kakaokarte zum Hausmeister, der mit einem großen, dampfenden Kessel am Rande des Schulhofes stand und daraus den warmen Kakao ausschenkte und dabei ein Märckchen von der Kakaokarte abtrennte. Die Kakaokarten konnte man für wenig Geld kaufen. Arme Kinder bekamen sie umsonst.In den katholischen Schulen wurde von den Mitschülern aufmerksam beobachtet, ob man auch am Freitag Käsebelag auf dem Brot hatte.Wenn die Mutter sich schon mal in der Morgeneile geirrt hatte und zur Wurst gegriffen hatte, dann hieß es gleich: „Ohweia, dat saren ich der Frolein!"

Auf dem Hunsrück bekamen die Schulkinder noch um 1900 kalte Pellkartoffeln eingepackt (9, Mengerschied), später dann Brote, die nicht selten wie in Dörrebach (154) gut belegt waren: mit Schinken, Schwartenmagen oder Servelatwurst. Leider gibt die 81-jährige Buchhalterin i.R. keine näheren Auskünfte zum elterlichen Haushalt.

Wie die Kinder in die Schule eine Mahlzeit mitnahmen, so hatten die Erwachsenen ihr Essen bei der Arbeit in Feld, Wald, Fabrik, Zeche dabei. Der Henkelmann, übliches Gefäß für die Mitnahme des Essens, scheint nicht nur ein städtisches oder industrielles Phänomen gewesen zu sein, auch zur Arbeit in Feld und Wald wurde er mitgenommen. Der Inhalt ähnelte sich überall: Essenreste vom Vortag wie in Rees (71) und Emmerich (15), Suppe und Durcheinandergekochtes mit etwas Fleisch oder Speck, manchmal auch Gemüse mit Kartoffeln vom Fleisch getrennt. Im bergischen Hückeswagen (13) erscheint erstmals der Begriff *Elberfeld-Barmen*:

Im zweiteiligen Henkelmann (Hier auch Elberfeld-Barmen genannt), Suppe und Untereinandergekochtes. Wurde am Arbeitsplatz nach Möglichkeit aufgewärmt. Bei Schicht-Arbeit ließen sich die Hückeswagener Dammstöcker, Walker, Färber und Dreher, auch die Feilenhauer und Hammerschmiede ein Gröbchen mit „Jepienichten" abends an den Arbeitsplatz bringen (meistens von ihren Frauen). Die Männer durften kurz ans Fabriktor kommen, ohne daß der Stuhl oder die Maschine abgestellt werden durfte. Das mußten dann die Kollegen so einrichten. Man nahm ein „Krükelchen" mit kaltem Kaffee oder irgendwelchen Säften mit zur Arbeit (formschönes Henkelgefäß mit 1/2 l Inhalt, Steingut, salzglasiert) Von der Feldarbeit fuhr man mittags nach Hause. Zum zweiten Frühstück kam die Magd oder Bäuerin mit einem Winkelswarenkorb auf's Feld oder in die Wiese. Es gab Butterbrote, zu Erntezeiten Zuckerstütchen oder Streuselkuchen. Nach den Feldarbeiten Birnenmilchsuppe oder Bratkartoffeln.

Hatten die Männer morgens den Kaffeebehälter bereits mit, wurde das Essen doch häufig nachgebracht. In Köln (139) fuhren Kinder, die ihren Vätern das Essen brachten, verbilligt Straßenbahn: *Sie sagten zum Schaffner: 'Ein Essensträger' und zeigten dabei auf den 'Henkelmann', den sie bei sich hatten.* Auf den Zechen im Aachener Revier wie zum Beispiel in Bardenberg (94) gab es spezielle Essenträger, *die das Essen einsammelten und dann zum Arbeitsplatz brachten.* Oder aber die Kinder brachten den Henkelmann zum Tor des Bleibergwerks Spandau in Mechernich (209), wo es der Vater Punkt 12 Uhr abholte. Wie die „Aufbereitung" des Essens vor sich ging, schildert ein Wassenberger (31 a), diesmal aus dem Bereich des Gleisbaus kurz nach dem Ersten Weltkrieg:

Hierzu ist mir noch in der Erinnerung, wie die Streckenarbeiter der Bahn an ihrer jeweiligen Arbeitsstelle am Gleis das mit oder nachgebrachte Essen aufwärmten. Das geschah mittels einer rechteckigen etwa 20 cm hohen Blechwanne, in der Wasser erhitzt wurde. In diese Wanne wurden die „Henkelmänner" mit dem Essen zum Erwärmen hineingestellt. Einer aus der „Rotte" war zur Unterhaltung des offenen Feuers abgestellt, dem dabei die verschiedensten Wohlgerüche um die Nase wehten. Wer einen 2 Topf-Henkelmann ins Wasser stellte, dem wurde ein „Zwei-Ponner" angedichtet. In der Regel war das Essen das gleiche wie das zu Hause für die Familie auch. Es wurde also nicht besonders gekocht.

Kaffee (oder besser: Kaffee aus Ersatzstoffen) war das Getränk, das am häufigsten mitgenommen wurde. Tee, Milch, einfaches Wasser oder, wie in Langenfeld-Richrath (14) in der Zeit um den Zweiten Weltkrieg, Sprudelwasser, das allerdings vom Werk gestellt wurde, wenn man zum Beispiel „Feuerarbeit" verrichtete: ... brachte Vater eine Flasche von seinem Deputat mit nach Hause, war die gemischt mit Obstsaft, bei Kindern ebenfalls begehrt. Das „ebenfalls" bezieht sich in diesem Falle auf das Hasenbrot, das nicht selten gerade bei den Kindern beliebt war. Der Arbeiterhaushalt, aus dem die Information stammt, hatte wochentags 5 Personen, sonntags meist 6 - 7 Personen zu verköstigen. Zur Selbstversorgung dienten 2 Nutzgärten: einer direkt am Haus, der größere in ca. 2 km Entfernung.

Bei der Feld- und Waldarbeit, also im bäuerlich-ländlichen Bereich, gehörte die „Mit" zur Ausrüstung. Ob man mittags auf den Hof zurückkehrte oder nicht, hing logischerweise von der Entfernung zu den Feldern ab. Ein längerer Bericht aus Alfter bei Bonn (254) gibt Aufschluß über die Gepflogenheiten am Vorgebirge, wie sie auch typisch für weite Teile des Rheinlands zu Beginn dieses Jahrhunderts waren:

Feldarbeit:
Da die Felder meist weit außerhalb des Dorfes lagen, wurde oft für den ganzen Tag das Essen mit ins Feld genommen oder aber die Kinder brachten nach der Schule das von der Mutter bereitete Essen zum Vater ins Feld und halfen dort mit, vor allem in der Erntezeit (sicher sind deshalb auch die sogenannten Kartoffelferien (Herbstferien) in der Haupterntezeit eingerichtet worden).

Getränke:
Kaffee oder Tee gemischt (manchmal schon etwas Bohnen-Kaffee mit Malzkaffee (Mukefuk) gemischt in einer Blechkanne, die zur Isolierung gegen Abkühlen von außen mit einem wollenen Tuch, meist einem Kopftuch, umkleidet wurde und mit einer Kordel befestigt wurde.

Mittags:
Eintopf (Erbsen- oder Bohnensuppe) oder Püree mit Speck, oder Würstchen mit Sauerkraut, manchmal mit Eisbein. Bei uns zu Hause wurde das ganze Essen mit einem „Vielierchen", einem dunklen, meist schwarzen, selbstgestrickten wollenen Kopf- und Schultertuch der Großmutter eingepackt...

Abb. 42
Pause bei der Kartoffelernte. Das Essen bestand aus Kaffee und
Pflaumenkuchen. Mastershausen, 1934.

Waldarbeit:
Hier konnte das Essen nicht nachgetragen werden und mußte deshalb früh
am Morgen schon mitgenommen werden. Die Waldarbeit wurde meist im
Herbst oder beginnenden Winter gemacht; entweder fuhr man mit einem
„Damenschoner" (Handleiterwagen) oder mit einem oder mehreren anderen
Bauern mit dem Pferdewagen in den Wald. Meist wurden „Schanzen" (Rei-
sigbündel) geholt (daher kam auch die Redewendung: „Ich gon schanze!")

Zum Essen nahm man mit:
Schwarzbrot mit selbstgemachtem Schweineschmalz, manchmal ein Stück
Speck, Schinken oder vorgebratene Bratwurst, welche dann auf einem klei-
nen Feuer kurz aufgewärmt wurde und in einer Blechkanne Tee, der eben-
falls erwärmt wurde. Der 'Flachmann' durfte dann natürlich nicht fehlen.

Im Raum Kerken (192) bekamen Männer und Frauen vormittags gegen 10.30
Uhr und nachmittags gegen 17.30 Uhr Schnaps - die Männer zwei klare
Korn, die Frauen einen mit einem Stückchen Würfelzucker (Ponter). Neben
den oben genannten deftigen Speisen gab es häufig auch Butterbrote, gut
belegt, gekochte Eier, Kartoffelsalat mit Speck, zum zweiten Frühstück auch
selbstgemachten Handkäse (9, Mengerschied) oder nachmittags im Herbst
Zwetschenkuchen (manchmal auf Brotteig) (ebda).

Abb. 43
Mittagspause bei der Waldarbeit im Eichelkamp. Bornheim, 1932.

Die ADV-Umfrage von 1931 (s. Karte „Heuernte") zeigt ähnliche Speisen und deren Verbreitung: hauptsächlich belegte Brote, häufig mit Schinken, Wurst, Speck etc. sowie Eier (mit Ausnahme des linken unteren Niederrheins); Käse wurde nicht sehr häufig gegessen.

Bei der Heuernte brachten die Kinder sogar eine Nachspeise aufs Feld: dikken Reis mit Zimt und Zucker (218, Rees-Speldrop). Überhaupt bot die Erntezeit Gelegenheit, wegen der körperlichen Anstrengung kräftige und umfangreiche Mahlzeiten aufzufahren. Dies galt auch für die Kartoffellese: Reibekuchen, Topfkuchen (168, Ober Kostenz), Waffeln oder Kuchen - typische Speisen für die Nachmittagsmahlzeit gegen 16.00 Uhr. Die Schilderung einer Kartoffelernte bei Kerken (117):

Morgens 7.00 Uhr begann die Arbeit auf dem Feld Kartoffellesen (Krabbele) die Frauen nannte man Puusfroillüj oder Krabbelsfraues. Zum Kaffee gab es Butterbrote (Botteramme) mit Schinken (Schenk) oder Wurst (Woosch), nicht so gute Bauern (Buure) gaben Quark (Flötekies) auf dem Brot. Mittags gutes Essen mit Suppe (Zupp) Kartoffeln (Ärpele) und Gemüseallerlei (Gemüsdurien), gegessen wurde auf dem Hof, nicht auf dem Feld, alle an einem Tisch in der Küche (Köök) mit den Bauersleuten (Buurelüj). Um 4.00 Uhr 2

Abb. 44
Picknick im Grünen. Verm. um 1914.

dicke Butterbrote (Botteramme) Schwarzbrot mit Weissbrot (Witteweck) selbstgebacken. Belag Fleisch oder Wurst. Der Lohn betrug 25 Pfg. pro Stunde, wenn es weiter war bei der Anfahrt wurden 20 Pfg. Wegegeld gezahlt (Loopgeld). Ich habe auch beim Kartoffelsetzen hinter dem Hundepflug gearbeitet (Hondsplug). Wir nannten das Kartoffelsetzen (Ärpelsette), man hatte ein blaues Leinentuch um (de Schlubbert), damit trug man die Kartoffeln (Potärpele).

Harte Arbeit, ein entbehrungsreiches Leben, monotones Essen - kein Wunder, daß die seltenen Ausflüge oder die einmal jährlich stattfindende Wallfahrt willkommene Gelegenheit zur Abwechslung boten. Probate Speisen bei diesen Unternehmungen waren vor allem Kartoffelsalat, manchmal mit Würstchen oder hartgekochten Eiern, selbstverständlich Butterbrote (zum Teil mit Pfannkuchen als Belag - 8, Uckerath) und in einem Fall sogar Grießbrei (114, Krefeld). Die Ausflügler tranken Limonade, Selterswasser, verlängerten Himbeersaft oder Selbsthergestelltes aus Wasser, Natron, Zucker und Essig, manchmal unter Zusatz von echtem Lakritz (218, Rees-Speldrop). Daneben gab es auch noch Makai, ein kakaoähnliches Getränk. Über die Limonade berichtet ein Düsseldorfer (34): *Diese war in kleinen Flaschen*

abgefüllt, welche mit einer Glaskugel verschlossen die Kohlensäure fest-
hielt. Man mußte die Glaskugel eindrücken, und hatte die schmackhafte Li-
monade frei.

In Köln führte der Spaziergang an Samstag oder Sonntag an das Rheinufer
oder durch den Kölner Stadtwald (12) und anschließend in eine Wirtschaft,
in der - je nach Finanzlage - manchmal auch gevespert wurde: *Samstags*
ging man schon mal mit den Eltern in eine Kölsche Wirtschaft und aß ein
Röggelchen mit Holländer Käse. Der Vater trank Kölsch und die Kinder und
die Mutter tranken Malzbier. (141).

In Schöneberg bei Kreuznach (162) nahmen die Ausflügler einen kleinen
Backpulverkuchen mit Rosinen mit, in Winterspelt (213/14) und Mannebach
(82a) Waffeln, in Straelen (105) am linken unteren Niederrhein galten dagegen andere Gesetze: *Die Straelener waren bekannt für besonders reichhal-*
tige Verpflegung, wie Brot, Schinken, Eier, Kartoffelsalat, Frikadellen. An
Getränken wurden Obstsäfte mitgenommen. Bei der Wallfahrt nach Kevela-
er wurde gemahlener Kaffee mitgenommen und in Kevelaer das gekochte
Wasser in Gaststätten gekauft. Gaststätten waren demnach, im Gegensatz
zu heute, fast unerreichbare Luxusorte, die das kochende Wasser verkauften: Im Wallfahrtsort Kevelaer vor dem Ersten Weltkrieg für 10 Pfennig (26,
Aldekerk), in den zwanziger und dreißiger Jahren 20 Pfennig (208, Wassenberg-Myhl). Der Ophovener Wirt hingegen nahm nur 10 Pfennig, und wenn
er bis 11 Uhr 60 Mark eingenommen hatte, sprach er von einer guten Oktav
(ebda). An Gebäcken verzehrten die Wassenberger *Zockerfla oder Plotz,*
beides dünne Hefeteiggebäcke mit Zuckerstreusel oder Zuckerguß (208) oder
aber, wenn es nach Toresnet/Belgien ging, den dort typischen Reisfladen
(31a). Die Bonn-Buschdorfer (102b) unternahmen zum Wendelinusfest am
22. Oktober eine Betefahrt nach Sechtem und erstanden dort als Mitbringsel
die Wendelinus-Brezel. Die Jungen sollen dabei das Ave Maria um die Variante ... *deine Brezel begehren wir* bereichert haben, halb unverständlich
gemurmelt natürlich.

Aus Kerpen-Sankt Hubert (205) berichtet eine Gewährsperson über eine
besondere Betefahrt, nämlich eine Marienwanderung:

Ich gehöre einem Verein (Gesellschaft) an, dessen Mitglieder jedes Jahr am
ersten Sonntag nach dem 1. Mai eine Maiwanderung machen. Dieser Verein
heißt „Maigesellschaft 1866" St. Hubert. Der Gesellschaft gehören 30 Männer
an. Eine direkte Aufgabe hat die Gesellschaft nicht, außer, daß im April eines
jeden Jahres eine Versammlung stattfindet, wobei die Maiwanderung bespro-
chen und der Jahresbeitrag kassiert wird. Ziel der Wanderung ist bereits seit
1866 ein Nachbarort, der nach etwa einer Stunde Fußmarsch durch ein schö-
nes Bruch/Waldgelände zu erreichen ist. Der Abmarsch erfolgt um 5.00 Uhr und
alle Wanderer singen beim Auszug aus dem Dorf „Der Mai ist gekommen
......".Etwa auf halbem Wege, auf einer kleinen Flußbrücke hält der Präsident
der Gesellschaft den Appell ab, ob jeder Maibruder ein Gebetbuch oder Rosen-
kranz mit hat, für den bevorstehenden Kirchgang. Gegen 6.30 Uhr trifft die Ge-

Abb. 45
Vatertagsausflug zum Lokal „Schlausermühle". Kornelimünster, um 1930.

sellschaft am Ziel, eine Gaststätte, die extra geöffnet hat, ein. Zur Begrüßung gibt es: Klore met Klötschke - Klaren/Korn mit Zuckerwürfel. Während alle Maibrüder die hl. Messe besuchen, die für die Lebenden und Verstorbenen der Gesellschaft gehalten wird, woran sich die Bevölkerung des Ortes rege beteiligt, ist der Oberkoch und zwei Köche vom Kirchgang befreit. Sie müssen für das anschließende Frühstück etwa 170 Eier kochen und zwar „Enteneier". Zum Frühstück erhält jedes Mitglied 5 Enteneier, der Rest wird amerikanisch versteigert. Wer den Zuschlag erhält, muß den angesteigerten Betrag zahlen und bekommt die vorher vom Versteigerer in einen Hut gelegten Enteneier. Das können zwischen ein bis fünf Stück sein.

Gegen 11.00 Uhr wird der Rückzug angetreten, denn laut Statuten muß die Gesellschaft um 12.00 Uhr St. Huberter-Gebiet betreten haben. Mancher Wanderer erreicht trotzdem sein zu Hause erst nach Mitternacht.

In anderen Gegenden nahm man die Wallfahrt ernster, wie ein 91-jähriger Winzer aus Alf an der Mosel (224*) erzählt: ... *wurde gefastet. Das heißt, es wurde nicht üppiger als sonst gelebt, sondern man aß sogar bescheidener. Zum Mittagessen nahm man ein Brot mit und bestellte sich dann am Wallfahrtsort (wir gingen zu Fuß nach Klausen) in einem Wirtshaus zu dem Brot eine Boullion oder einen Kaffee.* Die Küster- und Organistenfamilie aus Meerbusch-Osterath (51) *aß nie auswärts! Nur bei der Prozession nach Kevelaer kehrte man im besten Haus am Platze ein.*

Gaststätten und Spezialitäten

Kurz und bündig stellt ein Emmericher (12) fest: *...arme Leute aßen nie im Wirtshaus* und meint damit nicht nur sich selbst. Aber so wie schon bei den Wallfahrten gewisse Ausnahmen festzustellen waren, erscheint auch hier die Wahrheit nicht einfach schwarz-weiß, sondern eben in vielen Schattierungen, die sich mit entsprechenden Fragestellungen erkunden lassen.

Familienfeiern fanden nur ausnahmsweise in Gaststätten statt: Es war einfach kein Geld dafür da oder, wie ein Kerkener (192) es ausdrückt, eine *Sache der Finanzen*. Ein weiteres Argument steuert der schon mehrfach zitierte 91-jährige Winzer aus Alf an der Mosel (224*) bei: *Die Familie S... feierte nicht in Gaststätten. Sie hatte selbst genug Platz und auch reichlich zum Auftischen.* Ausnahmen hiervon bildeten lediglich zwei Anlässe: Hochzeit und Beerdigung. Zum Thema „Hochzeit" schreibt eine 83-jährige Bäuerin aus Straelen (105), die *als junges Mädchen Schülerin eines Internates war: Familienfeiern in Gaststätten gab es nur bei Hochzeiten. Dabei wurden sämtliche Naturalien angeliefert und die Mädchen aus der Nachbarschaft kochten und servierten.* Bei der zweiten Ausnahme, der Beerdigung, kamen

Abb. 46
Umtrunk am 18. August 1916 im Garten des Hotels Holzum nach Musterung des Jahrganges 1897. Rees, 1916.

in Mönchengladbach-Neuwerk (206) Kaffee, Weck, Schwarzbrot, Schinken, Wurst, Käse, Butter und auch Brötchen auf den Tisch - *Nachher noch 'e jott Dröppke' für die Männer 'on enne Söte' für die Frauen. Dann wurde es meistens lustig.* In der Kruppschen Siedlung in Duisburg-Hochemmerich (191*) wurde nur selten gefeiert, und die Begründung zeichnet ein typisches Bild der Mentalität in den Jahren 1938/42: *... mal ein Bier mit den Arbeits-kollegen. Die Menschen waren vorher so knapp dran gewesen, daß sie gar nicht auf die Idee kamen, jetzt mehr Geld auszugeben, wo etwas mehr davon verdient wurde. Man hatte sich vorgenommen, weiterzukommen, den Kindern Besseres zu ermöglichen. So wurde gespart, wo es nur ging, auch an Möbeln und in eine so spärlich eingerichtete Wohnung lud man auch keine Gäste ein.*

Wenn es um den Gaststättenbesuch im Rahmen einer sozialen Verpflichtung geht, gelten besondere Regeln: Traditionelle Gesellschaftsessen gehören eben in den öffentlichen, also repräsentativen Bereich und damit zwangsläufig in die Gaststätte. Der private Charakter bei dieser Art von Veranstaltung tritt völlig in den Hintergrund.

In Emmerich (46*) besteht eine Vereinigung, die importiertes „Kulturgut" pflegt: *Bei Zusammenkünften der Marine-kameradschaft ißt man Labskaus (Kartoffeln, rote Beete, Heringe, Zwiebeln, Pökelfleisch werden sehr scharf gewürzt u. untereinander gekocht).* Dabei handelt es sich offenbar um die Ham-

Abb. 47
Nachbarschaftsfeier. Niederkrüchten, 1899.

burger Variante, während in Bremen der eingelegte Hering gesondert gereicht wird.

Ebenfalls in Emmerich (75) lud man am Hubertustag oder nach Jagden zum Jagdessen (nicht näher spezifiziert). In Mendig (253) bestand dieses Jagdessen aus Hasenpfeffer. Der Reeser Verkehrs- und Verschönerungsverein veranstaltete ein „Mus enn Mettpott"-Essen (23), bei dem Grünkohl, Kartoffeln und Mettwurst in einem Topf garten und dann gemeinschaftlich verzehrt wurden. In Straelen (105) lud die Genossenschaft alle Mitglieder zum „Molkerei-Kaffee" ein, ebenso trafen sich die Mitglieder der „Pferde- und Ziegenzuchtversicherung" einmal jährlich zum Essen. Im älteren Kerken, nämlich vor 1914 (192) offerierten die Bruderschaften verschiedene Essen: *Bratwurst mit Grünkohl ..., Schweinekopfessen (Poggekopeete), Spanferkelessen, sowie Schweinefüßchen (Poggepüet)...*, ab Mitte der 1920er Jahre waren die opulenten Mahlzeiten einfachen Würstchen mit Kartoffelsalat gewichen (42*, Nieukerk). Ein Heischegang in Willich-Schiefbahn (106) am Wurstmontag (=Fastnachtsmontag) erbrachte den Vereinen etliche Würste, die *im Ort gesammelt und gemeinsam in Gaststätten verzehrt* wurden. Ähnliches gilt beim Pfingsteiersingen im Bergischen oder für das Sammeln von Eiern in der Mainacht, *die in der Wirtschaft mit Speck gebacken und von den Burschen gegessen wurden* (150a, Krauthausen). Die Hückeswagener Kolpingfamilie versammelte sich am 11. November und verzehrte Heringsdipp mit gekochten Kartoffeln. Dieses Gericht galt auch als Adventsessen der Sportangler. Zudem gab es früher *hier eine 'Gesellschaft Harmonie', die von Zeit zu Zeit Eisbein mit Sauerkraut auftischen ließ.* (13)

In Linnich-Körrenzig (226), einem Ort mit regem gesellschaftlichem Leben, kamen die verschiedenen Vereine zu bestimmten Anlässen zusammen:

Der Schützenkönig gab aus Anlaß seiner Krönung für den Vorstand und für das Offizierskorps ein Festessen (Menü aus mehreren Gängen und Getränke) vor dem Königsball (Kirmesdienstag). Es war zugleich einer der Höhepunkte des Schützenfestes. Die Frauen waren zu diesem Festessen mit eingeladen. Heute hat man diesen Brauch aus Kostengründen abgeschafft.

Zum Patronatsfest der Schützenbruderschaft (in Körrenzig 17.1. St. Antonius) gab und gibt die Bruderschaft für ihre Mitglieder belegte Brötchen und Getränkemarken. Seit einigen Jahren gibt es zum Mittag auch noch Erbsensuppe. Das Patronatsfest wurde bis Mitte der 60-iger Jahre genau auf den Tag gehalten. Heute feiert die Bruderschaft ihr Patronatsfest immer am darauffolgenden Samstag.

Der Junggesellenverein hielt und hält am 31.5. seine traditionelle Maizeche. Nach den geltenden Statuten muß der Überschuß aus der Versteigerung der Maibräute bis auf einen Pfennig für die Mitglieder verausgabt werden in Form eines Umtrunks.

Seit Ende der 70-ziger Jahre hält die Frauenvereinigung ein sogenanntes „Ramenassenessen". Hier gibt es Rettich und belegte Brötchen.

Großer Beliebtheit erfreuten sich die Gesellschaftsessen in Großstädten wie Köln: seien es die verschiedenen Herrenessen von Universität und Turnclub, historische Essen im Stadtmuseum oder die Festessen von Karnevalsgesellschaften und zum Beispiel der Kallendresser (243, Köln).

Der Beueler Schifferverein (251) feierte jedes Jahr im Mai mit einem Maifischessen, *aber auch Fremde gingen in eine Wirtschaft, um Maifisch zu essen (bis Ende des 1. Weltkriegs typisches Gesellschaftsessen).* Die Niederdollendorfer Antoniusbruderschaft (234) hielt es einfacher: zur Generalversammlung am 17. Januar verzehrten die Mitglieder Kartoffelsalat mit Würstchen. Den Lahnsteiner Deppedotz gab es bevorzugt am Martinstag, die Traben-Trarbacher Jakobskirmes wartete mit Spezialitäten auf: *saurer Moselfisch, geb. Euter (Auder), Ochsenmaulsalat* (232). Ein Bericht aus Mengerschied bei Simmern (9) schließlich zeigt den Wandel, der sich zwischen 1900/30 und heute vollzogen hat: *Hammelessen nach dem Hammeltanz an der Kirmes. Heute veranstalten Vereine, Clubs, Vereinigungen, Jahrgänge, Tip-Gemeinschaften, Nachbarschaften, Freundeskreise zu allen Zeiten des Jahres Essen, im Sommer meist Spieß- oder Schwenkbraten.* Der Gewährsmann, Jg. 1917, befragte ältere Dorfbewohner und schrieb über seinen persönlichen Hintergrund: *Ich kenne die Speisen der Bauern, der nichtlandwirtschaftlichen Bevölkerung und des gehobenen Bürgertums und habe bewußt den ganzen Wandel in den Essensgewohnheiten erlebt, vor allem darum, daß ich in einer dörflichen Gastwirtschaft aufgewachsen bin.*

Dies wirft die Frage auf, ob es eigentlich Speisen gab, die ausschließlich in Gaststätten serviert und verzehrt wurden. Daß die heutige Schnitzelkultur mit beliebig vielen Soßenvarianten nicht gemeint sein kann, dürfte klar sein. Eher schon die Tradition, in den Monaten mit „r" im Namen Muscheln zu essen - allerdings nur im nördlichen Rheinland, die südlichsten Belege finden sich in Niederdollendorf (233) und Königswinter (236). Heute mag sich das Bild der regionalen Eingrenzung auch geändert haben, für die Zeit vor dem Zweiten Weltkrieg jedoch besitzt es seine Gültigkeit.

Typische Wirtshausspezialitäten, wie mehrere Hückeswagener (13) berichten, *waren bis vor 20 Jahren Soleier aus dem großen Einkochglas. (Hartgekochte Hühnereier wurden in der Mitte augeschnitten, das Dotter herausgenommen, Salz, Pfeffer, Öl, Essig und eine Messerspitze Senf beigegeben, das Dotter wieder eingesetzt, die andre harte Eiweißhälfte auch und mit einem Bissen in den Mund genommen). Es gab regelrechte Wettessen. - Beliebt sind nach wie vor Frikadellen, geräucherte Bratwürste oder Gabelrollmöpse. In einigen Wirtschaften und Schenken gibt's Grünkohl mit Bratwurst oder wieder aufgebratenen Panhas ...* Auch ein alter Wassenberger (31a) erinnert sich wehmütig an das Glas mit Soleiern auf dem Tresen, eine Spezialität, *die vor etwa 30 Jahren fast in keiner Kneipe fehlte und die man heute kaum noch antrifft.* Daß auch hier ein Wandel stattfindet, zeigt das Beispiel einer Siegburger Bierstube durchaus gehobenen Standards, die wieder Soleier anbietet: auf einem Tablett mit Salz, Pfeffer, Essig, Öl und Senf - ganz herkömmlich also.

„ Fresche Maifesch! "

Abb. 48
Maifischverkäuferinnen
in Köln.

Vielen Kölnern ist heute noch „Maifisch" und „Wattlers Fischerhaus" ein fester Begriff, wobei das Fischgericht natürlich auch zuhause zubereitet wurde. Was es mit den beiden Begriffen auf sich hatte, schildert eine Hausfrau für die Zeit von 1900 bis etwa 1940 für den großelterlichen Haushalt (6):

In der <u>Zeit um die Jahrhundertwende</u> führte mein Großvater seine Frau gerne in ein <u>Kölner Weinrestaurant</u> aus, ins <u>„Vanderstein-Bellen"</u>. Es war ein renommiertes Gasthaus, das in der Mitte des 16. Jahrhunderts an der Ostseite des Heumarktes errichtet worden war.

In den Sommermonaten machte die Famile - meine Großeltern hatten sieben Kinder - einen <u>Sonntagsspaziergang</u> am <u>Kölner Rheinufer</u> entlang. An der Rheinuferstraße, ungefähr in der Höhe der heutigen Zoo- und Floragegend, lag eine Gaststätte <u>„Wattlers Fischerhaus"</u>. Hier kehrte man ein und stärkte sich für den Rückweg. Meine Mutter berichtete, daß meine Großmutter dann dort <u>„Maifisch in Gelee"</u> oder ein <u>„Restaurationsschnittchen"</u> aß und die Kinder ein <u>„Apfelblümchen"</u> tranken. An der <u>Nordseite des Heumarktes</u>

(Anmerkung: richtig muß es „Südseite" heißen) *steht noch heute die Kölsche Wirtschaft „Malzmühle". Auch dieses Lokal war schon zu Zeiten meiner Großeltern eine beliebte Einkehr. Man ging dorthin, um das süße fast schwarze* <u>Malzbier</u> *zu trinken und einen „Halwen Hahn", ein Röggelchen mit einer Scheibe Holländer, dazu. In dieser Wirtschaft gibt es noch* <u>heute das Malzbier</u>, *doch den Hauptanteil des Ausschanks nimmt das „Kölsch", das helle obergärige Bier, ein.*

In Erinnerung habe ich noch eine Zeit, es muß zwischen 1925 und 1930 gewesen sein, in der meine Mutter und ich mit der Großmutter in ein <u>Kölner Café</u> *gingen, ins „Café Riese" auf der Kölner Schildergasse, weil es dort auch den bei Großmutter und Mutter so beliebten „Maifisch in Gelee" zu essen gab. Das Café Riese existiert heute noch an der alten Stelle, doch Inhaber und Charakter des Hauses haben sich verändert.*

Statt „Wattlers Fischerhaus" konnte es auch „Zum Poller Fischerhaus" sein, wenn die Familie mit der Fähre übergesetzt hatte und noch über die Poller Wiesen spazieren ging. Wenn man einer anderen Kölnerin (138) Glauben schenken darf, war der Maifisch bei Kindern nicht so sehr beliebt - wegen der vielen Gräten.

Fisch stand auch am unteren Niederrhein auf der Speisekarte der Wirtschaften: in Millingen (78) Aal in Gelee, in Xanten (108) *in der Gaststätte 'Zur Rheinfähre' und im nahen Fischerdorf Lüttingen ... Aal in Gelee, Salm, Maifische.*

Die Krefelder erfreuten sich an einer *Rheinischen Kaffeetafel, die aus Weiß -und Schwarzbrot, Blut- und Leberwurst, Schinken, Butter, Apfelkraut und Kaffee* bestand (217) und manchmal noch mit Holländer Käse auf einer Scheibe Rosinenweißbrot ergänzt wurde (114).

Eine außergewöhnliche Nachricht schließlich kommt aus dem landwirtschaftlich strukturierten Oeverich bei Ahrweiler (229), was die kneipentypischen Speisen anbelangt: *Man aß das, was die Wirtsleute für sich gekocht hatten.*

Rund um den Tisch

Ob nun rund oder eckig, jedenfalls existierte die transportable Tafel, die die mittelalterlichen Esser „aufheben" konnten, schon lange nicht mehr. Doch nicht der Tisch als Möbel soll jetzt das Thema sein, sondern vielmehr der Eßort.

Bevorzugter Raum für das alltägliche Essen war, aus praktischen Gründen wie auch aus finanziellen Erwägungen bei winterlichen Temperaturen heraus, die Küche. Hier brannte so oder so das Feuer, heizte den Herd, ermöglichten kurze Wege einen reibungslosen Ablauf. Kam allerdings Besuch, was meist sonn- oder feiertags der Fall war, wurde die Stube geöffnet, feiertags gar die *beste Kammer* (19, Brünen), wobei die Gastgeber recht genaue Vorstellungen vom Festtag hatten: Weihnachten, Ostern, Pfingsten und, wie könnte es anders sein, Kirmes. Wie die unterschiedlichen Räume aussehen konnten, beschreibt die Tochter eines Militärbeamten aus Wesel (49*) für die Zeit vor dem ersten Weltkrieg: *... gegessen wurde* werktags *im 'Kinderzimmer' (Tagesraum der Kinder), weil es gleich neben der Küche lag. Ein Zimmer mit einfachen, gestrichenen Möbeln: Sitzbank mit aufklappbaren Kästen*

Abb. 49
Wohnbereich in einer Wohnung der gehobenen Schicht. Köln, 1922.

Abb. 50
Familie in Klettenberg beim Kaffeetrinken. Köln, 1914.

für Spielzeug, große Kommode, Ausziehtisch, Stühle, Regal für Schulbü-
cher, ... <u>sonntags</u> im Wohnzimmer mit alten Mahagonimöbeln; <u>Weihnachten,</u>
<u>Ostern, Pfingsten</u> im 'guten Zimmer', schwere Eichenmöbel, Stil Gründer-
zeit: mit Büfett, Eßtisch, hohem Wandspiegel auf niedriger Konsole, Plüsch-
sofa, Paneelbrett, außer den Stühlen noch 2 schwere Plüschsessel, Klavier.
Welch ein Unterschied zu der einfachen Einrichtung in einem Haus der Kruppschen Siedlung in Duisburg-Hochemmerich (191*): *Alles spielte sich in der*
Küche ab, auch kleine Feiern, wenn es welche gab (Kollegen etc.). Die Fir-
ma Krupp hatte in weiser Voraussicht jeweils in den Küchen einen geräumi-
gen Schrank unter dem Fenster einbauen lassen. So bestand die eigentliche
Einrichtung der Familie in der Küche nur aus einem soliden Tisch, 2 Bänken
für die Kinder, ein paar Stühlen, dem Herd und einem Wandbord.

Die Frage nach einer besonderen Tischdekoration stellte sich, zumindest für
den alltäglichen Bereich, überhaupt nicht. Im Gegenteil: einfaches Geschirr,
vielleicht ein Wachstuch, eine Gabel - Grundausstattung, die den Ansprüchen genügte.

Aus Unzenberg bei Simmern (167), einer Ortschaft mit fast ausschließlich
bäuerlichen Haushalten, wird hierzu berichtet: *Je nach finanziellen Verhält-*
nissen gab es Zinnteller, Zinngabeln und -löffel, keine Messer oder einfa-

Abb. 51
Zweiteiliger Glasschrank
aus der ersten Hälfte des
19. Jahrhunderts. Bricht.

ches Geschirr. Gab es Kartoffeln und Hering (eingelegt), wurde eine rot-weiß kariert e Tischdecke aufgelegt. Sonst handgewebte Leinendecken, auch handgestickte Decken. Blau-graue Keramik aus Spabrücken wurde und wird teilweise benutzt.

Ausführlich beschreibt ein 66-jähriger Gewährsmann aus Nettetal-Breyell (216), Sohn eines Eisenbahnbeamten, die Situation um 1925: *Ein Tischtuch gab es zu besonderen Gelegenheiten, Servietten überhaupt nicht. Blumen als Tischschmuck waren nicht üblich, eine Kerze nur bei der Kinderkommunion. Das Gedeck bestand aus einem tiefen Teller, Löffel und Gabel. Flache Teller waren fast unbekannt. Messer wurden kaum benötigt, weil Fleisch vorher zerschnitten wurde. Von Wurst oder Hering biss man einfach ab und nahm sie dazu in die linke Hand. Das Essen mit Messer und Gabel galt als besondere Wissenschaft, die kaum jemand beherrschte. Wer von den Einheimischen versuchte, so zu essen, galt als überspannt. Suppe und Hauptgericht wurden aus dem gleichen tiefen Teller gegessen, für ein eventuelles Dessert gab es meist eine Untertasse.*

In Köln (38) herrschte bis zu Beginn der 1920er Jahre eine Sitte, die sich vermutlich bis zum Zweiten Weltkrieg hielt und auch anderswo üblich war: *Der Küchentisch, an dem gegessen wurde, war in früherer Zeit nicht mit einem Tischtuch gedeckt. Jeden Samstag wurde bei einem Händler, der durch die Straßen fuhr und Sand verkaufte, der Sand gekauft, und dann wurde der Tisch gescheuert. Am Samstagabend saß man dann an einem frisch gescheuerten Tisch bei der Abendmahlzeit.* Hinzuzufügen ist vielleicht, daß der Sand auch dazu benutzt wurde, den Fußboden zu scheuern und zu bestreuen.

Anders sah es natürlich, wie schon angedeutet, bei festlichen Anlässen aus, wenn in Stube oder bester Kammer eingedeckt wurde. Und welche Bedeutung der Kirmes zukam - dies zu betonen ist eigentlich schon fast überflüssig -, ist daran zu er- kennen, daß zum Beispiel in Mannebach bei Daun (82a) das gute Geschirr *Keermessaache* genannt wurde. Bleibt also festzuhalten: Gutes Geschirr, auch mit Goldrand, Silberbesteck anstelle der etwas klobigeren Holzgriffe, feines Tischtuch, Kerzen, Messerbänkchen bis hin zu besonderen Gläsern und vor allen Dingen Servietten aus Stoff - ein Luxus, den man sich nur an wirklich hohen Feiertagen leistete. Für die Mädchen waren die Stoffservietten aus Damast ein besonderes „Muß":

... in der Aussteuer bekam man als Mädchen eine Rolle Damasttischtuch mit zum Abschneiden wie es gebraucht wurde (192, Kerken).

Eine kleine Sensation bedeuteten für einen Lehrer aus Griethausen (61) Tischkärtchen, wohingegen Blumen aus dem eigenen Garten schon eher zu einer festtäglichen Standardausstattung gehörten.

Die Schilderung aus Linnich-Körrenzig (226) ist, zusammenfassend, typisch: *Bei besonderen Gelegenheiten und Anlässen (Kinderkommunion, Kirmes, Goldhochzeit, Muttertag) wurde früher und wird auch heute noch der Tisch festlich dekoriert - weißes Tischtuch, Servietten, gutes Porzellan, gutes Besteck, Kerzen, Blumen. Bei Jubiläen und Ehrentagen wurde der Platz des Jubilars oder am Muttertag der Platz der Mutter besonders geschmückt mit Efeuranken und Blumen.* Einmal im Jahr also widerfuhr der Mutter eine große Ehrung, ansonsten aber war sie 364 Tage lang für die Bedienung der Familie zuständig, von dem Kraftakt des täglichen Kochens einmal ganz abgesehen. Dies zeigte sich auch sehr deutlich an der Sitzordnung: Der Vater saß am Kopfende, die Kinder hinter dem Tisch auf einer Bank, die Mutter mit dem Kleinsten vor dem Tisch und jederzeit sprungbereit, aus Küche oder Schrank etwas herbeizuholen. Ein Bericht aus Linnich-Körrenzig (226) beschreibt, wie sich dort die tägliche und festliche Tafel gestaltete: *Die übliche Sitzordnung am täglichen Familientisch und in der familiären Festgemeinschaft (auch Hausfrau, Kinder, Gäste): Die tägliche Sitzordnung war meist folgende: der Vater saß an einer Stirnseite des Tisches, daneben seitlich die Mutter mit dem Kleinstkind, dann die anderen Kinder in individueller Folge. Waren die Großeltern noch in der Familie, saßen sie an der anderen Stirnseite des Tisches. Jeder hatte seinen festen Platz, der von einem anderen*

Familienmitglied nicht eingenommen werden durfte. Bei Festlichkeiten saßen die Gäste nach Rang und Ansehen im Anschluß an den Hausherrn oder
Jubilar. Kinder waren meist an dieser Tafel nicht zugelassen. Sie saßen in
einem anderen Raum. Ausnahme war das Kommunionkind. Es nahm den
Ehrenplatz ein. Heute: allgemein ist keine feste Sitzordnung bei Festlichkeiten üblich, es sei daß ein besonderer Gast eingeladen ist (Pfarrer, Bürgermeister, Chef, etc.). Dieser Gast erhält dann einen Ehrenplatz neben dem
Gastgeber, bzw. Jubilar, Brautpaar. Zu bemerken ist, daß die Paten und Großeltern früher und auch heute immer einen Ehrenplatz erhielten, bzw. erhalten. Am alltäglichen Familientisch hat jedes Familienmitglied auch heute seinen festen Platz, der aber nicht nach Rangfolge eingeordnet ist.

Für die feste Sitzordnung galt in Kerken (192) das Sprichwort: ... gev nie de
Plätz in et Bett un an dän Dösch af ... Gleiches traf insbesondere für den
Schweizer zu, der an einem extra Tischchen saß (105, Straelen) und spezielle Bedienung erfuhr: Nur der Melker wurde bevorzugt, aß separat und bekam ausgesuchte Sachen, wie den feinsten Schinken, statt einem stets zwei
Eier und viel Butter zum Weißbrot (42*, Nieukerk). Etwas später wird die
gleiche Erzählerin (42*) sehr viel deutlicher: Der Melker wurde immer bevorzugt. Er aß nur Schinken, getrocknete Mettwurst und Eier zum Brot. Mittags
gar nur mageres Fleisch. Er aß an einem separaten Tisch; etwa bis in das
Jahr 1948 wurde diese Tischsitte eingehalten. Den Bohnenkaffee gab es
allerdings nie pur, sondern immer mit Zichorien gemischt. 1948 wurde für
unseren Melker eine Melkerwohnung gebaut und dessen Frau mußte ihn
nun versorgen. Für die Bäuerin war das eine große Erleichterung. Denn Melker
waren oft sehr unzufriedene Menschen, oder besser gesagt nur schwer zufrieden zu stellen.

Saßen alle Familienmitglieder zu Tisch, war das Essen noch nicht eröffnet:
erst das Tischgebet, das 'mal länger, 'mal kürzer ausfiel. Der durchaus übliche „Engel des Herrn" in Verbindung mit dem mittäglichen Angelusläuten
gehörten zu den längeren Gebeten bei den Katholiken, ein einfaches Tischgebet zu den kürzeren Varianten. Gesprochen wurde gemeinsam, oder aber
Vater/Kinder beteten vor. Nun war es allerdings auch nicht so, daß vor jeder
Mahlzeit gebetet wurde: Brotmahlzeiten waren ausgenommen, ebenso Essen, bei denen es nicht rauchte wie Kartoffelsalat (143, Aachen) oder, wie
man in Mönchengladbach-Neuwerk sagte: Et dämpt net, do bruke merr net
te beäne. (206) Auch nach dem Essen sprach die Tischgesellschaft ein Gebet: Dank, Vater unser und Gegrüßet. In der Gegend um Moers gab es bei
der evangelischen Bevölkerung eine Besonderheit: Nach dem Essen ... las
der Vater aus der Bibel oder einem Erbauungsbuch, oder ein Blatt des Neukirchener Abreißkalenders vor. (112*, Moers; ähnlich 198, Moers) Für Kapellen bei Moers gilt in einem evangelischen Haushalt (41): Sonntags vor dem
Mittagessen las Grossvater zusätzlich aus dem Neukirchener Kalenderblatt
vor. Wie nahe eine Schilderung aus Niederdollendorf (233) an die Wirklich-
keit herankommt, sei dahingestellt: Vor und nach dem Essen sei gebetet,
während des Essens geschimpft worden.

Abb. 52
Herd in einem Stellmacherhaushalt. Schöneseiffen, 1980.

Das Abendessen nahm quasi eine Sonderstellung ein: War es in der Tat eine kalte Mahlzeit, entfiel das Gebet, ansonsten sprachen die Katholiken *Gebete wie 'O liebreichster Jesu' usw. im Winter der Rosenkranz* (107, Gangelt-Harzelt).

An das Gebet schloß sich manchmal noch ein gesonderter Segensbrauch der Katholiken an: *Ostern wurde der gedeckte Tisch vom Vater mit dem am Palmsonntag geweihten Palm (Buchsbaumzweig) und frisch geweihten Weihwasser gesegnet.* (206, Mönchengladbach-Neuwerk)

Einmal sämtliche Präliminarien beendet, konnte das eigentliche Essen beginnen. Wer Brot oder Braten anschnitt, erweist sich als sehr unterschiedlich: entweder die Mutter oder der Vater alleine, manchmal beide, in einigen Fällen die Mutter Brot und der Vater das Fleisch, in anderen Fällen genau umgekehrt, und Einigkeit scheint nur in einer Hinsicht zu herrschen: Geflügel zu tranchieren und Schweinerippchen zu teilen, diese Ehre gebührte dem Hausherrn. Auch hinsichtlich des Ortes, wo denn nun zum Beispiel angeschnitten wurde, lassen sich keine regionalen Eigenheiten feststellen: ob nun Küche, Wohnzimmer oder Eßzimmer, vorher geschnitten und dann serviert oder bei Tisch.

Während Fleisch ohne weitere Umstände angeschnitten wurde, machten Vater oder Mutter ein oder drei Kreuze auf die Unterseite des Brotes. Dies geschah aber nur, wenn es frisch, also noch nicht angeschnitten war. Da das Schwarzbrot früher etwa alle zwei bis drei Wochen selbst gebacken wurde, und in dieser Lagerzeit natürlich auch austrocknete, war das Schneiden häufig Männersache: der Vater oder der Baumeister (198, Moers) mußten dafür herhalten. Häufig nahmen sie eine Brotkrücke zu Hilfe: *ein gebogenes Eisen mit Halterung und ein Schlitz zum Einsetzen des Messers (eine Armstütze)* (192, Kerken). Der Anschnitt des frischen Brotes war bei allen begehrt, stand zwar dem Vater zu, der es aber einem der Kinder schenkte (14, Langenfeld-Richrath).

Arbeitserleichternde Brotschneidemaschinen eroberten erst ab etwa 1930 langsam den Markt, zum Beispiel ein „Alexanderwerk" aus Mönchengladbach, dadurch war der *Vater vom Brotschneiden befreit* (107, Gangelt-Harzelt). Welche feinen Unterschiede darüber hinaus bei der Tätigkeit des Schneidens bestehen konnten, schildert anschaulich eine 71-jährige katholische Hausfrau aus Linnich-Körrenzig (226):

Früher wurde, bevor der Laib Brot angeschnitten wurde mit dem Messer ein Kreuzzeichen auf der Rückseite gezeichnet. Erst dann durfte das Brot angeschnitten werden. Schwarz-, Weißbrot wurde wechselseitig, einmal von der Unterseite und einmal von der Oberseite her angeschnitten, so daß sich immer nur halbe Scheiben ergaben. Vom Graubrot wurden ganze Scheiben abgeschnitten. Später wurde das Brot auf der Brotmaschine geschnitten (etwa Mitte der 30-siger Jahre). Fleisch wurde vorher nicht aufgeschnitten. Erst wenn man Fleisch wünschte, wurde ein Stück nach verschiedener Größe abgeschnitten. Erwachsene erhielten immer ein größeres Stück als Kinder.

Heute wird Brot fertig geschnitten, in bestimmten Gewichtseinheiten verpackt, gekauft. Das Fleisch wird vorher in gleichen Portionen aufgeschnitten.

Erwähnenswert abschließend vielleicht noch das sogenannte Kreuzbrot: *Beim Brotbacken wurde früher das letzte Brot mit einem Kreuz versehen, man drückte oben, unten und seitlich einen Finger darauf.* (91, Frillinghoven) Dieses Brot wurde als letztes angeschnitten und diente gleichzeitig als „Signal", daß nun neuer Sauerteig anzusetzen und frisches Brot zu backen war.

Jeder hatte für das Essen seinen eigenen Teller, nur bei Bratkartoffeln ... *wurde die gefüllte Pfanne auf den Tisch gestellt und jeder pickte mit seiner Gabel aus der Pfanne. Ich mochte immer gerne die kleinen Kartoffelstückchen und wanderte dann immer durch die ganze Pfanne. Mein Vater schlug mir einmal mit der Gabel auf die Hand und sagte: 'Bliev an Dinge Plaatz!* (254, Alfter) In Kürten (164) gaben sich die Esser mehr vorausschauend: *Eenen em Mong, eenen an dr Jaffel on eenen em Oej.* Das gemeinsame Essen aus der Schüssel, wie es um die Jahrhundertwende im Rheinland noch gang und gäbe gewesen war, fand zwischen den beiden Weltkriegen meist nicht mehr statt - mit Ausnahme eben jener Bratkartoffeln. Eine weitere Ausnahme stammt vom Hunsrück, der in diesem Fall als Reliktgebiet betrachtet werden muß. In Mengerschied (9): Pellkartoffeln im Eisentopf, *dazu die Eisenpfanne mit der Zwiebeltunke. Alle tauchten die Kartoffelstücke von allen Seiten gemeinsam in die Pfanne.* Nur noch ganz selten gab es Milchsuppen oder dicke Milch, die gemeinsam aus der großen Schüssel gegessen wurden (163*, Pantenburg). Lang gehalten hat sich jedoch die Sitte, Suppe und Hauptspeise aus einem Teller zu essen bzw. für den Verzehr von Reibekuchen (251, Bonn-Beuel) oder Pudding (29*, Bornheim-Walberberg) den Teller umzudrehen, wobei der Pudding von den Kaffeeuntertassen gegessen wurde.

Der Hering: Armeleute-Essen oder Delikatesse?
Über die soziale Wertung von Speisen

Zugegeben, ein schwieriges Kapitel, denn die Grenzen sind fließend. Einerseits gibt es diejenigen Speisen, die, der Not gehorchend, einfacher ausfielen und daher zwar als „Notspeisen", nicht jedoch als Armeleute-Essen betrachtet werden. Andererseits aber ist an solche Speisen, denen auch in besseren Zeiten der Ruch der Minderbemittlung anhaftete, zu denken. Wie so häufig im richtigen Leben, überlappen sich beide Bereiche, und vielen unserer Erzähler ist die Unterscheidung nicht bewußt geworden.

Zunächst der Hering: Überall ist er als armselige und magere Speise bekannt - zumindest noch vor dem Zweiten Weltkrieg. Aufschluß darüber und auch über andere einfache Essen gibt ein Bericht aus Griethausen(61):

Zu unserer Zeit war der Hering ein ausgesprochenes Armeleuteessen. Er wurde in Tonnen geliefert, mit einer Holzzange aus der Brühe genommen und einzeln verkauft. Alle Welt war scharf auf die Zwiebeln als Beilage.Grüne Heringe wurden in der Pfanne gebraten. Die selber eingelegten Fische zu Hause schmeckten am besten. Auch „Papp" = Milchsuppe mit Mehl (ohne Klümpchen) und eingebrocktem Brot waren ein einfaches Essen. Kartoffelsalat mit Würstchen galt uns schon als „gehobene" Kost.

Bohnen aus der Tonne und Sauerkraut galten wohl als „Notstopfen". Steckrüben waren Viehfutter; sie wurden auch im schlechtesten Winter kaum akzeptiert.

Daß die Eifel von weitreichender Armut geprägt war, macht ein Bericht aus Hürtgenwald-Gey (20) deutlich. Der 72-jährige Gewährsmann beschreibt den sogenannten „Streichhering", ein typisches Essen, sogar bis zum Zweiten Weltkrieg:

Angehörige von drei Familien aus drei verschiedenen Dörfern bestätigten mir, was meine Vorfahren mir berichteten, wie folgt:

Bis etwa um 1910 litten die Menschen der Eifel unter großer Not. Wenig Arbeit und wenig Geld führten zu äußerster Sparsamkeit. Wenn eine Familie sich mal einen oder zwei Heringe erlauben konnte, wurden diese am Kopfende mit einer Schnur verknotet und so an einem Deckenbalken-Nagel befestigt, daß man vom Tisch aus den Schwanz des Herings greifen, und mit der anderen Hand ein Stück Kartoffel oder Brot an dem Hering vorbeistreichen konnte. So schmeckte man eine Zeit lang den Hering. Am Schluß der Mahlzeit wurde der, oder die Heringe verteilt.

Das Thema „Fisch" kam schon in Zusammenhang mit Freitags- und Fastenspeisen zur Sprache. Ergaben sich dabei lediglich wertneutrale Schilderungen der einzelnen Mahlzeiten bzw. deren Zusammensetzung, so werden die Erzähler nun deutlicher: Pellkartoffeln mit Hering war eben ein Armeleute-Essen, ebenso wie der Stockfisch, über den eine Kölnerin (Kk) zunächst etwas unbestimmt, gegen Schluß jedoch erheblich genauer schreibt:

Frau R... berichtet, daß es bei den Eltern ihres Mannes in Köln an den Feiertagen im Winterhalbjahr häufig Stockfisch *gab. Das Fischgericht wurde von ihr übernommen. Früher konnte man Stockfisch bereits gewässert und aufgeweicht in der Fischhandlung kaufen.Der Stockfisch mußte in Salzwasser etwa eine Stunde lang mehr ziehen als kochen; dazu gab es Salzkartoffeln. Als Soße reichte man heißes Rüböl mit gebratenen Zwiebelscheiben.*

In Holland kann man heute noch Stockfisch kaufen. Es gibt ihn dort trocken und in gewässertem Zustand.In Köln ist der Stockfisch aus dem Angebot der Fischgeschäfte verschwunden, wahrscheinlich weil es zu umständlich und langwierig ist, ihn aufzuweichen. Früher gehörte er zu den billigsten Fischarten und wurde fast zu den Armeleuteessen gezählt.

Fleisch, wenn es denn auf den Tisch kam, unterlag ebenfalls unterschiedlichen Wertungen. Gelängte Frikadellen z.B., also mit Schwarten, Brot etc., waren sowohl Ersatz als auch Armenessen. Gleiches galt zum Beispiel für eine Art Gulasch *aus gekochtem Rindfleisch. Kleine Stücke mit Lorbeerblatt und Zwiebel sauer angerichtet* (202, Rees), für Freibank- und amerikanisches Gefrierfleisch, Pullwurst (13, Hückeswagen), Wurstbrühe und natürlich für die Gerätschaften des Schweines: *Als Armeleuteessen galt u.a. Schweinepfötchen, Schweineohren, Schweinekopf, es gab Leute, die nichts vom Schweinkopf aßen. Daher stammt wohl auch der Ausdruck: Haat-r nix va Puten on Uhre.* (107, Gangelt-Harzelt) Ausgenommen war jedoch das Eisbein, *das ist ja eine Spezialität!* (143, Aachen). Euter mit Mangold (50, Meerbusch-Osterath; 260, Meerbusch) oder Euter pur (143, Aachen), Pferdefleisch, Lunge bis hin zum Schabefleisch, das es jeden Mittwoch für arme Leute beim Metzger gegeben habe (235, Köln) - verpönt und doch gegessen. Die einfache Blutwurst galt in der Gegend um Aachen und Moers als ausgesprochenes Armeleute-Essen. In Niederdollendorf (233) als „Flönz" (der Zusatz Flöpp meint die einfache Leberwurst) und in Rees (23), mit Stampfkartoffeln serviert, schätzte man sie eher.

Kartoffeln haftete seit den ausgedehnten Notzeiten im 19. Jahrhundert der Ruch höchst einfacher Speise an. Und was ein Mannebacher Landwirt (82a) für die Zeit um 1910 schreibt, hatte schon sehr viel früher und auch noch später Gültigkeit: *Bratkartoffeln (eigentlich Kartoffeln überhaupt) wurden als Armeleuteessen angesehen. Es gab: morgens Bratkartoffeln mit (Malz-)Kaffee - mittags Kochkartoffeln mit (Malz-)Kaffee - abend Kaffee mit Bratkartoffeln!* Erstaunlicherweise wird für Bonn (39) in den Jahren nach 1910 der „Knüles" in dieser Rubrik konstatiert: bestand dieser Kesselkuchen doch aus Kartoffeln, Speckwürfeln oder/und grober Bratwurst sowie Rosinen - eine durchaus reichhaltige Rezeptur.

Eindeutig in die Kategorie der Armenspeisen gehören auch die Eintöpfe, vor allem dann, wenn sie, wie in Mönchengladbach-Neuwerk (206), ohne Fleisch gekocht wurden: dicke Gemüsesuppen aus Bohnen, Erbsen, Linsen, häufig mit viel Wasser verlängert und höchstens einem Schweinspfötchen verfeinert (25, Emmerich), oder Restesuppe mit Speckschwarten wie in Rees (97). *Gerstensuppe galt als Armeleuteessen* (125), Köln; ähnlich 229, Oeverich), Gerste allgemein, Graupen und Graupensuppe, Kohlsuppen, Roggenmehl- und Brotsuppen. Auf dem Hunsrück, der Heimat von Nudeln und Mehlspeisen, entpuppt sich nun die Brotsuppe als Armenspeise, und in Winterspelt (207) in der Eifel zählen Knödel und Ziegenmilch dazu.

Herrschten strenge Notzeiten, galt Brot ohne Belag immer noch als Armenspeise *und wurde von der Mutter nur ungern gesehen ... 'Don der doch jet drop, du bruchs doch kei drüch Brut ze esse!'* (236, Königswinter) Schwarzbrot mit Rübenkraut und gestampften Kartoffeln in Aldekerk (26) und warmgemachter Grünkohl als Aufstrich in Kerken (117) - auch diese Gerichte gehörten zu den Notspeisen. Schließlich breitet ein Krefelder Ehepaar, er 1917 geboren, sie 1925, (217) die ganze Palette an Armenspeisen aus, wie sie in Stadt und Land/Umland bis nach dem Zweiten Weltkrieg üblich waren:

Pfannkuchen aus geschrotetem Korn (Nachlese a.d. Feldern) gequetschter Hafer z. Haferschleim,
Pellkartoffeln m. Magerquark,
Schwarzbrot in Öl getunkt,
Suppen aus Weiskraut-Wirsing-Blättern,
Schwarzbrot belegt mit zerquetschten Bratkartoffeln,
Schwarzbrot mit Schweineschmalz und Salz bestreut,
Schwarzbrot mit Panhas (Wurstbrühe nach dem Schlachten, eingedickt mit Buchweizenmehl),
Schwarzbrot mit Brotaufstrich aus Öl mit Mehl eingedickt,
im Wechsel nur Grün-Weißkohl, Wirsing durcheinander gekocht.

Schöne Aussichten?

Ein - zugegeben - gewagter Sprung in das Hier und Heute, in eine Gegenwart und eine Ernährungsphilosophie, die symptomatisch ist für das ausgehende 20. Jahrhundert und sich daher für das Schlußkapitel anbietet: Gemeint ist der Schnellimbiß mit all seinem „junk food", wie die Qualität dieser Einrichtungen meistens, ob zutreffend oder nicht, umschrieben wird. Wobei der Ausdruck zumindest dem amerikanischen Original Unrecht antut, denn die transatlantische „fast food happiness" ist der deutschen weit überlegen: Hiesiges Corned Beef darf der Konsument nicht mit Pastrami vergleichen und muß seine Ansprüche reduzieren.

Schnellimbiß - ein Reizwort für viele unserer Gewährspersonen. Hier macht sich die Altersstruktur deutlich bemerkbar: Sie ist für die Zeit zwischen den beiden Weltkriegen sehr fruchtbar und ergiebig; andererseits tabuisieren gerade ältere Erzähler diesen Bereich - Schnellimbiß findet für sie nicht statt.Eine typische Aussage aus Schleckheim bei Aachen (149 *): *Grosse Rolle, leider!* Ein Waldenrather (215) meint *entweder haben die Leute zu viel Geld oder die Frau ist zu faul, das Essen selbst herzurichten* und ein Krefelder (217) mutmaßt, Schnellimbiß sei für *Berufstätige, Kraftfahrer, Ausflügler, Jugendliche und solche, die nicht kochen mögen oder können.* Ein Bericht aus Weeze (60) sieht das Ganze etwas distanzierter: *Meiner Meinung nach spielt der Schnellimbiß bei jungen Leuten, die sich selbst beköstigen, eine größere Rolle als in Haushalten, in denen die Mutter täglich wenigstens 1 Hauptmahlzeit kocht. Im Schnellimbiß kann schnell und preiswert gegessen werden. Mir persönlich würde vor allen Dingen die geringe Abwechslung nicht zusagen.* Das Ehepaar - er 53 Jahre alt, sie 46 - erzählt hierbei aus den *Erfahrungen im eigenen Elternhaus und in der meist bäuerlichen Verwandtschaft.*

Damit sind die Vor- und Nachteile dieser Einrichtungen knapp umrissen: eine bequeme, zeitsparende, einfache und billige Möglichkeit, sich eine warme Mahlzeit ohne Hemmschwellen (Besteck oder Benimmregeln) wie in einem Restaurant „reinziehen" zu können, wahrgenommen von vielen, die nicht selber kochen können (aus welchen Gründen auch immer), unterwegs oder bei der Arbeit sind. Die Nachteile: geringe Angebotspalette mit wenigen Grundspeisen, die nur durch Soßen und Beilagen variiert werden, fragwürdiger ernährungsphysiologischer Wert vieler Gerichte, möglicherweise mangelhafte Aufmerksamkeit dem Produkt und dem Kunden gegenüber bei Buden mit viel Durchgangsverkehr. Es gibt aber auch viele Schnellimbisse, die extrem sauber sind und leckere „Pommes rot/weiß" bieten. Qualität setzt sich auf Dauer durch, fördert die Bildung von Stammkundschaft, was den Betreiber wiederum geradezu zwingt, sorgsam auf Sortiment und Güte zu achten.

Sich über die Zukunftsaussichten der Schnellimbisse auszulassen, scheint müßig und wenig ergiebig. Verblüffenderweise stellt der Winzer aus Alf (224 *), geboren 1893, ziemlich knapp fest: *Der Schnellimbiß ist nicht mehr so gefragt wie noch vor einigen Jahren.*

Diese Ansicht steht für sich alleine, denn tatsächlich sind die vielfältigen Formen moderner Massenernährung gefragt: Der Schnellimbiß ist die auffälligste Erscheinung, und die heutige „techno food" hat überall Einzug gehalten. Wo früher eine mühselige und aufwendige Vorratshaltung betrieben werden mußte, genügt heute der Griff in das Regal - Halbfertig- und Fertigprodukte mit jahrelanger Haltbarkeit, komplette Gerichte in Dose, Folie oder als Tiefkühlkost, die handgefertigte und vorgebackene Pizza in vielerlei Geschmacksrichtungen, zigtausend Mal pro Stunde vom Fließband und in einer ununterbrochenen Kühlkette praktischerweise in den heimischen Herd.

Ungewollte Schützenhilfe erfährt die hochtechnisierte Ernährungsindustrie durch die zum Teil begründete Furcht vor bestimmten Lebensmitteln: Nematoden befallene Fische, Salmonellenverseuchte Hühner, BSE-Rinder, um nur einige Beispiele zu nennen. Nach dem heutigen Technikverständnis müßte eigentlich alles, was industriell aufbereitet und verpackt wird und schließlich an den Verbraucher gelangt, einwandfrei sein.

So wie sich die Ernährung verändert hat, sind auch die heutigen Eßsituationen nicht mit den früheren vergleichbar: Der Großverband Familie existiert nicht mehr und damit auch das tägliche gemeinsame Mahl. Die Reduzierung auf wenige, wenn auch festliche Anlässe im Jahr gibt andererseits Raum dem geselligen Zusammensein im Freundeskreis, bei dem das früher eher ungewöhnliche Essen außer Haus gepflegt wird. So haben denn auch Feinschmecker- und Spezialitätenrestaurants recht großen Zulauf zu verzeichnen. Und wo man normatives Eßverhalten als unwichtig erachtet, lockt der Schnellimbiß. In den letzten Jahren geht der Trend offensichtlich wieder etwas stärker in Richtung häuslicher Mahlzeit: nun allerdings arbeitersparend versorgt durch den Pizzaschnelldienst oder den Chinesen, der ein komplettes Menue anliefern kann.

Wer jedoch selber für seine Gäste sorgen will, lädt - insbesondere während der heißen Jahreszeit - zur Grillparty mit Nachbarn oder Freunden. Essen als Freizeitvergnügen auch um den gemeinsamen Tisch: früher die Pfanne mit Bratkartoffeln für alle, heute das Fleisch- oder Käsefondue und, als Symbiose von Gast und Koch, das Raclette.

Unsere Ernährung und die Formen der Nahrungsaufnahme haben sich verändert, teilweise sehr stark sogar, und erleben doch - unter anderen Vorzeichen - manchmal eine Renaissance: Konstanz und Wandel als ein nicht nur volkskundliches Phänomen!

Anhang

1. Anschreiben
2. Leitfaden
3. Originalberichte

Anhang 1: Anschreiben zum Jahresthema 1982 des Volkskunderates Rhein-Maas „Nahrung und Speise im Wandel nach 1900", datiert: Juli 1982.

„Sehr geehrte Damen und Herren,

bei der Erforschung von Nahrung und Speise bieten sich manche heimatkundliche Ansätze. Mit der häuslichen Vorratswirtschaft, den täglichen Mahlzeiten, der besonderen Kost und den Tischsitten in ihren Wandlungen erfassen wir einen zentralen Bereich des Volkslebens, über den viele sachkundige Personen zu berichten wissen.

Das vielseitige Thema läßt sich kaum mit Hilfe eines starren Fragebogens bearbeiten. Statt dessen wird ein Leitfaden an die Hand gegeben, der die wichtigsten Gesichtspunkte als Gedankenstütze aufführt. Er ist in Haupt- und Unterabschnitte gegliedert, so daß sich Ziffern ergeben, die Sie bei der Niederschrift bitte vermerken. Bei Benutzung der Ziffern ist es möglich, jeden Sachverhalt in beliebiger Folge zu erfragen, so wie es sich beim Erkundungsgespräch ergibt.

Der Leitfaden wird sicherlich nicht immer systematisch von Anfang bis Ende abgehandelt werden können. Auch Teilinformationen sind für das Gesamtbild eines Ortes oder einer Landschaft wichtig.

- Um das Allgemeinübliche vom Besonderen unterscheiden zu können, sollten Sie in jedem Ort mehrere Personen befragen.
- Es genügt, die Angaben unten den betr. Ziffern in Stichworten zusammenzustellen. Aufsätze lassen sich kaum auswerten.
- Alle Auskünfte der Gewährspersonen sollen unter deren Namen mit Angabe von Alter, Konfession, Herkunft, Beruf (bei Frauen auch Beruf des Ehemannes) und zutreffendem Ort zusammengefaßt werden. Dies gilt ebenfalls für eigene Berichte sowie Angaben aus dem Haushalt der Eltern oder Großeltern.
- Zur Person der Hausfrau erfragen Sie bitte auch, wo und wie sie kochen gelernt hat.
- Fügen Sie bitte den von Ihnen zusammengestellten Ergebnissen Ihren Namen als Bearbeiter mit Adresse bei.
- Die Jahre,auf die sich ein Bericht bezieht, sollen möglichst genau angegeben werden, vor allem, wenn es sich um auffällige Änderungen handelt.
- Beachten Sie bitte bei allen überlieferten Speisegewohnheiten die Abhängigkeit von den Jahreszeiten.
- Vergessen Sie nicht die mundartlichen Bezeichnungen z.B. Gefäße, Geräte, ortsübliche Speisen, Zutaten usw.
- Wichtige Zeugnisse sind u.a. Haushaltsbücher, Aufzeichnungen von Gastwirten, handschriftliche Küchenzettel und Rezepte (woher übernommen?), nach denen Sie fragen sollten. Wenn Ausleihe möglich ist, würden wir für Ablichtungen sorgen.

142

Für die Erkundungen ist die Zeit bis März 1983 vorgesehen. Die getrennt nach Auskunftspersonen aufgezeichneten Ergebnisse senden Sie bitte gleich nach Fertigstellung an das Amt für rheinische Landeskunde in Bonn. Dies beschleunigt die Auswertung."

Anhang 2: Leitfaden, versandt mit dem Anschreiben (Anhang 1). Hinweis: „Angaben über Bearbeiter und Auskunftgeber bitte nicht vergessen!"

1) BESCHAFFUNG DER NAHRUNGSMITTEL UND ZUTATEN

1 a) Die Nahrungsmittel im nichtbäuerlichen Haushalt, die traditionell auf Wochen- und Jahrmärkten gekauft wurden.

1 b) Regelmäßiger Bezug bestimmter Lebensmittel von Verwandten oder festen Lieferanten auf dem Lande.

1 c) Teilweise Selbstversorgung aus Garten und Kleintierzucht bei Nichtlandwirten.

1 d) Die eigene Erzeugung der Bauern für Küche und Keller.

1 e) Die zugekauften Nahrungsmittel in bäuerlichen und halbbäuerlichen Betrieben zur Ergänzung der eigenen Produktion.

1 f) Sammeln von Wildfrüchten, Naturkräutern usw. für bestimmte hauswirtschaftliche Zwecke und Speisen.

1 g) Wenn es sich um eine dörfliche Siedlung handelt: Seit wann gibt es eine Bäckerei, eine Metzgerei am Ort?

2) HÄUSLICHE VORRATSWIRTSCHAFT

2 a) Aufbewahrung von Brot im Zusammenhang mit dem Backtag.

2 b) Fleischkonservierung (auch Fleischprodukte) nach dem Schlachttag (Trocknen, Einsalzen, Räuchern, Einbraten, Einwecken, Tiefgefrieren).

2 c) Salz-, Essig- und Alkoholkonservierung, Trocknen und Einkochen von Gemüse, Obst und Kräutern.

2 d) Gewinnung und Haltbarmachung von Säften (auch durch Gärung).

2 e) Eindicken von Früchten und Säften zu Sirup oder Brotaufstrich.

2 f) Verwahren von Mehl, Eiern, Fett, Milch oder Milchprodukten.

2 g) Welche Vorräte wurden früher von Woche zu Woche frisch gehalten? Auf welche Weise?

2 h) Wintervorräte früher und heute. Wie und wo verwahrt(e) man sie?

2 i) Seit wann werden Kühlschrank und Tiefkühltruhe benutzt? Welche Änderungen ergaben sich dadurch?

3) MAHLZEITEN IM TAGESLAUF

3 a) Anzahl, Uhrzeit, Bezeichnung der warmen und kalten Tagesmahlzeiten mit Angabe des Tischgetränks (wochentags,sonntags, im Sommer, im Winter).

3 b) Frühstück und Abendessen, früher und heute.

3 c) Wochenspeiseplan für die Hauptmahlzeit an Werktagen(Bestandteile, Gewürze, Herstellung der Speisen).

3 d) Hauptmahlzeiten sonntags und an besonders hervorgehobenen Tagen (z.B. Schlachttag, Kirmes mit Termin, Gründonnerstag, Ostern, Heilig-

abend sowie Hochzeit, Taufe, Begräbnis usw.)

3 e) Anzahl und Art der Gänge beim Festmahl (auch Nachspeise). Bei welchen Gelegenheiten zog man eine Köchin zu?

3 f) Herkömmliche Gebäcke im Jahreslauf.

3 g) Bei welchen Hauptmahlzeiten wurde Brot gegessen? Trocken als Zukost? Als Hauptspeise mit welchem Belag?

3 h) Welche Fischgerichte, welche ausgesprochenen Fastenspeisen waren gebräuchlich?

3 i) Wie wurden Handwerker beköstigt, die im Haus arbeiteten?

3 k) Welche Speise, welches Backwerk, welches Getränk gilt heute am Ort oder in der Umgebung als besonders typisch?

4) <u>ESSEN AUSSERHALB DES HAUSES</u>

4 a) Verpflegung und Getränke, die man früher zurArbeitsstelle mitnahm oder gebracht bekam (auch bei Feldarbeit.)

4 b) „Schulbrot" früher und heute.

4 c) Die üblichen Speisen und Erfrischungen bei Ausflügen, Reisen, Wallfahrten.

4 d) Essen und Trinken bei Familienfeiern in Gaststätten.

4 e) Gibt es am Ort bestimmte traditionelle Gesellschaftsessen, die man bei Zusammenkünften von Vereinigungen auftischt(e)?

4 f) Gibt es warme oder kalte Spezialitäten, die man bevorzugt in einem Wirtshaus aß oder ißt?

4 g) Welche Rolle spielt heute der Schnellimbiß?

5) <u>TISCHSITTEN FRÜHER UND HEUTE</u>

5 a) Der Raum, in dem gegessen wurde (gegessen wird): wochentags, sonntags, an besonderen Festtagen.

5 b) Bereitstellen der Speisen auf dem Tisch (auch Nebenmahlzeiten).

5 c) Tischgeschirr und Dekorationen bei besonderen Gelegenheiten.

5 d) Gebräuche zum Beginn, zur Beendigung und während der täglichen Mahlzeiten sowie beim Festmahl.

5 e) Die übliche Sitzordnung am täglichen Familientisch und in der familiären Festgemeinschaft (auch Hausfrau, Kinder, Gäste).

5 f) Die Reihenfolge beim Vorlegen bei Tisch (nach Personen, nach der Zusammenstellung eines Gangs; Art der Bedienung).

5 g) Anschneiden von Brot oder Fleisch bei Tisch.

6) <u>SONDERKOST NEBEN DEN GEWÖHNLICHEN MAHLZEITEN</u>

6 a) Speisen und Getränke, die bei Gesundheitsstörungen gereicht wurden (z.B. Magenverstimmung, Ausschlag, fiebrigen Entzündungen, beim „Kater" nach Trinkgelagen).

6 b) Speisen, die vor allem Wöchnerinnen, alten Menschen, Heranwach-

senden und Männern vorbehalten waren.

6 c) Nahrungsmittel und Zurichtungen, die in besonderen Fällen gemieden wurden. Wann und für wen?

7) NAHRUNG IN NOTZEITEN

7 a) Die sonst nicht gebräuchlichen Pflanzen und Früchte, die man zu Speisen verwertete.

7 b) Zusätze, mit denen man Nahrungsmittel streckte (z.B. Mehl, Brotbelag).

7 c) Ersatzmittel für die Zubereitung von Speisen und Getränken.

7 d) Welche Gerichte galten als Notspeisen? Als Armeleuteessen?

Anhang 3: Originalberichte

46 Emmerich
49 Wesel
42 Nieukerk
112 Moers
191 Duisburg-Hochemmerich
86 Düsseldorf
53 Eschweiler-Weisweiler
4 Köln
29 Bornheim-Walberberg
163 Pantenburg
224 Alf/Mosel

Die Berichte sind original und in voller Länge abgedruckt. Die Zeichensetzung wurde dort ergänzt, wo es für den Zusammenhang notwendig erschien. Ebenso wurden offensichtliche bzw. sinnentstellende Schreibfehler korrigiert, sofern dies nicht die stilistischen Merkmale des Schreibers berührte.

Nr. 46, Emmerich. Männlich, 83 Jahre alt. Elterlicher und eigener Haushalt. Fabrikarbeiter, jetzt Rentner. Katholisch.

1 a) Obst
1 b) Mehl, Salz, Gewürze, Zucker, Milch, Kaffee
1 c) Gemüse, Stallhasen, Hühner, Kartoffeln
1 d) Gemüse, Fleisch, Wurst, Milch, Butter, Mehl, Kartoffeln
1 e) Zucker, Salz, Gewürze
1 f) wurden nicht gesammelt
1 g) Bäckerei etwa 1920, Metzgerei später
2 a) Steintopf / Keller
2 b) Schinken u. durchw. u. fetten Speck, gesalzen und getrocknet, Dauerwurst getrocknet, Fleisch in Essig eingelegt.
2 c) Wirsing zu Sauerkraut in Essigbrühe, Brechbohnen in Salzbrühe, Gurken in Essig
2 d/e) Wurde bei uns nicht gemacht
2 f) Mehl, Eier, Fett und Milch wurden im trockenen, kühlen Keller in Stein- oder Holztöpfe gelagert
2 g) Brot wurde jeden Freitag für die ganze Woche gebacken
2 h) Kartoffeln im Keller, Sauerkraut und Bohnen im Faß, Möhren, rote Beete u. Knollen (kleine Rüben) in der Miete
2 i) ca. 1955, länger haltbar und bequemer
3 a) 7.00 Frühstück, 10.00 zweites Frühstück, 12.00 Mittagessen, bereits 13.00 Bohnenkaffee mit Plätzchen oder Kuchen, 18.00 Abendessen
Vor u. nach dem Frühstück, vor u. nach dem Mittagessen, vor und nach dem Abendessen lautes, gemeinsames Tischgebet
3 b) Pannekuk mit Melkpapp (Pfannkuchen mit den versch. Milchsuppen)

3 c) Am Sonntag Rindfleisch od. Hühnersuppe, Kartoffeln, Schweinebraten u. Gemüse je nach Jahreszeit, zum Nachtisch Pudding oder Obst. Von montags bis donnerstags Gemüseeintopf je nach Jahreszeit, wie z.B. Grünkohl mit Mettwurst, Sauerkraut mit Bauchspeck, Himmel und Erde (Apfel u. Kartoffeln) mit gebr. Blutwurst, freitags Kartoffel- oder Mehlpfannkuchen mit Speck oder Heringe mit Pellkartoffeln, samstags Suppeneintopf

3 d) Gründonnerstag wenig und immer mit Fisch, Ostern, Taufe, Heiligabend, Hochzeit festlich in 3 Gängen mit besonderem Braten, Begräbnisessen gab es fast nie, nach der Bestattung hatte man ja spät gefrühstückt, man ließ das Essen ausfallen u. trank gegen 13-14 Uhr bereits Kaffee mit Broten. Kirmes am letzten Wochenende im Juni kam die ganze Familie zusammen, es gab meistens Vorsuppe, dann wurde das Suppenfleisch mit Senf u. Gürkchen verzehrt, anschließend kam ein großer Topf Sauerkraut mit Kartoffeln und Eisbein auf den Tisch, wobei gerade das fettige Fleisch bei den älteren Leuten begehrt war.

Am Schlachttag wurde frisches Fleisch gebraten, die Verwandten bekamen von allem etwas mit - Hötzepott -.

3 e) 3 Gänge, Vorsuppe, Hauptgericht, Nachspeise

3 f) Spekulatius im Advent, Spritzgebäck zur Weihnachtszeit, trockene Kuchen od. ähnl.

3 g) trocken bei Papp (Milchsuppe)

3 h) freitags u. in der Karwoche Heringe mit Pellkartoffeln

3 i) nie

3 k) keines bekannt

4 a) Henkelmann, belegte Brote u. Bohnenkaffee (immer aus Holland bekommen)

4 b) früher Brot mit Aufstrich, heute belegte Brote oder Brötchen

4c) alles, was gerade da war

4 d) nie, war kein Geld für da

4 e) Bei Zusammenkünften der Marinekameradschaft ißt man Labskaus (Kartoffeln, rote Beete, Heringe, Zwiebeln, Pökelfleisch werden sehr scharf gewürzt u. untereinander gekocht)

4 f) es gibt kein typisches Essen

4 g) bequemer

5 a) in der Küche, an Sonn- od. Feiertagen in der guten Kammer

5 b) heiß in Schüsseln u. Töpfen auf Untersetzer

5 c) Kerzen, Blumen und besonders schönes Sammelgedeck (Sammeltassen)

5 d) das Tischgebet vor u. nach dem Essen

5 e) immer gleich, Vater am Kopfende

5 f) Vater, Kinder, Mutter, Gäste wurden allerdings noch vor dem Vater bedient

5 g) Fleisch von Mutter in der Kochecke, Brot von der Mutter am Tisch. Das Brot schnitt Mutter mit einem großen Messer vor dem Bauch. War es ein neues Brot, so wurde erst ein Kreuz eingeritzt.

6 a) Knochenbrühe, warmer Holundersaft bei fiebriger Erkrank., bei Magenverstimmung Kamillentee, bei Blasenerkrankungen Brennesseltee, bei Kater saures wie Gurken oder Heringe
7 b) trocken gewordenes Brot wurde in die Suppe getan oder zum Hackfleisch gemischt.

Nr. 49, Wesel. Weiblich, geb. 1901. Elterlicher Haushalt in einer Mietwohnung, 4 Kinder, 1 Dienstmädchen. Vater: Militärbeamter (Oberzahlmeister), aus Westfalen. Mutter: Düsseldorferin aus einfachem, bürgerlichem Haus. Zeitraum: Ca. 1905 bis Frühjahr 1915 (Umzug nach Düsseldorf). Katholisch.

1   Beschaffung der Nahrungsmittel

1 a) auf dem samstäglichen Wochenmarkt wurden gekauft: Gemüse nach Jahreszeit: Spinat, Melde, Stielmus, Möhren, Erbsen, Kopfsalat, Kohlrabi, Blumenkohl, Schlangengurken, Brechbohnen, Rosenkohl, Stangenbohnen, Porree, Sellerie, Rote Beete, Endiviensalat, Wirsing, Weißkohl, Rotkohl, Grünkohl, weiße Rüben, Steckrüben, selten: Spargel, Schwarzwurzeln
Käse: verschiedener Holländer Käse, Emmenthaler, Quark; Eier
Butter, die in ca 10 cm dicken Walzen (ca 30 cm lang) dalag und von den Hausfrauen erst probiert wurde.
(Sie hatten ein Teelöffelchen für diesen Zweck im Marktkorb)
Fisch - meist Kabeljau oder Schellfisch, ganz selten Stockfisch
Obst: Kirschen aller Art, wenig Johannisbeeren, Stachelbeeren (wenig), Pflaumen, Birnen, und Äpfel, selten Pfirsiche; im Spätherbst auch wohl Apfelsinen, zur Weihnachtszeit Kokosnüsse
Milch und Buttermilch wurden durch den Milchmann ins Haus gebracht: aus großer Milchkanne mit Litermaß ausgemessen.
Fleisch wurde täglich ins Haus gebracht durch den Metzgerjungen, dem man gleich die Bestellung für den nächsten Tag mitgab. Rechnung wurde Ende des Monats bezahlt. Manche Metzgereien hatten auch sonntags kurz vor Mittag geöffnet, so daß man nach dem Kirchgang den Aufschnitt für den Sonntagabend kaufen konnte (noch keine Kühlschränke!)
Größere Lieferungen an Lebensmitteln wurden von den größeren Lebensmittelgeschäften ins Haus gebracht. Der Bestellzettel wurde durch die Kinder hingebracht. Die Lieferung umfaßte sowohl die große Petroleumkanne für die Petroleumlampen (5 Liter) als auch Mehl, Reis etc. bis zum Rosinenstuten für den Sonntag.
1 b) -
1 c) eine kurze Zeit (ca 1905/1908) hatte mein Vater eine kleine Parzelle gleich hinter dem Haus (am Rande der Stadt) gemietet, wo er (aus Freude an der Gartenarbeit) Gemüse und Blumen zog. Zu dieser Zeit (1900 - bis mindestens zum 1. Weltkrieg) hatten manche wohlhabende Bürger Gärten vor der Stadt - ca 500 - 600 qm groß - wo nicht nur ein Gartenhäuschen stand, mit Rasen davor, sondern wo sie auch Gemüse, Obst

und Blumen zogen. Daß diese Gärten alle <u>vor</u> der Stadt lagen, war wohl auch durch die enge Bauweise Wesels bedingt (früher Festung). Es waren keine „Schrebergärten".

1 d) -

1 e) -

1 f) Wildfrüchte: Hagebutten für Marmelade, Ebereschen für Kompott (war aber nicht allgemein üblich)
Naturkräuter: mein Vater sammelte sehr viele Heilkräuter für Tees bei Krankheitsfällen (spezielles Steckenpferd)

1 g) -

2   Häusliche Vorratswirtschaft

2 a) -

2 b) -

2 c) Mit Aufkommen des Weckapparates (Wann? ca 1911?) urde eingeweckt: hauptsächlich grüne Bohnen, Obst.

2 d) -

2 e) Kürbis wurde in großen Glasgefäßen süß-sauer cingemacht mit Stangenzimt + Nelken,

2 f) Milch, Eier, Fett, wurde laufend gekauft, an kühler Stelle in der Küche aufbewahrt oder auf dem Treppenabsatz gleich hinter der Kellertür, luftig in einem Schrank:
Vorderseite Fliegendraht. Anm.: Auch für die Küche gab es kleinere, aufhängbare „Fliegenschränkchen" aus weiß emaillierten Eisenblech; Füllungen der Seitenwände und der Tür aus Fliegendraht.

2 g) -

2 h) Kartoffeln wurden eingekellert in Holzkiste im Keller. Der Vater sprach vorher beim Bauern vor, sah sich die Kartoffeln an, brachte eine Kochprobe mit nach Hause. Die übliche Anforderung an Kartoffeln: sie mußten „mehlig" sein.
Vor Aufkommen des Weckapparates wurden Schnippelbohnen (abgekocht und roh) in Steintöpfe eingestampft, mit Brett und Stein beschwert. Sie gärten und mußten von Zeit zu Zeit obendrauf abgewaschen werden. Aufbewahrung: Keller.
Auf dem Lande (Gegend Angermund, Serm) wurde vor 1900 auch Stielmus für den Winter in Steintöpfe eingemacht. Bestimmt weiß ich es aus der Zeit um 1885, vermutlich war es aber noch später üblich.

3   Mahlzeiten im Tageslauf

3 a) 5 Mahlzeiten:
    1) Morgenkaffee   7 1/4 - 7 1/2 Uhr
    2) Frühstück   10 Uhr
    3) Mittagessen   12 1/2 Uhr
    4) Kaffeetrinken   16 Uhr
    5) Abendessen   19 Uhr

3 b) 1) <u>Morgenkaffee</u>: Malzkaffee mit Milch und Zucker, für die Kinder (vor allem im Winter) eine Tasse Haferschleim, dazu für alle: Graubrot mit Butter und Apfelkraut, vielfach auch Brötchen mit Schwarzbrot, ebenfalls mit Butter und Kraut, manchmal Pflaumenmus, sonntagsmorgens Stuten mit Schwarzbrot.

2) Frühstück: dem Ehemann und den Kinder zur Schule wurden belegte Brote mitgegeben, die Hausfrau und das Mädchen frühstückten gegen 10 Uhr (getrennt) sehr einfach: Malzkaffee, belegtes Brot.

4) <u>Nachmittagskaffee:</u> Malzkaffee mit Milch und Zucker, Graubrot, Butter, Kraut. Sonntags Stuten mit oder ohne Rosinen, mit Schwarzbrot, Butter, Kraut, selten Honig.

5) <u>Abendessen:</u> falls vom Mittag Reste übrig waren, wurden diese aufgewärmt. Fast immer gab es zuerst für jeden eine kleine Portion Bratkartoffeln, dann Graubrot mit Wurst oder Käse, für die Kinder Milch, für die Erwachsenen dünnen schwarzen Tee. Oder es gab abends: Eierpfannkuchen frischgekochte Kartoffeln mit Speckzwiebel-Soße und eingelegte Rote Beete

Milchsuppe (Grieß, Haferflocken) eventuell mit Schuß Himbeersaft und Scheibe Brot ohne Aufschnitt Bratkartoffeln mit eingemachtem Kürbis

Reisbrei mit Zucker und Zimt Brotsuppe

Biersuppe mit Scheibe Brot

<u>Mittagessen</u>

3 c) <u>werktags</u>

1) Zuerst immer Suppe:

durchpassierte Haferflocken, süß oder mit Maggi

Grießsuppe mit Rosinen und etwas Zitronensaft

Milchgrießsuppe mit Rosinen

Sagosuppe

Perlgraupensuppe mit Obstsaft

dünne passierte Erbsensuppe

legierte Suppe

2) immer reichlich Gemüse oder Salat nach Jahreszeit (s. Einkauf Wochenmarkt)

genügend Kartoffeln mit Soße

Mäßig viel Fleisch: Schweinebraten noch vom Sonntagsbraten, Rinderbraten noch vom Sonntagsbraten, Ragout, Frikadellen, Bratwurst, durchwachsenen Speck, gekochtes Schweinefleisch, gekochtes Rindfleisch.

<u>Freitags</u> Fisch. Kabeljau oder Schellfisch, selten ein anderer Fisch) mit Kartoffeln, Buttersoße; oder Reibekuchen mit Gries- oder Reisbrei - Pfannkuchen mit Kompott - Pfannkuchen mit Kopfsalat - Salat, Kartoffeln, Spiegelei Nudeln mit Dörrpflaumen - Mehlklöße mit Dörrpflaumen - Reis mit Apfelkompott - Hering mit Pellkartoffeln

<u>samstags</u>: Linsensuppe mit Wurst oder durchwachsenem Speck, ebenso: Erbsensuppe, ebenso: Bohnensuppe oder: dünne, passierte Erbsensuppe, Sauerkraut, Kartoffelpüree, Mettwurst oder durchwachsenen Speck

In unserem Haushalt wurden Gewürze (Salz, Pfeffer) sehr sparsam gebraucht.

Für Salate nahm man Oel, Essig (später stattdessen Zitronensaft) Salz, kaum Pfeffer, eventuell etwas Zucker (an Kopfsalat) Zwiebel, Petersilie, Schnittlauch

<u>sonntags</u>: Zuerst immer Bouillonsuppe, meist mit Eierstich, dann manchmal ein kleiner Gang: gekochtes Rindfleisch, Kartoffel (wenig) eingelegte Gurke dann: Rinder- oder Schweinebraten; feineres Gemüse - Blumenkohl, Schwarzwurzeln, Kohlrabi, Erbsen mit Möhren Als Nachtisch meist Pudding mit Himbeersirup, im Sommer auch frisches Obst: Kirschen, Pflaumen, Birnen, sehr selten Weintrauben.

<u>Gründonnerstag</u>: fast immer Spinat mit Kartoffelpüree und Ei.

<u>Weihnachten</u>: zum Mittagessen ein oder zwei Glas Rheinwein. Ebenso an Ostern und Pfingsten, zu Weihnachten gab es oft Gans oder Ente Manchmal im Herbst Hasenbraten (auch Neujahr)

3 e) abgesehen von dem erwähnten kleinen Gang nach der Suppe (gekochtes Rindfleisch) gab es an Sonn- und sogar hohen Feiertagen nach der Suppe nur einen Hauptgang.

3 f) zu Geburtstagen, Ostern, Pfingsten und Weihnachten buk meine Mutter einen sehr feinen Rühr-Rodon mit Rosinen, Zitronat, abgeriebener Zitronenschale und Saft der Zitrone (war in der Familie berühmt). Auf den Weihnachtsteller kamen (gekauft)

Spekulatius, Printen, Pfeffernüsse (außer Nüssen und Äpfel) Silvesterabend wurden „Ballebäutzkes" gebacken - tennisballgroße Bällchen aus süßem Mehlteig (mit Backpulver) wurden in heißem Fett - meist Palmin - knusprig braun gebacken. Dazu gab es Grog oder für die Kinder dünnen schwarzen Tee.

3 g) Als „Zubrot" zu Suppe oder Mittagessen wurde nie Brot gegessen.

3 h) in der Fastenzeit wurde mittags gegessen wie sonst, die Freitagskost wurde eingehalten, abends gab es kein Fleisch.

4) -

5) gegessen wurde

<u>werktags</u> im „Kinderzimmer" (Tagesraum der Kinder), weil es gleich neben der Küche lag. Ein Zimmer mit einfachen, gestrichenen Möbeln: Sitzbank mit aufklappbaren Kästen für Spielzeug, große Kommode, Ausziehtisch, Stühle, Regal für Schulbücher, ---; <u>sonntags</u> im Wohnzimmer mit alten Mahagonimöbeln; <u>Weihnachten, Ostern, Pfingsten</u> im „guten Zimmer", schwere Eichenmöbel, Stil Gründerzeit: mit Büfett, Eßtisch, hohem Wandspiegel auf niedriger Konsole, Plüschsofa, Paneelbretter; außer den Stühlen noch 2 schwere Plüschsessel, Klavier.

5 b) im guten Zimmer stand auch ein „stummer Diener", dh. ein kleiner Serviertisch, Platte als Tablett abhebbar.

5 c) bei besonderen Gelegenheiten: zum Mittagessen gute, weiße Porzellanteller, die auch sonst sonntags gebraucht wurden, dazu dann aber noch Weingläser („Römer"), weißes Tischtuch oder je nach Größe des

Tisches „kleines Tafeltuch" oder „großes Tafeltuch" mit eingewebten Mustern, zum Kaffeetrinken feines Porzellan mit zarten Blumenmustern, handgestickte Kaffeedecke.

5 d) Tischgebet vor und nach der Mittags- und Abendmahlzeit, das gemeinsam gesprochen wurde. Gab es an Festtagen Wein, wurde vor dem ersten Schluck einander „zugeprostet".

5 e) Vater saß am Kopfende des Tisches, Mutter zwischen den Kindern. Das Dienstmädchen aß in der Küche. Nach der Suppe räumte das Mädchen die Suppenteller ab und brachte den Hauptgang. Wurde im Wohnzimmer oder „guten Zimmer" gegessen, so gab es dort einen Klingelknopf, um das Mädchen zu rufen.

5 f) Vater nahm das Essen selbst auf den Teller, Mutter gab den Kindern auf, solange sie kleiner waren. Später - ungefähr ab 13 oder 14 Jahren, nahmen sie selbst.

6 a) bei Magenverstimmung: Haferschleim mit Wasser gekocht, als Heilmittel: Wermuttee.

6 b) -

6 c) -

7 a) ohne „Notzeit": mindestens einmal in jedem Frühjahr gab es „Spinat" von jungen Brennesseln.
Notzeiten:
Meine Angaben beziehen sich auf die Zeit bis Frühjahr 1915. Zu dieser Zeit: Umzug in die Großstadt, schon ein halbes Jahr war Erster Weltkrieg, der Vieles änderte.
„Notzeiten" kamen erst einige Zeit danach und warfen erst recht Eßgewohnheiten um. Schlimmste Notzeit war vor allem von Herbst 1917 bis Frühsommer 1918, wo Steckrüben die Ersatznahrung für Vieles bildete:
Steckrüben täglich Mittags zum Gemüse statt Kartoffeln, das davon Übriggebliebene abends als „Bratkartoffeln". Steckrüben zu Marmelade verarbeitet, als Brotaufstrich (ohne Butter natürlich), Steckrüben geschnitzelt, gedörrt, gebrannt als Malzkaffeersatz.
Rühreier wurden mit angerührtem Mehl gestreckt. Das Kriegsbrot war naß („tatschig"). Manche behaupteten, es würden gekochte Kartoffeln mit verbacken, böse Zungen sprachen von Zusatz von Sägemehl.

Nr. 42, Nieukerk. Weiblich, geb. 1912. Elterlicher Haushalt: Landwirtschaft mit 36 ha, 16-18 Milchkühe, 6 Pferde, 12 Sauen und Mastschweine. 1937 Heirat nach Winternam, Landwirtschaft in vergleichbarer Größe. Zeitraum: ab ca. 1918.

Unser landwirtschaftlicher Betrieb war 36 ha groß. Es war ein Zuchtbetrieb mit 16 bis 18 Milchkühen und 6 Pferden. Weiter wurden 12 Sauen und Mastschweine gehalten. Bis zum Jahre 1928 hielten wir etwa 25 Hühner, 1928 wurde ein Hühnerstall für 120 Hühner gebaut und eine Kükenzucht aufgezogen. Hierdurch oder hiermit wurde der Mittagstisch abwechslungsreicher;

denn die Hähnchen bei der Kükenaufzucht wurden gemästet und sonntags gegessen. Sehr viel Wert wurde bei uns schon früh auf das Familienleben und auf dem Umgang mit Personal gelegt. Damit hatten wir zu allen ein sehr gutes Verhältnis. Das hat uns im Leben viel gegeben und sehr geholfen.

Wir Kinder besuchten die zweiklassige Volksschule in Winternam. Vom zehnten Lebensjahr an fuhr ich täglich mit dem Fahrrad 5 km zum Lyzeum nach Geldern.

(...) 1937 heiratete ich ... Wenn auch die beiden Betriebe gleich groß waren und in derselben Wirtschaftlichkeit gehalten wurden, wurde in der Haushaltsführung manches anders als auf unserem Hofe gemacht. Vielleicht war die Ursache dafür, daß die Mutter meines Mannes 1918 bei der Geburt des 5. Kindes starb und andere der Haushaltsführung nicht so gewachsen waren. Auch die anschließende Besatzungszeit nach dem 1. Weltkrieg, zeitweise waren 75 Belgier auf dem Hofe einquartiert, die die Vorräte einfach wegnahmen, waren der Haushaltsführung sehr abträglich.

Dann heiratete der Vater noch einmal. Die zweite Mutter kam aus Kempen. Sie führte notgedrungen andere Gepflogenheiten ein. Nach dem 1. Weltkrieg war alles knapp. Jeder mußte sich danach richten. Aber hungern brauchte man nicht. Auf beiden Höfen wurden für den Eigengebrauch schwere Schweine, vor allem Sauen, geschlachtet. Da diese Tiere sehr schlecht bezahlt wurden und man mit jedem Pfennig rechnen mußte, wurden sie so verwertet: Es gab viel Schmalz, dann den Speck, Schinken und genug Wurst. Da nur ab Oktober bis Anfang März Schweine geschlachtet wurden, war zu späterem Zeitpunkt die Haltbarkeit nicht gesichert, besonders bei großer Hitze im Sommer. Schinken und Speck mußten gut trocken sein. Er wurde hier auf dem Hof in Hafer in großen Gefäßen eingelegt, auf meinem elterlichen Hof legte man ihn in gelöschten Kalk und er verlor nichts am guten Geschmack. Man konnte sagen: „Ersatz für die Gefriertruhe." Ich erinnere mich, daß auf beiden Höfen in der Zeit von 1924 bis 1948 so verfahren wurde.

Die Milchwirtschaft

Hier auf (Hofname) wurde die gesamte Milch zentrifugiert. Die Magermilch wurde im Haushalt gebraucht soweit nötig und an die Kälber verfüttert. Der Rahm wurde gesäuert und zu Butter gemacht. Ein Hund drehte einen Göbel, der das Rührwerk in Bewegung brachte. Die Butter wurde von einem Händler abgeholt und in Krefeld verkauft. Er nahm auch Quark mit. Die Buttermilch holten die Leute aus dem Ort. Wenn im Mai und Juni sehr viel Milch anfiel, wurde Hartkäse gemacht. Er hatte viel Arbeitsaufwand nötig. Da wurde Spitzenqualität gut bezahlt.

Auf (Hofname) wurde nur die Morgenmilch zentrifugiert und der Rahm zu Butter verarbeitet. Mittag- und Abendmilch wurde in 20-l-Kannen zur Molkerei gefahren. 1934 gab es Ablieferungsfrist für alle Milch und die Zentrifugen wurden abmontiert. Magermilch wurde für Kälber zurückgeliefert. Butter wurde sparsam im Haushalt überall gebraucht. Es stand ja Schmalz zur Verfügung.

Rindfleisch gab es nur vom Metzger zur Sommer- und Herbstkirmes, Ostern, Pfingsten und besonderen Feiern wie Taufe und Hochzeit.

Zwar bestand hier für Winternam und Baersdonk schon vor 1860 ein Viehlade- oder Viehversicherung mit einer genehmigten Verordnung zur gegenseitigen Entschädigung bei notgeschlachteten Kühen. Wenn diese Tiere vom Tierarzt untersucht und ein Attest für Genießbarkeit vorlag, wurde das Fleisch auf der Freibank verkauft nur an Mitglieder.

Die Not während und nach dem ersten Weltkrieg war riesengroß. Wir konnten und hatten zu essen, aber das Geld war knapp. Aber andere Leute hatten weder das Eine noch das Andere. Da wir kurz auf Geldern zu wohnten, kamen jeden Tag 12 - 15 Leute betteln. Meine Mutter legte 6-8 Scheiben Speck fertig, die verteilt wurden. Wer um ein Butterbrot fragte, bekam wie es üblich war, eine Scheibe Graubrot mit Schwarzbrot und Kraut bestrichen. Wer um die Mittagszeit kam, mußte warten, bis wir mit dem Essen fertig waren. Was übrig blieb, wurde verteilt. Es waren die dankbarsten Menschen.

Dann wurde von der Gemeinde noch ein Arbeitsloser zugeteilt, der für die Arbeit beköstigt wurde und Deputate mit nach Hause nehmen konnte, von 1928-1935. Das Lohngeld wurde vom Amt ausbezahlt.

Heute fragt man sich, wie unser Taglöhner mit seiner Frau und 14 Kindern über die Runde gekommen ist? Er hatte von 1914 - 1928 14 gesunde Kinder, eine tüchtige Frau, die wirtschaften konnte und gute Einteilung hatte. Er bekam damals 20,-RM pro Woche. Arbeitszeit von morgens 6.00 Uhr bis 19.00 Uhr. Als Deputat galten 4 Morgen Ackerland und ein großer Garten, dann 4 kleine Schweine zum Mästen, 2 für den Haushalt und 2 wurden verkauft. Im Anfang bekam er ein Mutterkalb, das aufgezogen wurde. Die Milch wurde nur - was nötig war - in ihrem Haus verwertet, die andere wurde zur Molkerei geliefert, 10 Hühner waren stets vorhanden und Kaninchen wurden gehalten. Die Kinder lasen eifrig Ähren und Kartoffeln. Die Kuh wurde an den Wegrändern gehütet und einige Flächen geheut. Das Essen war einfach aber gesund. Rezepte waren wie in dem Buch in s.W. immer in Anwendung.

Es gab auch eine Zeit, da wurde Maisbrot gebacken, weil Weizenmehl sehr knapp war, schwierig zu backen und schwer verdaulich.

Nach 1965 wurden die Ansprüche in der Lebenshaltung immer höher geschraubt. Es gab einfach alles zu kaufen. Trotzdem früher das Essen sehr kalorienreich war (nicht in Kriegszeiten), wurde es bei der schweren körperlichen Arbeit schneller abgebaut. Die Menschen waren viel gesünder. Als dann in den Jahren nach 1965-1970 alles zu haben war und durch neue Maschinen viele Arbeitserleichterungen kamen, wurden die Menschen viel anfälliger, z.B. Herz-, Leber-, Galle-Krankheiten.

Bemerkenswert ist auch, daß die Zahl der Arbeitskräfte in der Landwirtschaft stark zurückging. Dank der vielen Erleichterungen sind auf diesen Höfen die Altbauern, der junge Hoferbe mit Frau, 1 Melker, 1 Aushilfskraft, 1 Auszubildender und 1 weibliche Hilfe!

Zum Fragebogen

Zu

1 a) Bäuerlicher Haushalt

1 b) Jede Woche kam ein Kaufmann mit seinem Pferdewagen und brachte Lebensmittel, die nicht in der Selbstversorgung vorhanden waren. Je nach Bedarf Reis, Gries, Malzkaffee, Bohnenkaffee (nur in geringen Mengen), Salz, Zucker, Gewürze, Buchweizenmehl und Heringe.

1 d) Die eigene Erzeugung auf dem Bauernhof war Fleisch, Milch, Schmalz, Butter, Käse und Weizenmehl. Für Schwarzbrot wurde Roggen zum Bäcker gebracht und im Tausch 1 Pfund Roggen zu 1 Pfund Brot verrechnet. Schweinefleisch kam aus der eigenen Produktion. Die Schweine wurden gut gemästet, damit sie auch viel Speck und Schmalz brachten. Weizen wurde selbst gemahlen und im Mehlbeutelkasten getrennt in feines, mittelgrobes und gröberes Mehl aufgefangen. Letzteres wurde für Panhas verwertet. Der Rest, die Kleie, war Viehfutter.

1 f) Gesammelt wurden Brom- und Himbeeren für Marmeladen und Saft, weniger Holunder und Schlehen.
Naturkräuter: Kamillen für Menschen und Vieh gegen Magenerkrankungen, eitrige Wunden und für Umschläge. Lindenblüten und Schafgarben gegen Fieber und Nierenentzündungen, ebenfalls auch Salbei gegen Entzündungen. All diese Kräuter wurden getrocknet und auch als Tee gereicht. Gewürze:
Petersilie, Dill, Bohnenkraut, Maggikraut, Borretsch dienten der Verfeinerung von Salaten, Gemüse und zum Einmachen der Gurken.

1 g) Winternam/Baersdonk ist eine Bauernsiedlung mit ca. 700 Personen und hört zu Nieukerk, jetzt Kerken. In Nieukerk befanden sich um 1900 vier Bäckereien und zwei Metzgereien. Ab 1910 existierten drei Metzgereien, die auf Märkten außerhalb in den Städten ihren Verkaufsstand hatten.

Zu

2) Häusliche Vorratswirtschaft

2 a) Im elterlichen Haushalt wurde zweimal in der Woche Weißbrot im großen Backofen, der mit Holz beheizt wurde, gebacken. Die Brote waren zehn Pfund schwer. Aufbewahrt wurden sie in einem kühlen nicht zu trockenen Raum auf Holzregalen.

2 b) Fleischkonservierung erforderte viel Kenntnis und Aufmerksamkeit. Schweine wurden nur in der Zeit von Ende Oktober bis Anfang März geschlachtet. Dies etwabis in die Jahre 1935-38. Zerlegt wurde das Schwein in Hinterschinken mit dem Knochen, vom Vorderschinken nur einige feste Stücke - die kleineren Stücke wurden für die Mettwurst gebraucht; Rippen, Eisbein, fetter und durchwachsener Speck wurden gepökelt. Bauch, Kopf, Leber, Lunge, Herz, Schwarten und Speckwürfel kamen in Leber- und Blutwurst. Sehr wichtig war das Flomenfett, das zu Schmalz ausgelassen wurde. In Notzeiten verarbeitete man auch das Darmfett. Das Fleisch wurde 3-4 Wochen, je nach Gewicht des

Schweines, gepökelt, dann über Nacht gewässert und ca. 10 Tage luft-getrocknet. Dann kam es in den großen Rauchfang. Im Abstand von einigen Tagen wurde es je einen Tag lang mit Buchenholz und Säge-mehl geräuchert. Wurst wurde nur in Schweinedärme gefüllt. Darin mußten Leber- und Blutwurst sehr vorsichtig bei 80 bis 90 eineinhalb Stunden erhitzt werden. Ab 1934 kamen auch Papierdärme in den Han-del. Eine gute Mettwurst wurde vorsichtig durch festes Füllen - es durf-ten sich keine Luftblasen bilden - hauptsächlich in die geraden Mastdär-me gefüllt, dann langsam getrocknet, geräuchert und in einem kühlen Raum, der für alle Fleischdauerwaren separat gehalten wurde, aufbe-wahrt. Es war die Fleischkammer, die durch Fliegenfenster gegen Un-geziefer geschützt war. Der gut getrocknete Schinken kam trotzdem aus Sicherheitsgründen noch in einen Nesselbeutel. Als es noch kein Einmachen in Gläser gab, wurde Blutwurst z.T. getrocknet, bei der Le-berwurst war aber das Risiko auf längere Zeit hin größer. Vor allem durften bei diesem Verfahren in der Wurstmasse keine Mehlzusätze sein. Bei Bratwurst gab es ein Spezialverfahren: Sie wurde in Dünndärme eingefüllt und gebraten, dann in passende, sterile Gefäße eingerollt und siedendes Schmalz darüber gegossen. Die Wurst war damit luftdicht abgeschlossen und das für mehrere Wochen. Diese Wurst war das Fleischgericht des Sonntagessen. Mit dem Einwecken, das um 1910 bis 1914 bei uns seinen Einzug hielt, wurde das Mittagessen, aber nur allmählich, vielseitigergestaltet, vor allem bei den Fleischgerichten. Im ersten Weltkrieg wurden Bratfleisch, Leber- und Blutwurst schon einge-weckt, aber nur inkleinen Mengen; denn die Gläser waren Mangelware. Das Tiefgefrieren hielt bei uns 1954 einen Einzug. Zwei Jahre davor war der Kühlschrank da. Unser Keller war so kalt und luftig, daß ein Fliegen-schrank genügte.

2 c) <u>Salzkonservierung</u> gab es bei Weißkohl zu Sauerkraut und bei grünen Bohnen. Weißkohl wurde fein gehobelt auf der sogenannten „Kappes-schab", dann in ein Holzfaß fest eingestampft. Auf 50 kg Weißkohl kam 500 bis 700 g Kochsalz mit Wacholderbeeren gemischt. Der sich bilden-de Saft mußte handbreit über dem Kraut stehen. Das Kraut wurde mit einem ausgekochten Leintuch bedeckt, mit Brett und Stein beschwert, kühl gelagert. Regelmäßig entfernte man die „Kahmschicht", reinigte Tuch, Stein und Brett gründlich und legte alles wieder oben drauf. Die verdunstete Flüssigkeit wurde dann und wann mit schwachem Salz-wasser ergänzt. Schneidebohnen wurden frisch gepflückt gewaschen, fein geschnitten und ohne Salzzugabe kurz überwellt. Das erkaltete Gemüse füllte man dann fest in Steintöpfe. Auf 10-l-Wasser kamen 2,5 kg Salz, 150-250 g aufgekochter Zucker, der erkaltet darüber gegossen wurde und ebenfalls mit Tuch, Brett und Stein bedeckt und beschwert wurde. Die Reinigung erfolgte wie beim Sauerkraut. Seit 1960 etwa wird das fertige Sauerkraut in größeren Eimern bei der Sauerkrautfabrik ge-kauft und in Portionen aufgeteilt eingefroren, Bohnen ausschließlich in Gläsern eingemacht oder ebenfalls eingefroren. Gurken wurden teils in

Zubindegläser eingemacht. Als Rezept verwendeten wir 1.: eindreiviertel Liter Essig, ein Liter Wasser, ein Pfund Zucker, 170 g Salz, dreiviertel Päckchen Gurkendoktor. Die Gurken wurden 24 Stunden in Wasser stehen gelassen, in einer schwachen Essiglösung - 1/4 Essig, 3/4 Wasser - eben überbrüht, dann in vorbereitete Gläser gefüllt mit der kochenden Essiglösung überschüttet, Gurkengewürz und Dill und Gurkendoktor zugegeben und mit Einmachhaut überspannt. Früher brauchten wir statt Einmachhaut Schweinsblase.

2.: 1-l-Weinessig, 1 Pfd. Zucker, 1 großer Eßlöffel Salz, 1 Päckchen Gurkengewürz und Dill. Das alles kalt mischen und kalt auf die Gurken geben. Die Einkochgläser 20 Minuten bei 80 Hitze ziehen lassen. Der Gurkensalat erhielt und erhält auch heute noch seine Marinade aus saurem Rahm, Essig, Salz, Zucker, Dill, Borretsch und Schnittlauch und wird kurz vor dem Essen angerichtet. Trocknen und Einkochen von Gemüse: Da der Garten - ca. ein Morgen - sehr groß war, wurden viel Stangenbohnen gelegt. Von einer Sorte, die nicht mit der Schale zu essen waren, wurden die Bohnen getrocknet und für die Eintopfgerichte gebraucht. Diese Bohnen schmeckten gut in einer Speck- oder Buttermilchsoße.

Das Gemüse, wie Erbsen, Bohnen, Spargel, Blumenkohl und Möhren wurden nach den Gebrauchsanweisungen der Firma Weck bis auf den heutigen Tag eingemacht. Der Garten wurde auf ein Viertel Morgen verkleinert 1965 und entsprach damit der später geringeren Personenzahl. Das Einfrieren von Gemüse ist eine große Erleichterung. Obst wird heute nur noch in Gläser eingemacht, doch zum Einfrieren eignen sich besonders Erdbeeren, Himbeeren, Johannisbeeren, Zwetschen und Apfelmus.

Erwähnenswert ist ein Rezept von Pflaumen im Steintopf, das bei uns angewandt wurde, als es noch wenig Einkochgläser gab. Für einen 20-l-Steintopf wurden etwa 32 bis 35 Pfunden Pflaumen benötigt. 10 Pfund wurden mit einem ganzen Lot Nelken, 1/2 l Essig, 2 Lot Zimt und 2-4 Pfd. Zucker langsam zum Kochen gebracht. Sobald die Zwetschen aufplatzten, wurde 1 Päckchen Salizyl untergerührt und die Pflaumen in sterile, geschwefelte Steintöpfe gefüllt und diese zugebunden.

Kräuter aller Art wurden getrocknet, heute dagegen frisch gehalten und in Dosen eingefroren.

Trocknen von Äpfeln, Birnen und Zwetschen
Scheiben von süßen Äpfeln wurden in geringen Mengen luftgetrocknet. Große Vorräte wurden dagegen von Birnen angelegt. Sie dienten als Kompott. Kleingeschnittene Stückchen kamen statt Rosinen in Buttermilchsuppen und als Ersatz (während der Kriege) von Rosinen in Weißbrot oder Kuchen. Hierzu eigneten sich die sogenannten Haferbirnen. Sie wurden geschält, geviertelt, entkernt und im großen Backofen auf Drahtkörbchen oder großen Emailletellern bei abklingender, mittlerer bis schwacher Hitze nach dem Weißbrotbacken in Abständen mehrmals getrocknet. - Ganz getrocknet wurden die kleinen Honigbirnen. Alles wurde in luftdurchlässigen Nesselsäckchen in einem Fliegenschrank aufbewahrt. Eingestellt 1960.

2 d) Säfte von roten, schwarzen Johannisbeeren und Himbeeren gab es früher nur zum Vanille- und Grießmehlpudding, nur an besonderen Sonn- und Feiertagen. Heute wird er bei Zusatz von Getränken im Sommer, oder Zusatz bei Quarkspeisen gebraucht. Die Beeren wurden noch immer erhitzt und auf ein Tuch geschüttet. Auf 1 l Saft 250-300 g Zucker zugegeben und kochend in Flaschen gefüllt und mit einer Gummikappe verschlossen. Ein besonderes Rezept bis auf den heutigen Tag ist:
Himbeer- oder Erdbeersatz roh:
1,5 kg, 1/2 l Wasser, 15 g Zitronensäure, 750-1000 g Zucker
Die Früchte werden grob zerdrückt in eine Porzellanschüssel gegeben, Zitronensäure in etwas Wasser auflösen, über die Himbeeren gießen und 24 Stunden kühl stehen lassen. Den Saft abziehen, 1 l Saft mit 750-1000 g Zucker verrühren, bis dieser aufgelöst ist. In Flaschen füllen, mit Gummikappen verschließen, kühl aufbewahren. Wenn sehr viel Früchte anfielen, wie rote Johannisbeeren, Stachelbeeren und Brombeeren, wurden sie, wenn ein besonderes Fest anstand, durch Gärung zu Wein verarbeitet. Es war ein köstliches Getränk, sehr süffig und ging in die Beine.

2 e) Brotaufstrich mit Johannis- oder Erdbeermarmelade gab es bis etwa 1935 nur Sonntag nachmittags zum Weißbrot. Zuckerrüben und süße Äpfel wurden an eine Krautfabrik geliefert. Das Rüben- oder Apfelkraut diente in der Woche als Brotaufstrich zum ersten Frühstück und zum Nachmittagsbrot.

2 f) Mehl wurde, damit kein Ungeziefer hinein konnte, in größere Behälter mit Deckel aus frischer Gaze aufbewahrt. Da viel gebraucht wurde, war es immer frisch. - Butter, Fett, Milch, Quark wurden in sehr kaltem Keller aufbewahrt. Ein Fliegenschrank stand für Fleisch dort auch bereit. Kühlschrank erst 1949.

2 g) Zweimal in der Woche wurde Weißbrot gebacken, bis 1960, einmal Schwarzbrot vom Bäcker, zweimal Butter gemacht und bis 1939 dreimal Quark.

2 h) Kartoffeln lagerten im großen Kartoffelkeller, Wirsing und Rotkohl wurden nach unten hängend dort an Balken angebracht, auch teilweise im Garten eingeschlagen, Möhren und Sellerie wurden in alte Tonnen in Sand eingelegt, Porree dort erst im Frühjahr.

2 i) Der Hauskeller war sehr kalt, aber trocken. Ein Kühlschrank wurde 1949 und die Tiefkühltruhe 1954 angeschafft. Letztere brachte für uns sehr große Erleichterungen. Das Einkochen von Fleisch und teilweise von Gemüse fiel weg. Alles wurde in passende Portionen verpackt und die Nährwerte blieben besser erhalten.

3) Mahlzeiten im Tagesablauf

3 a) 5 Mahlzeiten waren die Regel. Bei Arbeitsspitzen, wie Heuernte, Getreideernte wurde um 4.00 Uhr morgens eine Mahlzeit mehr eingelegt. Bis 1924 kamen aus Holland Arbeitstrupps, die das Gras mit der Sense mähten und auch das Getreide. Es gab um 4.00 Uhr morgens Buchweizenspeckpfannkuchen mit Malzkaffee, danach einen Schnaps. Sonst

war das erste Frühstück um 6.00 Uhr mit Schwarzbrot, Schmalz und Rübenkraut, in der Hauptsaison auch Bratkartoffeln dazu. Ab 1930 auch Haferflockensuppe, 1/2 l Wasser, 1/2 l Milch. Um 9.00 Uhr gab es ein großes Butterbrot, das ist eine große Scheibe Weißbrot und eine Scheibe Schwarzbrot fertig geschmiert mit Fleisch und Wurst belegt, im Winter mit Speck, - Malzkaffee. - 12.00 Uhr Mittagessen: Suppe aus Fleischbrühe mit Reis oder Sago, Graupen, Nudeln, Griesmehl, immer Porree und Sellerie. Freitags gab es Milchsuppe, auch Brotsuppe die Ausnahme. Bei der letzteren wurden Brotreste verwertet in Wasser gekocht mit Zusatz von Dörrobst oder Korinthen, mit Mehl gedickt, abgeschmeckt mit Zucker und etwas Wein. Im Sommer gab es bei Hitze Obstsuppe kalt- Rhabarber oder Buttermilch mit getrockneten Birnen auch mit Rosinen. Die Buttermilch mußte bis zum Kochen mit dem Schneebesen - (1935), der aus feinen Rutenzweigen gebunden wurde, - geschlagen werden, da sie sonst gerinnt. Dazu gehörte 2/3 Buttermilch und in 1/3 Vollmilch wurde Mehl angerührt und wieder durchgekocht und mit Zucker oder Süßstoff abgeschmeckt. Nach der Suppe gab es freitags Kartoffeln mit Soße, auch mal Bratkartoffeln, Salat, nur 1 Ei oder Hering. Kein Nachtisch. An den anderen Wochentagen Gemüse, Kartoffeln und für Schwarzarbeiter bei Feldarbeit 1 Stück durchwachsenen Speck und 1 Scheibe Schinken und ausgelassenen gebratenen Speck. Bis 1939. Sonntags gab es nur einmal Frühstück mit Malzkaffee, Bohnenkaffee nur für die Großeltern, Eltern und Melker. Sonntags gab es im Winter oft Wild, im Sommer eine große Scheibe Schinken oder Mettwurst, vorher Fleischbrühe mit Zwieback und zuletzt Griesmehlpudding oder Reis mit Zimt. Nachmittags um 16.00 Uhr Weißbrot mit Marmelade, Bohnenkaffee begrenzt für alle Erwachsenen. Abends gab es zum belegten Butterbrot Kartoffelsalat und Pfefferminztee. Auch gab es abends Hefepfannkuchen mit Apfelstückchen einmal in der Woche.

3 b) Siehe 3 a; jedoch Frühstück bis zum Jahre 1940 morgens um 6 Uhr, nach 1940 um 6.30 Uhr, zweites Frühstück um 9 Uhr. Ab dem Jahre 1965 gibt es nur noch einmal Frühstück um 7,15 Uhr. Das Abendessen wird weiterhin stets um 19 Uhr eingenommen, nur bei Arbeitsspitzen evtl. später.

3 c) Im Sommer Suppe, frisches Gemüse, wie Spinat, Erbsen, Möhren, dicke Bohnen, Stangenbohnen, Salat und Kartoffeln, entweder eine Scheibe gekochten Schinken, oder eine Scheibe durchwachsenen, gekochten Speck mit ausgelassenem Fett als Ersatz für die Soße, kein Nachtisch, aber frisches Obst, wenn vorhanden. Immer Fleischbrühe wie bereits erwähnt, dann zweimal in der Woche Sauerkraut mit Kartoffelpürree oder durcheinander immer mit gekochtem geräuchertem Speck, letzterer auch zu den Faßbohnen. Zum Möhreneintopf gab es gebratene Wurst. Gründonnerstag gab es immer Grünkohl mit Mettwurst und samstags immer Eintopf.
Karfreitag wurde streng gefastet: Morgens gab es nur eine Scheibe trockenes Brot mit Kraut, mittags nur eine dünne Milchsuppe, Hering oder

Stockfisch mit Pellkartoffeln, abends trockenes Brot mit frischem Käse. Die passenden Gewürze zu den verschiedenen Gerichten: Salz, Pfeffer, Muskat, Bohnenkraut, Petersilie.

3 d) Sonntags gab es immer Suppe, im Sommer etwa bis 1930 gekochten Schinken, später Huhn oder Hähnchen mit frischem Gemüse oder Salat, Pudding u. Saft zum Nachtisch oder Apfelmus oder gekochte Birnen. Im Winter gab es sonntags, da wir die Jagd hatten, Wildsuppe, Hasen oder Fasan gebraten mit Kartoffeln, Apfelkompott oder Birnen.

Am Schlachttag wurde üppig gelebt. Nach Herzenslust durften zu Graubrot Wellfleisch, Zunge, Niere, Gehacktes und Wurst gegessen werden. Nach dem Schlachttag wurden Freunde und arme Leute mit einem „Hötschpot" bedacht. Dieser bestand in der Regel aus Leberwurst, Blut- und Mettwurst, Rippen und einem Stück Panhas.

Zweimal im Jahr war Kirmes, die Sommerkirmes am 2. Sonntag im Juli und die Herbstkirmes oder Kirchweih am 2. Sonntag im Oktober. Die Verwandten wurden nur zu einer Kirmes eingeladen. Das waren dann immer 25 bis 30 Personen. Es gab dann zum Mittagessen immer Rindfleischsuppe mit Klößchen und Eierstich, Rindfleisch mit Kartoffelsalat und Gürkchen, dann Schweinebraten mit Gemüse und Salat. Kompott, Griesmehlpudding mit Himbeersaft und Schokoladenpudding. Eine Köchin wurde dann immer hinzugezogen. Diese Kirmessitte galt schon weit vor 1900. Gründonnerstag schon erwähnt unter 3c. Ostern gab es Rindfleischsuppe, das gekochte Rindfleisch mit Senfsoße zu Salat und Kartoffeln. Als Nachtisch wurden hartgekochte Eier gereicht, kein Pudding. Jeder erhielt 3-5 Eier, dann wurde „getippt". Wessen Ei knickte, der mußte es dem Härteren überlassen. Das wiederholte sich sowohl am Ostermorgen beim Frühstück wie auch beim Abendessen. Erst 1935 kam diese Ostersitte in Wegfall. Heiligabend aßen wir Hasenbraten zu Weißbrot mit Butter.Hochzeit wurde stets auf dem Hof groß gefeiert. Verwandte und Nachbarn gehörten dazu. Die Nachbarschaft half beim Kränzen und Ausschmücken eines großen, geeigneten Raumes, wie etwa der Scheune. Zwei Köchinnen bereiteten das Festmahl zu. Speisefolgen von 1900 bis 1937 liegen als Anhang bei. Vor dem 1. Weltkrieg waren diese geradezu üppig! Pastetchen, Kraftsuppe mit Spargel und Klößchen, Rindfleisch mit russischem Salat und Senfsoßen, Schinken in Burgunder, Sauerkraut und Kartoffelpürree, Kalbsfrikandeau mit Erbsen, Poularden mit verschiedenen Kompotten. Verschiedene Puddings, dann Kaffee-, Kuchen und Dessert. Abendessen: Kalbsragout mit Salat, Roastbeef mit Kartoffeln. Im engsten Familienkreis wurde die Taufe gefeiert am 3. oder 4. Tag nach der Geburt des Kindes. Pastetchen, Rindfleischsuppe, Rindfleisch mit Remoulade, Braten mit verschiedenen Gemüsen, Kompott, Creme und Puddings bis auf den heutigen Tag. Da die Entbindung zu Hause stattfand, halfen die Nachbarsfrauen aus. Sie wurden nach dem ersten Kirchgang der Mutter zum Kaffee eingeladen. Man nannte diese Sitte den „Kinnekeskaffee", die bis 1939 in unserer Gegend beibehalten worden ist. Bei Beerdigungen gab es Rindfleisch-suppe, gekochtes Rindfleisch und Braten zu Sauerkraut und Kartoffel-püree, im Sommer Wirsing; danach Dörrobst, Pflaumen, Äpfel und Bir-nen. Nur bei Beerdigungen von Unverheirateten gab es Pudding mit Saft. Es hieß dann: „Wir konnten ja keine Hochzeit bei ihm feiern."

3 f) Bis 1930 Rodon- oder Marmorkuchen, Apfel- oder Pflaumenkuchen mit Hefeteig, danach Sandbisquit, Sandkuchen mit Buttercreme, Obsttor-ten mit Mürbeteig, auch mit Sahne. Während des 2. Weltkrieges falsche Sahne und statt Buttercreme Vanillepudding.

3 g) Zu fast allen Hauptmahlzeiten wurde trockenes Brot (Schwarzbrot) ge-gessen. Zur Sonntagssuppe gab es oft einen Zwieback; Sonntagsabend Brot, Weißbrot mit Aufschnitt (Schinken und Mettwurst, Kartoffelsalat oder Reis mit Zucker und Zimt, so etwa ab 1920.

3 h) Als Fastenspeise reichte man an Fast- und Quartembertagen eingeleg-te Heringe oder ein hartgekochtes Ei (bis 1960).

3 i) Handwerker, die im Hause Bauvorhaben oder Reparaturen durchführ-ten, wurden stets mitbeköstigt. Es war das gleiche Essen wie das der Familie und des Personals.

4) Essen außerhalb des Hauses

4 a) Zur Feldarbeit wurden fertig geschmierte Butterbrote mit Mettwurst bei Schwerstarbeit, wie Mähen, Sensen, Garben binden (also bei Hand), in der Heuernte und Rüben ernten per Hand mit Malzkaffee zum Feld ge-bracht. In der Hitze gab es kalten Malzkaffee oder kalten Pfefferminz-tee.

4 b) Das Schulbrot hat sich gegen früher wohl nicht geändert. Wir bekamen ein großes, belegtes Butterbrot. Das mußten wir zur Hälfte mit weniger begüterten Kindern teilen, die nur trockenes oder gar kein Brot hatten. Dies war in den Jahren 1918 - 1928.

4 c) Bei Ausflügen und Wallfahrten wurden selbstgebackene Brötchen, Saft, Limonade oder Lakritzsaft (Aufgelöster Lakritz) mitgenommen.

4 d) Essen und Trinken bei Familienfeiern in Gaststätten gab es bis 1950 nicht.

4 e) Bei Bruderschafts- und Feuerwehrfesten gab es in der Regel Würst-chen mit Kartoffelsalat, dieses ebenfalls zu Silvester.

4 f) Warme und kalte Spezialitäten gibt es heute hier fast in allen Wirtshäu-sern. Früher gab es vereinzelt Würstchen auf Bestellung, auf den The-ken jedoch standen Soleier, eingemachte Gurken und eingelegte Herin-ge mit Schwarzbrot dazu.

4 g) Im Gegensatz zu den strengen Eßgewohnheiten früher neigen die Men-schen heute dazu, sich beliebig und oft beim Schnellimbiß zu versor-gen.

5) Tischsitten früher und heute

5 a) Bei uns wurde wochentags in der großen Küche an zwei großen Ti-schen gegessen. Am Familientisch saßen die Großeltern, Eltern, ein Onkel und die fünf Kinder. Am Personaltisch ein Tagelöhner, ein Bau-

meister, ein Pferdeknecht, ein Pferdejunge und zwei Dienstmädchen, die der Hausfrau zur Hand gingen. Solange wir Kinder klein waren, hatte Mutter noch zusätzlich ein Kindermädchen. Das Essen war für alle gleich. Nur der Melker wurde bevorzugt, aß separat und bekam ausgesuchte Sachen, wie den feinsten Schinken, statt einem stets zwei Eier und viel Butter zum Weißbrot. Sonntags und an Festtagen aß die Familie im Wohnzimmer.

5 b) Das erste und zweite Frühstück wurden bereitgestellt. Die warmen Mahlzeiten wurden pünktlich aufgetragen.

5 c) Bei besonderen Anlässen wurden die feinsten Leinendamasttischdecken aufgelegt, das beste Porzellan aufgetragen und Wein oder Bier je nach Anlaß in den besten Gläsern angeboten.

5 d) Es wurde vor und nach jeder Mahlzeit gebetet.

5 e) Der Großvater blieb der „Patriarch" und saß obenan am Kopfende, an den Längsseiten rechts seine Frau, links sein Nachfolger, unser Vater. Nach Opas Tod bekam Vater diesen Platz, daneben rechts dann Mutter, links und rechts schlossen sich die Kinder nach ihrem Alter an und am Tischende saß der Onkel, der uns Kinder streng beaufsichtigte. Bei Festgemeinschaften wurden die Gäste nach Alter und Rang plaziert, wir Kinder kamen dann ins Nebenzimmer.

5 f) Bei besonderen Anlässen war der Tisch mit Damastdecken und den flachen Tellern und dem guten Besteck gedeckt. Die Suppe wurde in den tiefen Tellern aufgetragen. Dies wurde dann auch noch für das gekochte Rindfleisch mit der Beilage (benutzt). Für die Hauptgänge stand dann der flache Teller zur Verfügung. Für den Nachtisch gab es den Dessertteller. Nach der Rangordnung bei Tisch ging es beim Anreichen der Speisen ohne Schwierigkeiten der Reihe nach.

5 g) Bevor ein frisches Brot angeschnitten wurde, machte Mutter oder Vater ein Kreuzzeichen darüber und sprach dabei: „Herr segne uns und dieses Brot". Fleisch kam immer angeschnitten auf den Tisch.

6) Sonderkost neben den normalen Mahlzeiten

6 a) Bei Magen- und Darmstörungen wurden Kamillentee und Haferschleim gereicht, bei Ausschlag Kamillen und Salbei, bei Nagelhautentzündungen oder Verletzungen mit Fremdkörpern wurde der verletzte Teil in grüner Schmierseife gebadet. Entzündungen im Mund und Halsschmerzen wurden mit Kamillentee-gurgeln bekämpft, auch mit Schnaps. Lindenblütentee brauchte man bei hohem Fieber für die Schwitzkur, Tonerde oder Schnaps zum Kühlen bei Verstauchungen. Bei schwerem Husten oder gar Keuchhusten wurden Zwiebeln mit braunem Zucker solange gekocht, bis ein syrupartiger Saft entstand, der dann getrunken werden mußte.

6 b) Wöchnerinnen und alte Leute wurden nach ihren Wünschen gefragt, soweit der Gesundheitszustand es erforderte und es ärztlich erlaubt war. Sie bekamen morgens 10 Uhr ein geschlagenes Ei mit Cognac oder Rotwein, auch Bohnenkaffee. Der Melker wurde immer bevorzugt. Er aß nur Schinken, getrocknete Mettwurst und Eier zum Brot. Mittags gar

nur mageres Fleisch. Er aß an einem separaten Tisch; etwa bis in das Jahr 1948 wurde diese Tischsitte eingehalten. Den Bohnenkaffee gab es allerdings nie pur, sondern immer mit Zichorie gemischt.

1948 wurde für unseren Melker eine Melkerwohnung gebaut und dessen Frau mußte ihn nun versorgen. Für die Bäuerin war das eine große Erleichterung. Denn Melker waren oft sehr unzufriedene Menschen, oder besser gesagt nur schwer zufrieden zu stellen.

6 c) Am Karfreitag, an den Quatembertagen, wie an den anderen Fast- und Abstinenztagen wurden keine Fleischgerichte zubereitet. Es wurde auch viel einfacher gegessen. Das wurde von der Küche gefordert. Heute ist das Fastengebot sehr gelockert, ja ab 1960 wird es kaum noch beachtet.

7) Nahrung in Notzeiten

7 a) Nahrung in Notzeiten wie im 1. und 2. Weltkrieg waren als Salate Blätter von Löwenzahn und Brennesseln.

7 b) Die Wurst wurde mit Mehl gestreckt.

7 c) Mehl wurde statt Puddingpulver bei Milchsuppen gebraucht. Süßstoff mußte den Zucker ersetzen. Milch wurde mit Wasser eins zu eins verdünnt und zu Suppen gekocht. Roggen wurde in der Pfanne geröstet und diente gemahlen als Kaffee, genannt Muckefuck.

7 d) Gekochte Kartoffeln drehte man durch den Wolf und dann mit Kaffee-Ersatz in der Pfanne geröstet. Eine dicke Scheibe Schwarzbrot mit Rübenkraut bestrichen diente dann dieser Speise als Unterlage. Wöchentlich sammelte man die Schwarten von Schinken und Speck, wässerte sie und kochte sie gar. Danach drehte man sie durch den Fleischwolf, vermischte sie mit Paniermehl und Haferflocken und einem Ei und hat sie dann als Frikadellen gebraten. Die Blutfarce wurde mit Mehl verlängert und fand so vielfältige Verwendung (gebraten) zu Möhreneintopf oder zu „Himmel und Erde". Zu Sauerkraut mit Kartoffeln untereinander kam nur eine kleine Portion Speck. Rührei wurde stets verlängert und gekochte Eier wurden geteilt. Zum Mittagessen wurden Kartoffeln stets ohne Soße gegessen. Beliebte Notspeise war der Panhas, Balkenbrei oder Karbut allerdings auch in guten Zeiten. Seine Herstellung erfolgte nach dem Schlachttag. Die Wurstbrühe aus Schweinskopf, Lunge, Herz, Bauchspeck und Schwarten wurde aufgekocht, in Kriegszeiten mit Wasser verlängert. Dann wurde mit Salz, Pfeffer und Muskat gewürzt und in die kochende Brühe unter ständigem Rühren mit einem Holzstab Buchweizen-, Roggen- und Weizenmehl hinzugegeben. Die Masse mußte ganz steif werden und war erst gut, wenn er Blasen warf. Nach dem Erkalten wurde er in Schüsseln gefüllt. In Scheiben geschnitten wurde er gebraten. Auf Schwarzbrot mit Rübenkraut oder abends bei Bratkartoffeln schmeckte er ausgezeichnet. Als in Notzeiten kaum Hefe zu erhalten war, bekamen wir vom Bäcker hin und wieder eine Tasse Sauerteig. Dieser wurde über Nacht mit gekochten und pürierten Kartoffeln - ungefähr 4 Pfd. - angereichert und am folgenden Morgen zum Weiß-

brotbacken gebraucht. Eine Tasse voll Sauerteig mußte immer für das nächste Backen übrigbleiben.

Falsche Mayonnaise stellten wir aus einem Eßlöffel Mehl, einem Ei, einer großen Zwiebel her. Die Zutaten wurden zum Kochen geschlagen. Nach dem Abkühlen wurde der Masse ein Eßlöffel Salatöl, Essig oder Zitronensaft, Salz, Senf und wenn möglich etwas Sahne untergerührt. Das ist eine leicht bekömmliche Salatsoße.

Kriegsgebäck wurde sehr viel hergestellt aus Haferflocken mit wenig Zucker und einem Ei (Makronen); Printen mit Rübenkraut oder Kunsthonig erfreuten sich großer Beliebtheit.

Sehr viele Rezepte findet man in dem Büchlein „Kriegsrezepte für die Bäuerin". Ein gutes und billiges Marmeladerezept aus der Kriegszeit war: man nimmt 5 Pfd. Pflaumen, 5 Pfd. süße Birnen, 5 Pfd. süße Äpfel und 1,5 - 2 Pfd. Zucker Salizyl. Alles Obst wird fein durch den Fleischwolf gedreht, dann läßt man es 15 Minuten stark kochen, rührt Salizyl unter und füllt die Masse in Zubindegläser, die mit Pergamentpapier oder Folie verschlossen werden. Hackfleischmasse für vier Personen: 400 g gemischtes Hackfleisch, zwei alte Brötchen, ein Ei, eine geriebene Zwiebel, Salz, Pfeffer - die geknetete Masse wird mit drei gekochten und kalt geriebenen Kartoffeln verlängert. Oder: 200 g Hackfleisch werden mit Schwarten, etwa 200 bis 300 g gekochte, Zwiebel wie im vorherigen Rezept, dazu ein bis zwei Eßlöffel Haferflocken. Apfelschmalz stellten wir her, indem wir Schweineschmalz, auch Griebenschmalz mit reichlich Zwiebelwürfeln und Apfelscheiben und etwas Thymian durchschmorten.

Nr. 112, Moers. Männlich, 70 Jahre alt. Elterlicher Haushalt *in unmittelbarer Nähe einer Stadt*. Vater: Bergmann. Zeitraum: nach 1918. Evangelisch.

1 a) Der Wochenmarkt wurde kaum aufgesucht, da Gemüse und Obst im eigenen Garten.

1 b) Der Bäcker kam ein- bis zweimal in der Woche mit Schwarz- und Graubrot. Milch wurde beim Bauern geholt .

1 c) Gemüse und Obst aus dem Garten. Haltung von Ziegen und Mästung von Schweinen.

1 d)- 1g)entfällt

2 a) Es wurde einfaches Weißbrot (Äffewéck) und an Feiertagen auch schon mal ein Rosinenstuten (Krénteweck) im Küchenherd gebacken.

2 b) Nach dem Schlachten wurde das Fleisch in einem großen Faß eingepökelt. Faß = Flejschküwen, Pökel-Salzlake = Pékel). Schinken und Wurst wurden in einer im Keller selbst hergerichteten Räucherkammer (Räukes) geräuchert.

An Wurst nur Mett- und Leberwurst, (Mett- on Läwerworsch). Blutwurst = Blutworsch zu machen traute sich die Mutter nicht mehr, nachdem sie ihr einmal mißglückt war. Eingeweckt wurde schon, aber Tiefgefrieren entfiel schon deshalb, weil kein el. Strom da war, jedenfalls nicht bis 1926.

Wenn zum Wurstmachen die Därme des geschlachteten Tieres nicht reichten, wurde Rinderdarm zugekauft. Gekauft mußte auch das Buchweizenmehl (Buckenmähl) für die Zubereitung des Panhas = Brej werden.

2 c) Mit Salz wurden konserviert: Weißkohl als Sauerkraut (Witte Kappes als Suhre Kappes) in Holzfässern (Kappesfaat), Bohnen (als Schnébbelsbohnen) in einem Tonkrug (Ärden Döppen). Gurken (Komkommern) wurden sowohl in Salz als auch in Essig eingelegt. Eier aus der eigenen Hühnerhaltung wurden für den Winter in einem großen Glas in Kalk eingelegt.

Gemüse wurde nicht eingekocht, Obst (Obbs) und zwar Äpfel (Appelen), Birnen (Bieren) und Zwetschgen (Quetschen) wurden in besonderen Darren (Hurten) in und auf dem Küchenherd getrocknet. Man hatte dann die sogen. Offten oder gedröchte Quetschen. Äpfel wurden als Mus eingekocht.

2 d) Säfte wurden kaum gewonnen, wohl Obstweine = selfsgemackte Wien.

2 e) In Kriegs- und Nachkriegszeiten wurde „Rübekruut" aus Zucker- oder Länker-Rüben zu Hause selbst gemacht. Dazu war eine Saftpresse gekauft worden. Das Eindicken erfolgte im Waschkessel = Mantelpott. In normalen Zeiten wurden Rüben und Obst (Äpfel und Birnen) zum Krautmacher = Kruttmäker gebracht.

2 f) Kühle Aufbewahrungsorte waren Kellereingang oder Keller.

2 g) Große Vorräte waren nie vorhanden.

2 h) Siehe unter 2 c.

2 i) Im elterlichen Haushalt entfiel dies schon dadurch, daß kein el. Strom vorhanden war.

3 a) In der Woche richteten sich die Mahlzeiten nach dem Schulbeginnn der jüngeren und dem Arbeitsbeginn der älteren Kinder bzw. des Vaters. Getränk: Malz- oder Kornkaffee, auch Ziegenmilch = Hippemélk, wenn die Tiere Milch gaben. Sonst mit Wasser angelängte Kuhmilch, die beim Bauern in der Nähe geholt wurde. Die Mutter trank den Kaffee schon mal mit einem Zusatz Kaffeebohnen = Koffebohnen, die in einer Handmühle = Koffemöhlen gemahlen wurden. Purer Kaffee war zu teuer.

3 b) Zum Frühstück gab es u. a. Butterbrote = Botterrammen aus Schwarz-, Grau- oder Weißbrot mit Rübenkraut = Rübekruut. Pfannkuchen aus Kartoffelpürrée = Erpelsbrej, auch mit Rübenkraut oder auch Reste vom Abendessen, bestehend aus Milch-Mehlsuppe = Papp, oder Milch mit Weißbrotstücken = Brockemélk.

Mittagessen mit Kartoffeln = Erpelen und Gemüse aus dem Garten, wie: Erbsen = Ärten, Bohnen = Bohnen, Salat = Schlaat unterschieden nach Kopfsalat = Kroppschlaat, Pflücksalat = Plöckschlaat, Mangold, Möhren = Muhren oder Wortelen. Im Winter: Grünkohl = Muus, Garten-Rapunzel = Feldsalat. Spinat oder Tomaten waren bei uns noch nicht bekannt.

Abendessen: Oben erwähnte Papp oder Brockemélk, Pfannkuchen = Pannekuck aus Weizenmehl oder Kartoffelpürrée. Pfannkuchen aus

Buchweizenmehl = Buckenekuck mit Speckstückchen gab es nur selten, weil das Buchweizenmehl teuer war. Reste v. Mittagessen.

3 c) Ein Speiseplan bestand nicht. Es wurde das gekocht, was gerade da war und möglichst aus eigener Erzeugung und was nicht so teuer war (5-köpfige Familie). Gewürzt wurde kaum.

3 d) An Sonn- und Feiertagen gab es eine Rindfleischsuppe als Vorspeise. Als Nachspeise schon mal ein Pudding aus Griesmehl oder dickem Reis. Am Schlachttag wurde reichlicher als sonst Fleisch und Wurst gegessen. Kirmes spielte keine Rolle, da wir zu weit von der Stadt weg waren. Karfreitag gab es traditionsgemäß Stockfisch, Ostern = Poschen und am Sonntag nach Ostern = Blockposchen gab es mehr Eier als sonst. An Feiern kann ich mich nicht erinnern.

3 e) Siehe unter 3 d) An das Hinzuziehen einer Köchin hat meine Mutter bestimmt nicht gedacht.

3 f) Zu Neujahr = Nejjohr gab es selbst gebackene Ölkrabben = Olligskückskes und zu Nikolaus = Kloos und Weihnachten = Kerschmes selbst gebackenen Spekulats = Plätzkes.

3 g) Brot wurde nur in Form von Butterbroten = Botterrammen morgens und abends, sonntags auch nachmittags gegessen!
Belag: Rüben- oder Apfelkraut und solange der Vorrat vom Selbstgeschlachteten reichte, Mett- und Leberwurst. Kurz nach der Schlachtung noch Speck und zwar den sogen. Memmespeck und Panhas = Brej mit Rübenkraut auf Schwarzbrot.

3 h) Ab und zu selbst in Essig eingelegte Heringe, sogen. grüne H. Sonst nur zu Karfreitag Stockfisch. Fastenspeisen entfielen aus Religionsgründen, da unsere Familie evangelisch war.

3 i) Wenn überhaupt, mein Vater machte fast alles selbst, bekamen Handwerker die übliche Kost.

3 k) Besonders typisch für die hiesige Gegend der ehemaligen Grafschaft Moers ist, daß alles durcheinander gekocht wird = durejn, z. B. Kartoffeln mit fast allen Gemüsen.

4) ESSEN AUSSERHALB DES HAUSES
4 a) Für Feldarbeit: Butterbrote mit Malzkaffee. Für Arbeitsstelle (Zeche) des Vaters: Butterbrote, möglichst mit Wurst oder auch Schinken belegt. Wenn eigene Vorräte zur Neige gingen, auch schon mal gekochtes Ei. Als Getränk Malzkaffee in der Kaffeepulle (Koffestöjt).
4 b) Schulbrote einfacher.
4 c)- 4g) Fehlanzeige.

5) TISCHSITTEN FRÜHER UND HEUTE
5 a) Wochen- und sonntags wurde in der Küche gegessen, an besonderen Festtagen oder wenn mal Besuch da war, im Wohnzimmer, der sogen. guten Stube (bejste Stow).
5 b) Das Essen kam im Topf auf den Tisch. Bei Besuch: in Schüsseln.
5 c) Entfällt
5 d) Vor dem Essen wurde gebetet, durch eins der Kinder, aber auch still

jeder für sich. Nach dem Essen (<u>gemeinsamen</u> Essen) las der Vater aus der Bibel oder einem Erbauungsbuch, oder ein Blatt des Neukirchener Abreißkalenders vor.

5 e) Der Vater saß am Kopfende, Mutter und zwei (die ältesten) Kinder auch auf Stühlen an bestimmten Plätzen. Die drei jüngsten Kinder saßen auf einer Holzbank.

5 f) Formlos.

5 g) Arbeit der Mutter.

6) SONDERKOST NEBEN DEN GEWÖHNLICHEN MAHLZEITEN

6 a) Bouillon (Suppnaat), Pfefferminztee, Holunder-(Flieren) Tee, Kamillentee, bei Fieber: Saft von sauren Kirschen.

6 b) Nichts Besonderes bekannt.

6 c) desgleichen

7) NAHRUNG IN NOTZEITEN

7 a) Kriegs- und Nachkriegszeit: Steckrüben, auch als selbst getrocknete Schnitzel

7 b) Wasser als Vollmilchzusatz. Mehl und Eier als Brotaufstrich. (Schmer genannt). Selbstherstellung von Quark (Flöjtekees), Rüben-, Birnen- und Apfelkraut.

7 c) Nichts bekannt.

7 d) Gerichte aus Steckrüben (siehe 7 a), Pfannkuchen aus Kartoffelpüree (Erpelsbrej).

Nr. 191, Duisburg-Hochemmerich. Haushalt in der Kruppschen Arbeitersiedlung. Zeitraum: 1938 bis ca. Kriegsmitte, *in der durch das Kriegsgeschehen von geregelter Nahrung nicht mehr die Rede sein konnte.*

Leider sind meine Nachforschungen im Raum Rheinhausen - Kruppsche Arbeitersiedlung auf keine Gegenliebe gestoßen. Dabei wäre das für Ihre Speisenumfrage sicher ein interessantes Feld gewesen. Aber die Menschen, die ich noch aus meiner Jugendzeit dort kenne, möchten Krieg und Armut von damals vergessen und diese Nöte nicht auch noch dokumentieren lassen. So kann ich Ihnen nur meine eigenen Erinnerungen an die Zeit damals mitteilen.

Bei der Siedlung in Rheinhausen-Hochemmerich handelt es sich um 4 -bis 6 -Familienhäuser, in die kunterbunt die Menschen aus den verschiedensten Teilen Deutschlands zusammengebracht wurden. Und allein am Geruch, der den Küchenfenstern entströmte, hätte der Kenner schon die Herkunft der jeweiligen Familie erraten können.

Die Familie, an die ich mich noch gut erinnere, kam von einer kleinen Katstelle aus dem Umfeld von Rheinhausen, von der sich die große Familie wohl nicht mehr ernähren konnte. So hatte der Mann Arbeit bei Krupp angenommen.

Die Firma Krupp hatte in weiser Voraussicht jeweils in den Küchen einen geräumigen Schrank unter dem Fenster einbauen lassen. So bestand die eigentliche Einrichtung der Familie in der Küche nur aus einem soliden Tisch, 2 Bänken für die Kinder, ein paar Stühlen, dem Herd und einem Wandbord. Der Rest der Wohnung wurde bei 6 Kindern zum Schlafen genutzt. Alles spielte sich in der Küche ab, auch kleine Feiern, wenn es welche gab (Kollegen etc.)

Ihrem Fragebogen zu folgen ist in diesem Fall nicht leicht, ich wollte es aber versuchen:

1) Jede Familie in der Siedlung hatte einen Garten von etwa 5 m Breite und 20 m Länge. Dort stand auch meist noch ein Kaninchenstall oder es wurden ein paar Hühner gehalten. Angepflanzt wurde - hauptsächlich zur Vorratshaltung - Bohnen, Kappes, Möhren, Erbsen, Porree, Grünkohl, Rosenkohl und Salat der Jahreszeit. Von den Verwandten auf dem Land wurden Kartoffeln und wenn es dort Überschuß gab, Obst geholt. Alles andere kaufte man damals „noch" auf dem Wochenmarkt und im Kruppschen Konsum am billigsten ein.

2) Brot wurde nicht selbst gebacken, vielleicht Weißbrot, dann aber nur in Ausnahmefällen, möglicherweise zum Geburtstag eines Familienmitgliedes.
Im Keller lagerten Kartoffeln, Sauerkraut, Bohnen im Faß, Äpfel, vielleicht auch eine kleine Menge Geräuchertes vom Schlachtfest bei Kollegen oder Verwandten, die mehr zum „Hippeland" hin angesiedelt waren. Kühlschrank wurde nicht benutzt, allerdings warend die Kellerräume der Häuser groß und gut eingerichtet.

3) Da die Familie aus der näheren Umgebung kam, wird sich das Essen nicht von dem Essen unterscheiden, das bei kleineren, sparsamen Bauern in der Grafschaft gekocht wurde. Einzelheiten sind deshalb für Sie dort nachzulesen.
Über die Zubereitung der Nahrung ist mir nichts bekannt, aber Bratkartoffeln, Salat, Milchpapp und billiges Brot mit Rübenkraut waren wohl die Hauptbestandteile.
Die Essenszeit war im großen und ganzen davon abhängig, welche Arbeits-Schicht der Vater gerade hatte. Hatten die Kinder zwischendurch Hunger, dann schallte es über den Hof: „Mamm, schmeiß mich en Butta!" - dann gab es eine Scheibe Brot mit Rübenkraut, wenn die Mutter es erübrigen konnte (oder wollte).

4) Die Männer, die meistens Schicht-Dienst hatten, mußten nicht unbedingt eine warme Mahlzeit mitnehmen zur Arbeit. Butterbrote mit Asberger Schinken = Rübenkraut und eine Blechkanne mit Milch-Ersatzkaffee waren das übliche. Etwas anderes als solche Brote bekamen auch die Kinder nicht mit in die Schule.
Gefeiert wurde selten, mal ein Bier mit den Arbeitskollegen. Die Menschen waren vorher so knapp dran gewesen, daß sie gar nicht auf die

Idee kamen, jetzt mehr Geld auszugeben, wo etwas mehr davon verdient wurde. Man hatte sich vorgenommen, weiterzukommen, den Kindern Besseres zu ermöglichen. So wurde gespart, wo es nur ging, auch an Möbeln und in eine so spärlich eingerichtete Wohnung lud man auch keine Gäste ein.

5), 6), 7)

kann ich keine Antworten geben. Ich weiß nur noch,daß viele Kinder in der Siedlung nicht sorgfältig ernährt wurden und Kinderkrankheiten und TB ihre Opfer forderten, so auch in der Familie, von der ich schreibe.
Es gab natürlich andere Haushalte, Menschen aus Ostpreußen, Schlesien oder Polen konnten sich mit solcher Nahrung nicht abfinden, sie steckten nicht alles, was sie erübrigen konnten in den Sparstrumpf, sondern richteten sich so gemütlich wie möglich in ihren Wohnungen ein.
Heute ist die Siedlung in Rheinhausen fest in türkischer Hand. Mich persönlich stört das nicht, es ist aber ein Hinweis darauf, daß Jeder, der es irgendwie schaffen konnte, doch versucht hat, dieser Wohngegend zu entkommen.

Nr. 86, Düsseldorf. Weiblich, gcb. 1901. Valer: Schreiner.
Arbeiterhaushalt in der Großstadt - Vorort, mit vielen Kindern. Zeitraum: ca. 1910 bis Kriegsanfang (verm. 2. Weltkrieg). Katholisch.

1 a) -
1 b) Wirsing (Schafu), Sprute (Rosenkohl, rote Kappes, wisse Kappes, Möhren, Mangold, Spinat, Stielmus, Feldsalat, Kopfsalat, Endiviensalat, Stangengurken, kleine Gurken, dicke-, Stangen- und Buschbohnen, Steckrüben, Kartoffeln, Zwiebeln, Karotten, Kohlrabi, Blumenkohl (selten) je nach Jahreszeit von Bauern der Umgebung
1 c) -
1 d) -
1 e) -
1 f) Brennesseln, Löwenzahn (Kettenplösch) für Salat am Bach (Düssel)
1 g) -
2 a) -
2 b) Küchenabfälle zu Schweine haltenden Nachbarn gegen Blut- und Leberwurst und Panhas am Schlachttag, selten frisches Fleisch aus der Metzgerei, fast keine Konservierung deshalb
2 c) Sauerkraut, Bohnen und Stielmus eingesalzen in Steinguttöpfen, abgedeckt mit Tuch, Holzbrett und Wackerstein, Gurken und Pflaumen in Essig; Einkochen erst nach dem 1. Weltkrieg
2 d) -
2 e) Pflaumenmus je nach Ernte (geschenkt oder billig gekauft) Rüben (Möhrekrut) gekauft
2 f) Eier selten, aber nur frisch, Milch sofort abgekocht, kühl gestellt, Rahm abgeschöpft für die Buttermaschine, Butter dann im Wasserbad im Kel-

ler aufbewahrt, Mehl und Fett (Nierenfett, Schmalz) nach Bedarf frisch gekauft

2 g) jede Woche Heringe in Essig eingelegt

2 h) Kartoffeln, Steinguttöpfe mit Stielmus, Sauerkraut, Bohnen evtl. Gurken im Keller neben Holz und Kohlen

2 i) erster Kühlschrank etwa 1960, Tiefkühlfach ca. 1980, täglicher Einkauf nicht mehr nötig, Kellerkühlung entfällt
keine Winterbevorratung mehr

3 a) wochentags Sommer und Winter Kaffee, 7.00 Uhr, neipps Malzkaffee mit Milch, für Kleinkinder Milch Mittag 13.00 Uhr, keine Getränke, Kaffee 16.00 Uhr, Malzkaffee, Milch, Abends 19.00 Uhr Pfefferminztee, Malzkaffee
Sonntags Frühstück von 7.00 - 9.00 Uhr

3 b) Frühstück Schwarzbrot mit Graubrot, Margarine, Möhrenkraut, Malzkaffee, Wurst und Käse nie, Klatschkies selten

seit etwa 1970 Toastbrot, Margarine, Möhrenkraut und Klatschkies Bohnenkaffee ohne Milch und Zucker
Abendessen Milchsuppe süß (Reis, Grieß, Haferflocken) für Kinder
Bratkartoffeln, Brot mit Möhrekraut, selten:
Reibekuchen, Spätzle (Vater Stuttgarter), Rote Beete, Gürkchen, eingel. Heringe, Mainzer oder Limburger Käse, Panhas
Scheibe Brot, Salat, Belag, Magermilch 1,5%, 1 Ei

3 c) Wochentags meist Eintopf
Gemüse nach Jahreszeit mit viel Kartoffeln untereinander, evtl. Zwiebeln, mit Salz und Pfeffer abgeschmeckt, Nierenfett mit Lunte ausgelassen und unter den Eintopf gemischt, fast nie Fleisch oder Wurst dazu
samstags Eintopfsuppe, Samstagabend Blut- oder Leberwurst
Freitags Pfannkuchen mit Obst nach Jahreszeit

3 d) Rindfleischsuppe mit Nüdelchen und Suppengrün das Fleisch davon durch die Mühle mit Brötchen und Zwiebeln, 1 Ei zu Frikadellen
Gemüse nach Jahreszeit und Kartoffeln, Pudding aus Grießmehl mit Himbeersaft (1/4 literweise vom Kolonialwarenhändler).
Selten Rinder- oder Schweinebraten-preiswerte Stücke,
Bratwurst
Kirmes Frühstück Brot mit Wurst
Mittag Braten
Kaffee Streuselkuchen (Beerdigungskuchen) Apfel- oder Pflaumenkuchen, Rodon, Kakao
Abendessen Kartoffelsalat
gleiche Speisenfolge für Feiertage, Taufen etc., evtl. statt Grießpudding als Nachtisch eingelegtes Obst
Gründonnerstag Spinat mit Ei (Kinder ohne Ei)
Karfreitag Stockfisch (sehr billig) gekocht
Ostern gefärbte Eier
Heiligabend bis Mitternacht strikt fleischlos

Beerdigungen Streuselkuchen und Kaffee
3 e) Rindfleischsuppe
Braten, Gemüse o. Salat, Kartoffeln
Obst und/oder Pudding mit Saft
keine Köchin
3 f) Neujährchen
St. Martin Äpfel und Nüsse, Gripschen außer Haus,
Buchweizenküchlein mit Rosinen, Weckmann auf Nikolaus
Weihnachtsgebäck: Spekulatius, Printen,
Schokogußplätzchen für Weihnachtsbaum
3 g) Abends mit Klatschkies, Blut- und Leberwurst,
Panhas etc. kein trockenes Brot als Zukost
3 h) eingelegte Heringe, Schellfisch oder Kabeljau (billiger) gebacken hin u.
wieder gekochter Stockfisch
als Fastenspeise
selten Rollmops
3 i) -
3 k) Himmel und Erde, Panhas, Buchweizenküchelchen, Reibekuchen,
Sauerkraut mit weißen Bohnen, Fitschbohnen, Weckmann, Rosinenstuten
4 a) Henkelmann-normales Essen, Butterbrote selten mit Wurst, über Getränke nichts bekannt
4 b) Butterbrot mit Margarine, montags manchmal Rest Rosinenstuten, Milch
für 5 Pfg. beim Kastellan vor der allgemein üblichen Schulspeisung
4 c) Butterbrote, 1 Pfg für 1 Glas Quatsch (Limo?), selten Obst nach Jahreszeiten bei Spaziergängen mit Vater zu Verwandten Kakao mit Röggelchen im Café, selten!
4 d) -
4 e) -
4 f) -
4 g) Großstadt, aber bei Befragter nicht oder selten benutzt
5 a) Immer in der Küche, keine Stube vorhanden
5 b) vom Herd in Schüsseln auf den Tisch, Brot auf der Anrichte geschnitten
5 c) Tischdecke bei Feiertagen
5 d) Tischgebet, Vaterunser und Kreuzzeichen vor und nach der Mahlzeit
5 e) Vater am Kopfende, Mutter auf der Sitzbank mit den Kleinkindern, größere Kinder auf den Stühlen
5 f) Vater schnitt Fleisch und verteilte, älteste Tochter bediente nach dem
Alter
5 g) Brot auf der Anrichte, Fleisch auf dem Tisch
6 a) Bei Magenverstimmung dünne Milchsuppe
Kamillentee bei Leibschmerzen (Bukping)
kalter Pfefferminztee bei Fieber, Wadenwickel mit
nassen Strümpfen
Wöchnerinnensuppe vom Elisabethenverein (gute Brühe mit Gemüse?)

6 b) außer o. g. Suppe keine Ausnahmen bekannt, Kleinkinder bekamen keine Eier

6 c) s.o.

7 a) -

7 b) -

7 c) Stuten mit gekochten Kartoffeln und Mehl (1. Weltk.)
Sacharrin anstatt Zucker 2. Weltk. Reibekuchen aus Kartoffelschalen durch die Mühle gedreht, 2. Weltkr.

7 d) die angegebenen Speisen waren Armeleuteessen, in Notzeiten wurde noch weniger Fleisch gegessen, Fehlendes durch Kohl oder Kartoffeln gestreckt

Nr. 53, Eschweiler-Weisweiler. Männlich, etwa 75 Jahre alt.
Elterlicher Haushalt: Schmiede und Landwirtschaft. Familie mit 9 Kindern, Vater 3 Jahre Garde-Ulan in Berlin. Zeitraum: ab ca. 1915. Katholisch.

1 a) In unserem Haushalt, der im Jahre 1902 als mittelständiger halb Schmiede u. halb Bauernbetrieb gegründet wurde, wurden fast alle Lebensmittel selbst erzeugt. Wir waren zu 12 am Tisch.

1 c) Es wurden immer 2 Kühe gehalten, die jedes Jahr auch zwei Kälbchen brachten, 3 Schweine gemästet u. geschlachtet. Hühner, Enten, Gänse u. Kaninchen lieferten Eier u. ihr Fleisch.

1 d) ca. 8 Morgen eigenes Land gaben uns genug Roggen, Weizen, Kartoffel, Rüben etc. Im Hausgarten zogen wir an Gemüsen, Obst usw., was wir brauchten.

1 g) Wir wohnten bis zur Eingliederung nach Eschweiler im Jahre 1971 in einem Dorf (Weisweiler), in dem es zwei Bäckereien u. zwei Metzgereien gab. Auch gab es zwei Lebensmittelgeschäfte.

Häusliche Vorratswirtschaft

2 a) Nach dem Dreschen mit dem Flegel in der Scheune brachten wir das Getreide zur Weisweiler Mühle, d.h. zum Teil bekam es der Bäcker, wo es verrechnet wurde u. wir das ganze Jahr unser Brot mit dem „Anschreibbüchelchen" holen gingen. Ab u. zu wurde selbst gebacken. Das Mehl wurde zu Teig gemacht u. mit den Füßen geknetet in der „Mohl"

2 b) Immer Anfang Winter wurde geschlachtet. Aus dem Blut wurde Blutwurst mit Speckgreven gemacht. Das Fleisch wurde einige Tage getrocknet. Dann wurde es zerlegt, aus bestimmten Teilen Wurst gemacht u. das andere Fleisch wurde mit viel Salz im Keller eingemacht. Danach brachte der Vater einige Schinken zum Räuchern zum Metzger. Dieser Schinken wurde an der Decke im Keller aufgehängt u. wurde bei bes. Anlässen wie Kindtaufe, Weihnachten usw. verzehrt.

2 c) Salz, Petroleum u. Essig waren fast das einzige, was wir im Laden kaufen mußten. Das Salz u. Zucker standen in Säcken im Laden u. Essig u. Petroleum in Fässern. Alkohol kannten wir nicht. Im Herbst wurde mit der „Kappesschaf" Weißkohl klein geschnitten u. in „Kappesdöppere",

das sind ca. 1 mtr große Tonkrüge eingemacht. Das gleiche gilt für die Bohnen, die mit der „Bohnenvitschel" oder mit der Hand klein geschnitten wurde u. dann genau wie Kappes in Tonkrügen eingemacht u. im Keller aufbewahrt wurden. Birnen wurden in großen Mengen halbiert, an Schnüren aufgereiht u. zum Trocknen entweder in der Sonne oder im Backofen aufgehängt. Das ergab einen leckeren Brotaufstrich für den Winter oder es wurde „Flam" (Birnentorte) daraus gemacht.

2 e) Alles Fallobst u. auch sonst, ca. 3 Ztnr. Obst wurden nach Aldenhoven in die „Sempersch" gebracht. Dort wurde daraus ein Brotaufstrich „Sirup" gekocht, der ebenfalls in Tonkrügen im Keller aufbewahrt wurde. Auch alle möglichen Früchte wie Erdbeeren, Pflaumen, Wimele u. Johannisbeeren wurden eingekocht u. für Sonntags als Nachtisch aufbewahrt.

2 f) Einen Sack mit Mehl hatten wir immer dastehn. Eier wurden immer sofort gebraucht, Fett noch vom Schlachten war immer in einer „Baar" (Steinpott) u. auch „Rahm" stand immer in „Baren"in der Kellertreppe. Jeden Abend wurde die Milch von den Kühen „durchgedreht", d.h. in der Zentrifuge wurde der Rahm von der dünnen Milch getrennt. Die dünne Milch bekamen wir zu trinken u. auch die Kälbchen oder die kleinen Schweine bekamen diese Milch. Und einmal in der Woche wurde im Butterfaß der Rahm zu Butter gestoßen.

2 g) Wenn die Zeit da war, gab es eingemachte Heringe, die wir im Laden holten. Diese wurden dann mit viel Zwiebel in „Baren" eingelegt u. nach einigen Tagen als Abwechslung verzehrt. Auch der benannte Rahm kam jede Woche frisch als Zuspeise z.B. in die Salate etc.

2 h) Alle Wintervorräte für den Haushalt kamen in den Keller, wo sie vor dem Einfrieren geschützt waren. Nur die getrockneten Birnen kamen in eine Kiste auf den Söller.

2 i) An einen Kühlschrank oder eine Tiefkühltruhe kann ich mich nicht erinnern. Es wird um 1933 herum gewesen sein, als wir den ersten Kühlschrank bekamen.

Mahlzeiten im Tageslauf

3 a) Erklärend muß gesagt werden, daß meine Eltern, die beide aus mittelständigen Familien (Bauer u. Schmied) im Jahre 1900 eine Familie gründeten, auf dem Dorf wohnten u. bis 1915 neun gesunde Kinder bekamen. Alles war auf Sparsamkeit bedacht u. bes. der Krieg 14 bis 18 brachte uns viel Hunger. Es gab 3 Mahlzeiten. Morgens gegen 1/2 acht, um 12 Uhr u. im Winter abends um 1/2 7 u. im Sommer um 1/2 acht. Mittags wurde immer soviel gekocht, daß wir abends genug aufgewärmtes hatten. Wer dann noch Hunger hatte, bekam alle Reste von den Tellern in einen „Comp" geschüttet u. der war oft begehrt, sodass das abwechselnd ging.

3 b) Früher gab es immer gezählte Brotschnitten mit Margarine u. Seem. Des Sonntags u. an Feiertagen gabs gute Butter. Die Eltern aßen im-

mer gute Butter mit einem Ei. Heute sind die Ansprüche ans Essen viel größer, mit Aufschnitt, Fisch i. Büchsen, Bier usw. Aber in unserem Falle spielt hier die Erziehung eine große Rolle u. deshalb halte ich alles auf sparsam u. fühle mich wohl dabei.

3 c) Auch einen Wochenspeiseplan hatten wir, wobei die Kartoffeln immer dabei waren u. es gab abwechselnd Gemüse oder Salate aus dem Garten oder im Winter Kappes oder eingemachte Bohnen aus dem Keller. „Compes" hatten wir im Krieg jeden Tag auf dem Tisch, aber der schmeckte uns nicht. Dazu immer ein Stück Speck vom selbstgeschlachteten. Nur am Freitag gabs kein Fleisch. Stattdessen eine einfache Brotsuppe oder eine Biersuppe.

3 d) Des Sonntags u. an Feiertagen gab es immer was besonderes. Entweder ein bes. gutes Stück Fleisch vom Schlachten, oder ein Huhn oder ein Kaninchen mit Soße u. immer Nachtisch wie Pudding oder eingemachtes. Am Gründonnerstag, Karfreitag u. Karsamstag durften wir kein Fleisch essen. Es gab Fisch oder eine Suppe. Am Heiligabend gabs u.a. besonders leckere Bratkartoffeln.

3 e) Immer wurde der Tisch weiß gedeckt u. immer gab es Suppe. Bes. Gänge kannten wir nicht u. eine bes. Köchin brauchten wir nie, weil unsere Tante Finche, eine Schwester der Mutter half, all die Kinder groß zu ziehen.

3 f) Zu Kirmes, Weihnachten, „Brigittchen" usw. wurde extra gebacken, wie „Schwazze Flam" Kuchen u. andere „Taaten". Zu Neujahr gabs „Nöjohrsmännchere" und zu Ostern gefärbte Eier, mit denen wir „tippen" gingen. Tippen heißt: Wenn einer dem anderen sein Ei einen „Blötsch" in die Schale schlug, war der sein Ei „quitt" (los). Auch gab es Weihnachten viel selbstgebackenen Spekulatius, Printen u. „Weggemänchere" u. wenn am Weihnachtsabend jemand nicht aufpaßte, war sein Teller leergeklaut, wie der Schokoladenmann von Tante Finchen, der nach einer halben Stunde nur noch mit dem Kopf dastand, das andere war mit und mit verschwunden, weil es Schokolade war!

3 g) Regelmäßig gab es zum Frühstück Brot, meistens mit „Kies on Seem" (Klatschkäse mit Kraut). Dazu durch die Kaffeemühle gedrehter, selbstgebrannten Gerstenkaffee mit Milch. Abends als Zugabe schon mal 1 oder 2 Scheiben Brot, die wir ausnahmsweise schon mal mit „guter Butter" bestreichen durften, wobei die Mutter streng darauf achtete, daß wir ganz dünn schmierten. Im andern Falle sagte sie: „Paß op, dä Oes (Ochse) stüß dich". Und davor hatten wir großen „Cadangs" (Achtung).

3 h) Gekochten Fisch mit Buttersoße u. Salzkartoffeln gab es stets in der Karwoche u. sonst schon mal eingelegte Heringe, die wir beim Händler aus dem Faß bekamen u. die die Mutter in einer „Bare" mit viel Zwiebel (Oellig), Salz u. Essig einmachte.

3 i) Ich kann mich nicht erinnern, daß wir fremde Handwerker im Haus hatten, weil wir ja selbst Handwerker waren u. alle anfallenden Arbeiten, außer dem Schlächter, selbst machten. Die Eltern zeigten es uns u. wir lernten.

3 k) Große Ansprüche ans Essen stelle ich auch heute nicht, aber das Angebot an Speisen u. Getränken ist heute so groß, daß die Menschen krank
davon werden. Alle Sorten Teilchen u. Bier ist hier bes. typisch.

Essen außerhalb des Hauses.

4 a) Verpflegung in Form von einigen Schnitten Brot mit etwas Speck nahmen wir mit, wenn wir schon mal in der Ziegelei Schlosserarbeiten oder
im Gutshof „Paland" kleine Schmiedearbeiten machten. Auch aufs Feld
bekamen wir Kaffee mit Milch u. belegte Brote gebracht. Aber zum Mittag kamen wir immer nach Hause.

4 b) Meistens gab es als Schulbrot eine „Dubbel", das sind zwei Scheiben
Brot mit Margaretchen u. Seem eingepackt in Zeitungspapier. Heute
bekommen die Kinder Milch, Limo usw. ganz billig in der Schule. Das ist
schön.

4 c) Bei einem Familienausflug nach Schöntal (3 km) nahmen wir einen „Pott"
Kartoffelsalat, ein paar Butterbrote u. ein paar Flaschen Kaffee mit und
ich kann mich erinnern, daß wir, als wir ca. 1 km hinter uns hatten,
Hunger bekamen u. an einer schönen Stelle uns niederließen u. alles
aufaßen. Reisen u. Wallfahrten kannten wir nicht.

4 d) 1 mal im Jahr gingen wir mit der Prozession nach Nothberg (3 km) u.
dort gab es in einer Wirtschaft ein Stück Kuchen u. eine Tasse Kaffee o.
Milch. Familienfeiern in Gaststätten waren früher unbekannt.

4 e) Das einzige Gesellschaftsessen, das mir bekannt ist, kam so um 1937
auf und das war die „Äzezupp" Erbsensuppe, die die „Fastelovensjek-
ke" aßen, am Karnevalstag.

4 f) Ob es früher warme Mahlzeiten in Wirtschaften gegeben hat, kann ich
nicht sagen. Heute gibt es überall Fritten mit Würstchen.

4 g) Infolge des großen Preisunterschiedes ist der Schnellimbiss gegenüber den Restaurants heute ganz groß in Mode gekommen u. das ist
gut so.

Tischsitten früher und heute

5 a) Weil unsere Küche groß war u. darin ein bes. großer Tisch stand, an
dem 12 Personen Platz hatten, spielte die ganze Esserei: Morgens, Mittags u. abends sich dort ab. Ganz selten wurde im Wohnzimmer gedeckt. Dazu mußte ja auch im Winter der Ofen angemacht werden.

5 b) Erst wenn der Tisch gedeckt war, d. h. jeder hatte seinen Teller, Löffel,
Messer u. Gabel an seinem Platz liegen, wurde zum Kaffee oder Essen
gerufen u. erst wenn jeder an seinem Platz saß, wurde angefangen. Als
Nebenmahlzeit bekam der Vater um 10 Uhr sein „Köppche Kaffee" von
Mutter.

5 c) Das Tischgeschirr war immer dasselbe, aber immer wurde weiß gedeckt. Besondere Dekorationen auf dem Tisch habe ich nicht gesehen.

5 d) Vor und nach jedem Essen, also 3 x am Tag, wurde zusammen gebetet.

Außer daß die Eltern schon mal ein Wort sagten, wurde während dem Essen nicht gesprochen u. vor dem Beten durfte keiner den Tisch verlassen. Wenn einer zu spät kam u. er hatte das vorher gesagt, bekam er von allem etwas in einem Pott in den Backofen gesetzt. Im anderen Fall bekam er nichts. Wir wußten das u. deshalb waren wir immer pünktlich da.

5 e) Jeder hatte <u>seinen</u> Platz am Tisch. Die Eltern saßen am Kopfende, anschl. die Tante, dann kam die älteste Schwester, weil die mit auftragen mußte, dann die 5 Jungen dem Alter nach u. auf der anderen Seite die Mädchen, immer dem Alter nach. (Der Vater war 3 Jahre Garde-Ulan in Berlin und deshalb das strenge Regiment). Aber das hat sich als gut erwiesen.

5 f) Morgens u. abends gab es Kaffee dazu und jeden Mittag eine Suppe, die Mutter in einen „Komp" füllte u. dieser wurde dann herumgereicht, der Vater zuerst usw. Kartoffel u. Gemüse oder Salat etc. kam immer in ein oder 2 Pötten auf den Tisch u. wurde herumgereicht, immer der Vater zuerst, immer schön der Reihe nach. Fleisch oder Fisch etc. wurde von der Mutter oben am Tisch zuerst geteilt u. dann mußten wir unseren Teller anreichen. Immer schön der Reihe nach u. wenn einer von den Jungens feststellte, daß dem anderen sein Stück Fleisch etwas größer war als seines, wurde er „geknutzt", d. h. mit den Füßen gestoßen, aber davon durften die Eltern nichts merken, weil ja nicht gesprochen werden durfte. Pudding gabs immer sonntags auf extra Tellerchen.

5 g) Das Brot wurde auf der Brotmaschine zu Schnitten geschnitten. Doch zuerst, wer das Brot anschnitt, mußte mit dem Messer das Kreuzzeichen auf der Rückseite machen u. dann kamen die Schnitten in einem Körbchen auf den Tisch. Auch das Fleisch wurde immer von der Mutter zuerst angeschnitten u. ganz sorgfältig verteilt. Das war gar nicht einfach, denn ein Huhn für 12 Personen so zu verteilen, daß keiner etwas mehr bekam als der andere, war ein Kunststück. (Naja, es gab ja auch Soße zum Ausgleich).

<u>Sonderkost neben den gewöhnlichen Mahlzeiten</u>

6 a) Sonderkost gab es nur in ganz seltenen Fällen. Ich kann mich kaum eines solchen Falles erinnern, weil wir alle Gott sei Dank ziemlich gesund waren. Z. B. Unterhosen kannten wir nicht, die haben wir erst beim „Kommiss" kennengelernt, u. da war ich selbst bereits 37 Jahre alt. Für alle Fälle hatten wir Kamillentee da, den wir im Herbst sammelten, trockneten und in kleinen Säckchen aufbewahrten. Wir bekamen heiße Milch oder Tee und abends fürs Bett ein im Backofen über Tag erwärmtes Säckchen Sand. Wenn etwas ganz besonderes war, mußte der Arzt aus der Stadt geholt werden, der dann mit Pferd u. Wagen angereist kam. Das war denn zu umständlich u. deshalb durfte keiner krank werden. Einen Kater nach Trinkgelagen kannten wir nicht, weil keiner von uns Lust auf Alkohol hatte.

6 b) Es mag sein, daß die Eltern u. bes. die Mutter bei all den Kindern sich in

Bezug auf Speisen sich manchmal etwas zugute taten, aber wir Kinder haben das niemals bemerkt.

6 c) Besondere Nahrungsmittel wie Kuchen etc. gab es nur sonntags in geringen Mengen. Warum? Die Eltern lebten genügsam u. fühlten sich wohl dabei und heute im Alter wissen wir auch, daß die Eltern recht hatten.

Nahrung in Notzeiten

7 a) Sonst nicht gebräuchlich waren u. a. Steckrüben. Das sind Knollen, die man sonst nur fürs Vieh verwandte, wurden im Krieg 14 - 18 anstatt von Kartoffeln jeden Tag gekocht und wir aßen das nicht gern. Auch Butter oder Margarine gab es nicht. Nur Seem, den wir insgeheim selbst kochten und auf zwei dünne Schnitten selbstgebackenes Brot schmierten.

7 b) Zusätze, das waren selbst gemahlenes Brot in großen Kaffeemühlen. Dazu gingen wir im Herbst, wenn die Bauern das Getreide abgeerntet hatten, auf Feld, um zu „sengelen" d.h. wir sammelten die liegengebliebenen Ähren auf, droschen diese in einen Sack, schütteten die „Kidde" Ähren auf ein Sieb u. bliesen solange mit dem Mund den „Kaaf" fort, bis wir rcine Frucht hatten. Waren wir also im Herbst fleißig, hatten wir auch zusätzlich zum Bezugschein-brot was zum „Knibbelen" (essen).

7 c) Ersatzmittel zu Speisen und Getränken sind mir weitgehend unbekannt, und ich weiß heute nicht mehr, wie die Mutter uns satt bekommen hat, weil ja der Vater im Krieg war dazumal!

7 d) Als Notspeisen galten damals nur ein paar, wie Brotsuppe. Das ist eine Suppe aus Wasser u. Brot mit etwas Süßstoff gekocht. Oder die benannten Steckrüben, die uns über Wasser gehalten haben.

Nr. 4, Köln. Weiblich, 65 Jahre alt. Elterlicher Haushalt. Vater: kaufmännischer Angestellter, später Leitender Direktor. Zeitraum: 1911-1942. Katholisch.

1) Beschaffung der Nahrungsmittel und Zutaten

1 a) Von Zeit zu Zeit ging meine Mutter in Köln-Ehrenfeld, wo wir wohnten, zu einem nahegelegenen Wochenmarkt, um dort Obst, Gemüse und Kartoffeln einzukaufen. Das war selten und nicht die Regel. Meist kaufte sie diese Nahrungsmittel beim „Gemüsemann" in der Straße, weil sie dort als Kundin gut bedient wurde.

1 b) Ich schätze, daß wir etwa von 1922 bis 1928 regelmäßig Butter und Eier vom Onkel meines Vaters, der Landwirt im Bröltal war, bezogen haben. Dieser älteste Bruder meiner Großmutter kam regelmäßig mit seiner Frau nach Köln, um auf einem Kölner Markt seine gesalzene Bauernbutter und seine Landeier zu verkaufen. Es ist mir nicht bekannt, wie oft im Monat diese bäuerlichen Verwandten nach Köln kamen, und auf welchem Wochenmarkt sie dann ihren Stand gehabt haben. Wir holten

uns die Butter und die Eier bei meiner Großmutter ab, die der Onkel dort für uns abgab. Bauernbutter erkannte man an ihrer Form. Sie war oval zu einem Laib geformt, wie ein großes längliches Ei, immer 2 Pfund schwer.

Meine Mutter verbrauchte diese gesalzene Butter, - die in gesalzenem Zustand haltbarer war als ungesalzene Butter, - zum Kochen und Braten. Zum Brotaufstrich war sie nicht nach unserem Geschmack.

1 f) Wenn wir auf sommerlichen Ausflugs- oder Ferienspaziergängen auf Wiesen oder an Wiesenrändern Pfefferminzkraut oder Kamillen entdeckten, dann pflückten wir sie, nahmen sie mit und trockneten sie daheim. Dazu hängten wir die gesammelten Kräuter locker an einem luftigen Platz auf und hoben sie in getrocknetem Zustand in gut schließenden Blechdosen für den Winter auf.

Jedes Kraut kam in eine Extradose. Im Winter brühten wir daraus unseren Pfefferminz- oder Kamillentee auf.

1 h) Wie wir 1922 von Berlin nach Köln-Ehrenfeld gezogen sind, gab es auf dem Ehrenfeldgürtel, unserer Einkaufsstraße, eine „Ochsenmetzgerei" und eine „Schweinemetzgerei". Der „Ochsenmetzger" verkaufte nur Rind- und Kalbfleisch und der „Schweinemetzger" nur „Schweinefleisch". Den entsprechenden Fleischgehalt hatten auch die Würste, die in diesen Metzgereien verkauft wurden. Diese Spezialisierung der Metzger gab es auch als „Hammelschlächterei" und „Pferdemetzgerei". Mit dem Ende der 20er Jahre verschwanden die „Schweinemetzgereien" und beim Metzger konnte man nun Rind-, Kalb- und Schweinefleisch kaufen.

2) Häusliche Vorratswirtschaft
2 c) Essigkonservierung

Wir hatten etwa 2 Dutzend westerwälder Steintöpfe in den verschiedensten Liter - Größen. In diese Gefäße legte meine Mutter in der August-September-Zeit die „Zwiebelchen und Gürkchen" für den Winter ein.

Die ersten Gürkchen, die auf dem Markt oder bei dem Gemüsemann angeboten wurden, waren noch klein, etwa 5 - 6 cm lang. Also machte diese Gurkensorte den Anfang. Sie wurden gewaschen, mit einer weichen Bürste sorgfältig saubergebürstet und 24 Stunden in Salzwasser gelegt. Nach dieser Zeit wurden sie abgetrocknet und in die kleineren Steintöpfe eingeschichtet, mit einer abgekochten Halbessig-Halbwasserlösung übergossen, in der Salizyl aufgelöst worden war, und nach einer Würzzutat, aus Senfsaat, einigen Pfefferkörnern, zwei getrockneten Lorbeerblättern und frischem Dillkraut, mit angefeuchtetem Pergamentpapier zugebunden. Früher gab es das Einmachzellophanpapier noch nicht. Später, im September kamen die etwas größeren Gurken in die Gemüseläden, etwa 10 - 12 cm lang. Auch diese Gurkenart kam mitden gleichen Zutaten in die Steintöpfe. Auf die selbe Art wurden auch frische, geschälte Zwiebelchen in Essig eingelegt. Außerdem gab es die Variation: Zwiebelchen und Gürkchen in einem Topf zusammen. Zu noch späterer Jahreszeit wurden die reifen, gelben Gurken, die man schälte, das Kerngehäuse auskratzte und in Stücke schnitt, als sogenannte Senfgurken auch so in Essig eingelegt. Dieses „Eingemachte" war ein wichtiger Wintervorrat, mit dem man auf vielerlei Art Abwechslung in den Speiseplan bringen konnte.

Als Beilage zu dem sonntäglichen Suppenfleischzwischengang, oder zum Wurstbrot am Abend standen immer „Zwiebelchen und Gürkchen" auf dem Tisch. Kleingeschnitten waren sie unentbehrlich im „Fleischsalat", Heringsalat oder anderen Mayonaisesalaten. Mit den kleinsten Gürkchen sahen Aufschnittplatten oder Salatschüsseln besonders appetitlich verziert aus.

2 c) Ab den Jahren 1936 - 37 wurden in meinem elterlichen Haushalt ein Wintervorrat Obst und Gemüse eingemacht. Grüne Bohnen, selten grüne Erbsen, wurden in Gläsern im Einmachapparat sterilisiert. Der angelegte Obstvorrat war wesentlich größer. Kirschen, Stachelbeeren und Pflaumen wurden in Einmachgläser in Zuckerlösung sterilisiert. Regelmäßig wurde Bohnenkraut getrocknet, das im Winter zum Würzen der Bohnengerichte gebraucht wurde. Einkauf auch beim Gemüsemann.

2 e) Ein verhältnismäßig großer Vorrat Marmelade wurde eingekocht. Etwa 50-60 Gläser Marmelade für einen 3 Personenhaushalt ist wohl nicht wenig. Von Jahr zu Jahr wechselten die Obstsorten. Doch Johannisbeergelee, Kirschmarmelade und Aprikosenkonfitüre gehörten immer zu unserem Wintervorrat. Diese Marmeladen gehörten zu unserem Brotaufstrich.

Meine Mutter kochte ihre Marmelade mit wenig Zucker. Deswegen mußte die Obstmasse sehr lange eingekocht und gerührt werden. Das Einkochen verbrauchte viel Energie und die Marmeladenmenge war entsprechend klein. Die Gefahr, daß die zuckerarme Marmelade auch noch schimmelte, war nicht gering. Deshalb war es in dieser Zeit üblich, daß man unter die noch warme Marmelade ein Tütchen - aussehend in Größe, Aufmachung und Farbe wie ein Backpulvertütchen - Salizylsäure rührte. Auf ein Papierchen, das als Abschluß auf die Marmelade gelegt wurde, streute man zur Sicherheit auch noch etwas Salizyl und band dann erst das Glas zu.

2 h) Die Wintervorräte wurden in einem trockenen Kellerraum auf Holzstellagen aufbewahrt. Die Einmachgläser standen in Reihen.

2 i) Vorläufer des Kühlschranks war der Eisschrank, ein Schrank mit wärmeisolierten Wänden und einem Kasten, in den zu Kühlung ein Kunsteisblock gelegt werden mußte. Die Kühlung wurde noch nicht elektrisch betrieben, wie beim Kühlschrank.

Ein solcher Eissschrank kam etwa in den früheren 30er Jahren in den Haushalt meiner Eltern.

Je nach Witterung, im Sommer häufiger, im Winter seltener, kam der „Eismann" und lieferte die gewünschte Kunsteismenge. In Köln gab es die Firma „Linde", die Kunsteisblöcke herstellte. Ein solcher Eisblock hatte etwa eine Länge von einem Meter und einen quadratischen Durchmesser von 20 cm. (Geschätzt). Die „Eismänner" kamen mit ihren Wagen oder Autos in die Wohnviertel und kannten schon ihre feste Kundschaft, denen sie mit einem dicken Sack über der Schulter, auf dem das gewünschte Eisstück lag, regelmäßig den Eisblock für den Eisschrank lieferten. Ein großer Fortschritt war der elektrisch betriebene Kühlschrank. Ich schätze, daß meine Eltern am Ende der 30er Jahre den ersten Kühlschrank anschafften.

Ein elektrischer Kühlschrank brachte große Änderungen in die Haushaltsplanung. Man konnte größere Mengen Fleisch, Butter, Wurst und Obst und Gemüse auf Vorrat einkaufen und in dem Kühlschrank aufbewahren, weil es dort, gleichmäßig gekühlt, weniger schnell verdarb.

Eine Tiefkühltruhe war zu Lebzeiten meiner Eltern noch nicht bekannt.

3)   Mahlzeiten im Tageslauf

3 a) Wochentags 3 Tagesmahlzeiten: Frühstück, Mittagessen, Abendbrot.
Sonntags: 4 Tagesmahlzeiten: Frühstück, Mittagessen, Nachmittagskaffee, Abendbrot.
Die Uhrzeit der Wochentagsmahlzeiten richtete sich nach dem Weggang meines Vaters zur Arbeitsstelle, bzw. meines Schulgangs und der entsprechenden Heimkehr.
Sonntags wurde um 9 Uhr gefrühstückt. 13 Uhr
Mittagessen. 16 Uhr Nachmittagskaffee. 19 Uhr Abendbrot.
Tischgetränke zum Mittagessen waren nicht üblich. Höchstens an sehr warmen Sommertagen stand Mineralwasser auf dem Tisch. Bei den übrigen Mahlzeiten war Kaffee das Tischgetränk. Beim Abendbrot trank mein Vater schon mal Bier, aber nicht regelmäßig.

3 b) Früher gab es zum Frühstück frische Brötchen, die vom Bäcker in der Nacht gebacken und vom Bäckerjungen schon am frühen Morgen ins Haus gebracht wurden. Das gibt es heute nicht mehr. Die Morgenbrötchen beim Bäcker sind heute meist eingefrorene und am Morgen kurz aufgebackene Backware. Früstücksbrotaufstrich: S. u.
Das Abendbrot, das früher als „kalte" Mahlzeit aus Brot, Brotaufstrich: Butter, Schmalz, Margarine, sogenanntem: Belag, wie Wurst, Schinken, Käse, bestand, hat sich heute in vielen Familien in die warme Mahlzeit, statt des Mittagessens, gewandelt. Nachtrag: <u>Frühstücksbrotaufstrich</u> waren <u>Butter</u> und <u>Marmelade</u>.

3 c) Die Hauptmahlzeit, in meinem elterlichen Haushalt, war werktags und sonntags immer das Mittagessen. Die Speisen wurden nur von meiner Mutter gekocht, auch später noch, als wir eine Hausangestellte, bzw. ein „Dienstmädchen", hatten.
Die Hauptgewürze, die verwendet wurden, waren Salz und weißer, gemahlener Pfeffer. Am Schluß abgeschmeckt wurden Suppen, Soßen und die meisten Gemüse mit einigen Tropfen Maggiwürze. Manche Gemüse, z.B. Rosenkohl und Wirsing erhielten vor dem Auftragen etwas frisch abgeriebene Muskatnuß. Zwiebeln wurden sparsam als Würze an die Speisen getan. Allerdings gehörten sie immer mit Essig und Öl an die Salatsoßen.

Meine Mutter war eine sparsame Hausfrau. Erst recht am Anfang ihrer Ehe, wo das Gehalt meines Vaters nicht üppig ausfiel. Entsprechend schlicht war unser Wochenspeiseplan fürs Mittagessen: Montags gab es Resteessen von Samstag und Sonntag. Waren so kleine Reste von diesen Tagen übriggeblieben, daß sie keine ausreichende Mahlzeit ergaben, gab es noch eine Nachspeise hinterher, z.B. Pudding.

Dienstag war meist der Waschtag und dann gab es eine Eintopfsuppe, die allein kochte. Je nach Jahreszeit waren das Kartoffel-, Erbsen-, Bohnen- oder Linsensuppen mit Wursteinlage im Winter, oder Gemüse-, Buttermilch- oder grüne Bohnensuppen im Sommer. Die grüne Bohnensuppe war eine Spezialität meiner Mutter, weil sie vor dem Auftragen mit saurer Sahne gebunden wurde.

Mittwochs, wenn die Wäsche gebügelt werden mußte, gab es meist für jeden einen Pfannkuchen. Im Winter auf Speckscheiben gebraten, im Sommer waren es Obstpfannkuchen: mit Kirschen, Blaubeeren, Pflaumen oder Äpfeln im Kuchen eingebacken, oder wir aßen Erdbeeren, Johannisbeeren oder Pfirsiche zu einem gezuckerten und gerollten Pfannkuchen.

Donnerstags: Frische Bratwurst mit Gemüse und Salzkartoffeln. Die Bratwurst war nicht in Einzelwürste abgeteilt und dadurch in Portionen gebraten, sondern wurde am Stück gekauft und vom Metzger zu einer „Wurstschnecke" gedreht, durch die er zum Halt ein Holzstöckchen steckte, ein „Wurstepinnchen". So wurde die ganze Bratwurst, von beiden Seiten, in der Pfanne gebraten und auch im Ganzen auf einem Teller aufgetragen. Jeder schnitt sich sein Stück davon ab. Die Gemüsesorten richteten sich nach dem Angebot der Jahreszeit. Es war aber immer frisches Gemüse, nicht aus der Dose oder dem Einmachglas.

Anstelle von Bratwurst gab es auch am Donnerstag: „Gehacktes", das man in Köln: Frikadellen und in Berlin: Bouletten nennt. Auch „Himmel und Erde" war ein Donnerstagsessen. Obwohl wir gerne Eintopfgerichte, also Gemüse mit Kartoffeln untereinander gekocht, aßen, blieben bei uns „Himmel un Ääd" auseinander. Wir aßen dies Gericht als Kartoffelpüree mit Apfelkompott dazu. Die Blutwurstscheiben wurden vor dem Braten in Mehl gewälzt und hatten dadurch eine knusprige Kruste. Freitags wurde bis zum Zweiten Weltkrieg in einer katholischen Familie kein Fleisch gegessen. Also kam beim Mittagessen meist ein Fischgericht auf den Tisch. Auch das richtete sich nach dem Angebot der Jahreszeit. Schellfisch oder Kabeljau gekocht mit zerlassener Buttersoße und Salzkartoffeln oder gebratenes Fischfilet.

Im frühen Frühjahr, in der Zeit noch vor Ostern, war unser Mittagessen am Freitag: Bratbückinge mit Kettensalat und Salzkartoffeln, ein Gericht, das man heute nicht mehr kennt. Bratbückinge waren frische, nur ganz schwach geräucherte Heringe aus Holland. Bei uns kann man diese Fischart nicht mehr kaufen und ist deshalb den meisten Leuten unbekannt. In Holland kennt man sie noch und kann sie in manchen Fischgeschäften noch kaufen. Auch Kettensalat findet man im Frühjahr nicht mehr in einem normalen Gemüsehandel. Hier und da wird er von ganz exquisiten Delikatessenläden angeboten und ist sehr teuer, weil er vom Ausland eingeführt wurde. Die Bratbückinge wurden enthäutet und entgrätet. Die Hälften wurden in Butter von beiden Seiten gebraten, wenn die Fische „gefüllt" waren, d. h. Rogen oder Milchner enthielten, kamen diese mit in die Pfanne. Vor dem Auftragen goß man geklopfte Eier, wie z. B. Rührei, über die Fische in der Pfanne und ließ die Eimasse stokken.

In die sonst normale Salatsoße wurde beim Kettensalat eine noch warme Kartoffel untergeknetet. Das milderte den herben Geschmack.

Samstags gab es immer Eintopfgerichte: Gemüse mit untergezogenen „Quetschkartoffeln" und dazu gekochtes Schweinefleisch. Die Gemüsesorten richteten sich nach der Jahreszeit. Wirsing, Möhren, grüne Bohnen in der Sommerzeit. Grünkohl und Sauerkraut im Winter. Zum Sauerkrautgericht gab es zur Abwechslung auch schon mal Erbsenpüree oder unter die Sauerkraut-Kartoffelmasse wurden noch gekochte weiße Bohnenkerne gemischt.

Ein Eintopfgericht, das sich „Gold und Silber" nannte, war untereinandergekocht aus Möhren, Kartoffeln und weißen Bohnen. Dazu wurde Schweinebraten mit viel brauner Bratensoße gegessen.

Zusammenfassung: Rückblickend wäre hervorzuheben, daß es einen festen Wochenspeiseplan für die Mittagsmahlzeit an den Werktagen gab, daß Fleisch nicht an jedem Mittag auf dem Tisch stand und wenn, dann waren es Gerichte mit Wurst oder Gehacktem. Im später reicher werdenden Plan kamen Schnitzel und Koteletts aus der Pfanne hinzu, doch der Braten blieb allein dem SONNTAG vorbehalten.

3 d) Die Hauptmahlzeit am Sonntag war auch das Mittagessen. Sie bestand gleichmäßig aus einer Fleischsuppe mit Einlage. Das konnten Fadennudeln, Buchstabennudeln, Eierstich oder Markklößchen sein, die aus unterschiedlichen Zutaten hergestellt sein konnten. Aus geschmolzenem Rindermark mit Griesmehl oder eingeweichtem Brötchenteig, mit oder ohne gehackter Petersilie. An besonderen Festtagen machte meine Mutter die Markklößchen aus geschmolzenem Rindermark mit Schweinemett.

Nach der Suppe kam als Zwischengang das in Scheiben geschnittene Suppenfleisch auf den Tisch, zu dem Zwiebelchen und Gürkchen und manchmal auch Rote Rüben, die mehrere Tage vorher in Scheiben geschnitten in Essiglösung eingelegt worden waren, gegessen wurden.

Der Hauptgang war der Braten, der immer von anderer Art war. Selbst bei den Fleischsorten gab es Varianten. So war der Kalbsbraten z. B. mal vom Kalbsbollen, mal vom Kalbsnacken oder -rücken, mal gerollt als Kalbsnierenbraten. Ebenso unterschieden sich Schweine- und Rinderbraten.

Die Gemüsebeilage: Erbsen und Möhrchen oder grüne Bohnen, aus dem Einmachglas oder einer Dose. Im Sommer oft frischer Salat.

Die Kartoffelbeilage war immer Salzkartoffeln. Nach einem so gehaltvollen Essen kam bei uns selten noch ein Nachtisch. Wenn, dann war es ein Obstkompott.

Gründonnerstagessen war immer Spinatgemüse mit Ei (Spiegelei oder Rührei) und Salzkartoffeln.

Beim Osteressen war der Braten vom „Osterlämmchen", also Lammbraten bzw. Hammelfleisch, dazu immer grüne Bohnen.

Heiligabend kochte meine Mutter mittags eine besonders gehaltvolle Fleischsuppe, von der wir zur Mittagsmahlzeit nur etwas von der Bouillion aßen und eine Kleinigkeit hinterher. Nach der Bescherung war unser Traditionsfestessen: Ragout fin, das meine Mutter aus kleingeschnittenem Suppenfleisch und Champignons in würziger Soße hergestellt hatte.

Bei Essen, wo ein größerer Personenkreis zusammenkam, z. B. Hochzeit, Taufe, Begräbnis, wurde immer ein Tisch und eine dem Fest entsprechende Speisenfolge in einem Restaurant vorbestellt.

3 e) Ein Festmahl, (die verschiedenen Anlässe siehe oben), bestand immer aus vier Gängen und die waren sehr unterschiedlich. Die Vorschläge des Restaurants waren entscheidend. Fest stand die Nachspeise. Nämlich immer Eis.

Ausnahmen zu oben bildeten in unserer Familie die Festessen bei Kommunionen. Zu diesem Fest blieb man daheim und zog für das Kochen eine Köchin zu, bzw. nannte man das eine „Kochfrau", weil das ja nicht unbedingt eine ausgebildete Köchin sein mußte.

3 f) Herkömmliche Gebäcke richteten sich nach Festtagsbräuchen und den damit verbundenen Speisen.

In der Sylvesternacht aßen wir z. B. um 12 Uhr Berliner Pfannkuchen, die am Mittag beim Konditor gekauft worden waren. Am Neujahrsmorgen stand ein großer Neujahrsbrezel auf dem Frühstückstisch. (In Köln sagt man: Der Neujahrsbrezel und nicht: die Neujahrsbrezel). Er wurde auch beim Konditor oder Bäcker am Tage vorher eingekauft. Er war aus leicht gesüßtem Weißmehlhefeteig gebacken und mit Hagelzucker bestreut.

Typische Karnevalsgebäcke, die am „Fetten Donnerstag", dem Weiberfastnachtstag, gebacken wurden, waren „Muutse" und „Muutsemändelcher". Beides waren Fettgebäcke, die in schwimmendem Fett (Öl oder Schmalz, meine Mutter nahm immer Schmalz) ausgebacken wurden. Sie wurden meist von den Hausfrauen selber hergestellt, selten beim Bäcker gekauft. Zu den Muuzen wurde der Teig dünn ausgerollt, in schräge Vierecke geschnitten oder ausgerädelt und im heißen Fett goldgelb ausgebacken. Mit Puderzucker bestreut.

Im Muuzemändelchenteig waren viel gehackte Mandelstückchen. Mit einer Muuzemändelchenform wurde der Teig ausgestochen und dann auch schwimmend im heißen Fett gebacken. Das fertige Gebäck hat eine Tropfenform, etwa von der Größe einer kleinen Pflaume. An den Kölner Karnevalstagen waren das die süßen Gebäcke. Für den Osterfrühstückstisch backte meine Mutter immer ein Osterlämmchen aus Biskuitteig. Wir hatten dafür eine Weißblechkuchenform. Das braune Kuchenlämmchen wurde mit Puderzucker dick bestreut und als österliche Zierde bekam es an einem Holzstöckchen ein Fähnchen eingesteckt.

Am Martinstag gab es in jeder Kölner Bäckerei „Wägemäner" zu kaufen, Weggemänner aus Hefeteig geformt und gebacken, mit Augen aus zwei Korinthen und einem Tonpfeifchen im Arm. Ende November begann bei uns schon die vorweihnachtliche Bäckerei. In den Barbaraschuhen, die immer am Abend des 3. Dezembers aufgestellt wurden, mußten am nächsten Morgen einige Spekulatiusplätzchen sein und für den aufgestellten Nikolausteller war schon ein größerer Vorrat an Gebäck notwendig. Den Spekulatius backte meine Mutter immer selber. Wir gaben dem Gebäck allerdings nicht mit einem hölzernen Backmodel die Form, sondern hatten dazu Weißblechförmchen, mit denen der Teig ausgestochen wurde. Die ausgestochenen Plätzchen ergaben die Formen von Herzen, Sternen, Tannenbäumchen, Vögeln, kleinen Männlein usw. Der ersten Spekulatiusbäckerei Ende November folgte in der zweiten Dezemberwoche das Backen des Christstollens. Dem schweren Hefeteig führte meine Mutter als Geheimrezept, außer Butter, wenig Eiern, viel Rosinen, Korinthen, Mandeln und Zitronat, auch noch etwas flüssiges Rindertalg zu. Der fertige Stollen wurde in einem Steintopf aufbewahrt und erst am Heiligen Abend nach der Bescherung, die bei uns immer am Spätnachmittag stattfand, für den weihnachtlichen Kaffeetisch angeschnitten. In der 3. Dezemberwoche mußte nochmals Spekulatius für Weihnachten gebacken werden. Das Weihnachtsgebäck „Printen" wurde immer gekauft, meist echte Aachener von Spezialitätenbäckereien aus dieser Stadt. Später nahmen wir in unsere Weihnachtsbäckerei Spritzgebäck, Zimtsterne und Anisplätzchen noch auf.

3 g) Brot, und zwar Weißbrot, Brötchen oder Graubrot, wurde beim Frühstück und beim Abendbrot gegessen. Trocken als Zukost, wenn die Suppe besonders fett ausgefallen war (Fleischsuppe), aßen wir ab und zu ein Brötchen oder eine halbe Scheibe Weißbrot.
Die Abendmahlzeit bestand immer aus Brot, verschiedene Sorten. Zum Brotbestreichen stand immer Butter auf dem Tisch und der Belag variierte. Verschiedene Wurst-, Schinken-, Käsesorten.
Hin und wieder gab es Bratkartoffel dazu. Gebratene Salzkartoffel, die vom Mittagessen übriggeblieben waren.

3 h) Wir hielten uns nicht sehr eng an Fastenspeisen. Trotzdem kann ich dazu: Spinat mit Ei am Gründonnerstag erwähnen und den Freitag als fleischlosen Tag.
Freitags gab es zum Mittagessen immer Fisch. Verschiedene Sorten, gekocht oder gebraten. Als Brotbelag zum Frühstück und Abendbrot verschiedene Käsesorten. Karfreitagsessen: Gekochter Schellfisch mit Buttersoße und Salzkartoffeln.
Ein besonderes Fischgericht, das ich schon an anderer Stelle beschrieben habe und das sich nach meiner Umfrage auf den Kölner Raum begrenzt, ist: Bratbückinge mit Kettensalat.

3 i) <u>Handwerker</u> hatten früher immer ihren „<u>Henkelmann</u>" dabei und kamen kurz vor der Mittagspause mit der Bitte, daß man ihnen dieses Gefäß im Wasserbad wärmen möge. Wenn ihre Mittagspause mit unserer Mittagsmahlzeit zusammenfiel, aßen wir gemeinsam am Tisch. Vor allem wurden die Handwerker mit Getränken versorgt, wobei sie am liebsten Sprudelwasser nahmen und am Nachmittag eine gute Tasse Kaffee.

3 k) Das typische <u>Getränk für Köln</u> ist nach wie vor das obergärige Bier „Kölsch".

Typisches <u>Backwerk</u>: Das <u>Kölner Schwarzbrot</u> - „<u>Schwatsbruut</u>", „<u>Rögelscher</u>" - <u>Doppelroggenbrötchen</u>, das aus zwei Roggenbrötchen nebeneinander, wie zwei Schmetterlingsflügel, gebacken ist. „<u>Knüpelsche</u>" - ein einteiliges Roggenbrötchen. Typische <u>Speisen</u>:

1. „Himel un Äat met Blootwoosch"
2. „Rii'fkooche"
3. „Prüp"
4. „Frikadelen"

Erklärung:

1. Himmel und Erde mit Blutwurst = Äpfel mit Kartoffeln als Eintopfgericht, dazu gebratene Blutwurstscheiben.
2. Reibekuchen = Kleine Pfannkuchen aus geriebenen, rohen Kartoffeln.
3. Kompott, bzw. Mus aus Äpfeln und Pflaumen, halb und halb.
4. Gehacktes, Fleischklopse in der Pfanne gebraten.

5. „Ferwentschnetscher" (Verwendungsschnittchen) oder „Arme Ritter". Altbackenes Weißbrot, auch von gesüßtem Blatz, wurde in Scheiben geschnitten und in Milch eingeweicht. Dann in geklopftes Ei getaucht und in geschmolzener Butter in der Pfanne von beiden Seiten braun gebacken. Die Schnitten wurden vor dem Auftragen nach Geschmack mit Zucker und Zimt bestreut.

6. Maifisch in Gelee. Das Gericht aßen zu meiner Kinderzeit meine Großmutter und meine Mutter in einem Kölner Restaurant. Dieser Fisch wanderte früher während der Laichzeit in großen Scharen rheinaufwärts und wurde von den Poller Fischern gefangen. Zeit: Ende April bis Mai.

7. „Deke Bune met Schpek". Durchwachsener, geräucherter Speck wurde in Wasser langsam weichgekocht. In einen Topf, in dem man kleingeschnittenen fetten Speck ausgelassen hat, kommen die Kerne der Dicken oder Saubohnen und ein Bündchen Bohnenkraut. Mit dem Kochwasser von dem geräucherten Speck übergießen und darin garkochen. Die Garzeit der Dicken Bohnen ist verschieden. Bei den erstgeernteten kleineren Kernen ist sie natürlich kürzer als bei den späteren. Wenn die Dicke Bohnenzeit zu Ende geht sind die Kerne groß, dick und haben eine schon harte Hülse. Dazu sagt man in Köln: „De Bune han alt Bötsjer aan" = Die Bohnen haben schon Höschen an.

8. Nach meiner Umfrage möchte ich als typisch für Kölner Eintopfgerichte, bei denen die verschiedenen Gemüsesorten mit Kartoffeln untereinandergekocht werden, hervorheben, daß die gekochten Kartoffel immer zu Mus zerstampft unter das Gemüse gezogen, bzw. gemischt werden. Anderswo bleiben die Kartoffel im Eintopfgericht meist in Würfelform. Die Kölner Hausfrau, die die Kartoffelwürfelchen in ihrem Eintopf hat, nahm Einfluß von draußen in ihre Küche auf.

9. „Ferwentschnetsche" (Verwöhnschnittchen), gleiche Aussprache, aber anderer Sinn, als bei Nr. 5, oben. Bei einer schrägen Kruste hat eine Brotscheibe eine kleinere und eine größere Streichseite. Bestrich die Mutter die größere Brotseite mit Butter, dann trug sie damit auch eine größere Menge Butter, bzw. Marmelade oder Streichwurst auf. Dieser Esser wurde also von ihr besonders gut bedacht und bekam ein „Verwöhnschnittchen".
Besonders sparsamen Hausfrauen sagte man nach, daß sie immer nur die kleineren Brotseiten bestrichen.

10. Zu den typischen Speisen gehört auch der „Rheinische Sauerbraten".
Das ist allerdings ein Gericht, das selbst in Köln von jeder Hausfrau anders zubereitet wurde. Man kann sagen, daß jede ihr Spezialrezept und am Schluß beim Abschmecken noch einen Geheimtrick hatte.
Es wird sogar von manchen Leuten behauptet, daß sich zum Sauerbraten nur Pferdefleisch eigne und daß dieses Gericht früher aus diesem Fleisch hergestellt wurde.
Vom Hörensagen weiß ich, daß Kölner Pferdemetzgereien auch Sauerbraten verkauften und bin dadurch gewarnt. Ich würde z. B. im Restaurant keinen Sauerbraten essen.
Jedenfalls im Haushalt meiner Mutter wurde zum Sauerbraten in eine verdünnte Essigwasserlösung ein gutes Stück Rindfleisch eingelegt. Ungefähr die Hälfte Essig, die andere Hälfte Wasser. Das Fleisch mußte von der Essiglösung bedeckt sein. Einige Pfefferkörner, einige Nelken, zwei Lorbeerblätter und geschnittene Zwiebelscheiben kamen als Würzbeilage in den Sud. Ab und zu mußte das Fleisch in der Flüssigkeit umgedreht werden.
Meine Mutter ließ das Fleischstück 2 Tage eingelegt, weil wir den Braten lieber mildsauer mochten.
Das abgetropfte Fleischstück wurde dann, wie jeder Braten, in heißem Fett rundum braun angebraten und von der Essiglösung nach und nach dazu gegossen. Die Zwiebelscheiben kamen zu dem Braten. Die Gewürzkörner und Lorbeerblätter nicht.
Kurz vor dem Anrichten, wenn sich die richtige Soßenmenge ergeben hatte, die nicht noch mehr verkochen sollte, tat meine Mutter eine gute Hand voll Rosinen in den Bratenfond, die darin langsam aufquollen. Der Geheimtip an unserem Sauerbraten war ein Stück Honigkuchen oder ein paar Printen, die zum Würzen und Binden der Soße mitgekocht wurden.

Ich habe oben vergessen zu erwähnen, daß das Fleischstück selbstverständlich vor dem Anbraten mit Salz und Pfeffer eingerieben wurde, wie jeder Braten.

Wenn die Sauerbratensoße abgeschmeckt wurde und meine Mutter feststellte, daß noch etwas Zucker nicht schaden könnte und etwas Mehl zum Binden ebenfalls nicht, holte sie diese Zugaben noch nach.

Die Beilagen zum Sauerbratengericht waren meist grüne Erbsen und Salzkartoffel.

Wir machten auch Sauerbraten von Schweinefleisch, der meiner Meinung nach besonders gut, ja apart sogar, schmeckte.

11. In den Kölner Metzgereien war früher das Wurstangebot nicht so reichhaltig wie heute. Es gab nicht so viele Wurstsorten.

Eine Wurstspezialität war, und ist es auch heute noch, die Kölner Leberwurst.

Weil diese Wurst in Köln so beliebt ist, stellen manche Metzger sie auch noch in Variationen her. Die Konsistenz der Wurstmasse ist weich, fast streichfähig, die Gewürzmischung fällt bei jedem Metzger etwas anders aus.

Je qualitätvoller die Wurst ist, um so stärker ist ihr Geschmack nach Leber, d. h. ihr Lebergehalt. So gibt es die sogenannte „einfache Leberwurst", die wie die Blutwurst zu einem Wurstring geformt ist, und die wenig Leber, dafür mehr Mehl, enthält. Die sogenannte „beste Leberwurst" ist gerade geformt, in einem meist recht dickwandigen Fettdarm. Die „beste Leberwurst" gibt es frisch, und leicht geräuchert, grobgehackt mit kleinen Leberstückchen, und früher gab es sie als Besonderheit sogar als „Trüffelleberwurst", die die echten schwarzen Trüffelstückchen enthielt. Auch in meinem elterlichen Haushalt stand bei dem Wurstaufschnitt die Leberwurst an erster Stelle.

An besonders arbeitsreichen Tagen, wie z. B. dem Waschtag, dem Bügeltag oder dem Hausputz, pflegte meine Mutter ein sogenanntes „zweites Frühstück" einzunehmen.

Dann aß sie frische Brötchen mit Butter und „einfacher" Leberwurst.

Eine typische Redensart, mit der man in Köln den besonderen Hochgenuß eines Essens zum Ausdruck brachte, war in kölscher Mundart: „Et hät jeschmek, wii tse Köle!" - Es hat geschmeckt, wie zu Köln!

12. Heringsalat / Kölsch: „Hiringsschloot"

Eine echte kölsche Hausfrau hatte, und hat auch heute noch, unter ihren Küchenspezialitäten den selbstgemachten Heringsalat.

Es gibt viele Arten dieses Gerichts, und Geheimtricks, seinen Geschmack zu variieren.

Der verhältnismäßig einfache Heringsalat, der z. B. ein normales Sonntagabendessen ergeben sollte, wurde aus gewässerten Salzheringen, Pellkartoffeln, Roten Rüben, Äpfeln und Zwiebeln hergestellt. Doch hier stellten sich schon die Unterschiede heraus. Eine wichtige Rolle spielte die Dauer der Wässerungszeit. Die Heringe durften nicht zu salzig, aber auch nicht laff sein. Auch die <u>Schnittgröße aller Zutaten</u> fiel bei jeder Hausfrau anders aus, hatte aber Einfluß auf den Wohlgeschmack des Endergebnisses.

An die Salatsoße konnte man saure Sahne, oder Mayonnaise, oder auch nur Essig und Öl tun, doch immer, und das nicht nur wegen der Farbe, kam Brühe von den eingelegten Roten Rüben daran.

Seine Feiertagsnote bekam der Heringsalat durch das Untermischen von grobgehackten <u>Baum</u>- oder <u>Walnüssen</u> und zu den ganz besonderen Gelegenheiten <u>verfeinerte</u> ihn noch kleingeschnittenes, gekochtes <u>Rindfleisch</u>.

Vor allem an den Karnevalstagen, die für Köln ja eine festliche Zeit ausmachen, gehörte, und gehört auch noch heute, in jeden Kölner Haushalt eine ordentliche Schüssel Heringsalat:

„En öö'dentliche Kump Hiringsschloot"!

4)   <u>Essen ausserhalb des Hauses</u>

4 b) In der Zeit von 1925-1929 bin ich in die Volksschule in Köln-Ehrenfeld gegangen. In die Katholische Volksschule in der Overbeckstraße.

Als <u>Schulbrot</u> hatten alle Mitschülerinnen eine belegte Brotscheibe oder ein belegtes Brötchen mit. Nur wenige aßen mehr. Belegt waren die Brote meist mit Wurst, freitags mit Käse. Wehe, die Mutter hatte am Freitagmorgen in der Eile aus Versehen Wurst aufgelegt! In jeder katholischen Volksschulklasse gab es ein Kind, das die Freitagsbrote der Klassenkameradinnen bespitzelte und dann laut aufschrie: „Auwei, dat sag' ich der Frolain!!"

Bestimmt achtete man am nächsten Freitagmorgen darauf, daß der Mutter nur ja kein Fehler unterlief.

In meiner Schulzeit wurden gegen ein geringes Entgelt (Preis?) Kakaokarten an die Kinder ausgegeben. Das war eine Karte mit Tagesabschnitten. Jedes Kind hatte an seinem Schultornister einen Emaille - Henkelbecher, den sogenannten Kakaobecher, baumeln. Er hing an dem Tornisterhaken, über den wir den Schulterriemen einhakten.

In der großen Pause stand der Hausmeister oder seine Frau an einem Tisch auf dem Schulhof mit einem waschkesselgroßen Topf, in dem der gekochte Kakao dampfte. Wir stellten uns mit unseren Bechern und den Kakaokarten in Reihen hintereinander an. Mit einem Suppenschöpfer wurde der Becher gefüllt und der Tagesabschnitt von der Karte abgetrennt. An die sogenannten „armen" Kinder wurde das Getränk umsonst ausgegeben.

Auch von der Höheren Schule habe ich noch den Hausmeister mit Kakaokessel in der großen Pause in Erinnerung.

Wann diese Getränkeausgabe eingestellt wurde, oder vielleicht bei den Schülerinnen kein Interesse mehr fand, kann ich nicht sagen.

4 c) Bis zu meinem 5. Lebensjahr lebten wir in Berlin. Wenn wir von dort an den Wannsee einen <u>Tagesausflug</u> machten, nahm meine Mutter in Mar-

meladengläsern mit Schraubdeckelverschluß <u>Griesbrei und Sauerkirsch-</u><u>kompott</u> als unsere Verpflegung mit. Aus <u>späteren Zeiten</u> habe ich <u>Kä-</u><u>sebrote</u>, die nicht so schnell verderben konnten, als<u>Reise-</u> oder <u>Aus-</u><u>flugsverpflegung</u> in Erinnerung.

4 d) Die <u>Essen</u>, die bei <u>Familienzusammenkünften</u> oder <u>-feiern</u> in <u>Gaststät-</u><u>ten</u> eingenommen wurden, unterlagen keiner starren Regel und richte-ten sich meist nach dem Angebot, das der Wirt für die Speisenfolge machte. Auch der Anlaß der Feier entschied den entsprechenden Rah-men.

Ich habe z. B. als ein besonderes, großes Familienfest die Goldene Hochzeit meines Großonkels - dem Bruder meiner Großmutter väterli-cherseits - und seiner Frau in Erinnerung, die in einem Saal eines bäu-erlichen Gasthofs im Bröltal gefeiert wurde und an dem alle Dorfbewoh-ner teilnahmen.

4 f) In Köln gibt es warme und kalte Spezialitäten, die man, heute wie frü-her, bevorzugt in einer <u>Kölschen Wirtschaft</u> ißt. Das sind <u>Seemuscheln,</u> Miesmuscheln) die in der Wirtschaft portionsweise in Wasser mit viel Zwiebelscheiben und einer gehörigen Menge Pfeffer gekocht werden. Der „Kööbes", so wird der Kellner in einer Kölschen Wirtschaft gerufen, serviert die Portion Seemuscheln zwischen zwei aufeinandergestülpten Suppentellern mit einer gebutterten Schwarzbrotscheibe.

Das Kölsche-Wirtschaftsgericht schlechthin ist <u>„der Halven Hahn"</u>, eine Halbseite eines Doppelroggenbrötchens, ein Röggelchen mit einer dik-ken Scheibe mittelaltem oder altem Holländer Käse. „E Rögelche met Kii's".

Wie ich schon an anderer Stelle erwähnte, war auch das Fischgericht <u>„Maifisch in Gelee"</u> eine Spezialität, die meine Großmutter und meine Mutter nur in einer Gaststätte aßen und zwar im <u>Café Riese</u> auf der Schildergasse in Köln. Das Café existiert heute noch an der selben Stelle, doch Besitzer und Charakter des Hauses veränderten sich.

4 g) Der <u>Schnellimbiß</u> erfreut sich zunehmender Beliebtheit, weil er z. B. den Berufstätigen eine Möglichkeit bietet, in der kurzen Mittagspause eine Kleinigkeit zu essen und sich zu erfrischen. Die warme Hauptmahl-zeit, - die früher das Mittagessen war -, hat sich auf das warme Abend-essen verschoben, und zu dieser Tageszeit können alle Familienmit-glieder um den Tisch versammelt sein. Der Schnellimbiß, der gewiß keine deutsche Erfindung ist, wurde natürlich von geschickten Geschäfts-leuten als eine gutfließende Geldquelle erkannt und hier bei uns einge-führt.

5) <u>Tischsitten früher und heute</u>

5 a) In meiner Kinderzeit haben wir <u>werktags alle Mahlzeiten</u> in der <u>Küche</u> eingenommen. Es war eine sogenannte <u>„Wohnküche"</u>. Ab der <u>Sams-</u><u>tagsmittagmahlzeit</u> bis einschließlich des <u>Sonntagabendbrots</u> aßen wir am Tisch des sogenannten <u>Speisezimmers</u>. In diesem Raum war der Tisch der Mittelpunkt. Stühle standen rund um den Tisch herum. An den beiden Längswänden standen sich die beiden Schränke, die zum Spei-

sezimmer gehörten gegenüber. Das war das sogenannte „Buffet", in dem meine Mutter die Tischwäsche: Tischdecken und Servietten, das „gute Service" und das „gute Besteck", (das Porzellangeschirr und die Eßbestecke, mit denen nur an den Sonn- und Feiertagen gegessen wurde), aufbewahrte. Die Bestecke waren hinter einer Schranktür des Buffets, in einem sogenannten Besteckkasten, der hier extra eingebaut worden war, in Schubladen eingelegt. Jede Schublade war mit grünem Filz ausgelegt und für jedes Besteckteil waren filzbezogene und entsprechend eingekerbte Holzklötzchen eingeklebt, so daß man die verschiedenen Messer, Gabeln und Löffel nach ihren unterschiedlichen Arten sortiert dutzendweise einordnen konnte. Die Eßgeräte, mit denen wir werktags aßen und meine Mutter beim Kochen benutzte, waren in der Küchentischschublade, die vier Unterteilungen hatte, lose eingelegt. An der anderen Längswand des Raumes stand dem Buffet gegenüber die „Vitrine", ein Schrank mit Glastüren. Hierin waren Gegenstände sichtbar aufgestellt, die der Dekoration dienten. Silberteller-, -ständer, -väschen und -kerzenleuchter, aber auch Porzellansachen, zum Teil alte Erbstückchen und viel Kristall, das damals sehr modern war und meiner Mutter sehr gefiel. Mit den verschiedenen Dingen aus der Vitrine wurde bei besonderen Anlässen: Besuch zu Gast oder Festtagen, der Eßtisch dekoriert und besonders geschmückt. Jedes Familienmitglied hatte seinen eigenen Serviettenring mit Gravur. (Meist Kommuniongeschenk)

Sonntagsmittags lag neben dem Eßteller eine frische, weiße Stoffserviette, die nach dem Essen gerollt in den Serviettenring gesteckt wurde und von da an, bei jeder Mahlzeit in dem Ring neben den Teller lag. Zum Essen legte man die Serviette lose auf den Schoß und benutzte sie z. B. als Mundwischtuch.
Später, mit dem beruflichen Aufstieg meines Vaters, änderten sich unsere Wohn- und Tischsitten.
In einer größeren Wohnung und danach im eigenen Haus hatten wir ein Frühstückszimmer, in dem wir an jedem Morgen das Frühstück einnahmen, das die Hausangestellte bereitet hatte.
Bei den anderen Essen saßen wir am Tisch des Speisezimmers. Alle Gerichte wurden nach wie vor von meiner Mutter zubereitet. Die Hausangestellte trug das Essen von Gang zu Gang auf und räumte auch den Tisch ab.
5 b) Die Speisen wurden in Porzellanschüsseln aufgetragen und auf dem Tisch bereitgestellt.
Bei Essen mit mehreren Gängen wurde nach und nach ab- und wieder aufgetragen. Es standen nicht alle Speisen gleichzeitig auf dem Tisch.
Beim Tischdecken wurden die Eßbestecke für alle Gänge aufgelegt. Nach der Speisenfolge hatte jedes Teil seinen Platz bei den Gedecken.
Links und rechts vom aufgestellten Eßteller lagen die große Gabel und das große Messer für den Hauptgang. Links und rechts davon lagen, bei einem eventuellen Zwischengang, die kleine Gabel und das kleine

Messer. Rechts von dem kleinen Messer war der Platz für den Suppen-löffel und am oberen Tellerrand waren die entsprechenden Eßgeräte für den Nachtisch gedeckt. Das konnte z. B. ein kleiner Kompottlöffel, ein Eislöffelchen oder ein Obstbesteck sein, das aus einem kleinen Mes-ser- und Gabelpaar bestand.

Bei einem Eintopfgericht lag rechts oben bei jedem Gedeck eine Mes-serbank, die passend zum Silberbesteck gehörte.

Fleisch oder Wurst standen auf einer Platte bereit. Jeder nahm sich davon sein Teil und schnitt es sich auf seinem Teller in mundgerechte Stücke. Das Messer kam dann auf die Messerbankablage, weil es nicht mehr gebraucht wurde. Das Eintopfgericht aß man nur mit der rechten Hand, mit einer Gabel bzw. einem Suppenlöffel. Bei einem Suppenein-topf wurde die Suppe in einer Suppenterrine mit Deckel aufgetragen, der eine kleine Aussparung für den Suppenschöpferstiel hatte.

5 c) Es gab in unserem Haushalt das „gute Service", das war ein weißes Eßgeschirr mit Goldrand, zu dem außer den verschiedenen Tellern für 12 Personen noch mehrere Platten und Schüsseln in allen Größen ge-hörten. Das Tischgeschirr kam nur sonntags oder bei besonderen Ge-legenheiten in Gebrauch.

Mit der Tischdekoration wurde bei festlichen Anlässen darauf Bezug ge-nommen.

Bei einem feierlich gedeckten Pfingsttisch lagen z. B. Maikäfer aus Scho-kolade als Dekoration auf. An meinen Kindergeburtstagen stand immer ein Holzrand mit Kerzen in der Tischmitte. Von den Kerzen brannte für jedes Lebensjahr eine Kerze, also kam in jedem Jahr eine brennende Kerze mehr dazu. In der Mitte des Kerzenkranzes stand eine dicke bren-nende Kerze: Das Lebenslicht.

Für den Kindergeburtstag wurden viele Kinder zum Kaffee eingeladen. Dann stand bei jedem Kindergedeck eine bunte, lustige Tischkarte mit dem aufgeschriebenen Namen des Kindes. Ich bewahre noch heute solche Tischkarten von Kindergeburtstagen als Andenken auf.

5 d) Wenn wir uns zu Tisch setzten, warteten wir mit dem Essen bis sich jeder von den Speisen genommen hatte, dann sagten wir: „Guten Appe-tit". Das war für jeden das Startzeichen zum Essen. Wenn wir am Ende der Mahlzeit aufstanden, sagten wir: Mahlzeit; das war die Kurzform von „Gesegnete Mahlzeit".

Bei einem Festmahl mit Gästen sprachen wir vor- und nachher die glei-chen Wünsche aus.

Bei einem Hochzeitsessen war es üblich, daß ein Vater, (meist der Va-ter der Braut), des Brautpaares eine Tischrede hielt.

5 e) Bei einem 3 Personenhaushalt ist die Sitzordnung einfach. Ich saß im-mer zwischen Vater und Mutter. Mein Vater saß am Kopfende, an einer Schmalseite, des Tisches. Bei einer familiären Festgemeinschaft kam dieser „Ehrenplatz" immer dem ältesten Familienmitglied zu.

Nach dem Tode meines Vater hatte z. B. meine Mutter diesen Platz bei Tisch übernommen.

Wenn wir Gäste hatten, war für die Gäste der Ehrenplatz rechts neben der Hausfrau.

5 g) Entweder schnitt meine Mutter das Fleisch in der Küche in Stücke oder Scheiben und es wurde dann auf einer Platte zum Eßtisch gebracht, oder bei einem größeren Festbraten übernahm mein Vater es, bei Tisch den Braten an- und aufzuschneiden.

Früher, wie wir noch keine Brotschneidemaschine besaßen, kam das Brot im Ganzen auf den Tisch und meine Mutter schnitt während des Essens jedem seine gewünschte Brotscheibe mit dem Brotmesser ab. Sie machte das auf die Art, daß sie sich das Brot mit der linken Hand gegen die Brust hielt und das Messer mit der rechten Hand, Scheibe für Scheibe, durch das Brot auf ihren Körper zu, durchzog. Es waren immer gleichmäßig dünne Brotscheiben, so geübt machte sie das. Später kam eine Brotmaschine ins Haus und von da an das Brot immer in Scheiben im Brotkorb auf den Tisch. Die Art, in der meine Mutter das Brot in Scheiben schnitt, war früher weit verbreitet und bei den meisten Frauen so üblich. Der 'Volksmund' wollte darin die Ursache sehen, daß so viele Frauen an Brustkrebs erkrankten.

6) Sonderkost neben den gewöhnlichen Mahlzeiten

6 a) Bei Gesundheitsstörungen wurde nicht gleich der Arzt aufgesucht oder gar ins Haus gerufen. Mit den einfachen Hausmittelchen wurde alles kuriert und auch fast immer mit Erfolg.

Da standen an erster Stelle die verschiedenen, zum Teil selbst gesuchten und getrockneten, Kräutertees.

Bei Magen- und Darmstörungen gab es mindestens einen ganzen Tag nur Zwieback mit Pfefferminztee zu trinken. Eine Diät, die strikt eingehalten wurde.

Bei den gleichen Beschwerden wurde auch Kamillentee oder eine Mischung aus Pfefferminz-Kamillentee verordnet. Lindenblütentee bekam der Patient, wenn er eine Erkältung ausschwitzen sollte.

1925 habe ich als Kind den Keuchhusten, in Köln damals „Blouhooste" (Blauhusten) genannt, gehabt.

Auch hierfür gab es ein bewährtes Hausmittel. Von einem schwarzen Rettich wurde das Deckelchen abgeschnitten und der Rettich vorsichtig ausgehöhlt. Schließlich mußte eine etwa 1 1/2 - 2 cm dicke Wand stehenbleiben. Die Höhle wurde mit braunem Kandiszucker aufgefüllt, das abgeschnittene Deckelchen als Verschluß draufgesetzt und der Rettich in der Speisekammer aufgehängt.

Nach ein paar Tagen war der Kandiszucker mit dem Rettichsaft zu einem äußerst wohlschmeckenden Syrup verschmolzen, das teelöffelweise eingenommen wurde und sofort den lästigen Hustenreiz nahm.

In einer eventuellen Rekonvaleszentenzeit, nach einer überstandenen Krankheit, tranken meine Eltern zur Stärkung, wie sie es beide aus ihrem Elternhaus kannten, täglich ein rohes Ei, das mit etwas Zucker und Kognak verquirlt worden war.

Wenn ich in meiner Kinderzeit eine Krankheit überstanden hätte, bekam ich ein „Zuckerei". Das war ein rohes Ei, das in einer Tasse mit einem Holzquirl, dessen Stiel man, zwischen den Handflächen hin und her schiebend, in Drehung brachte und so mit etwas Zucker verquirlte.

7)   Nahrung in Notzeiten
7 d) Als eine Notspeise habe ich, aus meinen frühen Kinderjahren nach dem ersten Weltkrieg, einen Brotaufstrich in Erinnerung, den man Kunsthonig nannte. Es war eine streichfähige Zuckermasse mit künstlichem Honigaroma von der Konsistenz und dem Aussehen des festgewordenen, kandierten echten Honigs. Es gab ihn in 500 gr Pappbechern zu kaufen.

7 c) Als ein Armeleutegetränk galt der Malzkaffee. In Köln „Mukefuk" genannt. Ein Ersatzkaffee für Bohnenkaffee aus gebrannten Getreidekörnern, auch Kornkaffee.

8)   Einflüsse von draußen auf die angestammten Speisen
8 a) Den ersten Einfluß von draußen, auf die von der Mutter erlernten Gerichte und deren Zubereitungsart, übernimmt eine junge Hausfrau meist aus der Küche ihrer Schwiegermutter.
Auch meine Mutter wußte davon zu erzählen, wie es meinem Vater, an dem ersten Freitag in ihrer Ehe, gar nicht geschmeckt hatte, weil sie zum gekochten Schellfisch Buttersoße, und nicht, wie er es von zu Hause gewohnt war, eine Senfsoße auf den Tisch gebracht hatte.
So kam als Abwandlung des Speiseplans, die von der Schwiegermutter übernommene Senfsoße zum Kochfisch und wenn es Buttersoße sein sollte, wurde dazu die gesalzene Bauernbutter, die der Onkel meines Vaters lieferte, genommen. Auch zum Sauerbraten kochte meine Mutter nicht mehr nur Salzkartoffel und grüne Erbsen, sie übernahm von ihrer Schwiegermutter die Art, Kartoffelklöße aus rohen Kartoffeln zu diesem Gericht zu reichen. Wie allerdings meine bäuerliche Großmutter, die aus dem Bröltal stammte, ausgerechnet „Thüringer Kartoffelklöße" in ihren Speiseplan aufnahm, kann ich nicht mehr ergründen. Von ihr übernahm meine Mutter auch die Einmachart Pflaumen in Essig einzulegen.

8 b) Einen weiteren Einfluß kann ein Wohnwechsel mit sich bringen.
Von 1912-1922 lebten meine Eltern in Berlin. Das bedeutete eine große Veränderung damals. Für ihre Küche mußte sich meine Mutter vor allem beim Fleischeinkauf umstellen. Der „Schlächter" hatte für die verschiedenen Fleischstücke eine völlig andere Bezeichnung. An den Tagen, an denen der Schlächter wurstete und die Würste kochte, standen die Berliner Hausfrauen mit Töpfen und Kannen in Schlangen beim Fleischerladen an, um die Wurstbrühe zu kaufen. Sie kochten daraus Suppen oder ihr Lieblingsgericht „Brühkartoffeln".
Das übernahm meine Mutter nicht. Sie behielt ihre rheinische Küche bei, doch für hineinpassende Neuerungen war sie aufgeschlossen. So lernte sie z. B., daß man aus „Hackfleisch", das man in Köln „Jehaks"

194

und „Frikadellen" nannte, aus den gleichen Zutaten und in gleicher Form gebraten, hier „Bouletten" herstellte. Wir übernahmen bis heute diese Bezeichnung. Sie übernahm das Gericht „Königsberger Klopse", bei dem das angemachte Hackfleisch zu runden Fleischklößchen geformt und in einer nicht zu dicken Mehlsoße langsam garziehen mußten. Außer den üblichen Gewürzen kamen noch Kapern an die Soße.

Ein übernommenes Gericht war auch der „Falsche Hase". Aus dem wie üblich angemachten und gewürzten Hackfleisch wurden keine kleinen Portionen abgeteilt, sondern der ganze Fleischkloß zu einem Laib geformt und im Ganzen, wie ein Braten zubereitet. Er wurde auch wie ein Braten in Scheibengeschnitten und mit brauner Soße aufgetragen.

Der Brauch, am Sylvesterabend um 24 Uhr Berliner Pfannkuchen zu essen, wurde von meinen Eltern auch aus ihrer Berliner Zeit übernommen.

8 c) Eine Gemüseart, die meine Eltern in Berlin kennenlernten und die es hier im Rheinland nie zu kaufen gab, waren die „Teltower Rübchen". Es sind kleine, spitzzulaufende, gelblich weiße Rübchen, ähnlich wie kleine Rettiche. Nur viel kleiner. Die Rübchen wurden in brauner Bratensoße mit zugesetztem Syrup oder viel Zucker langsam gar gedämpft. Zuletzt würzte man mit Maggiwürze. Sie kamen als braune, sehr süß schmeckende Teltower Rübchen auf den Tisch.

Dieses Gemüsegericht hätten meine Eltern gerne für immer, auch in ihren rheinischen Speiseplan in Köln, aufgenommen, doch hier kamen Teltower Rübchen nie auf den Markt und sind deshalb auch völlig unbekannt.

8 d) Eine Berliner Besonderheit war für meine Eltern damals, daß zur eingebauten Kücheneinrichtung außer einer Spüle auch der eingebaute Herd, „Die Kochmaschine" wie man in Berlin dazu sagte, gehörte und eine „Kochkiste".

Die Kochkiste war eine, außen weiß angestrichene, Holzkiste, einer kleinen Truhe ähnlich, mit einem fest schließenden Deckel. Das Innere der Kiste und die Innenseite des Deckels waren mit wattiertem Stoff ausgeschlagen. Maße: etwa H 50, Br. 60, T 40cm. In dieser Kiste verstanden die Berliner Hausfrauen vielerlei Gerichte ganz ohne Energieverbrauch garzukochen. Während der Kochzeit konnten sie sogar aus dem Haus gehen und fanden beim Heimkommen die fertige Mahlzeit vor.

Im Backofen vorgeheizte Steine kamen auf den Boden der Kiste, der Topf mit der angekochten Speise wurde, dick in Zeitungen gehüllt, auf die heißen Steine in der Kiste gestellt und mit dem isolierten Kochkistendeckel zugedeckt und somit fest verschlossen.

Alle Gerichte, die, nach kurzem Ankochen, eine langsame Garzeit haben, eigneten sich für diese Kochart. Z. B. Kartoffelspeisen, Reis oder Kartoffelsuppe.

An diese praktische Kücheneinrichtung hatte meine Mutter sich sehr gewöhnt und sie später in Köln sehr vermißt.

9) Gerichte, die nicht mehr herstellbar sind.
Es hat früher Gerichte gegeben, die man heute nicht mehr herstellen kann, weil es die nötigen Zutaten für diese Speisen nicht mehr gibt.

Bratbückinge, das waren frische, ganz leicht geräucherte, ungesalzene Heringe, die bei Monnikendam an der Zuidersee gefangen wurden. Es hieß von ihnen auch deshalb „Echte Monnikendamer", weil das eine besondere Güteklasse war.

Seit die Zuidersee trockengelegt wurde, gibt es diese Monnikendamer Bratbückinge nicht mehr.

Kettensalat, das sind die Sprossen des Löwenzahns, die noch in der Erde stecken und keimen. Sie dürfen noch nicht ans Licht gestoßen und grün geworden sein, weil sie dann bitter schmecken. Früher suchte und fand man diesen Kettensalat, - der seinen Namen von „Kettenblumen" hat, wie dieses Löwenzahngewächs heißt, wenn seine Blumen aufgeblüht sind, - in den frisch gepflügten Schollen der Kleefelder.

Der Klee, der früher als Viehfutter gebraucht wurde, wird heute nicht mehr angebaut. Stattdessen haben sich die Bauern für Mais entschieden. Doch in den Maisfeldern findet man keinen Löwenzahn mehr.

Heute suchen und finden die Eifelbauern die Sprossen des Löwenzahns im Frühjahr in den Maulwurfshügeln in den Wiesen. Doch diese mühsame Sucharbeit reicht nur für den Eigenbedarf.

Preiselbeeren mit Bergamotten, das war eine Kompottmischung, die meine Mutter früher für den Winter in Zubindesteintöpfen einmachte.

Preiselbeeren kann man heute im Herbst in Delikatessobstgeschäften schon noch entdecken. Sie sind aber sehr selten und deshalb sehr teuer. Aber die Birnensorte „Bergamotte" findet man nicht mehr. Es war eine kleine, rundlich kurze Birne, die beim Kochen fest blieb und nicht zerfiel, was bei der Preiselbeer - Birnenmischung wichtig, weil so erwünscht war.

Die von den herben Preiselbeeren gewürzten Bergamotten waren eine Köstlichkeit und das strenge Beerenaroma wurde durch die Birnen gemildert. Die heute angebotenen Birnensorten bieten keinen Ersatz für die Bergamottensorte, sind bei der Preiselbeer-Birnenmischung nicht verwendbar und daher wird dieses Gericht unbekannt werden.

Nr. 29, Bornheim-Walberberg. 5 Gewährspersonen: 1. Weiblich, geb. 1915 (Geschäftshaushalt mit Landwirtschaft, katholisch); 2. Weiblich, geb. 1938 (Landwirtstochter, Ehemann: Gärtnermeister); 3. Weiblich, geb. 1913 (Putzmacherin); 4. Weiblich, geb. 1913; 5. Männlich, geb. 1916 (Landwirt).

Berichte wurden der Einfachheit halber im Nachfolgenden zusammengefaßt, da sie in allen Punkten gleichlautend waren.

1 d) Hausschlachtung, Kartoffeln, Gemüse, Roggen, Eier, Milcherzeugnisse.

1 e) Salz, Weizenmehl, Zucker sackweise aus der Zuckerfabrik, weil Zuk-

kerrüben aus eigenem Anbau dort angeliefert wurden. Schnittkäse. Rindfleisch. Weiß- und Mischbrot. Schwarzbrot bezog man vom Bäcker im Tausch gegen ungemahlenen Roggen. Ein Sack Roggen ergab eine bestimmte Anzahl von Broten. In einer kleinen blauen Kladde, die immer beim Einkauf mitgebracht wurde, vermerkte der Bäcker die Menge der abgegebenen Brote.

Gewürze.

1 f) Kamille sammelte man am Ackerrand. Pfefferminze säte man im Garten. Brombeeren im Wald gesammelt zur Geleegewinnung. Waldbeeren wurden für Pfannkuchen gesammelt; später jedoch auch eingeweckt. (Bromele on Worbele)

1 g) Beides schon seit Generationen. Bestimmt schon seit der 2. Hälfte des 19. Jahrhunderts.

2 a) Weißbrot und Mischbrot wurden immer frisch eingekauft und im Brotkasten aufbewahrt. Schwarzbrot kaufte man in größeren Mengen und lagerte es in einem Steintopf im Keller. (Schwatsbruud em Weedöpe) Aus Roggen - us Rögemäl

2 b) Fleisch nach Schlachtung: Schinken und Speckseiten salzen und räuchern. (Schönk, Fätschspäk on dorechwaaze Schpäk en et Rööches) Blut-, Leber- und Bratwurst wurden in den ersten Tagen nach dem Schlachten frisch gegessen. Die übrige Wurst wurde durch Räuchern haltbar gemacht. Gute Nachbarn und Freunde wurden mit Blut- und Leberwurst sowie mit Wurstbrühe beschenkt. (Blood-, Läve-, Broodswuesch on Wueschbröd) Die Wurstbrühe wurde auch im eigenen Haushalt mitgewürfelten Kartoffeln zu einer schmackhaften Suppe verarbeitet. (Wueschbröd möt lapel ob Dubelschteenche jeschnede) Das übrige Fleisch wurde im Keller in einem eigens dafür hergestellten Steintrog eingepökelt.

Das Geräucherte wurde nach dem Räuchern in Leinenbeutel aufgehängt verwahrt. Schmalz wurde ausgelassen und in Steintöpfen im Keller frisch gehalten.

Um 1930 wurde dann auch fertig gebratenes und gekochtes Fleisch eingeweckt.

Vor 25 Jahren gab es für die Bauern, die ihre Produkte bei der Versteigerung ablieferten, in der Versteigerungshalle eine Gemeinschaftskühlanlage, bei der jeder Bauer seine verschließbaren Fächer besaß, in denen nun das Fleisch hauptsächlich eingefroren wurde.

Eigene Kühltruhen gibt es seit etwa 20 Jahren. Seitdem wird kein Fleisch mehr eingekocht.

2 c) Ganze Pflaumen in Essig-Zuckerlösung eingelegt, mit in Alkohol getauchtem Pergamentpapier verschlossen. Später mit Zellophan. Gurken (Komkomere) und kleine Zwiebel (Ölejelche) legte und legt man in Essiglösung und frischen Gewürzkräutern ein. Kürbis, gewürfelt in Essig-Zuckerlösung.

2 e) Pflaumenmus (Promeprüp) früher in Steintöpfen mit einer Schicht geschmolzenem Nierenfett übergossen, schloß nach Erkalten luftdicht ab.

Später in Gläser mit Zellophan verschlossen. Backpflaumen im Backofen gedörrt. (jebake Prome) Äpfel, in Scheiben geschnitten und auf Kordel aufgereiht, hängend an der Luft getrocknet. (Hotsele) Äpfel, zu Mus verkocht (Apelprüp). Apfelgelee in Gläser mit Pergament oder Zellophan zugebunden. Johannisbeeren wurden zu Gelee verarbeitet oder auch zur eigenen Weinherstellung verwendet. Stachel- und Erdbeeren waren ausgesprochene Marmeladenfrüchte. (Knübele on Ärbele). Damit die Marmelade möglichst fest und dadurch haltbar wurde, verwendete man sehr viel Zucker. Später wurden alle Früchte auch unverkocht, also ganz eingeweckt.

Bohnen und Erbsen (Bone on Iatse) ließ man auf dem Feld ausreifen und hängte die Sträucher mit der Wurzel nach oben unter dem Dach zum Trocknen auf.
Weißkohl und grüne Bohnen stampfte man mit Salz in Steintöpfe ein. Die Bohnen wurden vorher leicht abgekocht. Die Töpfe bedeckte man mit einem Leinentuch, legte eine passende Holzscheibe (Buchen) darauf und beschwerte diese mit einem Stein.
(Sure Kapes on Suebone)
Kartoffel (Iapel) lagerte man in einem Keller, der einen Lehmboden hatte. Rote Beete (Krote), Möhren (More) und Schwarzwurzeln (Schwatswutsele) wurden und werden in Sand gelagert. Rotkohl, Weißkohl und Wirsing in niedrigen Gruben mit den Köpfen nach unten und den Wurzeln nach oben, mit Stroh bedeckt überwintern im Garten. (Ruude Kapes, Wiize Kapes on Schavue)

2 f) Mehl und Zucker im offenen Sack, in dessen Mitte ein Stock zum durchlüften gesteckt wurde. Eier im Körbchen. Fett, Butter, Milch, Sahne und Quark in Steintöpfchen in der Milchkammer oder im Spind. (Bote, Melech, Room on Klatschkiiz)

2 i) Kühlschrank nach dem 2. Weltkrieg, also vor 40 Jahren. Tiefkühltruhe seit 20 Jahren. Heute wird fast alles eingefroren oder jede Woche frisch im Laden eingekauft. Eine Vorratshaltung im früheren Sinne gibt es kaum noch. Wenige Bauern halten noch Vieh. Im ganzen Dorf gibt es nur noch eine Kuh.

3 a) Früher 5 Mahlzeiten. Heute meist 4 Mahlzeiten.
Früher: Frühstück gegen 7 Uhr, um 10 Uhr kleinen Imbiss, um 12 Uhr Mittagessen, um 16 Uhr Nachmittagskaffee. Abendessen um 19 Uhr nach der Stallarbeit.

3 b) Frühstück: Bratkartoffel, Brot, Butter, Marmelade, Rübenkraut und Quark. Als Getränk für Kinder Milch oder Malzkaffee mit Milch.
Für Erwachsene Malzkaffee oder Bohnen und Malz gemischt.
10 Uhr: Ein Butterbrot. Bei der Feldarbeit ein Wurstbrot. Die Alten tranken dazu ein Schnäpschen. (et Tseenueche)
Abendessen: Milchsuppen und die Reste vom Mittag, Bratkartoffel.
Frühstück heute: Brötchen, Ei, Marmelade, Bohnenkaffee.
Abendessen: Brot, Butter, Belag und Tee.

3 c) In der Woche gab es fast immer Kartoffel und Gemüse je nach Jahreszeit. Sehr viel Eintopfgerichte. Meistens mit ausgelassenem fetten Speck gefettet. Fleisch gab es nicht alle Tage. Freitags überhaupt nicht.
Eintopf (Ongereenjekauchs) als Suppe und feste Speise, bei letzterem wurden die Kartoffel breiig gestampft. Kartoffeln spielen eine große Rolle in der Vorgebirgsküche. Daher gibt es sehr viele und mannigfaltige Kartoffelgerichte.
Pfeffer, Salz, Zwiebel, Muskat und Bohnenkraut, Petersilie waren die gebräuchlichsten Gewürze. Heute würzt man vielseitiger. Die ganze Ernährung ist überhaupt vielseitiger geworden. Man bäckt Pizza, macht Hawaitoast, grillt usw.

3 d) <u>Sonntags</u> zu Mittag Fleischsuppe, Kartoffel (Salzkartoffel), Gemüse, Braten und Soße. Als Nachtisch Pudding.
Nachmittags Kaffee mit Milch und Zucker, dazu Stollen (Wäk), mit Butter und Marmelade.
Abends Brot, Butter, Belag - Käse, - Wurst, Kakao, Pfefferminztee. In der heißen Jahreszeit für die Erwachsenen manchmal Bier.

Kirmes (Pfingsten): Sauerbraten mit viel Zwiebel und Rosinen, Salat, Gemüse und Salzkartoffel. (Suebroode)
Abends auch Brot mit Butter und Schinken. (Rollschinken, den man selber abkochte)
Gründonnerstag: Spinat mit Ei und Salzkartoffel.
Karfreitag: Nudeln mit Dörrobst. Manchmal auch gekochten Fisch.
Karneval: (Fasteloovend) gab es Muzen, Muzemandeln, Krapfen und Berliner, selbstgebacken in großen Mengen.
Ostern: wie an allen Festtagen Rindfleischsuppe mit Markklößchen (Bälche), Braten, Gemüse, Salzkartoffel, Pudding mit Himbeersaft.
Nachmittags Rodonkuchen, Kaffee, mit Zucker und Milch. Ostereier, wann immer man sie essen wollte, gefärbt in Zwiebelschalen, jungem Futterkorn und in Rote Beete Saft.
Hl. Abend gab es nichts besonderes. Die Feiertage begannen erst am Weihnachtsmorgen mit der Bescherung.
Bei Hochzeiten war der Speiseplan wie an allen Festtagen. Wichtig an allen Festen, bei denen Gäste eingeladen waren, war, daß alles reichlich vorhanden war.
Abends gab es Braten, Salzkartoffel und Salat (Schloot). Zum Neujahrstag gehörten geflochtene Hefekränze, meist mit einem, aus dem gleichen Teig geformten Kreuz in der Mitte. Als Symbol für das neue Jahr, das man unter den Schutz Gottes stellt (Nöijuaschkrants). Ebenso große Brezel. (Brötsele)
In den Gaststätten spielten die Männer in der Sylvesternacht Karten um Brezeln und Kränze.
Bei Taufen wurde nur nachmittags mit Kaffee und Kuchen, abends mit Fleisch, Salzkartoffel und Salat, oder mit Kartoffelsalat und Wurst gefeiert.
Bei Begräbnissen (Ob de Jroov) wenn Mittagessen, ohne Suppe und

Nachtisch. Nachmittags Streusel-, Apfel- und Pflaumenkuchen. Nie Sahne-, oder Cremetorte. Das ist auch heute noch so.

3 e) Rindfleischsuppe, Rindfleisch mit Senf. Braten, Kartoffel, Gemüse. Pudding mit Saft.

Eine Köchin (Kochfrau) gab es nur bei Hochzeiten, Kinderkommunion und Begräbnissen. Sie wurde meistens von den Nachbarn gestellt. Bei besonderen Anlässen war in der Küche und beim Bedienen die Nachbarschaftshilfe selbstverständlich.

3 f) Sonntags immer Stollen. Weihnachten Spekulatius und Printen. Ostern Rodon. Kirmes große runde „Kirmesweck" mit besonders guten Zutaten. Große Platten Streuselkuchen. Apfel- und Pflaumenriemenkuchen, Gries- und Reisfladen. (Taat) Hefe- und Mürbeplätzchen, (Knöplätsje) oval, etwa 12 x 8 cm, wurden bis zu 100 Stück und mehr bestellt. Die Hefeplätzchen wurden im Steintopf im Keller aufbewahrt, damit sie weich (mangs) blieben. Kirmesgebäck wurde sehr reichlich beim Bäcker bestellt, weil jedem Kirmesgast ein Kuchenpaket mit nach Hause gegeben wurde.

Manchmal, besonders im Winter wurden und werden sonntags Waffeln gebacken.

3 g) Brot gab es beim Frühstück, nachmittags und Sonnbends. Viele aßen zur Rindfleischsuppe eine Scheibe Stollen.

In der Fastenzeit Kochfisch, Nudeln mit Dörrobst.

3 i) Waren Handwerker zur Essenszeit im Hause, aßen sie mit am Familientisch.

3 k) Dicke Bohnen mit Speck. Bohnensuppe mit Buttermilch und saurer Sahne. Dazu Apfelküchlein. (Freitags besonders beliebt). Frischer grüner Salat mit warmen gewürfelten Kartoffeln und heller Speck-Zwiebelsoße gemischt. Reibekuchen mit Apfelmus oder Rübenkraut. „Kugel", Kesselkuchen aus geriebenen rohen Kartoffeln mit Speckwürfeln und Backpflaumen gemischt, in gußeisernen Kessel in Öl gebacken. „Jedämpfte Japel", gleichmäßige, rundgeschälte Kartoffeln in ausgelassenem Speck, gebräunten Zwiebeln, Salz und Pfeffer gedünstet. Süße Obstpfannkuchen (Auch als Freitagsessen).

4 a) Früheres Erfrischungsgetränk, besonders bei Feldarbeit, Wasser mit Essig und Zucker und einer Spur Natron. (Em Suewäezich Kruch) Tonkrug.

Kalter gesüßter Pfefferminztee. Malzkaffee. Belegte Brote. Wurst, abgekochter aufgeschnittener Räucherspeck.

4 b) Graubrot mit Butter. (de Scholeboteram)

4 c) Auf Schulfausflügen Kartoffelsalat und hart gekochte Eier. Brote mit Wurst. Obst.

Bei größeren Wallfahrten z.B. Kevelaer, in einem Schließkorb Schwarzbrot, Dauerwurst, ein Töpfchen mit Butter, eines mit Schmalz, Kaffeemehl, Besteck, Tasse und Frühstückbrettchen, hart gekochte Eier.

4 d) Früher wurden alle Feste im Hause gefeiert. Heute werden Kinderkommunion, Hochzeiten und Begräbnis in der Gaststätte gehalten.

4 e) Unbekannt

4 f) Heute ißt man besonders Samstags- und Sonntag abends Pizza, Pommes frites, Russenei und Schnittchen im Gasthaus.

4 g) Es gibt heute fast in jedem Ort des Vorgebirges einen „Schnellimbiss", der besonders abends nach Feierabend von jungen Leuten rege besucht wird.

5 a) Meistens wurde in der Küche gegessen. Befand die Kochstelle sich „em Huus", der Eingangsdiele, dann aß man in einer einfachen Stube, deren Mobiliar meist nur aus Tisch, Bank, Stühlen und einem Ofen bestand. An Festtagen aß man „en de jood Schtuv" Wohnzimmer.

5 b) Alles was gegessen wurde, wurde sofort auf dem Tisch abgestellt.

5 c) Tischdekoration war unbekannt. Tischgeschirr, im Alltag einfache Tassen (keine Untertassen) und Teller aus Steingut. Bestecke waren aus Eisen mit Holz- oder Horngriffen, die jeden Samstag blank geschmirgelt wurden. Alle Speisen wurden aus tiefen Tellern gegessen. An Sonntagen wurde erst die Suppe und dann aus dem gleichen Teller auch die Hauptspeise gegessen. Bei manchen Bauern aß man den Pudding von dem umgekehrten Teller. In einigen Familien gab es schon Frühstücksbrettchen. Im allgemeinen wurden die Brote auf der Tischplatte geschmiert und abgelegt. An Festtagen gab es ein Kaffeeservice, Porzellanteller und Schüsseln. Den Pudding aß man von Untertassen (Kafeschötelche). Bratkartoffel aß man aus der Pfanne, die mitten auf dem Tisch stand.
An Feiertagen wurde eine Tischdecke aufgelegt.

5 d) Tischgebet vor- und nach dem Mittagessen, meistens sehr lang. Das Brot wurde vor dem Anschnitt auf der Rückseite mit einem Kreuz gezeichnet.

5 e) Der Vater saß am Kopfende, die Mutter an der Längsseite vor dem Tisch. So hatte sie die größere Bewegungsfreiheit. Die Kinder auf der Bank hinter dem Tisch, evtl. am unteren Tischende. Der Gast wurde neben der Mutter plaziert. In größeren Bauernhöfen mit Knechten und Mägden, die Magd neben der Hausfrau, anschließend der Knecht. Bei mehreren, die Knechte ihrer Bedeutung nach. Der Jüngste, der Kleinknecht, am unteren Ende.
(De Kügele am öngeschänk).

5 g) Die Hausfrau schnitt das Brot auf. Das Fleisch wurde geschnitten auf den Tisch gebracht. Die Frau teilte das Fleisch aus.

6 a) Bei Magenverstimmung trockenes Weißbrot oder Zwieback mit Kamillentee. Anschließend Hafersüppchen mit Wasser-Milch gemischt ohne Zucker. Bei Fieber Wasser mit Zitrone, eingemachtes Obst und was der Kranke zum Essen verlangte. Beim Kater sauren Hering oder rohes Sauerkraut.

6 b) Malzbier, Milchsuppe und Hühnersuppe mit geschlagenem Ei. Ei in Rotwein geschlagen. Für Männer gab es nichts besonderes. Höchstens wegen der schweren Arbeit das größte Stück Fleisch

6 c) Für Wöchnerinnen vermied man Rotkohl, alle Kohlarten überhaupt. Bohnenkaffee.

7 a) Junge Rübenblätter als Gemüse, Quitten als Geleefrucht.

7 b) Ei mit Milch, Mehl und Salz geschlagen, in der Pfanne etwas eingedickt und gegart als Brotaufstrich. (Aieschmö)
Öl und Nierenfett zum Sieden bringen, Mehl einrühren und erkaltet aus Brotaufstrich. (Olichsfät). Streicht sich wie Schmalz. Wurde mit Vorliebe auf Schwarzbrot mit einer Spur Salz bestreut gegessen.

7 d) Armeleuteessen im eigentlichen Sinne gab es nicht. Da man im Vorgebirge sowieso einfach aß. Nur gab es unter der Woche kein Fleisch, höchstens einmal Bratwurst oder Blut- und Leberwurst gebraten. Fett und Speck wurden sparsam verwendet. Zu Milchsuppen nahm man Magermilch. (Seperiete Melech). Nach dem 2. Weltkrieg Maisbrot, Maismehl, Weizengrütze, Steckrüben. Falsche Leberwurst (etwas Fett mit Mehl und Majoran).

Nr. 163, Pantenburg/Kr. Wittlich. Männlich, geb. 1916. Polizeibeamter. *Rein bäuerlicher Haushalt. Pantenburg galt in der Zeit als eines der reichsten Dörfer in der Umgebung, ca. 300 Einw.* Zeitraum 1920 - 1930. Katholisch.

1   <u>Beschaffung der Nahrungsmittel und Zutaten</u>

a)   Entfällt, da bäuerl. Betrieb

b)   Heringe (Lieferant kam 1 x im Monat, aus Bonn, „18 Stück für 1 Mark!") Margarine, Kakao, Reis (meist in Manderscheid eingekauft)

c)   Entfällt, da bäuerl. Betrieb

d)   Kartoffeln, Kohl (Sauerkraut = „Saure Kappes"), andere Gemüse, Mehl, Fleisch (selten von Kaninchen oder Hühnern), Butter, Quark („Klatschkies"), Eier, Milch, Erbsen, Linsen, Möhren, Rote Beete (= „Ruht Murren"), Bohnen, Gurken
Äpfel, Birnen, Stachelbeeren, Johannisbeeren Buchweizenmehl („Hedelich"), Haferflocken „Faule Kies" (=Käse), aus dicker Milch, zu Quark geworden, durch ein Tuch gedrückt, gekocht (mit Kümmel) = Kochkäse
Viez (Apfelwein), Johannisbeerwein

e)   Salz, Zucker, Margarine, Reis, Sago, Graupen, seltener: Nudeln und Wurst, Gewürze

f)   Himbeeren, Brombeeren, wilde Erdbeeren, Waldbeeren für Saft, Marmelade, Gelee,
Wacholderbeeren für Sauerkraut
Haselnüsse
Brennesseln u. Löwenzahn für Gemüse u. Salat,
wilder Feldsalat
Kamille u. Pfefferminz, Heilzwecke

2   <u>Häusliche Vorratswirtschaft</u>

a)   Am Backtag wurden 14-16 Brote gebacken, aufbewahrt im Keller auf einer „Stellage" (Regal), die Kruste blieb dort - im Keller - weich

b) Einsalzen, räuchern (Räucherhaus im Speicher) Fleisch wurde zum geringen Teil auch eingeweckt in Gläsern (vorher gebraten) - Fleisch für besondere Anlässe (Kirmes, Hochzeit...)

c) Salzkonservierung: Saure Bohnen, aufbewahrt in Töpfen aus Steingut oder in Flaschen
Obst: Einmachen
Getrocknete Bohnen
Gemüse im Keller gelagert
Teekräuter, getrocknet, Speicher
Dill, wie vor
Salatsamen wurde geerntet u. auf dem Speicher getrocknet
(Sägut für nächstes Jahr)
Äpfel, gelagert im leeren Schlafraum oder Speicher oder in Ringe geschnitten und im Speicher aufgehangen, vorher im Backofen getrocknet
Zwetschgen („Quätschen"), zum Trocknen (Speicher)
Birnen, im Backofen getrocknet, durchgeschlagen
(„Birrebunnes")

d) Johannisbeerwein (durch Gärung)
Himbeer-, Brombeersaft (Gewinnung: Kochen, durch Tücher drücken, für Gelee u. Marmelade mit Zucker eingekocht)

e) Siehe d)
Zusätzlich: Marmelade aus Zwetschgen
Apfelkompott

f) Mehl: In Säcken auf dem Speicher, kleinere Mengen in der Vorratskammer („Spindchen")
Eier: Vorratskammer
Fett: Vorratskammer (Schmalz und Griebenschmalz in Steinguttöpfen)
Milch-Produkte: Vorratskammer (in Steinguttöpfen)

g) -

h) Früher:
Kartoffeln: Im Keller (Kiste)
Möhren, Rote Beete: Im Keller
Äpfel, Birnen: Im Keller und / oder wie 2 c)
Fleisch: Räucherhäuschen (Speicher)
Sauerkraut: in Steinguttöpfen
Gelee, Marmelade: Im Keller
Heute:
Wie oben
Fleisch in Gefriertruhe
Gemüse. z. T. in Gefriertruhe (vorher kurz gekocht)
Brot z. T. in Gefriertruhe

i) Nach 1945 (nicht genau feststellbar);
Weniger Rauchfleisch, andere Vorräte (Speisen), kamen später hinzu
„Speiseplan" änderte sich

3) Mahlzeiten im Tageslauf

a) 4 x täglich
ca. 7.30 Uhr Frühstück, Zwischenfrühstück in der Schule, ca. 12.30 Mittagessen, ca. 16.00 Uhr „Kaffee", ca. 19.00 Uhr Abendessen
Frühstück (ca. 7.30 Uhr)
Morgens, vor dem Frühstück und vor der Viehfütterung wurde ein Schnaps (Trester oder Hefen) getrunken,
Frühstück: Bratkartoffeln, Malzkaffee, Quark, Brot, Butter oder Margarine, Apfelkompott, Marmelade, Gelee (alternativ) Butter seltener
Zwischenfrühstück (Schule): Butterbrot
Mittagessen: Suppe (Kartoffelsuppe in verschiedenen
Ausführungen, u. a. auch „Falsche Bohnensuppe = Suppe mit gewürfelten Kartoffeln),
Haferflockensuppe, auch mit geräucherter Brühe, Wurstbrüh-Suppe mit Brot (geschnitten), wenn Schlachttag war,
Eintopf (Erbsen, Linsen, selten Reis mit Huhn)
Kartoffeln, gekocht
Waffeln, auch (selten) Kartoffelwaffeln (aus Kartoffelteig)
Pfannkuchen, Reibekuchen (Kartoffelkuchen)
Buchweizenkuchen („Hedelich")
Fleisch: Geräuchert, frisch nur bei Schlachtung (genannt „Grünfleesch")
Heringe, auch Bratheringe - selten
Nudeln (selten), zeitweise selbst gemacht
Sauerkraut
Verschiedene Gemüse (u. a. Wirsing, Weißkohlsalat,
gedämpfter Weißkohl, saure Bohnen)
Kartoffelpüree
Nachmittags (ca. 16.00 Uhr): Malzkaffee, Brot, Marmelade, Gelee, Apfelkompott, Butter, Quark, „Eierschmier" (Eier,
Mehl, Wasser, Salz)
Abendessen: Bratkartoffeln mit Speck oder Grieben, dicke Milch, selten Brot und Butter, „Eierschmier"
Tischgetränke: Siehe wie vor, oft auch heiße Milch (gekochte Magermilch, selten Vollmilch)
Viez,
Saft,
bei besonderen Anlässen Kakao
Sonntags: Morgens und nachmittags: Streusel- oder
Apfelkuchen
Sonntags-Mittagessen:
Suppe (meist aus rohen Kartoffeln, mit Räucherbrühe)
Salzkartoffeln
geräuchertes Schweinefleisch, Rippchen, Bauchlappen
Sauerkraut
1 Stk. Brot

Pudding
Getränk: Viez
Im Winter:
Abends, nicht immer, Milchsuppe mit Brot (eingebrockt)
Später am Abend: Bratapfel (selten)
b)   Siehe wie vor
Heute: Frühstück wie früher
Abends: Kaum noch Bratkartoffeln, meist kein warmes Essen, Brot,
Butter, Wurst, Käse, Marmeladen, Quark
c)   Kaum Veränderungen
Nur dann, wenn Salate u. Obst zur Verfügung stand (Erntezeit) oder
wenn geschlachtet wurde
Gewürze: Salz, Pfeffer, Zimt (für Apfelkompott)
d)   Schlachttag: Mittags gab es „Geling" = Gulasch aus Innereien (Lunge,
Leber, Herz) Wurstbrühe
Kirmes: Mittags: Fleischsuppe mit Sago Rindfleisch (auch für die
Suppe benötigt),
auch eingewecktes Bratfleisch - weil Kirmes in den Win-
terfällt, wurde meist geschlachtet!
Salzkartoffeln
Erbsen oder Rote Beete
eingemachte Zwetschgen (zum Fleischbraten)
Pudding
Gründonnerstag
bis Ostern: Kein Fleisch
Begräbnis: Mittagessen wie Kirmesessen
versch. Kuchen nachmittags
Bei Hochzeiten gab es zum Mittag Koteletten
e)   Eine Köchin wurde nicht benötigt, bei Hochzeit und Beerdigung half die
Nachbarschaft
f)   Kuchen: Kirmes Besondere Kuchen
Sonntags (selten) und Feiertags:
Streuselkuchen, gedeckter Apfelkuchen, auch schon mal
aus Brotteig („... hat nicht geschmeckt!")
Plätzchen: Nur Weihnachten, wurden z. T. an den Tannenbaum
gehangen
Spekulatius: Nur Weihnachten
g)   Bei Sauerkraut u. geräuchertem Fleisch, trocken als Zukost,
Als Hauptspeise nie
h)   Heringe u. Bratfisch (in Dosen)
Fastenspeise: Heringe (selten)
i)   Wie die Familie
k)   -

4)   <u>Essen außerhalb des Hauses</u>
a)   Butterbrote u. Viez
Mittagessen im Feld:

Übliches Mittagessen in emailierten Töpfen gebracht, eingewickelt in Tücher (zum Warmhalten) Suppen, Eintopf

b) wie 3 a) nach Frischschlachtung auch Wurst als Belag
c) Bei Ausflügen: Auch Weißbrot mit gekaufter
                             Fleischwurst
(Wallfahrten)   Limonade, Sprudel
                             Bonbons (ganz selten)
d) In Gaststätten wurde nicht gegessen, nur beim Polterabend gab es Bier
e) Nicht bekannt
f) Man ging nicht ins Wirtshaus zum Essen
g) Gibt es im Dorf nicht

5) <u>Tischsitten früher und heute</u>
a) Wochen- u. sonntags Küche
    Feiertags   Stube
b) Bratpfanne (morgens u. abends) auf den Tisch, man saß drumherum, keine Teller
    Seltener: dicke Milch in großer Schüssel, jeder nahm sich mit dem Löffel (keine Teller für jeden)
c) Bei Kirmes u. besonderen Festtagen: Besseres Porzellangeschirr u. bes. Besteck
    Dekoration: Nur bei Hochzeiten
d) Gemeinsames Gebet (1 Vaterunser) mittags u. abends, vorher u. nachher
    Bei Beerdigungen: 3 Vaterunser
e) Kopfenden: Vater und Mutter
    Kinder (damals 4) beiderseits des Tisches, altersmäßig; der älteste Sohn saß beim Vater, Gast: wo sonst der älteste Sohn sitzt
f) Zuerst der Vater, Gäste, Kinder, dann Mutter; <u>Nur</u> die Mutter trägt auf (kam zuletzt zum Essen)
g) Alles der Vater (Brot und Fleisch). Das Brot erhielt auf der Unterseite ein Kreuz (durch Überstreichen mit dem Messer)

6) <u>Sonderkost neben den gewöhnlichen Mahlzeiten</u>

a) Pfefferminz- und Kamillentee bei Magenverstimmung Kamillentee-Dampfbad (Tuch über den Kopf, über einen Behälter geneigt) bei Erkältung
    Kandiszucker bei Erkältung
    Bienenhonig in heißer Milch bei Erkältung
    Holzkohle, gestampft, gegen Durchfall
b) nichts bekannt
c) Nur Milchsuppen mit Weißbrot („Wääk") bei verschiedenen Krankheiten

7) <u>Nahrung in Notzeiten</u>

a) -
b) Mehl (bei „Eierschmier")
    Brot (in Suppen)

c)	Selbstgebrannter Kaffee aus Gerste u. Korn, zuweilen mit Kaffee-Essenz-Zulage, genannt „Muckefuck" (selbstgebrannter Kaffee)
d)	Bratkartoffeln, in kaltem Kaffee gebraten (statt in Fett)

Nr. 224, Alf/Mosel. Männlich, 91 Jahre alt. Winzerfamilie. Katholisch.

1 a)	Es gab Anfang des 19. Jhdt. Wochenmärkte in Alf. Angeboten wurden: Teilchen (Moulschelle), Textilien, Wein, Kartoffeln, Gemüse, Hafer, Gerste, Roggen, Ferkel.
Die Familie ... brauchte auf Märkten außer 2 Ferkel nichts zu kaufen, da sie sich aus dem eigenen Garten versorgte.
1 b)	---
1 c)	Das Gemüse wurde selbst angebaut, Kartoffeln und Korn ebenfalls. Es gab im Jahr 2 Schweine, evt. noch ein Rind. Hühner und Kaninchen wurden gehalten.
1 d)	—-
1 e)	Brot mußte gekauft werden.
1 f)	Brombeeren (Brommere) für Gelee und Saft (auch heute noch) Himbeeren (Embere) für Gelee und Saft Maikräuter (Waldmeister) getrocknet und für Bowle verwendet
1 g)	--- weiß er nicht --- zu seiner Zeit gab es 3 Metzgereien und 3 Bäckereien (also vor 1900) Heute gibt es 2 Metzger und 2 Bäcker und 1 Bäckerei-Verkaufsstelle
2 a)	Die Familie ... hat selbst nicht gebacken. Das Brot wurde gekauft. Herr ... erinnert sich aber daran, daß es in verschiedenen Häusern Steinbacköfen gab und da auch noch gebacken wurde.
2 b)	Meist wurden 2 Schweine geschlachtet und nach Hausmacherart verarbeitet.
Schinken, Rippchen, Speck usw. wurden erst in einem Holzzuber (Holzzuwwer) eingesalzen und dann geräuchert. Kotelettstücke und andere Fleischstücke wurden eingeweckt. Solperfleisch (Fleisch aus dem Holzzuwwer, gesalzen und gewürzt) wurde in der Lake (Solper) aufbewahrt und dann kurzfristig, also innerhalb der nächsten Wochen verbraucht.
Bis in die 60er Jahre hat die Familie ... so geschlachtet. Als sie dann (Anfang 1960) eine Kühltruhe bekam, wurde das Fleisch eingefroren.
2 a)	Gemüse und Obst wurde eingekocht (auch heute noch). Sauerkraut wurde geschnitten, gesalzen, dann in einem Steintopf (Stäne Deppe) aufbewahrt (auch heute noch). Stangenbohnen wurden zum Teil gepellt und getrocknet. Grüne Stangenbohnen wurden aber auch ganz auf eine Schnur in (Hängele) Büscheln aufgereiht und auf einem luftigen Speicher getrocknet. Pflaumen legte man in Essig und Zucker in kleinere Steintöpfe (stäne Deppcha)
2 d)	Brombeer- und Himbeersaft wurde eingekocht
2 e)	Brombeeren und Himbeeren, manchmal auch Schlehen und Pflaumen wurden durch Zusatz von Zucker zu Gelee oder Marmelade verarbeitet (auch heute noch)

2 f) Mehl und Salz wurde in Steintöpfen aufbewahrt Schmalz ebenfalls Eier und alle Milchprodukte wurden in der Vorratskammer aufbewahrt.
Aus Milch wurde auch Rahm gewonnen und als Brotaufstrich verwendet. Aus Milch wurden auch „Foustekäsja" gemacht, die in „Hiatscha" (Holzgestellen) im Schatten getrocknet wurden. Die „Foustekäsja" wurden dann in Steintöpfe eingelegt und zur Geschmacksverfeinerung mit Wein begossen.

2 g) Fleisch wurde in Solper gelegt (also in eine Salzlake)

2 h) Äpfel kommen zum Überwintern auf den Speicher (früher und heute)
Einmachgläser kommen in den Keller (früher und heute) Kartoffeln lagert man im Keller (früher und heute)
getrocknete Bohnen hingen früher auf dem Speicher
Heute werden die Bohnen eingefroren.

2 i) Seit Anfang 1960.
Das Fleisch wird eingefroren. (Es wird auch heute noch 1 Rind im Jahr geschlachtet)

3 a) <u>im Sommer</u>

Frühstück - ca. 7.00 Uhr	Kaffee und Brot mit Marmelade oder nur mit guter Butter, Käse
2. Frühstück - ca. 9.00 Uhr	man nahm in den Weinberg ein Nainouer Kaffeeblech (Kaffeekanne aus Weißblech) mit und ein Butterbrot mit guter Butter oder Marmelade (Bottaschmea) oder mit Käse

Mittags
Meddach oder 12 Ouer - 12.00 Uhr	warmes Mittagessen, Kartoffeln, Gemüse oder Salat, Fleisch oder warme Wurst. Dazu getrunken wurde meistens ein Glas Haustrunk (Wein, den der Winzer zum eigenen Gebrauch nimmt, wird bei uns „Flubbes" genannt)

Kaffeepause
Ver-Uhre-Steck - 16.00 Uhr	zu Hause eine Tasse Kaffee und ein Butterbrot mit Marmelade im Weinberg Kaffeeblech und Butterbrot

abends
Fäieromend	meistens wenn es dunkel wurde, also zu keiner festen Zeit. Manchmal gab es Reste von mittags aufgewärmt. Manchmal gab es Bratkartoffeln mit Blut- oder Leberwurst. Oder es gab Wurstbrote, getrunken wurde Wein.

Sonntags fielen die Zwischenmahlzeiten um 9.00 Uhr und um 16.00 Uhr aus. Manchmal gab es sonntags auch um 16.00 Uhr ungefähr Kaffee und selbstgebackenen Kuchen, meistens Hefekuchen. Abends wurde sonntags meistens auch zwischen 19.00 und 20.00 Uhr gegessen.

<u>im Winter</u>
  9.00 Uhr - Frühstück. Kaffe und Brot, eventuell ein Ei.
12.00 Uhr - warmes Mittagessen
18.00 - 19.00 Uhr - Abendessen kalt oder Rest von mittags.
3 b) Frühstück früher: meist nur aus Kaffee, Brot, Butter und Marmelade,
     manchmal einem Ei, bestehend.
     Frühstück heute: Kaffee, Wurst, Margarine oder gute Butter, Brötchen,
     ein Ei.
Herr ... arbeitet zwar noch im Weinberg, frühstückt aber später als früher, da
er mit der Arbeit auch später anfängt.
Heute frühstückt er etwa um 8.00 - 8.30 Uhr, früher um 7.00 Uhr.
Beim Abendessen hat sich nichts geändert. Außer, daß er etwas früher im
Sommer zu Abend ißt, weil er ja auch nicht mehr so lange abends arbeiten
kann.
3 c) --
3 d) Schlachttag - frische Blut- oder Leberwurst (für die Kinder wurden spe-
     zielle kleine Würste gemacht, die man „Heinzelmännchen" nennt)
     Wurstbrühe (Wuuschtsopp)
     Wellfleisch
Kirmes am 1. Okt. - Ochsenfleisch mit verschiedenen Gemüsen (die
                     Ochsen wurden vorher von den Metzgern zum
                     Begutachten durch den Ort getrieben)
Gründonnerstag   -
Ostern   - etwas, das es nicht jeden Tag gab also ein besonders
                     schönes Bratenstück mit Salat oder Gemüse, vor dem
                     Essen eine Suppe mit selbst gemachten Markklößchen
                     (Markkliesja)
Heiligabend   - wie Ostern
Taufe   - Kaffee und Kuchen
                     Hefekuchen und Buttercreme
Begräbnis   - Hefekuchen (meistens Streuselkuchen) mit Kaffee
Hochzeit   - gek. Rindfleisch (Greenfleisch) mit Senfsoße, Suppe
                     mit Markklößchen, Braten mit verschiedenen
                     Gemüsen oder Salat.
                     Pudding (versch. Sorten)
3 e) Die Familie ... brauchte nur bei Hochzeiten eine Köchin.
3 f) Krapfen (Moutze) - Karneval
     Waffeln - Karneval
     Brezel - St. Martin
     Plätzchen - Weihnachten (besonders Wäffelchen, die in einem Waf-
     feleisen mit langen Griffen auf dem Herd gebacken wurden)
3 g) Als Hauptspeise wurde Brot morgens, abends und zu den Zwischen-
     mahlzeiten mit Marmelade, einfach nur guter Butter oder Hausmacher
     Wurst gegessen.
     Trocken als Zukost wurde Brot zum Suppenfleisch (Greenfleisch) als
     Vorspeise gegessen.

3 h) Stockfisch war eine Fastenspeise.
Hering war ein Fischgericht, das man das ganze Jahr über fast jeden Freitag aß.
Freitags aß man Hering oder Eier.

3 i) Die Handwerker brachten sich ihre Brote selbst mit und gingen mittags nach Hause essen bzw. brachten sich etwas mit.

3 k) Pullfleck, das sind Kutteln

4 a) Warmes Essen wurde in einem Mammittche (das ist ein Essensbehälter aus Aluminium), um das Zeitungspapier gewickelt war, in den Weinberg gebracht.
Brote und Kaffeeblech nahm man für die Zwischenmahlzeiten (9 und 16 Uhr) mit.

4 b) Brot mit guter Butter in Zeitungspapier gewickelt (das nahm Herr ... mit)
Heute: Brötchen mit „Nutella", Marmelade, Wurst oder Käse. Manche Schulen verkaufen auch Pommes Frites, Brötchen, Cola, Hamburger.
Die Kinder können in der Grundschule für 35 Pfennig Kakao kaufen.

4 c) Auf Wallfahrten wurde gefastet. Das heißt, es wurde nicht üppiger als sonst gelebt, sondern man aß sogar bescheidener. Zum Mittagessen nahm man ein Brot mit und bestellte sich dann am Wallfahrtsort (wir gingen zu Fuß nach Klausen) in einem Wirtshaus zu dem Brot eine Boullion oder einen Kaffee.
Auf Ausflüge nahm man sich auch das Brot und den Kaffee mit.

4 d) Die Familie ... feierte nicht in Gaststätten. Sie hatte selbst genug Platz und auch reichlich zum Auftischen.

4 e) -

4 f) Pullfleck (Kutteln) - früher und heute
Gehacktes (früher und heute)
Warme Fleischwurst (früher und heute)

4 g) Der Schnellimbiß ist nicht mehr so gefragt wie noch vor einigen Jahren.

5 a) Wochentags und sonntags wurde in der Küche gegessen. An Feiertagen (Weihnachten, Ostern, auch an Namenstagen) wurde in der „guten Stube" gegessen. (Auch heute noch)

5 b) Wochentags wurde aus den Töpfen auf die einzelnen Teller geschöpft und die Teller verteilt.
Bei besonderen Gelegenheiten wurde serviert.
Sonntags stellte man die Kartoffeln, Gemüse, Fleisch, in Schüsseln auf den Tisch.

5 c) Bei besonderen Gelegenheiten kam das gute Geschirr auf den Tisch.
Zur Dekoration verwendete man Blumen aus dem eigenen Garten.

5 d) Beten vor und nach den Mahlzeiten

5 e) Jeder hatte einen festen Platz. Der Vater saß am Kopfende, die Mutter saß rechts oder links neben dem Vater, die Kinder verteilten sich rund um den Tisch, aber immer auf dem gleichen Platz. Die Gäste setzten sich nach Wunsch einfach an.

5 f) Erst bekamen die Gäste, nach Ansehen der Person, vorgelegt. Bedient wurde von Mädchen aus der Nachbar- oder Verwandtschaft.

5 g) Das Fleisch kam meistens geschnitten auf den Tisch.

5 h) -

6 a) Haferschleim bei Magenerkrankungen (auch heute noch) Blockschokolade bei Durchfall (auch heute noch)

6 b) Ein gutes Glas Wein, in das ein Ei gerührt wurde, bekamen alte Leute zur Stärkung und Wöchnerinnen.

6 c) Hülsenfrüchte wurden von magenkranken Leuten gemieden.

7 a) Bucheckern wurden während der beiden Kriege gesammelt und zu Öl verarbeitet.
Auch aus Rapssamen (Kuhl) wurde Öl gewonnen.
Roggen wurde zuerst leicht geröstet und dann auf der Handkaffeemühle gemahlen, aufgebrüht und als Kaffeersatz getrunken.

7 b) -

7 c) -

7 d) -

Glossar

Aanholtse Jonges
In Rees (23) typisches Fettgebäck. Keine genauere Spezifizierung

Absinth
„Wermutbranntwein, ein Trinkbranntwein, für dessen Herstellung kleine Mengen Wermutkraut verwendet werden dürfen." (Uhlich, S. 35) →Wermut

Ackerschachtelhalm
Equisetum arvense L. →Zinnkraut

Ackerwurz
→Kalmus

Aften
In Kerken (192) für Birnen. →Ooft. In Geldern-Hartefeld (223) allgemein für getrocknete Äpfel/Birnen

Alse
Zwei in Mitteleuropa vorkommende Süßwasser-Heringe: Finte oder Alse, Alosa fallax, und Maifisch, Alosa alosa. Leben im Meer und steigen zur Laichzeit im Frühjahr in die Flüsse auf

Alsem
Wermut bzw. „Wermutschnaps, auch Älzbettere genannt" (RhWb 1, Sp. 129). →Wermut

Andulsch
Darmwurst: „Dies bis zum Jahre 1930 vielleicht noch ... Die Mastdärme des Schweins wurden tadellos gesäubert und einige Tage in Essigwasser gelegt. Nach einigen Tagen wurden sie eingesalzen (egesolpert) und dann nach Abtrocknung an einer Schnur aufgehangen und ein größerer Darm darübergezogen. (Zusatz: Die 'Wurst' wurde, wie alles andere Fleisch auch, in der strammen Nachtwinterluft getrocknet ...) Nun wurde das Ganze normal geräuchert. Ein kleines Schwein brachte eine 'Wurst', ein großes deren zwei ... hat recht kräftig (stramm) geschmeckt." (239, Kirf)
Kommt von Andouille, „berühmte französische Wurst aus Kalbsgekröse, Schweinemagen und Schweinebauch, pikant gewürzt und gekocht". (Gorys, Küchenlexikon, S. 20)
Unter dem Stichwort Andulge im RhWb 1, Sp. 188: „Darmwurst, die dann bereitet wird, wenn bei der Herstellung der beliebten Blutwurst (Freip) noch Schweinsgedärme übrig bleiben, da kein Gefüllsel mehr für sie vorhanden

ist. Alsdann werden diese Gedärme übereinandergezogen, gesalzen, gepfeffert, geräuchert u. in Erbsen gekocht, auch als Salat (fein gehackt) genossen. („Jetzt selten, vor 20 - 30 Jahren häufig auf dem Lande" Ottw-Schiffw). So meist überliefert. - Aber auch Fettdärme u. Magen des Schweines werden in lange Streifen geschnitten u. in einen weiten Darm gefüllt, gewürzt, geräuchert, in Hülsenfrüchten gekocht Bernk, Zell-Traben, Birkf. 'Mettwurst' Merz-Bergen. 'Darmwurst; Knoblauchwürstchen' Bitb-Ehlenz"

Anis
Pimpinella anisum L. Im 14. Jahrhundert als Brotgewürz nach Europa gelangt. Früchte und Anisöl gebraucht als leicht reizende Mittel bei Verdauungsstörungen. Anistropfen (alkoholische Lösung von Anisöl und Ammoniak) als Hustenmittel. Verwendet auch für Konditoreierzeugnisse, zur Likörherstellung, für Brot, Backwaren, Soßen, Salate, Gemüse, Lakritz, Hustenbonbons

Anis-Prölleke
In Elten (76): „Am Schlachttag ... für Kinder ein Mehlwürstchen mit Korinthen (Anis-Prölleke genannt)." →Pröllewörßke

Apfelblümchen
„Kohlensäurehaltiges Getränk, gesüßt, mit leichtem Apfelaroma" (6, Köln - ähnlich 134, Köln) oder auch „Apfelsaft" (244, Köln)

Apfelkraut
„Bis zur Sirupstärke eingedickter Apfelsaft mit oder ohne Zuckerzusatz." (Uhlich, S. 40)

Apfelzuschlag
Halbmondförmiger Apfel, in Teig gebacken

Apostelsuppe
Suppe aus zahlreichen Gartenkräutern. „Am Gründonnerstag ... ass man nach der Maas zu die A., in die 12erlei Kraut kam; wer zuerst den Löffel in die Suppe steckte, hiess der Judas." (RhWb 1, Sp. 221. - Selfkant)

Apostelwein
Wasser (243, Köln)

Armeleute-Spargel
Porree/Lauchgemüse (31 b, Wassenberg)

Arme Ritter
In der Pfanne gebackene Weißbrotschnitten (RhWb 7, Sp. 464)

Arnika
Arnica montana L. Heilpflanze

Asberger Schinken
Rübenkraut. Männer im Schichtdienst nahmen Butterbrote mit Asberger Schinken mit (191*, Duisburg-Hochemmerich)

Augentrost
Euphrasia officinalis L. (sensu lato). Heilpflanze, erwähnt für Ellern/Hunsrück (57)

Augusteier
„Eier wurden im August (vor der Mauser) in Kalklösung eingelegt oder einzeln in Zeitungspapier gewickelt." (45, Eschweiler) Ähnlich in Willich-Schiefbahn (106) und Hürtgenwald-Gey (20), in Mengerschied/Hunsrück (9) mit der zusätzlichen Angabe: „Sie hielten sich bis zur Weihnachtsbäckerei." Vgl. auch RhWb 1, Sp. 332

Bachbunge
→Bachehrenpreis

Bachehrenpreis
Veronica beccabunga L. Sprossen ergeben einen der Brunnenkresse ähnlichen Salat, kann auch mit Kresse oder Portulak gemischt gegessen werden

Bachemer Butter
Rübenkraut - in Bachem gab es früher mehrere Krautfabriken (102 b, Buschdorf bei Bonn)

Backemües
Für Aachen-Land und Niederbergisches „gedörrte Birnen- und Apfelschnitzel" (RhWb 1, Sp. 385). In Krauthausen (150a) 'Spiess' aus getrockneten Birnen = 'Backemües' mit getr. Äpfel u. Pflaumen." In Aachen-Kornelimünster (149) lediglich „süsse Äpfel"

Backeskrumbeere
Im Backhaus gebackene Kartoffeln. Belegt für Ober Kostenz/VG Kirchberg (168) und Stromberg (158): „... die beim Brotbacken auf einem Kuchenblech im Backhaus gebacken wurden. Zutaten: etwas Wasser, Speck und Salz, vor dem Essen zu Hause: Essig + (Sahne)"

Bärwurz
Feinblättriger Bärwurz (Meum athamanticum) oder Eberwurz/Wetterdistel (Carlina acaulis). In Manscheid/Hellenthal (84) in klaren Korn eingelegt, gab entsprechenden Geschmack, zusammen mit →Düüvels Aapos

Balkenbrei

„MGladb, Kref, Kemp, Heinsb-OBruch, Klevld m.: ein aus Wurstbrühe u. Mehl, meist Buchweizenmehl gekochter steifer Brei. Das Wasser, in dem die edlen Eingeweide, später die Würste gekocht sind u. das bei dem Springen mancher Würste vielfach Wurstteig enthält, wird mit Buchweizenmehl so lange aufgekocht, bis die Masse ganz steif ist. Dieser Brei wird kalt gestellt und nachher in der Pfanne gebraten; es können auch Speckgrieben, Blut, Fleischreste hinzu getan werden. Hat die Mutter B. gekocht, so gibt sie wohl den Kindern ein Stück auf den Teller, meist in der Mitte *en Küllke*, füllt dieses mit Butter, u. dann kann das Kind Stückchen abstechen u. diese in die Butter *stippen*. Die Mutter sagt:*„Stipp int Küllke!“*
(RhWb 1, Sp. 415) →Panhas

Baumbutter

In Hürth (43) und Üxheim/Daun (257) für Apfelmus. →Prüp

Baumöl

„... zunächst Nuss- oder Bucheckernöl, dann Olivenöl.“(RhWb 1, Sp. 557)

Beereflaare

In Mengerschied (9) ein „Hefekuchen mit einem Musbelag aus getrockneten Birnen“. RhWb 1, Sp. 574 Beerenfladen „Hunsrück ... mit B.schmier belegter Fl.“

Bees

Nach RhWb 1, Sp. 574, „aus B. (=Beeren) bereiteter Likör Klevld“. Hauptsächlich Rees (71, 202, 218), Zubereitung: „Von schwarzen Beeren, auch von anderen Früchten, gab es Liköre oder Bees. Die Früchte legte man in einen Krug, Zucker dazu, mit Korn begießen. Nach 1/4 Jahr war es ein schönes Getränk! Bis zur neuen Ernte!“ (47, Rees). In Xanten (108) „(wurden) Kirschen mit Kornbranntwein, echter Vanille, Kandiszucker zu Likör aufgesetzt, genannt ‘Bees’.“

Beißkohl

→Mangold

Belster

„Wurst aus Speck u. Magerfleisch zusammen mit Rindfleisch wurde luftgetrocknet.“ (149, Aachen-Kornelimünster). Nach RhWb 1, Sp. 423, für den Raum Eupen, Aachen, Düren Bälster: „...2. in den Mast-, Dickdarm gefüllte, geräucherte Schlacht-, Block-, Cervelatwurst.“

Bergamotte

1. Birnensorte: „kleine, rundlich kurze Birne, die beim Kochen fest blieb und nicht zerfiel ...“ (4*, Köln) →Motte

2. Citrus bergamia Risso et Poit.: blaßgelbe Bitterzitrone, „Kreuzung aus Bitterorangen und Limetten" (Uhlich, S. 48). Vor allem für Parfüm und Duftöle, auch an Biskuits und als Tee (Heilmittel)

Beschoat
In Breyell (216) für „Muskat". Eigentlich „beschoete Blume" für Muskatblüte und -nuss (RhWb 1, Sp. 802)

Beschütt
„Geröstete Weißbrotstückchen (selbstgebacken)" (220, Haldern/Rees) und „(Bisuits)-Zwieback, der auch beim Bäcker hergestellt wurde" (231, Roetgen). Von frz. biscuit. Nach RhWb 1, Sp. 625, für den linken unteren Niederrhein und auch Monschauer Gegend: „Zwieback, meist mit flüssigem Zucker begossen (gewöhnlich bei Namenstagen vormittags dem Besuch zu einem süssen Schnaps verabreicht Ahrw; mit Anis für Wöchnerinnen Bo; bes. für Kinder, begossen mit Milch oder Kaffee; zum Aufweichen in Rindfleischsuppe"

Biestmilch
Erste Milch der Kühe nach dem Kalben. Besonders hohe Anteile an Eiweiß, Vitaminen, Fett, Abwehr- und Mineralstoffen. Für Menschen in ungekochtem Zustand ungenießbar (s. RhWb 1, Sp 683). Wurde früher zur Herstellung von Käse verwendet: „Herstellung von holl. Käse von Milch kurz nach dem Kalben (Beesmelk) in extra Formen, rechteckig, siebartig, diese wurden auf dem Speicherschlafzimmer auf dem Schrank zum Werden gestellt. Das benötigte 'Käselab' wurde in der Apotheke geholt." (107, Gangelt-Hasselt) -"... die erste Milch von frischgekalbten Kühen wurde mit Salz und Kümmel gewürzt und im Wasserbad bis zum Festwerden gekocht" (228, Puffendorf). Geldern-Hartefeld (123): käseähnlicher Brotbelag. Roetgen (231): „... sie wurde durch Erwärmen angedickt und mit Zimt und Zucker zu Schwarzbrot verzehrt." →Kochkäse →Eierkäse

Bitter
„Bitterschnaps, (Wermut), Magenbitter" (RhWb 1, Sp. 726 f.). Eigentlich Trinkbranntweine mit mind. 32% Alkoholgehalt, mit bitteren und/oder aromatischen Auszügen versetzt (kalt abgetrieben)

Bittermandelöl
„... ätherisches Öl, das aus Bittermandeln gewonnen wird. Es besteht zu 75-85% aus Benzaldehyd und wird heute vorwiegend synthetisch hergestellt. In Alkohol gelöstes Bittermandelöl wird zum Aromatisieren von Backwaren, Süßwaren und Likören verwendet." (Gorys, Küchenlexikon, S. 59). In Weeze (61) offensichtlich während der Kriegsjahre (2. Weltkrieg) und in Notzeiten auch zum Braten benutzt

Blattkohl
→Grünkohl

Blatz
→Platz

Blindes Huhn
„Möhren u. Kartoffeln durcheinander gekocht" (RhWb 1, Sp. 782 für Mett-
mann), vgl. auch RhWb 3, Sp. 912, für die gleiche Gegend „Gericht aus
Möhren, Bohnen, Kartoffeln gemischt". →Buntes Huhn

Bloom
In Breyell (216) für „gemahlene Nelken"

Blümchenkaffee
Kaffee-Ersatz. Nach RhWb 1, Sp. 804, an Nahe, Mittelrhein bis Köln Zicho-
rienkaffee. Auch Gerstenkaffee (35 a, Köln) oder allgemein „Butterbrot mit
Blümchenkaffee" zum ersten und zweiten Frühstück (78, Rees-Millingen)

Bockertskook
Am Niederrhein allgemein für Buchweizenpfannkuchen. Vgl. Bockert für Buchweizen (RhWb 1, Sp. 1072)

Böckem
In Köln für gebratene Bücklinge. Vgl. RhWb 1, Sp. 1087

Bökel
Salzlake. Brühe (Salzwasser) zum Einmachen von Fisch und Fleisch (Grimm,
Dt.Wb.7, S. 1973). →Pickel →Salzbiggel →Solper

Bolescher
In Schweppenhausen/VG Stromberg (156) für „Schneckenkuchen"

Bollebäuskes
„Karfreitag: ... süßer Hefeteig mit Rosinen in heißem Fett, schwimmend gebacken" (67, Rees). Auch 70, 71 Rees; 200, Rees; 109, Xanten (Neujahr). In
Wesel (49*) vor dem Ersten Weltkrieg und Ballebäutzkes genannt: „Sylvesterabend ... tennisballgroße Bällchen aus süßem Mehlteig (mit Backpulver)
in heißem Fett - meist Palmin - knusprig braun gebacken. Dazu gab es Grog
oder für die Kinder dünnen schwarzen Tee." Als Ballbäuschen für Dabringhausen (204); vgl. auch Bollenbäuschen (RhWb 1, Sp 858) für Neujahr und
Karfreitag. Hinweise auf besondere Pfanne für die Zubereitung

Bombösjer
Karneval „ein Hefeteig mit mehreren Eiern in der Bombösjespann gebacken"
(247, Hutsherweg bei Kürten). In Lindlar (241) Bomböschen

Borrax
In Kirf/Saarburg (239) für →Rettich

Bottermus
In Heisterbacherrott (256) für Butterkohl (vgl. RhWb. 1, Sp. 1181)

Brach
→Broch

Bratbücking
→Monnikendamer Bratbücking

Bressem
In Xanten (109) Fisch, der auf dem Markt gekauft wurde. Eigentlich Brässem = „flacher, breiter Weissfisch, Brasse, mit sehr vielen Gräten ..." (RhWb. 1, Sp. 916)

Broch
„Suppe, bestehend aus dicker (saurer) Milch (auch wohl Buttermilch) mit eingebrocktem Brot (oft mit Zucker u. Zimt), ein Lieblingsgericht zur Sommerzeit Eif; an der Saar dicke Milch, saure Milch, auch ohne die Beziehung zur Suppe." (RhWb 1, Sp. 996) Allg.: geronnene Milch

Brockelbohne
In Schweppenhausen/VG Stromberg (156) „geschnittene Bohnen mit Kartoffeln". Nach RhWb 1, Sp. 1000 auf dem Hunsrück „... Bohnensuppe aus gewürfelten Stangenbohnen ..."

Brockenkraut
1. Kraut als Notspeise aus Zuckerrübenspitzen, Möhren und Birnen (254, Alfter). Ähnlich in Buschdorf bei Bonn: Rübenkraut und Möhren, auch kleingeschnittene Birnen, Äpfel und Pflaumen - „Abfallobst, das nicht verkauft werden konnte" (102)
2. „Birnenlatwerge mit hineingebrockten Birnen" (RhWb 1, Sp. 1000)

Brockenpapp
Milchsuppe mit Brotstückchen (24/98 Emmerich; 15, Haffen-Mehr). Nach RhWb 1, Sp. 1000 für das Kleverland „Brotsuppe"

Brotkrücke
Armstütze bzw. gebogenes Eisen mit Halterung und Schlitz zum Einsetzen des Brotmessers (192, Kerken). Nach RhWb 1, Sp. 1018 „eiserne Armschiene, Halter zum Br.schneiden (veralt.)"

Brustzucker
Kandiszucker (11, Hürtgenwald), auch Malzzucker (RhWb 1, Sp. 1057)

Bubbel

„Tresterwein" (232, Traben-Trarbach), allgemein an der Mosel „leichter Tresterwein; an der uMos Flubbes; bes. für die Weinbergsarbeiter" (RhWb 1, Sp. 1062)

Buchweizen

Polygonum fagopyrum L. Dreikantig zugespitzte Körner, als Mehl oder Grütze vornehmlich für Brei (z.B. Polenta), seltener zu Brot. Vgl. Gorys, Küchenlexikon, S. 78 und Uhlich, S. 55

Bücking

1.   „... grüner (frischer), leichtgesalzener, heißgeräucherter Hering" (Gorys, Küchenlexikon, S. 79). Vgl. RhWb 1, Sp. 1087 f. und →Monnikendamer Bratbücking
2.   →Bückling

Bückling

„Pöckling. Aus grünen, nicht ausgeweideten Heringen durch kurzes Einlegen in Salzwasser, Trocknen und heißes Räuchern herge-stellt." (Uhlich, S. 55). - Im Bitburger Raum allgemein für „getrockneter Fisch" (RhWb 1, Sp. 1088)

Buggemann

In Mönchengladbach-Neuwerk (206) ein Weckmann zu Nikolaus, 12-30 cm groß. Im Rhwb 1, Sp. 1097 unter Bucksemann „Gebildbrot in der Form eines Mannes zu Nikolaus Bit-NWeis."

Bunte Kuh

Buntes Butterbrot aus Schwarzbrot, Butter, Klatschkäse und Rübenkraut (28, Wassenberg). In Aachen-Kornelimünster Schwarzbrot mit Quark, Weißbrot mit Rübenkraut und dann zusammengeklappt (143a). →Dubbele

Buntes Butterbrot

In Hürth (43) „Schwarz- und Graubrot mit Butter ('Bongte Bröch' = Buntes Butterbrot) belegt mit Marmelade, Schmalz und Quark, oft auch mit Wurst oder Speck oder Eiern (Rühreier)." →Bunte Kuh →Dubbele

Buntes Huhn

„Bohnen-Möhrensuppe" (143a, Aachen-Kornelimünster). →Blindes Huhn

Bussem

In Neukirchen-Vluyn (198) „Hohlraum über dem Herd für geräuchertes Fleisch. Allgem. als Busem „... der sich nach unten erweiternde Schornstein, meist in die Küche hineinragend; trich-terförmiger, mit Lehm oder Brettern umschlossener Mantel über dem Herd, mit dem der Kamin in alten Bauernhäusern beginnt, heute meist beseitigt, früher Aufbewahrungsort für zu räuchernde u. geräuchertes Fleisch." (RhWb 1, Sp. 1155)

Butterkohl

„Butterkohl wurde auch mit geräucherter Bratwurst, aber immer allein, gekocht." (165, Groß Klev bei Dabringhausen). RhWb 1, Sp. 1178 f. „wie nhd", also Brassica oleracea var. sabanda convar. fimbriata. Bonn-Beuel (251): gelblicher →Mangold. In Hürth (43) als Adventsgemüse. Nach RhWb 4, Sp. 1112 im Bergischen = Grünkohl

Butterprobe

Vor dem Ersten Weltkrieg in Wesel (49*), wenn Butter auf dem Markt zugekauft wurde: „Butter, die in ca. 10 cm dicken Walzen (ca. 30 cm lang) dalag und von den Hausfrauen erst probiert wurde. (Sie hatten ein Teelöffelchen für diesen Zweck im Marktkorb)." In Korschenbroich-Lüttenglehn (85) probierten bis in die 1930er Jahre die Hausfrauen mit einem Fünfpfennigstück die Butter

Buweschenkel

„Gebäck aus mürbem Hefeteig ... gabs bei Schulfesten und Begräbnissen für die Kinder." (156, Schweppenhausen/VG Stromberg) - Im Raum Kreuznach, Koblenz und Westerwald „Bubenschenkel ... Gebäck, Spaltgebildbrot in Schenkelform, zu Kaisers-Geburtstag (vor 1919) an die Schüler verteilt" (RhWb 1, Sp. 1066)

Clapps Liebling

Dicke, sehr saftige Birne (35, Köln)

Datscher

In Schweppenhausen/VG Stromberg (156) „Kuchenflechte, mit Mohn bestreut". Nach RhWb 1, Sp. 1277 für Kreuznach „zopfartiges Weissgebäck"

Deißem

In Wershofen bei Ahrweiler (261) für Sauerteig. Im Rhwb 1, Sp. 1311 als Deisem „Sauerteig für Schwarz- und Mischbrot... Der D. wird in einem Steintopf angesetzt; es ist Teig vom letzten Backen, der mit etwas Salz überstreut ist u. ziemlich warm steht...". In verschiedenen Varianten allg. gebräuchlich

Deppedotz

Kartoffelkuchen. Lahnsteiner Nationalgericht (73, Lahnstein). Vergleichbar dem →Kesselkuchen →Puttes 1: rohe geriebene Kartoffeln, Milch, Brötchen, Gewürze, Speck, Mettwürstchen und Fleischwurst lagenweise in Bräter und 2h backen

Dickkopf

„Süßwasserfisch bis zu 80 cm lang und 8 kg schwer. (...) Fleisch schmackhaft aber grätenreich." (Uhlig, S. 37) Auch Aland genannt. →Karpfenfische

Dielsknall

Im Tiegel zubereiteter Kartoffelkuchen. Nach dem Backen wurde im noch heißen Ofen Dielsknall zubereitet, „geformt aus geriebenen Kartoffeln mit Speckstücken und Rosinen oder getrockneten Pflaumen." (8, Uckerath) In Niederdollendorf Gericht an St. Martin, in Königswinter hieß es →Kesselsbrütche (234, Niederdollendorf)

Dippekoche

→Düppekuchen

Ditz

Gebildgebäck. Nikolausditz (73, Lahnstein). Für Eifel und Westerwald „bes. Gebildbrot zu Nikolaus oder Weihnachten" (RhWb 1, Sp. 1377)

Döbbekochen

Kartoffelkuchen. In Mendig (252/3) für →Düppekuchen. Im Rhwb 9, Sp. 1110 als Doppkuchen „Gummb-Homburgisch ... Art Kartoffelpfannkuchen aus geriebenen Kartoffeln, Weizenmehl, Milch, Hefe, in einer Blechform od. Kasserolle gebacken." Im Aachener Raum als „Döbbekooche" mit Dörrfleisch, Speck oder Mettwürstchen nach dem Umzug am Martinsabend: „Die Martinsgans des kleinen Mannes" (100 Jahre - Küche unserer Heimat). In gleichem Beleg auch als „Döppeskoche", dann aber mit Stärke, Eiern und Rosinen/Pflaumen

Döbel

→Dickkopf →Karpfenfisch

Dost

Origanum vulgare L. Wilder Majoran, als Heilmittel und Tee-Ersatz verwendet

Dreiblatt

Spinatersatz in Notzeiten (20, Hürtgenwald). RhWb 1, Sp. 1466 nennt je nach Gegend Bitterklee (Tee gegen Appetitlosigkeit), Kerbel, Klee und →Giersch. In Roetgen (231) Bestandteil des →Klatschmus

Dreschmaschinentaat

Apfelpfannkuchen. In Hürtgenwald-Gey (20): „Apfelzuschlag mit Rosinen, Zimt und Zucker. Sie wurde Dr. genannt, weil sie leicht zur Dreschmaschine aufs Feld tranportiert werden konnte."

Drickes im Sack

Mehl- bzw. Fastenspeise: „.... (großer Hefe-Kloß, über Dampf in einem großen Topf gegart) mit Kompott." (113, Willich-Votzhöfe). →Duddes

Dubbele

Doppeltes Butterbrot aus Weiß- und Schwarzbrot, mit verschiedenen Auflagen: „Käse, Quark, Rübenkraut, Apfelkraut" (151, Willich-Vorst), auch „Räucherspeck oder Quark mit Rübenkraut" (208, Wassenberg-Myhl). In Eschweiler-Weisweiler (53*) als Schulbrot zwei Scheiben Brot mit Margarine und Kraut. Im Raum Geilenkirchen (92) um 16 h zur Feldarbeit „Schwarzbrot mit Weißbrot mit Butter, Kraut (Apfel oder Rüben), Quark oder ger. Speck". →Bunte Kuh

Duddes
Für Geldern und Kleve-Uedem „teigartige Kost aus Mehl u. Wasser, die man lappenweise in Butter tunkt, auch Hannes in de Sack" (RhWb 1, Sp. 1542). →Drickes im Sack

Düppekuchen
Kartoffelkuchen (156, Schweppenhausen/VG Stromberg). →Scharlett/Schalet. - „Düppenkuchen ... K. aus geriebenen Kartoffeln, in Öl, im Tiegel, nicht in der Pfanne gebacken." (RhWb 1, Sp. 1575, für Zell, Cochem, Koblenz, Mayen, Ahr)

Düüvels Aapos
Eigentlich Teufelsabbiß (RhWb 1, Sp. 722), möglicherweise auch Blutwurz-Potentilla tormentilla (RhWb 8, Sp. 1163). Eingelegt wurde die Wurzel des Blutwurz (Auskunft Herr Konrads). →Bärwurz

Duffes
Süßes Breigericht als Notspeise: „Kochendes Wasser mit etwas Fett darin, Buchweizenmehl untergerührt, wieder zum Kochen gebracht, mit Salz und Rübenkraut vermengt und dann auf Teller serviert." (26, Aldekerk)

Dumpelchesbrie
In Schweppenhausen/VG Stromberg (156) für „braune Soße"

Dunges
In Traben-Trarbach (232) für Tunke

Dupp
Typische Speise in der Gegend von Üxheim/Daun (257): „= Pellkartoffelessen mit einer säuerlichen Rahm-Buttermilch-Specksoße". RhWb 1, Sp. 1569 bezeichnet für Altenkirchen „duppen" als „Quellkartoffeln in die Dupp, Gemisch von Pfeffer, Salz, Essig, Öl, Zwiebel, tunken..."

Ehrenpreis
→Waldehrenpreis

Eierkäse
Für Eifel, Westerwald und Bergisches Land: „aus Eiern, Milch u. etwas Mehl-

zusatz in der Pfanne gebackener E.brei, der als Brotaufstrich für die E.kisschmier dient...; K. aus der (→) Biestmilch der eben melk gewordenen Kuh, durch Kochen bereitet..."(RhWb 2, Sp. 41). Rezept aus Lindlar (241): „Hergestellt aus der 2. oder 3. Milch einer Kuh, die gekalbt hat. - Die Milch wird noch warm durchgesiebt, in einen Steintopf gefüllt und im Wasserbad langsam dick eingekocht, bis ein Strohhalm drin stehen bleibt. Erkalten lassen und die obere gelbliche Schicht abnehmen. Aus dem Topf nehmen und in Scheiben aufzuessen. - Ein Teil davon wird einer armen Familie gebracht, zum Dank dafür, daß Kuh und Kalb gesund sind. Oft gab es noch ein Pfund Butter und eine Münze dazu." →Eierschmier

Eierpisch
In Warmsroth/VG Stromberg (161) für Löwenzahn. Nach RhWb 2, Sp. 42 Eierpusch = „Löwenzahnbüschel", solange er noch gelb u. als Salat verwendbar ist. →Kettensalat

Eierrühr
Auf dem Hunsrück (159, Stromberg) und in der Eifel (227, Nohn Kr. Daun, als Butterersatz „auf Brot warm gegessen") für →Eierkäse →Eierschmier

Eierschmier
Brotaufstrich aus Eiern. „Eier wurden in die Pfanne geschlagen, die Pfanne wurde erhitzt, Mehl, Wasser und Speckgrieven zugesetzt und als Brotaufstrich verwendet, sehr schmackhaft." (255, Alfter). In Pantenburg (163*) zum Nachmittagskaffee oder abends „Eier, Mehl, Wasser, Salz", auch Aufstrich in Notzeiten. →Eierkäse →Schmier →Trevel

Eisenkuchen
In der Eifel: Waffel, auch „ganz flacher Kuchen, meist aus Hafermehl, auf dem Herd oben gebacken in besonderem Eisen mit langem Stiel, beliebtes Neujahrsnachtsgebäck Gummb; eine Art Fladen Sol, Remschd." (RhWb 2, Sp. 97) →Eiserkuchen

Eiserkuchen
Waffelgebäck zu „Neujahr: Neujährchen (Eiserkuchen) im Herd gebacken eine 20 l Milchkanne voll." (218, Rees-Speldrop). Neukirchen-Vluyn (198): „Neujahr: Eiserkuchen (Hippen) mit Waffeleisen..." →Eisenkuchen

Elz
→Alsem →Wermut

Erdkohlrabi
„K. in der Erde, Steckrübe" (RhWb 2, Sp. 164). →Steckrübe

Eselsohren
Rosinenteilchen. In der Eifel auf dem Weihnachtsteller u. a. „ein Rosinenhe-

feteilchen, das 8förmig war, aus zwei zusammengebackenen kleinen Rosinenschnecken bestand." (2, Strempt bei Mechernich). In Remscheid „Backwerk" (RhWb 2, Sp. 191)

Faustkäschen
„kleingeformte, luftgetrocknete Quarkkäschen" (8, Uckerath). Für Koblenz, Cochem und Köln „Faustkäse ... K., mit der Faust in große, runde, nach oben etwas spitz zulaufende Klumpen geformt, auf dem Fensterbrett getrocknet." (RhWb 2, Sp. 340). Alf/Mosel (224*): „Die 'Foustekäsja' werden dann in Steintöpfe eingelegt und zur Geschmacksverfeinerung mit Wein begossen."

Feder
1. „das Fett in den Seiten der Schweine, Lünte, Flomen, ..." (RhWb 2, Sp. 349). In Waldfeucht-Haaren „... Bauchfett, wurde aufgerollt und über dem Ofen getrocknet." (237)
2. „Nierenfett vom Rind" (227, Nohn/Kr. Daun)

Fettlömmele
In Aachen-Kornelimünster (149) in heißem Fett gebackenes Fastnachtsgebäck. In Eupen „Fettlümmel" (RhWb 2, Sp. 418). →Ohligslömmele

Fieberklee
Menyanthes trifoliata L. Tee als Heilmittel. Auch: Bitterklee (→Dreiblatt)

Finte
→Alse

Finzel
Auf dem Hunsrück „Finsel ... Füllsel, mit dem Wiegmesser (Jickmesser) gehacktes Fleisch zum Wurstfüllen, Wurstfüllsel..." (RhWb 2, Sp. 478) In Dikkenschied (169) sowohl Wurstmasse wie auch Essen am Schlachttag. Als Wurstfinzel auch in Gläser eingeweckt (152, Schöneberg/Hunsrück)

Fisternölleken
Am Niederrhein für Schnaps. Im Rhwb 2, Sp. 501 „kleiner Kornschnaps mit Zucker, bes. auf Neujahr Mörs, Dinsl, Duisb."

Fizzebohnen
In Radevormwald (27 b) für Stangenbohnen, auch Schnibbelbohnen genannt

Fladen
Allg. „breite, dünne, zusammenhängende Masse, die aus dem flüssigen Zustande erstarrt ist, u. zwar ... b. kreisrunder Kuchen, eine Art Torte, zollhoch mit einem Kompott (...) meist aus getrocknetem Obst oder Gries, Reis belegt, ohne Deckel u. Verzierung, mit erhöhtem Rand, offene Torte im Ge-

gens. zur Tart, die über dem Belag aus frischem Obst kreuzweis angeordnete Teigbänder aufweist; ... die Fl. mit Mus aus getrockneten Zwetschen, Birnen, Äpfeln nennt man auch schwarze Fl., die mit Griesmehl oder Reis weisse Fl. ..." (RhWb 2, Sp. 532 f.)

Flammkuchen

In Stromberg (158) „ausgedrückter Brotteig, der im Backofen beim Brotbakken gebacken und zum schnellen Verzehr geeignet war." Im RhWb 2, Sp. 545 f.: „Nahe, Saar, Trier, Wittl, Bitb, Bernk m: flaches Brot (oft aus den Teigresten geformt), in ein Kuchenblech gelegt, das vorn in den Backofen (oft noch in die glühende Asche) ans Mundloch//kam, damit es zuerst herausgenommen werden konnte u. frisch nach kurzer Abkühlung als Notbrot diente; das hausgebackene Br. durfte in frischem Zustande nicht gegessen werden; deshalb buk man den Fl., der sich rasch abkühlte u. somit gleich genießbar war; beim Essen dieser Fl. wurden die Stücke heruntergebrochen, da er sehr hart war; er *knuppte* gehörig zwischen den Zähnen; früher, wenn in fremdem Backofen gebacken wurde, beanspruchte der Besitzer einen Fl."

Floddermus

In Geldern-Schravelen Floddermus als „Gemüse von Melde" (RhWb 2, Sp. 636)

Flodders

Für Emmerich/Rees (21) als Aufstrich für Butterbrot bzw. Beilage

Flötert

Im Selfkant und in Eupen „Quarkkäse" (RhWb 2, Sp. 661). Am linken Niederrhein Flötekäs (113, Willich)

Flötsch

Buttermilchsuppe (85, Korschenbroich)

Flubbes

„Wein, den der Winzer zum eigenen Gebrauch nimmt ..." (224*, Alf/Mosel und ähnlich 232, Traben-Trarbach). Allgemein an der Mosel „Fluppes ... Tresterwein, Haustrunk der Winzer" (RhWb 2, Sp. 684). →Bubbel. Heute an der Mosel allg. für minderwertigen Wein (frdl. Auskunft Herr Koch, Siegburg)

Franzosenkraut

→Melde

Frauenbrötchen

„ein halbes Brötchen und eine Scheibe Schwarzbrot" (147, Aachen-Kornelimünster), benannt „nach dem schwarz-weißen Habit der 'Brüder unserer lieben Frau'." (148, Aachen). Vgl. auch RhWb 2, Sp. 753 „Frauenbrüder"

Frauenstolz
Billiges Euterfleisch. „Die Geyer Juden verkauften Fleisch, das sie als 'Frauenstolz' anboten. Das war Euterfleisch und erheblich billiger. Es wurde in Salzwasser abgekocht, dann gebraten. Auch als Brotbelag schmeckte es." Nachtrag: „Sie sagten, daß der Händler die pelzige Haut des Euters abgezogen habe, ehe er es zum Verkauf anbot. Das Fleisch sei zubereitet leicht gelblich gewesen." (11, Hürtgenwald). - Aus einem alten Rezept: „Willst du ein Gericht für Frauen machen, so koch das Euter einer Kuh in nicht allzuviel Brühe ..." (Ehlert, S. 146, unter dem Stichwort „Frauenessen")

Frikandeau
„Fleisch der Kalbskeule, vor allem das Nußstück. Das Frikandeau wird meist gespickt, gebraten und nach Belieben garniert. Übrigens werden auch die entsprechenden Keulenstücke vom Schwein, Hirsch usw. als Frikandeau bezeichnet." (Gorys, Küchenlexikon, S. 148)

Frikassee
Eigentlich ein Ragout von hellem Fleisch in weißer Soße, in der Eifel teilweise „bessere Fleischgerichte (in unsicherer Vorstellung); ein ausnahmsweise gutes Essen." (RhWb 2, Sp. 811)

Furnös
Ofen, Kochherd, von frz. le fourneau = Ofen oder Kochherd. „... eiserner, schwarz lakierter, blank gescheuerter Kochofen mit drei oder zwei Löchern u. Backofen mit zwei seitlichen Türen, nicht in der Wand eingebaut, sondern freistehend, meist nicht quadratisch oder rechteckig, die Zwischenstufe zwischen dem gemauerten Herd u. dem modernen, emaillierten Herd bildend" (RhWb 2, Sp. 920 f.) In Kerken (192) Fanüsse (Öfen) „... oder auch kleinere runde Kochöfen genannt Fanüsse mit 3 runden Löchern als Kochstellen und einer kleinen Trockenvorrichtung."

Garantol
Ätzkalkpräparat zum Konservieren von Eiern. „Garantol war ein Pulver, das man in der Drogerie kaufen konnte und das speziell zum Aufbewahren von Eiern diente." (115, Krefeld, und mehrere Nennungen)

Gartenmelde
Atriplex hortensis L. Gemüse, ähnlich dem Spinat und auch so zubereitet

Gekrüüsch
In Gangelt-Harzelt (107) für Panhas. Evtl. von Kruste (vgl. RhWb 4, Sp. 1614-1620)

Geling
Sammelbezeichnung für Lunge, Herz und Leber. Entweder zusammen mit Blut zu Wurst und Schwartemagen verarbeitet (145, Dichtelbach/Rheinböl-

len) oder am Schlachttag als Mittagessen in Form von Gulasch aus den genannten Innereien (163*, Pantenburg/Kr. Wittlich). Für die Kirmes in Winterspelt (207) als 'Jelengs': „gekochte Lunge, Herz u. etwas Fleisch wurde ganz fein gekocht, mit gekochtem Reis u. Backpflaumen gemischt, die Brühe mit Mehl eingedickt u. säuerlich abgeschmeckt. Dann gab es noch gebratene Blutwurst."

Gemengsel
In Schweppenhausen/VG Stromberg (156) „Sauerkraut mit Kartoffelpüree gemischt"

Gemührde
„Korn mit Underberg gemischt" (61, Griethausen/Weeze). Am Niederrhein allgemein üblich für dieses Getränk (frdl. Auskunft Herr Reslo, Bonn)

Gerätschaften
Kopf, Ohren, Pfoten, Schwänzchen vom Schwein (92, Geilenkirchen-Süggerath und 149, Aachen-Kornelimünster)

Gersch
In Kerken (117) für Graupen

Geselchtes
Eingepökeltes Fleisch, das es z.B. in Uckerath (8) in den Zwanziger Jahren im Winter jeden Dienstag gab

Gess
In Kerken (192) für Hefe. Als Geste im RhWb 2, Sp. 1210

Gier
→Giersch

Giersch
Aegopodium podagraria. Gewöhnlicher Geisfuß, galt früher als Heilmittel gegen Rheuma und Gicht. „... die jungen Blätter werden als Gemüse gekocht, auch mit jungen Brennesseln gemischt, zu den Neunerlei-Kräutern des Gründonnerstagsgerichtes gehörend ..." (RhWb 2, Sp. 1222)

Goldene Schnitten
In Uckerath (8) „Jolde Schnedden" = „in Ei u. Milch einge- weichter Zwieback, Blatz oder Brötchen, in der Pfanne goldgelb gebacken und mit Zucker u. Zimt überstreut." Vgl. RhWb 2, Sp. 1302. In Königswinter (236): „Weißbrot oder Platz, mit Ei überbacken" häufig zum Abendessen

Gold und Silber

Im Oberbergischen „gestampfte Kartoffeln mit Möhren" (RhWb 8, Sp. 142), in Uckerath (8) „weiße Bohnen u. Möhren untereinander als Gemüse ...", in Köln (4*) Möhren, Kartoffeln und weiße Bohnen. Im Aachener Raum (100 Jahre - Küche unserer Heimat) weiße Bohnen, Möhren, Kartoffeln, Schweinebauch und Gewürze

Grasprummen

In Waldorf Gem. Blankenheim (189) für „kleine Pflaumen". Unter Grasprau-me „Mü Eif ... grüne Pflaume" (RhWb 2, Sp. 1360)

Gratias

Allg.: Leichenkaffee. In Aachen (149) gab es zum Begräbnis Gratias „mit belegten Brötchen, belg. Reisfladen, Spiess aus getrockneten Birnen, gekochtes Mus auf Hefeteig in Tellerform, Aprikosen- u. Apfelfläden." Ähnlich in Krauthausen bei Aachen (150 a), während RhWb 2, Sp. 1365, unter Gratias-Trunk ganz allgemein „... gemeinsame(n) Tr. nach der Beerdigung; Leichschmaus" meint

Graupen

„Geschälte, polierte Gerstenkörner in halb- oder länglich-runder Form. Perlgraupen sind sehr kleine, kugelig geschliffene und besonders leicht verdauliche Graupen. Graupen werden vor allem zu Suppen verwendet; sie sind allerdings heute nur noch wenig gefragt." (Gorys, Küchenlexikon, S. 170)

Grazgrätz

In Aachen-Kornelimünster (149) eine süße Birnensorte

Gressels-Kuut

→Griselskute

Griselskute

Am linken unteren Niederrhein „Rogen beim weiblichen Häring, weiblicher H." (RhWb. 2, Sp. 1416). In Wachtendonk „Gressels-Kuut" (frdl. Auskunft Herr Josef Jennen)

Grohäppel

In Schweppenhausen/VG Stromberg (156) für die Apfelsorte „Grauäpfel". Nach RhWb 2, Sp. 1369 „graue Renette"

Gründonnerstagssuppe

Grüne Suppe aus sieben verschiedenen Kräutersorten: z.B. Petersilie, Sellerieblätter, Lauch, Porree, Kerbel, Sauerampfer, Basilikum etc. An Gründonnerstag gegessen. →Neunerleikräuter

Grünes Fleisch
Allgemein für frisches Fleisch bzw. „vom Fleisch, ungeräuchert, bes. Rind-, Suppenfl" (RhWb 2, Sp. 1454)

Grünkohl
Brassica oleracea L. var. acephala. Winterharte und vitaminreiche „... Kohlart, deren kräftig gekräuselte Blätter keinen Kopf bilden und nach dem ersten Frost besonders schmackhaft sind." (Gorys, Küchenlexikon, S. 175)

Guter Heinrich
Chenopodium bonus-henricus, Gänsefußgewächs. Spinatersatz oder Beimischung zu anderen Gemüsen

Haden
→Buchweizen

Häschen
Schweinefilet, das in Rees (69/71) und Frilinghoven/Waldfeucht (91) am Schlachttag verzehrt wurde. RhWb 3, Sp. 284, bezeichnet Hase als „langgestrecktes gabelförmiges Fleischstück im Schweine (Kalb), von den beiden Vorderbeinen bis zum Nabel, in die Nierengegend reichend, Lummer, Filet ...; das Stück vom Schwein am Übergang vom Halse zu den Rippen Birkf."

Haferäpfel
Allg.: „A. sorte, die mit dem Hafer reift" (RhWb 3, Sp. 65). Belegt für Nußbaum bei Paffrath (194)

Haferbirnen
In Nieukerk (42*) Birnensorte, die besonders zum Trocknen geeignet war. Kamen kleingeschnitten als Rosinenersatz in Backwaren und Suppen. Nach RhWb 3, Sp. 65 eine „frühe B.sorte"

Hamm
1. In Linnich-Körrenzig (226) für Bauchspeck
2. Unter Hame „Schinken, in der Regel der hintere Schinken des geschlachteten Schweines" (RhWb 3, Sp. 172)

Hammelmöhre
→Pastinake

Handkäse
Allg. „mit der Hand geformter K." (RhWb 3, Sp. 200). In Nieder Kostenz (179) „wurden auf einem Brett über dem Küchenherd trocken und reif werden gelassen. Alsdann im irdenen Topf 'eingelegt'." →Faustkäschen →Käse, fauler

Hannes in de Sack
→Duddes

Hasenbrot
„Butterbrot, das man mit aufs Feld (auf die Reise, Jagd) nimmt u. unberührt wieder zurückbringt u. den Kindern gibt, wobei man sagt, man habe es einem Hasen abgenommen, nachdem man ihm Salz auf den Schwanz gelegt habe ... „ (RhWb 3, Sp. 285)

Hass
Ausgelöstes Kotelettstück (238, Simmerath)

Heckenblättchen
Zutat zur Gründonnerstagssuppe (95, Würselen-Bardenberg)

Hedelich
In Pantenburg Kr. Wittlich (163*) für Buchweizenmehl. Vgl. RhWb 3, Sp. 417 f. Heidlisch für Buchweizen

Heidegrütze
→Buchweizen

Heidekorn
→Buchweizen

Heinsch
In Nohn (227) für →Buchweizen

Heinzelmänncha
In Alf/Mosel (224*) am Schlachttag spezielle kleine Würste für Kinder. Belegt allgemein für Mosel, Eifel und Westerwald: „kleinste, kreisförmig gebogene Wurst, für die Kinder eigens bei Hausschlachtungen angefertigt (beim Wurstmachen gingen die Nachbarskinder ins Haus u. liessen sich vom Wurstmacher den Mund von einem Ende zum anderen messen, indem sie ihn möglichst weit ausdehnten; nach der Grösse ihres Mundes wurden die H. dann verteilt Ahrw-Remag)..." (RhWb 3, Sp. 463)

Herbstbrot
In Traben-Trarbach (232) aus „... Teig unter Zugabe von gekochten Kartoffeln."

Herbstrübe
In Willich-Schiefbahn (151) für →Stoppelrübe

Hering
Clupa harengus L., Strömling. „Der Heringsfang begann im 7. Jahrhundert.

Schon um 900 erschien der Salzhering auf den Märkten. Im Jahre 1416 kam der Holländer Willem Beukels auf den Gedanken, die leicht verderblichen Fische bereits an Bord auszunehmen und einzusalzen. Damit war es möglich, die entfernteren, besonders ergiebigen Fischgründe aufzusuchen und die Nachfrage nach dem 'König der Fische' zu befriedigen. Noch im vergangenen Jahrhundert hatte man große Mühe, den 'Speisefisch der Armen' zu verkaufen." (Gorys, Küchenlexikon, S. 194)

Hippen
In Neukirchen-Vluyn (198) für →Eiserkuchen

Hötkies
Besonderer Käse aus der zweiten ermolkenen Milch einer frisch melkenden Kuh (20, Hürtgenwald-Gey). RhWb 3, Sp. 852 f. nennt →Hotte meist im Sinne von gesäuerter bzw. geronnener Milch

Hötz(e)pott
In Emmerich und Rees für →Hütschpott 2

Hoffmus
In Kerken (117) und Kapellen (210) sowie allgemein im Raum Kleve/Geldern (RhWb 3, Sp. 742) für →Grünkohl. Auch als Heilmittel verwendet: „Großmutter nahm ein Blatt 'Hoffmus' (Grünkohl) gerieben, mit Öl vermischt u. legte es auf die Wunde bei Ausschlag u. darüber der Verband." (210, Kapellen)

Hohnerlingcher
In Mennkausen bei Wiehl (103) für eine Apfelsorte, bekannter als „Hühnerling Gummb-Berghsn ... kleine, süsse, frühe Apfelsorte" (RhWb 3, Sp. 922)

Holzapfel
Malus sylvestris subsp. sylvestris, Wildform des Apfels, „früher vielfach zur Herstellung von Essig verwendet" (RhWb 3, Sp. 790). Für Waldorf/Blankenheim (189): „Im Herbst Sammeln von 'Holzäpfeln' (von halbwilden Apfelbäumen), Äpfel zerkleinert und in einem Topf beschwert. Nach einiger Zeit wurden die Äpfel in ein Tuch getan und mit einem Holzhammer zerdrückt." Winterspelt (213): „Holzäpfel; letztere werden noch heute als Gelierhilfe mit Holundersaft zu Gelee gekocht."

Holzbirnen
Pyrus communis subsp. pyraster. Holzbirnen „waren so hart, daß sie erst nach Frost und Schnee geerntet werden konnten." (103, Mennkausen bei Wiehl)

Hotte
„Quark nach Hausmacher-Art ..., oft versetzt mit Kümmel oder

Schnittlauch." (13, Hückeswagen) Allgem. „die feste Substanz der gesäuerten Milch nach Abseihung der Molken, die sich gewöhnlich beim Kochen verdickt ..." (RhWb 3, Sp. 852)

Hühnerdarm
→Vogelmiere

Hütschpott
1. „ein Gericht, das aus kleinen Fleischstückchen, Kohl, Rüben, Wurzelgemüsen udgl. zusammengesetzt ist, ndl. hutspott, frz. hochepot" (RhWb 3, Sp. 1047). Gorys, Küchenlexikon, S. 204, spricht besonders vom Scotch Hotchpot, „das aus Hammelfleisch, Mohrrüben, weißen Rüben, Porree, Zwiebeln, Staudensellerie, Schnittbohnen, Blumenkohl, grünen Erbsen usw. bereitet wird."
2. „Kostprobe vom geschlachteten Schwein, meist aus Mett-, Blut-, Leberwurst ... Rippchen, Häschen, Balkenbrei bestehend, mitunter auch aus einem Teil der ausgelassenen Flimmen ..., in den ein Apfel gelegt wurde, an Verwandte, Nachbarn, Pfarrer, Lehrer als Präsent geschickt" (RhWb 3, Sp. 1047). In Kapellen (210) in ähnlicher Zusammensetzung für die Frauen, die beim Schlachten halfen, in Nieukerk (42*) für Freunde und arme Leute nach dem Schlachttag. Neben Würsten und Panhas auch immer mit Kotelettfl. In Emmerich (24) als Hoetzepott

Huflattich
Tussilago farfara L. Verwendet als Gemüse, junge zarte Blätter als Salat. Vgl. RhWb 5, Sp. 164

Husappel
Kleine, rote Apfelsorte (85, Korschenbroich-Lüttenglehn). Allgem. für Nordeifel und Niederrhein „... rotwangiger, glänzender Zwergapfel, der mit der Schale gekocht wird ..." (RhWb 3, Sp. 360)

Husarensalat
In Kapellen/Moers (41) Kartoffelsalat, mit Salz, Pfeffer, Zwiebelwürfel, Essig, Lorbeerblatt und Nelken, mit Wasser abgelöscht. Im Rhwb 3, Sp. 1026 für Geldern „scherzh. Scheibenkartoffeln mit Specktunke u. Zwiebel"

Industrie
Kartoffelsorte (206, Mönchengladbach-Neuwerk; 243, Köln). Vgl. RhWb 3, Sp. 1089

Irkeswurst
„W. aus Nieren" (RhWb 6, Sp. 206 für den Raum Moers-Erkelenz). In Neukirchen-Vluyn (110) als Beilage zu Grünkohl

Iserlöhner
Im Raum Gummersbach „eine Art Reibekuchen aus frischen, neuen Kartoffeln, mit Eiern" (RhWb 3, Sp. 1101)

Isländisch Moos
Cetraria islandica L. Flechte, als Heilmittel verwendet

Jaardeschenke
In Willich (113) Gericht aus „Salzkartoffeln u. aufgeschnittene(r) Zwiebel ..."

Jägerkohl
Eintopf aus Weißkohl, durchwachsenem Bauchspeck, Zwiebeln, Gehacktem und Kartoffeln. In Uckerath (8) gab es um 1920 an Wintersamstagen
Jägerkohl mit Gulasch. In Aachen-Kornelimünster (143a) Spezialität in Wirtshäusern „Jägerkohl mit Schwellfleisch"

Jakoblebel
In Groß Klev bei Dabringhausen (165) für eine Apfelsorte

Jan im (in de) Sack
„Geschälte Gerste mit getrockneten Pflaumen in ein Tuch ein- geschlagen
und im Wasserbad gekocht." (67, Rees) Ähnlich ebenfalls für Rees 68, 70,
71 („von 1942 - 1948 regelmäßig. Heute nicht mehr gebräuchlich".), 203
(„Reis mit Pflaumen" als Abendbrot). In Brünen (19) Sonntagsessen: „Gerste, getr. Pflaumen mit Mettwurst in Wasser gekocht". Nach RhWb 3, Sp.
1145 bekannt in Düss, Ruhr, GeldKevelaer, Mörs

Jekrüersch
In Breyell (216) für Gewürze

Jelengs
→Geling

Jepienichte
In Hückeswagen (13) Bratkartoffeln aus rohen Kartoffeln; so genannt, „weil
sie wie gepeinigt in der Pfanne quietschen"

Jier
→Giersch

Johannisöl
Heilöl aus Rüböl und Johanniskraut (Hypericum perforatum); zum Einreiben,
für Wunden und Geschwüre (79, Heinsberg-Aphoven)

Julimölle
In Radevormwald (27) eine längliche, frühe Kartoffelsorte, die heute wohl

nicht mehr üblich sei. In Wipperfürth als Julimöll „Frühnierenkartoffeln" (RhWb 3, Sp. 1230)

Kabeljau
„Seefisch der Nord- und Ostsee sowie des Atlantischen Ozeans ... wird überwiegend zu Fischsteaks und 'Seelachs' (Lachsersatz) verarbeitet, aber auch geräuchert. Getrocknet nennt er sich Stockfisch, gesalzen und getrocknet Klippfisch, in Pökellake eingelegt Laberdan ..." (Gorys, Küchenlexikon, S. 219) - Junger Kabeljau = Dorsch

Kälbertee
In Nohn (227) für Mädesüß

Kälberzähne
In Köln (243) für Gerstensuppe. Im Rhwb 4, Sp. 73 als Kalbszahn „grobe Gerste"

Kännemelk
Am unteren Niederrhein allgem. für Buttermilch (z.B. 220, Haldern/Rees). Eigentlich Kirnmilch (RhWb 4, Sp. 545) von kirnen = Butter bereiten

Käse, fauler
„Aus Quark, der nicht ganz verbraucht worden war, wurde sog. Fauler Käse hergestellt, fuule Käs genannt. Man bestreute den unangemengten Käse mit Salz und Pfeffer; so konnte er noch eine Weile als Brotbelag dienen." (8, Uckerath). In Mengerschied/ Hunsrück (9) als selbstgemachter Handkäse, in Pantenburg/Kr. Wittlich (163*) aus gekochtem Quark mit Kümmel. Vgl. Stichwort Käse im RhWb 4, Sp. 226-240

Kässchmeer
Auf dem Hunsrück (z.B. 170, Nieder Kostenz/VG Kirchberg) jede Art von selbstgemachtem Käse als Brotaufstrich. Unter Käse- schmiere „... angerührter Weichkäse u. das damit bestrichene Butterbrot" (RhWb 4, Sp. 237)

Käue
In Kerken (192) für Grieben. Unter Kade „... ausgebratenes Speckstück, Schweinefett, Griebe, ndl. kade,ka, kaain." (RhWb 4, Sp. 23) →Kojen

Kaffee-Ersatz
Kaffee aus Ersatzstoffen wie Getreide (Gerste, Roggen, Hafer, Weizen, Mais), Eicheln, Malz (meist Gerste), Zichorie (Wurzel), Löwenzahn (Wurzel), Lupinen

Kaffeewicke
→Stragel

Kahmschicht
In Nieukerk (42*) für den Schaum auf gärendem Sauerkraut. Als „Kam" im RhWb 4, Sp. 102 „Schimmelbelag auf Wein, Bier, Essig, Eingemachtem, auf Gärendem ..."

Kaiser Wilhelm
Apfelsorte (103, Mennkausen bei Wiehl)

Kalmus
Acorus calamus L. Magenmittel und Arzneizusatz. Wurde Mitte des 16. Jahrhunderts in Mitteleuropa eingeführt. Ganz junge Blattriebe ergeben einen appetitanregenden Salat. Für Eupen, Aachen und linker unterer Niederrhein RhWb 4, Sp. 92: „... die Bauern setzen Branntwein auf K. u. geniessen ihn als magenstärkendes Mittel; Stücke der Wurzel werden in den hohlen Zahn gelegt, oder man kaut diese gegen Zahnschmerzen (gegen üblen Mundgeruch); ... das aus der Wurzel hergestellte Mittel gegen Magenbeschwerden ... - in candierter Form von den Kindern beim Konditor gekauft."

Kappeswurst
→Treipenwurst →Weißkohlwurst

Karbonade
„Das magere Rippenfleisch, Kotelett, bes. bei der Hausschlachtung, frz. carbonade. ..." (RhWb 4, Sp. 178). Allgemeiner „gebratene oder geschmorte dünne Fleischschnitte, meistens aus dem Rückenstück vom Schwein, Hammel oder Kalb, vom Hals des Schweins oder aus der Hüfte des Rindes." (Gorys, Küchenlexikon, S. 240)

Karbut
In Nieukerk (42*) Bezeichnung für →Panhas. Unter „Kerbut" RhWb 4, Sp. 42 in Erk-Elmpt, Geld-Leuth, Straelen

Karfiol
Blumenkohl (Brassica oleracea var. botrytis)

Karpfen
Speisefisch aus der Art der Karpfenfische. Nach dem Neujahrs- essen in Köln (141): „... denn die Schuppen des Karpfens wurden an die Familienmitglieder verteilt und in die Portemonnaies getan. Eine Schuppe vom Neujahrskarpfen bedeutete das ganze Jahr Geld im Portemonnaie. Man verschenkte sogar davon an Freunde und Verwandte."

Kartoffelbötter
→Schusterschnittchen

Katzenschwanz (Kattestart)

In Frilinghoven/Waldfeucht (91) und Kerken (116) für Schachtelhalm, →Zinnkraut. Vgl. RhWb 4, Sp. 301 f.

Kelleräzen

In Heisterbacherrott (256) für →Graupen

Kernbohnen

Allg. im Raum Kempen/Viersen „reife, entschotete, weisse B." (RhWb 4, Sp. 426) In Kempen/Krefeld (217) „Kernbohnen m. Sauerkraut u. Kartoff. vermengt, dazu durchw. Speck, Kasseler"

Kesselknall

„Bo-Endenich, Sieg-Rhönd ... dicker Kartoffelreibekuchen, im Tiegel gebacken" (RhWb 4, Sp. 437). →Dielsknall →Kesselkuchen 2

Kesselkuchen

1. „dicker, in hoher Pfanne gebackener Weizenmehlkuchen in Buntform ..." (RhWb 4,Sp. 437)
2. „... dicker Kartoffelreibekuchen Rheinb.-Meckenh, Ahrw-Sinzig." (RhWb 4, Sp. 437) In Bonn (39) aus geriebenen Kartoffeln, Speckwürfeln und/ oder grobe Bratwurst, Rosinen, mit Öl im gußeisernen Bratkessel gebacken. Hier als Arme-Leute-Essen bezeichnet. Im Vorgebirge (29*) als „Kugel" ohne Wurst, aber mit Backpflaumen

Kesselsbrütcher

1. „Kuchen aus Weizen- u. Roggenmehl, im eisernen Kochkessel auf dem Herde gebacken Kemp-Amern ..." (RhWb 4, Sp. 436 f.)
2. „dicker Kartoffelreibekuchen, im Tiegel gebacken Sieg-Honnef Rhönd Königswinter" (RhWb 4, Sp. 436 f.) Auch für Heisterbacherrott u.a. (256 u.a.), Königswinter (236), als Dielsknall in Niederdollendorf (234). →Kesselkuchen 1/2 →Puttes 1

Kesselweck

1. Im Raum Geilenkirchen (92) zu Kirmes „... ein(em) aus Mehl und Zukker, Hefe gerührten Teig, der in einem schwarzen Kessel in Öl ausgebacken wurde." Vgl. RhWb 4, Sp. 438, K 1
2. „... dicker, im Tiegel gebackener Kartoffelreibekuchen, mit etwas Mehlzusatz Dür." (RhWb 4, Sp. 438) →Kesselkuchen

Kettensalat

Salat aus frisch gekeimten Löwenzahnblättern und -stielen. Für Strempt bei Mechernich (1): „Zu dem Sammeln des Kettensalates berichtet sie, daß die Kinder früher im Frühjahr, wenn die Kleefelder umgepflügt wurden, über die gepflügten Felder gingen und aus den umgedrehten Erdschollen den gekeimten Löwenzahn herausmachten. An den silberweißen Stielen durften nur gelbe Blättchen sein. Im fortgeschrittenen Keimstadium, wenn die Blättchen schon ans Licht gekommen waren und grün gefärbt waren, schmeckte der Kettensalat bitter. Dann war diese 'Erntezeit' vorbei, denn dann war die Pflanze zum 'Löwenzahngewächs' herangewachsen... Hier und da findet man ihn schon mal in Delikatessengeschäften zu extrem hohen Preisen, weil er aus Frankreich importiert wurde." Nach RhWb 4, Sp. 446 aus Löwenzahnblättern und Pflanze allgemein; in Köln (4*) wurde „in die sonst normale Salatsoße ... eine noch warme Kartoffel untergeknetet. Das milderte den herben Geschmack." In Breitenbenden/Schleiden (209) gelbe Wurzeln „als Salat mit Kartoffeln und Specksauce gemischt"

Kieköm
In Nettetal-Kaldenkirchen (89 a) Möhrensuppe aus Möhren, Kartoffelstückchen, Reis, weißen Bohnen und Suppengrün. „Diese Suppe wurde nicht zerkleinert, zum Schluß etwas Essig." →Mohregubbel →Puspas →Schnieders Courage

Kiewen
In Moers (111) Kinnbacken zu Stielmus, in Winterspelt bei Prüm (207) als „Kiwel" (= geräucherte Schweinebacke) zu gedämpften Kartoffeln mit Zwiebeln. Unter „Kife" allgem. „bes. Seitenstück vom Kopf des geschlachteten Schweines ..." (RhWb 4, Sp. 462)

kifeln
Getrocknete Bohnen etc. enthülsen (RhWb 4, Sp. 463 f). Gekiffelte Bohnen = weiße getrocknete Bohnen (85, Korschenbroich)

Kirmesschinken
Besonders zubereiteter Schinken zu Kirmes: „Der Kirmesschinken wird nur etwa halbgar auf zarter Flamme gekocht. - Nun die Schwarte abgezogen und die Rundung des Schinkens dicht mit ca. 4 mm starken rohen Zwiebelscheiben belegt und Petersilie aufgestreut. Der heiße Schinken absorbiert nun bis zur Abkühlung den Zwiebel- und Kräutergeschmack." (239, Kirf)

Kirnmilch
Allg. für Buttermilch. →Kännemelk

Klätzköpp
Backwerk in Millingen/Rees (78), verm. gleichbedeutend mit Klatschkopf, Kletschkop: „ein knuspriges, dunkelbraunes, dünnes, halb durchsichtiges Kirmesgebäck, aus Mehl, Zucker oder Syrup mit Mandeln hergestellt Mörs, Klev, Rees" (RhWb 4, Sp. 654)

Klappertüt
In Kerken (192), Willich (113) und Krefeld (114) Bezeichnung für →Panhas. Nach RhWb 4, Sp. 628, gebräuchlich am linken unteren Niederrhein

Klatschmus

„Gemüse aus den weichen Blättern von Brennesseln, Sauerampfer, Löwenzahn, Spinat (durchmischt mit Kartoffeln), bes.Gründonnerstag bereitet" (RhWb 4, Sp. 654 f.). In Roetgen (231) „... grünes Gemüse aus allem eßbaren Grün, was der Garten um diese Zeit bietet: Sprossen vom Vorjahreskohl (Spröngele), Grünkohl, Brennesselblätter, Sauerampfer, Dreiblatt und Löwenzahn. Das ist das beliebte 'Klatschmohs'"

Kleben

In Hückeswagen (13) Weißbrotkanten, die man für →Arme Ritter verwendete. Im Rhwb 4, Sp. 678 u.a. „erste u. letzte Scheibe am Brot" und „die Stelle, wo ein Brot mit einem anderen zusammengebacken ist, Kopfende des Brotes"

Kleeneroggen

In Kürten (164) und Groß Klev bei Dabringhausen (165) ein kastenförmiges Brot, meist als Grau- oder Weißbrot. Nach RhWb 7, Sp. 480 im Oberbergischen „ein Graubrot, etwa 30 cm lang, mit schrägen Schnitten auf der Oberseite"

Klippfisch

„... gesalzener, an der Luft getrockneter Seefisch, wie Kabeljau, Schellfisch, Lengfisch und Seelachs. Früher trockneten die Fischer ihren Fang auf Küstenfelsen (Klippen)." (Gorys, Küchenlexikon, S. 256). Uhlich (S. 99) führt näher aus: „ ...geköpft, halbiert, entgrätet und stark gesalzen (max. 20% Kochsalz), durch Salzgare vorbehandelt und getrocknet (max. 35% Wasser). Vor Verwendung müssen die so zubereiteten Fische mehrere Tage gewässert und somit entsalzt und aufgequollen werden." →Kabeljau

Klitsch

In Hürtgenwald (11) für Lakritz

Klöppelsbutter

In Üxheim/Daun (257) für Apfelmus

Klompweck

→Poschweck

Klotzebutter

In Waldorf/Blankenheim (189) Brotaufstrich: „Speck ausgelassen, mit Mehl, Wasser und Salz in der Pfanne gerührt." In Goar, Mayen und Mülheim Klotzbutter „scherzh. Margarine" (RhWb 4, Sp. 779)

Klümpes

Im Raum Heinsberg/Kempen für Panhas. RhWb 4, Sp. 805 „Gericht aus

Schweineblut, Wurstbrühe, Buchweizenmehl u. Fleischbrocken, zu dickem Brei gekocht"

Klutten
„ein oval geformter Kloss Butter" oder „Im Berg auch ein Klumpen Quarkkäse ..." (RhWb 4, Sp. 823) In Hückeswagen (13) „Quark nach Hausmacher Art". →Hotte

Knällche
In Niederdollendorf (233) „Kartoffelgericht mit Speck". →Dielsknall

Knibbel
1. In Korschenbroich-Lüttenglehn (85) eine Suppeneinlage aus Mehl (nudelähnlich). In Köln (136) zum Abendessen Knubele-Suppe: Milchsuppe mit Mehl-Butter-Knubbeln
2. In der Prümer Gegend „Mehlklümpchen, infolge Minderwertigkeit oder ungeeigneter Behandlung des Mehls entstanden..." (RhWb 4, Sp. 929)

Knippcher
In der Eifel: gestiftelte und gekochte Kohlrabi, in weißer Mehlschwitze. RhWb 4, Sp. 1047 unter „Knupp" als Kohlrabi

Knipp-Plätzchen
Besonders am Vorgebirge zu Kirmes gebackene Plätzchen (102 a, Buschdorf bei Bonn; 102 b, dito: „oval aus dünnem Mürbeteig mit Hagelzucker oben drauf"; 121, Mechernich-Lessenich; 254, Alfter: „kinderhandgroße ovale flache Plätzchen mit groben Zucker über streut"). Nach RhWb 4, Sp. 952, als Knippblatz bekannt an Vorgebirge, in nördlicher Eifel bis Köln/Aachen: „hartes Gebäck, ovalförmig, flach, mit Zucker bestreut, das beim Brechen u. Kauen einen knippenden Ton erzeugt, bes. zur Kirmes gebacken; auch werden große fladenförmige Kn. gebacken". Bornheim-Walberberg (29*): „Hefe- und Mürbeplätzchen (Knöplätsje) oval, etwa 12 x 8 cm, wurden bis zu 100 Stück und mehr bestellt. Die Hefeplätzchen wurden im Steintopf im Keller aufbewahrt, damit sie weich (mangs) blieben"

Knochenpott
„Silvester gab es Knochenpott (Schweinepfötchen, Zwiebel, Lorbeerblätter u. Eisbein wurde zusammen in einem Topf langsam gekocht)" (22, Rees). Bekannt z. B. auch in Bocholt. Zu Ende eines Rezeptes von dort heißt es: „Der Dampf darf beim Kochen nicht entweichen. Darum schmierte der Bäcker früher, zu dem man den Brattopf trug, um das Gericht im Backofen gar werden zu lassen, die Fugen oder Ritzen mit Brotteig zu". (Anna Lindenberg, Zs. f. Kultur u. Heimatpflege UNSER BOCHOLT, 4/1955)

Knöppele

„Graubrotstücke mit ger. Wurst belegt" (92). Im Raum Geilenkirchen typisch bei Leichenschmaus: Fladen und Knöppele

Knud(d)el

Meist für Mehlknödel, häufig als Freitags- und Fastenessen, gebraucht (119, Mechernich-Lessenich: mit Pflaumen; 151, Willich-Schiefbahn). In der Umgebung von Neukirchen-Vluyn (110): „Am zweiten Weihnachtstag gab es Knudelen (Dampfnudeln) auf gedörrtes Obst aufgelegt, da der Schwaden nicht aus dem Topf kam, legte man noch ein Handtuch - Küchentuch drüber. Das Dörrobst war zugleich auch der Nachtisch." Nach RhWb 4, Sp. 1023 f. neben Mehl- oder Hefekloß auch Kartoffelklöße, Mehl und Kartoffeln gemischt, in Streifen geschnittene Dampfnudeln, „eine Art Frikadelle aus Buchweizen- u. Weizenmehl". - Wershofen (261): „selbstgemachte Mehlspeise" an Freitagen. Heisterbacherrott (256) „im Winter ... einmal wöchentlich Klöße (Knudelen) gemacht, dazu gab es Bohnen" sowie „in der Kartoffelzeit machte Großmutter mittags Knudele (Kartoffelklöße). Sie wurden in einer gußeisernen Pfanne mit Speck und Zwiebeln aufgewärmt"

Für Nettersheim/Eifel (Kk) berichtet eine Gewährsperson: „Knudeln als Freitagsessen: Dieses Gericht hatte Frau Undorf in der Familie ihres Mannes kennengelernt und in ihren Speiseplan übernommen. In katholischen Familien kam früher freitags kein Fleisch auf den Tisch. Bis zum 2. Weltkrieg wurde dieses Gebot teils mehr teils weniger streng eingehalten. In der Kriegs- und Nachkriegszeit wurde diese Vorschrift aufgehoben, geriet später mehr und mehr in Vergessenheit und wird heute kaum noch beachtet.

Herstellung: Altbackenes Weißbrot wurde mit warmer Milch übergossen und eingeweicht, dann etwas ausgedrückt und in der Schüssel in der Mitte ein bißchen vertieft. Mit der ausgedrückten Milch rührte man das Hefestück an und goß es zum Gehen in die Vertiefung. Der aufgegangene Teig wurde mit 3 Eiern durchgeknetet. Auf dem Herd wurden 2 Töpfe zum Kochen aufgestellt. In dem einen kochten kleingewürfelte Kartoffeln, in dem anderen Salzwasser. Von dem Weißbrotteig stach man mit einem Löffel Teile ab, formte sie zu Klößen und brachte diese in das kochende Salzwasser. Die hochkochenden, garen Klöße schöpfte man mit dem Schaumlöffel heraus. In eine große Schüssel schichtete man eine Lage Klöße, als zweite Lage gekochte Kartoffelwürfel und als dritte Lage ausgelassene Speckwürfel. Diese drei Schichten wiederholte man noch zweimal. Damit war der Knudel fertig und wurde in der Schüssel aufgetragen. Mit einem Löffel stach sich jeder von der Mischung seinen Teil ab und füllte damit seinen Teller. Dazu aß man gekochtes Dörrobst, z. B. Pflaumen. Das Gericht erfreute sich bei allen Familien in Nettersheim großer Beliebtheit."

Knudelnbrei

Im Bergischen suppenartiger Eintopf aus Schweinefleisch (Kasseler, Eisbein) und kleinen Klößen aus rohen Kartoffeln, zusammen gegart

Knüdelchessuppe

„Mehl u. Ei in den Händen gerieben und über der kochenden Milch einge-
streut. Eines von den Kindern mußte dann rühren". (209, Breitenbenden).
Ähnlich im Raum Prüm „Milchsuppe mit kleinen Mehlklümpchen aus Mehl u.
Eiern" (RhWb 4, Sp. 1026) In Kapellen/Moers (41) als Knubbelschespapp.
→Knibbel 1,2

Knüles

In Bonn (39) Bezeichnung für →Kesselkuchen

Kobes, doller

Im RhWb 3, Sp. 1134 f, unter doller Jakob „Buttermilchsuppe mit Kartoffel-,
Möhrenwürfeln u. weissen Bohnen (u. Pflaumen)" für die Voreifel bis nach
Mönchengladbach. In der Voreifel Abwandlung von →Puspas bzw. →Moh-
regubbel. Mit weißen Bohnen, Bauchspeck, Möhren und Kartoffeln

Kochkäse

„... einfacher Schmelzkäse aus gereiftem, gewürztem und geschmolzenem
Sauermilchquark." (Gorys, Küchenlexikon, S. 259). Aus Groß Klev bei Dabringhausen (165) stammt folgendes Rezept: „Milch wurde separiert, d.h.
Trennung von Fett und Magermilch. Gerät = Separator. Die Magermilch wurde hinten auf den Küchenherd gesetzt, wo sie solange stehen blieb, bis sie
sauer war. Wenn die Milch dick war, schnitt man mit einem Messer kreuz und
quer dadurch, damit sich der „Kästroen" = Molke besser von der geronnenen
Milch trennte. Bei Klatschkäse konnte die Milch nun aufgeschüttet werden,
d. h. in ein Kästuch schütten, damit sie austropfen konnte. Während die
Milch für den Kochkäse noch 2 - 3 Tage stehen mußte. Die Temperatur der
Milch war warm, aber nie so heiß, daß man sich beim Fingereintauchen
verbrannte. Man faßte in die dicke Milch und wenn das geronnene Eiweiß
zusammenklebte, wurde sie auf ein Käsetuch geschüttet. Darin blieb sie 2 -
3 Tage hängen, bis sie ganz trocken war. Wenn der Käse obendrauf etwas
ausgeschlagen war - das wurde mit druntergeknetet. Ein gußeiserner Kessel
wurde mit Butter ausgepinselt. Da hinein kam nun der ausgetropfte Käse
und wurde auf dem Herd geknetet. Auf die Feuerstelle - dann wieder an die
Seite wenn's zu heiß wurde. Die sich noch absondernde Flüssigkeit wurde
abgeschüttet. Nach ca. 1/2 Stunde kneten - wenn sich der Käse zog - kam
Salz, Zucker, etwas Milch bis er geschmeidig war, Anis und Safran, der so
trocken sein mußte, daß man ihn frimmeln = zerreiben konnte, hinein. Zum
Verbessern gab man einen Stich Butter dazu. Nach etwa 1/4 Stunde kochen
hatte der Käse seine ziehende Eigenschaft verloren und war streichfähig.
Man füllte die Masse in mit kaltem Wasser ausgespülte ˙Schüsseln, damit
man ihn stürzen konnte. Er wurde auf mit Butter bestrichenen Schwarz- und
Weißbrotscheiben (vorwiegend sonntags) gegessen". RhWb 4, Sp. 1101: „in
Nahe, Simm, Koch, May, Westum, Siegld, O Berg, MülhRh, Bergh, Grevbr.
MGladb, Erl... Quarkkäse, mit Milch, Buttermilch, Sahne u. Butter, Eiern,
Safran dickflüssig gekocht." →Käse, fauler

Königskuchen
In Köln (244) spezieller Kuchen zu Dreikönigen. Nach RhWb 4, Sp. 1190: „...
wer das Stück mit der schwarzen Bohne erhielt, wurde König, mit der weißen B.
Königin WMosfrk (veralt.)...“

Koggel
1. Kartoffelgericht: „Name und das Gericht stammt wohl von Juden, die in
unserem Ort wohnten. Geriebene Kartoffeln läßt man auf einem Sieb
abtropfen. Die Flüssigkeit enthält Kartoffelmehl und wird mit etwas Wasser aufgekocht und mit der festeren Masse vermengt. Ein eiserner Kessel wird mit Fett oder Öl gefettet, die Masse gewürzt in den Kessel
gefüllt. Früher im Backofen, heute im Elektroofen gegart. Kann kalt oder
warm gegessen werden. Die Juden aßen erst eine Rindfleischsuppe,
zum Koggel das Rindfleisch und Wald- oder Preiselbeeren.“ (20, Hürtgenwald-Gey)
2. Im Raum Köln-Frechen als „Kuggel“: „... Mehlspeise der Juden mit Stük-
ken von Nierenfett“ (RhWb 4, Sp. 1662)

Kohlrübe
In Wassenberg (31 b) u. a. für →Steckrübe

Kojen
In Rees-Speldrop (218) Grieben vom ausgelassenen Schmalz. →Käue

Kollemoll
In Aachen-Kornelimünster (149) „Apfel im Schlafrock, gestoofte Hausäpfel
(Mit der Schale mit Speckscheiben oder Butter u. Zucker)“

Kompes
In der Nordeifel und am linken Niederrhein „eingemachter, zuvor ein wenig
abgekochter in größere Stücke geschnittener Weisskohl, oft mit Wirsingblät-
tern, bei schlechter Kohlernte (fein geschabt sure Kappes)“ (RhWb 4, Sp.
1180)

Kornrade, gemeine
Agrostemma githago. Getreidekraut mit giftigem Samen

Kottenbutter
Bergisches Gericht: 2 Schwarzbrotscheiben mit Butter, Mettwurst, Zwiebeln
und evtl. Senf. Nach RhWb 4, Sp. 1286 für Solingen-Wald „ein belegtes
Butterbrot, aus zwei zusammengeklappten Rundschnitten bestehend“

Krachekröttcher
In Linnich-Körrenzig (226) ein Stuten aus Hefeteig. Allgem. im Raum Aachen
und Jülich-Zülpicher Börde als „Krachenkröttchen“ ein „kleines, mehr längli-

ches als rundes Weizenbrötchen ... kleines, wie ein Fragezeichen gewunde-
nes Gebäck, Nikolausgebäck ... in Britzelform ..." (RhWb 4, Sp. 1314)

Krälche
In Hellenthal (84) brezelartiger Weck. Im Rhwb 4, Sp. 1466 als Krell bzw.
Krenni „kleines Weissbrötchen mit Korinthen; mehrere sind in einer langen
Reihe zusammengebacken, Reihenweck; um die Wecken leichter zu tren-
nen, ist zwischen je zweien derselben eine Kerbe."

Krauf-aus
In Heinsberg, Erkelenz und Doveren Bezeichnung für →Panhas (RhWb 4,
Sp. 1420)

Krausbeeren
In Köln (243) für Stachelbeeren, nach Gorys (Küchenlexikon, S. 270) sowohl
Preisel- als auch Stachelbeeren

Krauseminze
Mentha spicata L. var. crispata (Schrad.). Gewürzkraut, kann wie Pfefferminze verwendet werden. Auch an Suppen (Bohnen, Erbsen, Linsen)

Krauskohl
→Grünkohl (RhWb 4, Sp. 1425)

Kreakele
In Breyell (216) für Brezeln

Krentebölkes
In Aldekerk (26) viereckiges Rosinenbrötchen. Im RhWb 4, Sp. 1253 jedoch
„rundes K.brötchen" unter Korinthenböllchen

Krenteweck
In Kerken (192) für Rosinenbrot, allg. jedoch mehr für Rosinenbrötchen (RhWb
4, Sp. 1466)

Kreppel
Allg. für Fettgebäck/Berliner zu Fastnacht (9, Mengerschied/ Hunsrück; 160,
Stromberg; 162, Schöneberg). Im RhWb 4, Sp. 1390 unter Kräppel

Krichelchen
Im Aachener Raum (100 Jahre - Küche unserer Heimat) frische, ganz kleine
Kartoffeln, teilgeschält und mit Speck und Zwiebeln gedünstet

Krockfladdem
In Hürtgenwald-Gey (20) Fladen mit gebackenen Birnen. Krock = Kraut (RhWb

4, Sp. 1545). Im Rhwb 4, Sp. 1433 als Krautfladen „runder, dünner Kuchen, mit gekochtem Mus aus getrockneten Birnen bestrichen u. dann gebacken"

Krötenstuhl
Am Niederrhein für Pilz: „Pilze aßen nur Leute, die von weither zugezogen waren. Bei uns hießen die Krötenstühle und gehörten zum Unkraut." (216 b, Nettetal-Breyell)

Krötschen
Weihnachtsgebäck. In Geilenkirchen-Süggerath und Umgebung (92) Kräuterprinten - Krötschen zu Weihnachten

Krommelemoll
In Waldfeucht-Brüggelchen (90) in Teig eingepackte Äpfel, im noch warmen Ofen gebacken, bis etwa 1945 besonders für Kinder. →Kollemoll

Krooschelewien
In Gangelt-Harzelt (107) für Stachelbeerwein, der zur Erntezeit in Kannen aufs Feld gebracht wurde. Kroschel allgem. für Stachelbeere (RhWb 4, Sp. 1569)

Krückche
Im Rechtsrheinischen/Bergischen Land vornehmlich für Obstkraut, weniger für Rübenkraut. In Nußbaum bei Paffrath (194) Krücksche für Apfelkraut

Krüüpelsvotte
In Gangelt-Harzelt (107) und Frilinghoven (91) für →Mauzen/Muzen. Als „Krüppelsfutte" im RhWb 4, Sp. 1611: „zu Fastnacht in Öl oder Fett gebackener Krapfen (Muze), in gewundener Form, zu einem Knoten verschlungen."

Krutlömmel
In Nettetal-Kaldenkirchen (89 a) „Graubrot mit Butter, darauf Apfel- oder Birnenkraut"

Kühl
In der Nordeifel bis Köln für Grünkohl. In Hürth (43) mit Kartoffelbrei gestuft, häufig zusammen mit Bratwurst. Spruch für den Kölner Küül (123): „Koote Küül äwer long Brootwoosch"

Küles
Backwerk in Form eines Würfels aus Stutenteig mit viel Korin-then, damals (1900 - 1925) in Düsseldorf von der Jugend gern gegessen (34, Düsseldorf). Im Rhwb 4, Sp. 329, als Käules: „.... kleines, faustgroßes Roggenbrötchen mit Korinthen u. Rosinen Düss-Stdt."

Kuesch
In Waldenrath (215) für Brotkruste. Bei der Feldarbeit Fressen für das Pferd. Im Rhwb 4, Sp. 1614 ff als Kruste u. a. „die harte Rinde des Brotes u. der einzelnen Brotschnitte" (Sp. 1615)

Küüten
Als Fisch- bzw. Fastenspeise in Mönchengladbach-Neuwerk (33) „Selbst eingelegte Heringe mit 'Küüten un völl Öllek' ..." Nach RhWb 4, Sp. 1790 „... bes. auch Rogen u. Milcher des Fisches, bes. des Härings..."

Kugel
„Kesselkuchen aus geriebenen rohen Kartoffeln mit Speckwürfeln und Backpflaumen gemischt, in gußeisernem Kessel in Öl gebacken." (29*, Bornheim-Walberberg). Ebenfalls für Vorgebirge und nördliche Eifel „im Tiegel (nicht in der Pfanne) gebackener dicker Kartoffelreibekuchen" (RhWb 4, Sp. 1661) Kesselknall →Kesselkuchen 2

Kuhl
In Alf/Mosel (224*) für Rapssamen

Kuschelemusch
Allgemein Durcheinander von Speisen, meist von Resten. In Köln u.a. „... das waren gekochte Stockfischreste mit gebratenen Kartoffelscheiben in der Bratpfanne untereinandergemischt" (127), häufig auch im Herd überbacken (126, 142), als Gewürz dazu viel Senf (244). Nach RhWb 4, Sp. 1779 f. „nicht verächtl. vom Mittagessen übrig gebliebener Stockfisch, mit kleingeschnittenen gekochten Kartoffeln, in Öl gerösteten Zwiebeln u. Sahnesauce gemischt (gestovt), als Abendessen..." Kann aber auch bedeuten „verschiedene gebratene Fleischreste mit Pflaumen Heinsb-Karken; gekochte Schweinefüsse, Ohren mit Äpfeln, Pflaumen, Rosinen, Zwiebeln, Zucker, Essig Bergh-Bedbg. Jül" (RhWb 4, Sp. 1780)

Kut
Am linken Niederrhein und teilweise in der Nordeifel „Eingeweide, Gekröse von ... Fischen, bes. auch Rogen u. Milcher des Fisches, bes. des Härings ..." (RhWB 4, Sp. 1790). In Wachtendonk „Melkner-Kuut" (frdl. Auskunft Herr Josef Jennen). →Küüten

Laberdan
Gesalzener bzw. in Pökellake eingelegter →Kabeljau: „in Fässern eingesalzener Kabeljau. Er muß mindestens 24 Stunden wässern, bevor er mit kaltem Wasser aufgesetzt, erhitzt und langsam gargezogen wird. Zu Laberdan gibt es am besten Petersiliensauce, Senfsauce oder braune Butter und Salzkartoffeln." (Gorys, Küchenlexikon, S. 278)

Lämmkespapp
In Rees-Speldrop (218) „Milch mit Weizenmehl gedickt". Als Lämmchenspapp am linken unteren Niederrhein „Suppe aus gewässerter Milch, Mehl u. Brotkrusten" (RhWb 5, Sp. 67)

Lattich
Lactuca sativa L. Artenreiche Korbblütergattung, verwendet als Salat. „Die grünen Außenblätter sind besonders vitaminreich und haben einen angenehm bitteren Geschmack, die gelblichen Innenblätter schmecken milder, oft leicht süß." (Gorys, Küchenlexikon, S. 266 f.)

Latwerg
„Südwestdeutsches Pflaumen- oder Birnenmus, ungesüßt, gewürzt mit Sternanis, gemahlenen Nüssen oder Holunderbeeren." (Gorys, Küchenlexikon, S. 285). Für die Eifel unter Lacksem: „Latwerge, lat. lacturicum; der Saft des Obstes (meist von Birnen, Zwetschen) wird steif gekocht, dann mit gekochten getrockneten Birnenschnitzeln vermengt u. weiter gekocht; der grosse kupferne Kessel zum L.kochen wird im Freien an einen Baum oder sonst einer Vorrichtung aufgehängt u. darunter wird das Feuer angelegt; auch gibt es eigene Räume für das L.kochen." (RhWb 5, Sp. 23)

Leineweber
Pfannekuchen aus Kartoffeln (236, Königswinter), in Hückeswagen (13) mit Rübenkraut. Allgemein im Rechtsrheinischen, Bergischen Land und am unteren linken Niederrhein: „ein Kartoffelkuchen aus lang geschnittenen Scheiben kalter gekochter Kart. oder roher Kart., die vom Mittag übrig geblieben sind, mit Teig darüber, mit oder ohne Ei ..." (RhWb 5, Sp. 369)

Lemmelchesbeere
Birnensorte (156, Schweppenhausen/VG Stromberg)

Lünte
„die Fettschicht beim Schlachttier, meist beim Schweine, worin die Nieren liegen, die innen die Bauchwand bekleidet ..."(RhWb 5, Sp. 624) Für Uckerath (8): „... die fetthaltigen Teile (Lünten usw.) wurden in der Herd-Kasserole ausgelassen und das so gewonnene Schmalz in Töpfen (Döppen) gefüllt." In Düsseldorf (34) als Schmalzersatz auf Brot

Lungenkraut, echtes
Pulmonaria officinalis L. Heilmittel. In Kerken (116) fälschlich mit →Isländisch Moos gleichgesetzt

Lunte
→Lünte

Mädesüß
Filipendula. Rosengewächs, früher gegen Wassersucht verwendet. Im Rhwb 5, Sp. 718 f. als Mädesüsschen

Magnum bonum
Kartoffelsorte (243, Köln). Nach RhWb 5, Sp. 734 „die vor der Industriekartoffel sehr beliebte Kartoffelsorte (heute nicht mehr verbr.).“

Maifisch
→Alse. Für Köln (4*): „Maifisch in Gelee. Das Gericht aßen zu meiner Kinderzeit meine Großmutter und meine Mutter in einem Kölner Restaurant. (Ergänzung: ... und zwar im Café Riese auf der Schildergasse in Köln) Dieser Fisch wanderte früher während der Laichzeit in großen Scharen rheinaufwärts und wurde von den Poller Fischern gefangen. Zeit: Ende April bis Mai.“

Mairübchen
Am Niederrhein für Stielmus. Nach RhWb 5, Sp. 771 „früheste, essbare Gartenrübe, ähnlich der Teltower R.“

Makai
1. In der Eifel und am linken Niederrhein Quark (148, Aachen:Makei; 149, Aachen: „wurde nur im Sommer gemacht und frisch verbraucht.“; 231, Roetgen). Nach RhWb 5, Sp. 778: „Quarkkäse aus entrahmter dicker Milch, Dickmilch mit Süssmilch, Zucker u. Zimmt.“ In Köln (Kk) ebenfalls süß angemacht, abends zu Pellkartoffeln und Schwarzbrot
2. Kakaoähnliches Getränk (34, Düsseldorf, 1900-1925)

Makemau
In Aachen „Gericht Stockfisch, mit Kartoffeln gemischt“ (RhWb 5, Sp. 780). →Kuschelemusch

Mangold
Beta vulgaris L. var. cicla Pers. Form der Runkelrübe, verwandte Arten: Zukkerrübe und Rote Rübe. „(Rippenmangold, römischer Kohl; Blattmangold, Schnittmangold, Beißkohl) Rübenart mit fleischigen Blattstielen und zarten Blättern. Man unterscheidet Mangoldsorten mit besonders fleischigen Stielen und Rippen und rippenarmen Mangold mit herbpikant schmeckenden Blättern.“ (Gorys, Küchenlexikon, S. 307)

Margaretchen
Scherzhaft für Margarine (RhWb 5, Sp. 860). Für Eschweiler-Weisweiler (53*): „Meistens gab es als Schulbrot eine ‘Dubbel’ das sind zwei Scheiben Brot mit Margaretchen u. Seem eingepackt in Zeitungspapier.“

Mausohrsalat
In Traben-Trarbach (232) für Feldsalat. RhWb 5, Sp. 1004 „Feldsalat, vale-rianella olitoria (nur die angebaute Art)"

Mauze
„Fastnachtskrappel, süsses Gebäck aus dünngewalztem Zuckerteig, in Schmalz gebacken" (RhWb 5, Sp. 1016). Kann auch Einback oder Zwieback bedeuten (ebda.)

Mauzemandel
„kleines Backwerk aus Muzenteig in Mandelform, zu Fastnacht." (RhWb 5, Sp. 1016)

Mehlbeere
„Frucht des Weisdorns" oder „Hagebutte" (RhWb 5, Sp. 1030). In Hückes-wagen (13) als Nahrung in Notzeiten, aus Mehlbeeren „wurde in schlechten Zeiten Kaffee gebrannt" (56, Ellern). Auch verwendet zur Herstellung von Marmelade oder Mus (Uhlich, S. 117). →Weißdorn

Melde
Spinatähnliches Gemüse. Verschiedene Arten: Atriplex (→Gartenmelde), Atri-plex patulum (→Flodders), Chenopodium album (Beermelde), Kochie (Rad-melde). Vgl. RhWb 5, Sp. 1060 f.

Melkner-Kuut
→Kut

Melle
→Melde

Memm
In Meerbusch-Osterath (50) für Euter, zusammen mit Mel (Mangold) als Arme-Leute-Essen. Als Mämme für „Kuh-, Ziegeneuter" im RhWb 5, Sp. 799

Memmespeck
Bauchspeck (RhWb 5, Sp. 804). In Moers (112*) „Kurz nach der Schlach-tung noch Speck und zwar den sog. Memmespeck ..."

Metesbirne
Birnensorte, nachgewiesen für Groß Klev bei Dabringhausen (165). In Krek-kersweg bei Dabringhausen (204) als Meätesbieren, die nur zur Herstellung von Birnenkraut verwendet wurden

Milchsäure
„Organische Säure, die unter Bakterieneinwirkung aus Milch- oder Trauben-zucker entsteht. Milchsäure ist z.B. in saurer Milch, in Salzgurken, im Sauer-

kraut und im Sauerteig des Brotes enthalten; sie fördert die Verdauung."
(Gorys, Küchenlexikon, S. 327)

Milchsuppe
In Neukirchen-Vluyn (41) „nicht gebundene Suppe nur Weissbrotstückchen eingekocht und mit Salz und Zucker abgeschmeckt."

Mispel
Mespilus germanica. Kernobstbaum, hat seit dem 17./18. Jh an Bedeutung verloren. Rohverzehr in überreifem Zustand, sonst als Kompott

Mistel
Viscum album L. In Schweppenhausen/VG Stromberg (156) gab es für die Wöchnerinnen Misteln. Galt als harntreibend, krampflösend und blutdruck-regulierend

Mobbeln
In Kreckersweg bei Dabringhausen (204) für →Wollbohnen

Mockensuppe
In Aachen-Kornelimünster (143a) „Milchsuppe mit Zwieback oder altback. Weißbrot, mit Zucker und Butter", hauptsächlich für Heranwachsende. Allge-mein „S. mit eingeweichten Brocken" (RhWb 5, Sp. 1213), wobei Mock ein „geweichtes Weissbrotstück in der Suppe, Brotende, Stückchen Wurst" (ebda.) bedeutet

Möscheeier
Belegt für Heisterbacherrott (256). RhWb 5, Sp. 1443 unter Müscheneier „Reiserbohnensorte mit breiter Schote, mit lilarötlichen u. braun punktierten, eiförmigen, etwas platt gedrückten Bohnen, früher beliebt für Bohnensalat u. bes. für Bohnensuppe Neuw (kurköln.) Sieg ..."

Mohregubbel
In Nettetal-Kaldenkirchen (89a) Möhrengemüse: „... gewürfelte Kartoffeln mit Wasser aufsetzen, 1 Stich Schmalz dazu. Darauf gewürfelte gelbe Feldmöh-ren, 1 dicke Zwiebel und 1 Stg. Porree zerkleinern. Mit frischem Bachspeck gut garen u. stampfen." Als Möhrenjubbel im RhWb 5, Sp. 1236: „Fleischbrü-he (Buttermilch) mit Kernbohnen, M.würfeln, meist auch mit Kartoffelwürfeln u. Speck ..." →Kieköm →Puspas →Schnieders Courage

Moll
Nicht nur in Wassenberg (31) für eine Holzmulde zum Teigkneten. Vgl. RhWb 5, Sp. 1373-1377

Monnikendamer Bratbückinge
Frische, ungesalzene und leicht geräucherte Heringe, die bei Monnikendam

an der Zuidersee gefangen wurden. Für Strempt bei Mechernich (2) heißt es: „Frau Strunck häutete die Fische, entgrätete sie und briet sie von beiden Seiten in Butter. Vor dem Auftragen kam geklopftes Ei über die gebratenen Fische. Der Eierteig stockte in der warmen Pfanne, so daß die Bratbückinge darin eingebacken waren. - Man aß Salzkartoffeln und Salat dazu, meist Kettensalat." In Köln (4*) kamen Rogner oder Milchner mit in die Pfanne. Der Ausdruck ist z.B. auch in Rees (68, 69) oder in der Mörser Gegend bekannt (RhWb 5, Sp. 1271)

Moppen
„... meist Pl. Gebäck aus Mehl u. Sirup (Honig), in den Kirmesbuden feilgeboten; es besteht aus einzelnen stangenförmigen, gerundeten Bröckchen (dies *mop.* Sg. genannt), die sich leicht abbrechen lassen; *Möppke(-chen)* kleines rundes oder eckiges Kleingebäck aus Lebkuchenteig in Form der Pfeffernüsse, ebenso in den Kirmesbuden feil geboten, aber auch alltäglich vom Bäcker als Zugabe für die Kinder dargeboten; wer auf der Kirmes das Glücksrad drehte u. nichts gewann, erhielt früher eine *M.* als Entschädigung; das Hochzeitspaar warf früher beim Verlassen der Kirche *M.en* unter die sich herandrängenden Kinder..." (RhWb 5, Sp. 1282)

Motten
In Groß Klev bei Dabringhausen (165) Bezeichnung für eine Birnensorte. Nach RhWb 5, Sp. 1315, gleichzusetzen mit Bergamottbirnen. In Nußbaum bei Paffrath (194) →Bergamotte →Wintermotte

Moulschelle
In Alf/Mosel (224*) auf dem Wochenmarkt angebotene Teilchen. Unter Maulschelle im RhWb 5, Sp.987: „Backwerk aus gerolltem, in der Mitte plattgedrücktem Teig MülhRh BGladb"

Mucke(n)fuck
„Verächtl. a. Kaffeeersatzmittel, wie Cichorie, in Pulverform; sehr dünner Kaffee, bes. der auf schon einmal verwandten Bohnen aufgeschüttet ist" (RhWb 5, Sp. 1339)

Müll
→Melde

Münsterbirne
„B.sorte, anfangs September reifend" (RhWb 5, Sp. 1412). Für Aachen-Kornelimünster (144): „Die Münsterbirne wird als kleine, sehr süße gelbe Birne mit roten Bäckchen beschrieben, die früher in fast jedem Bauerngarten hier an reich tragenden Bäumen wuchs. Zur Zeit der Oktav kauften Frauen des Ortes den Bauern diese Früchte ab und verkauften diese dann weiter an die zahlreichen Pilger, die diese dann meist sofort und mit großem Genuß verzehrten. - Die Zubereitung der Münsterbirnen erfolgt, indem sie halbiert werden, und das Kern-

gehäuse entfernt wird. Schale und Stiel bleiben an den Früchten. Die so vorbereiteten Birnen werden dann entweder mit sehr wenig Wasser und etwas Zimt gegart und als Kompott oder Brotbelag gegessen oder nach dem üblichen Verfahren konserviert. In jeder Zubereitung sollen sie sehr delikat sein."

Mus
1. Im weitesten Sinne „jedes Blattgemüse" (RhWb 5, Sp. 1430-1432, hier Sp. 1430). In Elten (17) und Rees (22, 203) Grünkohl, ebenso in Rees (69), hier allerdings „... mit Mettwurst, durcheinander, steif gekocht."
2. Brei aus eingemachtem Obst

Muze(-mandeln)
→Mauze

Nagelfleisch
In Rees (67, 68, 71) und Emmerich (RhWb 6, Sp. 46) für Rauchfleisch. Zur Zubereitung: „Rauchfleisch = 'nagelfleis' wurde gesalzen und an einen Nagel zum Trocknen aufgehängt, dazu wählte man ein besonderes Stück, meist vom Pferd 'oelk' genannt. Nagelfleis galt als Sonderkost ..." (68, Rees)

Necken Hännes
Stück Blutwurst, in Krefeld: „Himmel und Erde: Kartoffel und Äpfel zusammengekocht und mit gebratener Blutwurst 'Necken Hännes' serviert." (114)

Neujährchen
U.a. Neujahrsgebäck wie in Xanten (108): „feine, knusprige gedrehte Waffeln ...". Ähnlich Neujohre in Meerbusch-Büderich (199) „2-, 4- u 6-köpfig". Zu anderen Formen vgl. RhWb 6, Sp. 172 f.

Neujahrsbrezel
Besondere Brezel zu Neujahr: „Die Alten spielen in ihrem Stammlokal Karten um N. Jahrsbretzeln ..." (RhWb 6, Sp. 170)

Neunaugen
Auch Bricken oder Pricken, Petromyzontidae. Speisefische, wurden auf den Laichwanderungen mit Stellnetzen, Hamen oder Reusen gefangen

Neunerleikräuter
Gründonnerstagsgericht aus verschiedenen frischen Kräutern, u.a. Giersch und Brennesseln. Als „Neunerlei" im RhWb 6, Sp. 179 „Mus aus n. Blattpflanzen auf Gründonnerstag ... Allg."

Nieren
In Aachen-Kornelimünster (143a) Unterscheidung in platte Nieren (Salzkartoffeln) und Blaue Nieren (Kartoffeln für Festtage). An letzteres anknüpfend auch

RhWb 6, Sp. 205: „kostbarste Kartoffelsorte in Form einer N. ..." Im Raum Geilenkirchen (92) an Kirmes serviert. Köln-Zollstock (35) „...eine sehr festkochende Kartoffelsorte, wobei die Hausfrau genau nach der Farbe kaufte..."

Nierenfett
Rinderfett bzw. -schmalz. Vgl. RhWb 6, Sp. 206

Nonnebrötcher
In Kirf (239) zu Fastnacht „in Öl gebratene Hefeteichküchlein ... mit Puderzucker bestreut". Vgl. RhWb 6, Sp. 235

Nonnenpfürzchen
In Köln (244) Gebäck an Weihnachten. RhWb 6, Sp. 235: „1 a. schmalz-, ölgebackenes Hefeküchlein, zu Fastnacht ...b. kleines, rundes Lebkuchenplätzchen, Pfeffernuss, Zuckererbse ...", wobei die unter b) aufgeführten Lebkuchen und Pfeffernüsse vornehmlich auf Weihnachten hin hergestellt werden

Oberländer
In Roetgen (231) für ein säuerliches Weißbrot. Unter „oberländisch" im RhWb 6, Sp. 321: „Brut aus Mischelfrucht, Spelz oder Weizen, im Gegens. zum Schwarzbrut des Flachlandes ..."

Ochsenauge
Spiegelei, evt. in einer speziellen Pfanne mit Vertiefungen gebacken. Nach RhWb 6, Sp. 336 allgemein in den Städten verbreitet und zusätzlich für Eifel und Voreifel „Backwerk in S-form, die Enden kreisförmig gerollt, Gebildbrot zu Nikolaus u. Weihnachten"

Odenwälder
Blaue Kartoffelsorte, heute wohl nicht mehr üblich (27, Radevormwald). Vgl. RhWb 6, Sp. 342

Odermennig, Gem.
Agrimonia eupatoria. In Unzenberg/VG Kirchberg (167) als Heilpflanze genannt. Nach RhWb 6, Sp. 345: „man bereitet aus Kraut u. Blüten Tee gegen Brustschmerzen u. Atemnot"

Öffelsches
Kleine Hefekuchen aus Weizen- oder Buchweizenmehl. In Neukirchen-Vluyn (110) beim Abendessen „... als besonderes gab es Weizen-Öffelsches mit Rosinen mit u. ohne Schwarzbrot ..." Im Rhwb 6, Sp. 354 kleinerer „Hefekuchen aus Buchweizenmehl, namentl. zu Neujahr". In Kapellen/Moers (41): „Meist Samstags wenn Weissbrot gebacken wurde. Aus dem Hefeteig für das sonntägliche Weissbrot mit Rosinen, wurden kleine Plätzchen in der Pfanne in heissem Schweineschmalz ausgebacken."

Offeln
In Hückeswagen (13) Waffeln, früher aus Hafermehl und gesüßt mit Rüben- oder Apfelkraut, heute aus Weizenmehl und mit Zucker

Ohligslömmele
In Aachen-Kornelimünster (143 a) ein Schmalzgebäck zu Fastnacht (→Fett-lömmele). Unter Ohligslümmel „in Öl gebackene Krabbe, zu Fastnacht ..." (RhWb 6, Sp. 392)

Olligkrabben
In Öl gebackener Krapfen (Hefeteig mit Rosinen) an Karfreitag (108, Xanten; vgl. RhWb 6, Sp. 690). Allgem. am linken unteren Niederrhein

Ongel
→Ungel

Ooft
Im Selfkant für aufgeweichtes Dörrobst. Allgemein auch „Oft" als „Collect. für gedörrtes Obst, Äpfel u. Birnen, aus denen ein Mus hergestellt wird, das als Aufstrich für die Fladen dient ..." (RhWb 6, Sp. 359) In Gangelt-Harzelt (107): in Resthitze getrocknete Äpfel u. Birnen. In Moers (111) „das gesamte Trockenobst ..."

Päps
„An Kirmes besonderes Gericht 'Päps' = der aus dem vollen Schinken her-ausgelöste Knochen mit Fleisch drumherum, gebraten" (102, Buschdorf/ Bonn). Allgemein „Päps(t) = Schulterknochen des Schweines" (RhWb 6, Sp. 507) →Päze

Päze
„Schulterblatt (flacher Knochen, der an einer Seite eine Gelenkpfanne hat), Schinkenkugelgelenk u. Muskel, Vorderschinken, Lendenteil, schildförmiges Bugstück des geschlachteten Schweines ..." (RhWb 6, Sp. 591)

Palmmösskes
In Rees-Speldrop (218) für →Palmvogel

Palmpööskes
In Brünen (19) für →Palmvogel

Palmvogel
Gebildweck, der am Palmsonntag auf den Palmstock gesteckt wurde (vgl. RhWb 6, Sp. 475). „Mit Zucker verbesserter Stutenteig wurde zu 'Piepvö-gels' geformt. Augen aus Rosinen. Geschenk für Kinder. Auch Palmpööskes genannt." (19, Brünen)

Panhas

Steifgekochte Wurstbrühe, mit Buchweizenmehl gebunden. Rezept aus Nieukerk (42*): „Beliebte Notspeise war der Panhas, Balkenbrei oder Karbut allerdings auch in guten Zeiten. Seine Herstellung erfolgte nach dem Schlachttag. Die Wurstbrühe aus Schweinskopf, Lunge, Herz, Bauchspeck und Schwarten wurde aufgekocht, in Kriegszeiten mit Wasser verlängert. Dann wurde mit Salz, Pfeffer und Muskat gewürzt und in die kochende Brühe unter ständigem Rühren mit einem Holzstab Buchweizen-, Roggen- und Weizenmehl hinzugegeben. Die Masse mußte ganz steif werden und war erst gut, wenn er Blasen warf. Nach dem Erkalten wurde er in Schüsseln gefüllt. In Scheiben geschnitten wurde er gebraten. Auf Schwarzbrot mit Rübenkraut oder abends bei Bratkartoffeln schmeckte er ausgezeichnet." In Kapellen/Moers bildete die übriggebliebene Fleischbrühe die Grundlage, gewürzt wurde zusätzlich mit Nelken und Majoran. Vgl. auch RhWb 6, Sp. 485

Pannekrückjejemös

In Kürten (247) für Schnittlauch: „dicke Kartoffelsuppe mit Schnittlauch (Pannekrückjejemös)". Im Rhwb 6, Sp. 669 für das Bergische Land Pfannenkräutchen = Schnittlauch

Pannenschiewe

In Hutsherweg bei Kürten (247) als zweite Mahlzeit „... eine Pfanne rohe Kartoffeln auf Speck und Zwiebeln gegart ..." In Mennkausen bei Wiehl (103) abends serviert. Im RhWb 6, Sp. 672 als Pfannenscheiben „rohe Kartoffeln, in Scheiben geschnitten u. in der Pfanne gebraten."

Papp

In Kapellen/Moers (41) „eine gebundene Milchsuppe in vielen Variationen. Zum Beispiel Weizenmehl, Gries, Haferflocken." Nach RhWb 6, Sp. 498 „Mehlsuppe, Weizenmehl in süsser Milch gekocht", die sich regional nach Zutaten und Mehlsorten unterscheidet

Paschweck

Im Gebiet um Aachen „... bes. gutes Weissbrot, das der Bäcker Ostern seinen Kunden schenkte (bis 1888)" RhWb 6, Sp. 538) Poschwecken

Pastinake

Pastinaca sativa L. Hammelmöhre, liefert Wurzelgemüse. Später von Sellerie und Kartoffel verdrängt. Uhlich, S. 127: „Kreuzung zwischen Möhre und Petersilie ... Wurzel fleischig dick, möhrenartig ... Geschmack der Wurzel süßlich, der Petersilie ähnlich. Geruch eigentümlich würzig."

Pepsinwein

Belegt für Köln (30). Uhlich, S. 128: „Leichter Süßwein mit wäßriger Pepsinlösung, Glycerin, Zuckersirup, Salzsäure und Pomeranzentinktur. Arzneiwein."

Pfannenbrei

In der Pfanne zubereiteter Brotaufstrich, belegt für Dörrenbach/Kürten (164): „... manchmal machte Großmutter auch Pannenbräe = Pannenbrei: etwas Fett zerlassen, Milch, Mehl, Zucker anrühren, hineingeben und rühren, bis es steif wird und 'flupp' macht." In Groß Klev bei Dabringhausen (165) zum Frühstück am Sonntag: Eier, Mehl, Milch, Salz über ausgelassenen Speck und dann steif gerührt. Allg. im Oberbergischen „eine Art Rührei; Speck in die Pfanne, dann etwas Weizen- oder Hafermehl mit Wasser u. Milch u. dazu ein oder mehrere Eier, dann gar gekocht; der P., über daumendick, kommt mit der Pfanne auf den Tisch; er dient als Brotaufstrich, bes. wenn die Butter selten ist; auch nimmt man ihn mit einem Stück Brot an der Gabel ..." (RhWb 6, Sp. 669)

Pfeffer

1. Gewürz
2. Allg. für Eintopf
3. Zusätzlich im RhWb 6, Sp. 681 f.: „... stark mit Pf. gewürzte Brühe ... eine Art Pannas aus Schweineblut, Leber, Mehl ..."

Pickel

„Salzlake, in der das Salzfleisch eine gewisse Zeit vor dem Räuchern gestanden hat." (RhWb 6, Sp. 815) →Bökel →Salzbiggel →Solper

Pijebs

Flaches Stück vom Schulterblatt (238, Simmerath)

Pillekuchen

Pfannkuchen aus Kartoffeln und Eiern. Belegt für das Bergische Land (u.a. 211, Velbert, 13, Hückeswagen). „Spezialität aus dem Bergischen Land: rohe Kartoffeln in Streifen schneiden, in eine Pfanne schichten, leicht salzen, in Fett einige Minuten dünsten, Eierkuchenteig darübergießen, von beiden Seiten braun und knusprig backen." (Gorys, Küchenlexikon, S. 375). Nach RhWb 6, Sp. 836 „rohe Kartoffeln, in Streifen geschnitten u. darüber Mehlteig (Buchweizenmehlteig), zusammengebacken; auch Leinenweber". →Leineweber

Pilzwein

In Hürtgenwald (11) hergestellt mit Zuckerwasser in einem Steintopf, ein nicht näher benannter Pilz wird zugefügt. Fertiger Wein gesiebt und abgefüllt

Piniemann

→Jepienichte

Pinnekeskauken

In Radevormwald (27) ähnlich wie Reibekuchen, jedoch gröbere Zahnung (längere Pinne) und als Ganzes in der Pfanne gebraten. Für das Oberbergische/Bergische als „Pinnenkuchen" im RhWb 6, Sp. 859: „rohe Kartoffeln in Streifen geschnitten, roh mit Eiermehlteig vermengt u. dann gebacken."

Platz
„... aus bestem Weizenmehlteig mit Milch, Zucker (Eiern), Korinthen (Rosinen) gebackenes grosses, rundes Festbrot, dessen Oberfläche (vor dem Einschiessen gesalbt) kreuzweise oben angespaltet ist ..." (RhWb 6, Sp. 960)

Plinsen
In Düsseldorf (34) Pfannkuchen (normaler Teig für Herd), mit Speck belegt. Sonst eher bekannt aus Russland, wo sie aus Buchweizenmehl zubereitet werden. (Gorys, Küchenlexikon, S. 378)

Pöfferkes
In Geldern-Hartefeld (223) Hefekrapfen an St.Martin. →Püfferkes

Pökeln
Konservieren vornehmlich von Schweinefleisch mit →Nitritpökelsalz

Pöpp
In Waldenrath (215) für Milchsuppe. Zu den vielfältigen Formen von →Papp = Mehl- bzw. Milchsuppe vgl. RhWb 6, Sp. 498-500

Pöttcheskauken
→Potthast 1

Poiste-Birne
Birnensorte, belegt für Korschenbroich (85)

Poleiminze
Mentha pulegium L. Heilpflanze

Pommeranze
Citrus aurantium L. ssp. amara. Bitterorange. Verwendet für Bittermarmelade und in Likören, auch zum Aromatisieren von Tees. Kandierte Schalen = Orangeat

Ponkbirne
In Groß Klev bei Dabringhausen (165) „eine ganz dicke Birnensorte". Unter „Pfundbirne" im RhWb 6, Sp. 801: „B.sorte von besonderer Grösse u. Schwere"

Ponter
In Kerken (192) ein Getränk für Frauen, das 10.30 h und 17.30h auf dem Feld gereicht wurde. Es bestand aus klarem Korn mit Würfelzucker

Portulak

Portulaca oleracea L.var.sativa. „Gemüse- und Würzpflanze mit gelben, langen, saftigen und fleischigen Stengeln." (Gorys, Küchenlexikon, S. 383) Verwendung hauptsächlich als Suppenkraut, Salat und Gemüse (RhWb 6, Sp. 1030), die „Blätterknospen als Kapernersatz" (Uhlich, S. 133). Für Köln (7) wird außerdem berichtet „... das auf gebratene Steaks in Büscheln aufgelegt wurde, natürlich in rohem Zustand, und einen würzigen, leicht pfeffrigen Geschmack hatte." Lange nicht mehr erhältlich, heute wieder verstärkt in Bioläden zu kaufen

Poschwecken

Im Aachener Raum zu Ostern: „feines Weißbrot mit eingebackenen Zuckerstückchen, Rosinen, viel Butter; bestreut mit grobem Zucker und Mandelsplittern" (43, Aachen) →Paschweck

Potthast

Allg. „... Kostprobe vom hausgeschlachteten Schwein, Schlachtschüssel" (RhWb 6, Sp. 1057). →Hütschpott →Potthast. In Rees (23): „Die 'Potthaste' (hier haste was für den Pott), wie ein Teil vom Fleisch, von der Wurst u. von den Knochen bekam jedes Kind vom Elternhaus nach jedem Schlachttag. Dieses wurde nicht haltbar gemacht, sondern bald verwertet." →Hütschpott 2. Emmerich (24): „Hoetzepott od. Potthaste (Am Schlachttag von allem ein Stückch.) von der Tante."

Pottkuchen

„1. Kartoffelreibekuchen, zunächst in einer zwei-, drei-fingerdicken Schicht in einem Pott (Groppen) gebacken (nicht in der Pfanne); dann wird auf einer Seite eine neue Schicht aufgelegt u. weiter gebacken, dann wieder auf der anderen Seite dass., bis schliesslich ein runder Klumpen von ca. 20 u. mehr cm Dicke mit dicker brauner Kruste daraus hervorgeht; das Ganze wird in Stücke geschnitten u. heiss zu Butterbrot gegessen oder in Scheiben gebraten. 2. Napfkuchen aus Mehl" (RhWb 6, Sp. 1057)

Pottweck

Für den linken Niederrhein „im Eisentopf (Kessel) in Öl gebackener W. aus feinem Teig, Napfkuchen" (RhWb 6, Sp. 1059). Nachgewiesen in Krefeld (114). In Emmerich (21) in einer Kasserolle gebackenes Brot

Prälatengemüse

In Köln (243) roter Kappes mit Äpfeln

Prätsch

In Breyell (216) für Apfelkompott. Vgl. RhWb 6, Sp. 1076 (Apfelmus)

Prenk

In Nettetal-Kaldenkirchen (89a) Buttermilchsuppe: „Schwarzbrot wurde mit

Wasser gar gekocht. Die Buttermilch wurde mit etwas Mehl geschlagen und dazu gegeben. Salz und Zucker." Leicht verändert als Prinke am linken unteren Niederrhein „Suppe, gekocht aus Buttermilch, Schwarzbrotbrocken (auch Weissbrot-) mit Möhrenkraut; sie hat eine braune Farbe; sie ist das ge-wöhnliche Abendgericht u. wird nach den Kartoffeln aufgetragen." (RhWb 6, Sp. 1111)

Prenz
In Dörrenbach bei Kürten (164) für →Panhas. Nach RhWb 6, Sp. 1113 vor allem im Niederbergischen

Pricken
Im Raum Xanten (108) für →Neunaugen. Wurden aus dem benachbarten Fischerdorf Lüttingen angeliefert

Printe
„... hartes Backwerk aus Roggenmehl, Honig u. Zuckerkandis, mit einge-drückten Bildern" (RhWb 6, Sp. 1112). Eigentlich „Bild", bekannt durch die Aachener Printe

Pröllewörßke
In Rees (203) eine Probewurst für die Verwandten nach dem Schlachttag. In Kapellen (210) bekamen „Kinder .. ein 'Pröllewürstchen' das war ein kleines Stück Darm prall gefüllt mit Wurstbrei." Unter Prüllenwurst im RhWb 6, Sp. 1141 „Klev, Rees ... kleine W., dem Nachbarn beim Schlachten zugeschickt (mit dem Hötzpott); kleine Mehlwurst für die Kinder."

Proffkoek
In Emmerich (21) für Streuselkuchen: „Beerdigung: Streusel-kuchen (Proff-koek) wurde auf großen Blechen beim Bäcker gebacken."

Prümmkesweck
In Mönchengladbach-Neuwerk (206) „Rosinen- oder Korinthenweißbrot"

Prüp(p)
Im Bereich Köln (4*), Vorgebirge (29*), Nordeifel (43) für →Mus 2: Kompott aus Äpfeln und/oder Pflaumen. Für den gleichen Bereich und teilweise auch rechtsrheinisch „Apfelmus, -kompott, Pflaumenmus... Apfelkraut..." (RhWb 6, Sp. 1145)

Pudding
Neben der herkömmlichen Bedeutung in Königswinter (236) auch „Sammel-bezeichnung für jeden Nachtisch"

Püfferkes
Belegt für Willich/Schiefbahn/Vorst (151) als Gebäck, verm. „Fastnachtskrabbe,

Hefe-, Schmalzküchlein zu Fastnacht nach Art der Ballebäuskes" (RhWb 6, Sp. 1171). Dort auch verschiedene Bedeutungen unter Puffel, Puffelskuchen, Puffer, Puffert, Puffertkuchen (Sp. 1171 f.). In Uerdingen (18) Hefegebäck mit Rosinen zu St. Martin, in Straelen (105) an Fastnacht oder St. Martin, in Kerken (116) „St. Martin in Öl gebackene Kuchen". In Kerken an Karfreitag (192) „Püfferkes (Oliekrabbe) in Öl gebackener Eierteig", in Heiligenhaus (211) Hefepfannkuchen

Pülpe
Bei der Zuckerfabrikation anfallendes Mark der Rüben

Puffel
In Aachen (143) Schmalzgebäck zu Fastnacht. RhWb 6, Sp. 1171 „Fastnachtsgebäck, Hefeküchelchen, nach Art der klevld. Bällebäuschen oder Berliner Pfannenkuchen..."

Puffelskauken
1. „Hefepfannkuchen aus Buchweizen- oder Weizenmehl" (RhWb 6, Sp. 1171). In Hückeswagen (13) mit oder ohne Rosinen/Korinthen, in Sotterbach bei Wiehl (104) als Puffertskoochen „gebratener Weißbrotteig m. Rosinen".
2. In Radevormwald (27) bei der Resteverwertung von Salzkartoffeln. Mit Mehl und Salz geknetet, als Plätzchen oder als Ganzes „zu einem Puffelskauken in der Flachpfanne schön knusperig gebraten". Ähnlich als Kartoffelgericht in Groß Klev bei Dabringhausen (165) und Krekkersweg (204). Nach RhWb 6, Sp. 1171 „im Tiegel gebackener, dicker Kartoffelreibekuchen"

Pullfleck
In Alf/Zell (224*) für Kutteln

Pullwurst
In Hückeswagen (13) für Gekrösewurst. Allgemeiner im Bergischen „verächtl. billige Mehlwurst... Probewurst, dem Nachbarn gesandt; W. für die Kinder beim Schlachten..." (RhWb 6, Sp. 1183)

Pulp
„entsteintes, kleingeschnittenes, gedämpftes Obst als Ausgangsmaterial für die Marmeladenherstellung. In der Küche wird das ausgehobene Fruchtfleisch (auch aus Kartoffeln) oft mit Pulp bezeichnet." (Gorys, Küchenlexikon, S. 389) →Prüp

Puppekäppche
In Heisterbacherrott (256) für Sprute (hier verm. Rosenkohl)

Pus(s)pas(s)
1. Kompott aus Äpfel, Birnen und Pflaumen: „Dreifrucht. Süße Äpfel, Birnen und entsteinte Pflaumen wurden jede Sorte einzeln mit Stangenzimt ... gekocht und dann vermengt." (206, Mönchengladbach-Neuwerk). Zubereitet zur Kirmes, ähnlich wie in Korschenbroich (85). Nach RhWb 6, Sp. 1230: „Gericht aus geschälten Äpfeln, Birnen (diese auch ungeschält) u. Zwetschen, dazu einige Löffel Obstkraut, Zimt, Krautnägel, Zucker, im irdenen Topf ... u. bedeckt mit Kohlblättern im Backofen geschmort, nachdem der Platz gebacken ist, meist zur Herbstkirmes zum Nachtisch gegessen."
2. Dicke Suppe aus Gemüse: „Möhren gewürfelt, Kartoffel gewürfelt, grüne Bohnen geschnibbelt, weiße Bohnen, Zwiebel, Salz, Muskat in Wasser gar gekocht, dann Buttermilch mit Mehl verschlagen dazugeben und ziehen lassen." (199, Meerbusch-Büderich). Vgl. auch RhWb 6, Sp. 1231

Puttes
1. „dicker Reibekuchen aus rohen geriebenen Kartoffeln mit Zwetschen, im Tiegel gebacken Sieg-Kriegsd. Rheidt Menden... Bo-Volmerhv" (RhWb 6, Sp. 1243)
2. „Blutwurst der gewöhnlichen Sorte" (31 b, Wassenberg). In Aachen-Kornelimünster (149) „Blut mit Nelken, Majoran, Thymian, Muskat, Salz. In Fleischbrühe aufgeweichtes Weißbrot wurden im Kessel unter ständigem Rühren zu fester Masse gekocht. Zum Schlachtfest wurde daraus 'Putteszupp' mit Fleischbrühe gekocht, oder 'Puttes' in Pfanne mit Äpfeln und Zucker gebraten", „verächtl. Blutwurst ohne Speck" (RhWb 6, Sp. 1243)
3. Nach RhWb 6, Sp. 1243 „Magen, Dickdarm des geschlachteten Schweines, der als Hülle für Wurst dient"
4. →Pannas

Puttessuppe
In der Gegend um Aachen für Schlachtsuppe (Puttes 2). Nach RhWb 6, Sp. 1244 „Wurstbrühe, Festessen beim Schlachtfest". In Aachen-Kornelimünster (143 a) bei einem Schlachtfest um 1905 - 1915 als feststehende Folge: „1. 'Puttes'-suppe (Blutsuppe; Weißbrot) aus gekochten Halsstück."

Pyramidenbaum
Pyramidenförmig geschnittener (Obst-)Baum. In Köln-Müngersdorf (193): „Als Obst Pyramidenbäume (noch aus dem 19. Jhdt.) mit Flaschenbirnen die angeblich 2 Pfund wogen"

Quatsch
Künstliche Limonade. In Düsseldorf (86*) als Wegzehrung bei Ausflügen etc. „Butterbrote, 10 Pfg für 1 Glas Quatsch (Limo?)..." Kommt von Lemon Squash „künstliche Limonade, alkoholfreies Getränk, verdünnter Himbeer- oder anderer Fruchtsaft" (RhWb 6, Sp. 1309). Neunkirchen-Vluyn: (198) „.. im Som-

mer bei der Ernte wurde in der Gastwirtschaft eine Kanne (Töt) Quatsch (limonadenartiges Getränk) gekauft u. den Leuten um 16 aufs Feld gebracht." Auch in Üxheim/Daun (257) bekannt

Quellfleisch
„... weiches Fl. vom Bauch der Schweine, welches eingesalzen gekocht u. zu Wurst verwandt wird." (RhWb 6, Sp. 1326) Belegt für Wershofen (261) als „allerlei, was für die Wurstbereitung gekocht worden war, dazu das Herz des Tieres und Kartoffeln, evtl. selbst eingelegte Gurken und Zwiebeln."

Rabauen
In Mennkausen bei Wiehl (103) eine süße Apfelsorte. Nach RhWb 7, Sp. 4 „grau- und rauhschalige Reinette"

Rainfarn
Tanacetum vulgare L., Heilpflanze. Zu den zahlreichen mundartlichen Ausdrücken vgl. RhWb 7, Sp. 36

Ramenass
Bezeichnung für (schwarzen) →Rettich. Belegt für Gressenich/Aachen (150 b) und Linnich-Körrenzig (226); in Körrenzig seit Ende der 1970er Jahre das Ramenassenessen der Frauenvereinigung: Rettich und belegte Brötchen. Nach RhWb 7, Sp. 50 f. für „schwarzer Rettich, raphanus sativus"

Rapunzel
Valerianella locusta (L.) Latterade. Feldsalat, winterhart. Vgl. zu den verschiedenen Bezeichnungen RhWb 7, Sp. 101 f.

Raute
Ruta graveolens L. Heilpflanze und Küchenkraut (für Salat, Soßen, Kräuterbutter, an Hammelbraten und andere Fleischgerichte, bes. zur Erzeugung von Wildgeschmack)

Rebbelcher (Ribbel)
In Köln Suppeneinlage: kleine Mehlklümpchen (mit Ei, evtl. Safran, Muskat) auf der Raspel in die Suppe gerieben. Im Rhwb 7, Sp. 383 unter Ribbel (Riwwelcher) „... Einlauf aus ganz kleinen Mehlkügelchen in die Suppe..." →Knibbel →Knüdelchessuppe

Reiserbohnen
Bohnensorte, die an Reisern hochrankt. In Radevormwald (27 c): „Artverwandt mit Strauch- Brech- mundartlich Strunk- oder Briäkboonen, nur hochrankend, gebrauchte man dieselben Reiser. Heute nicht mehr so in Mode."

Reisfladen
„Mit gekochtem Reis belegter Fl." (RhWb 7, Sp. 321). Besonders belegt für

Vorgebirge, westliche Eifel, Grenzregion zu Belgien und Niederlande. In Roisdorf bei Bonn (102 b) noch heute Kirmeskuchen: „Rezept: Hefeteig dünn ausgerollt, Reis gekocht, mit Eigelb angereichert, ergibt eine goldgelbe Farbe wie Reispudding, wird auf die dünne Hefeteigmasse aufgestrichen. ... nicht zur Beerdigung. Für die vielen Trauergäste gab es nur normalen Streuselkuchen. Reis mußte man gegen bares Geld kaufen, und das war auch am Vorgebirge in den meisten Familien knapp. ... In Roisdorf backen heute die jungen Frauen aus Bequemlichkeit häufig nicht mehr selbst, können aber den echten Fladen in einer kleinen Bäckerei auf der Hauptstraße kaufen. Dort wird noch nach altem Rezept gebacken.“

Restaurationsschnittchen
„Das war eine Scheibe Brot, die mit verschiedenem Aufschnitt - Bratenscheiben, Wurstscheiben und Käsescheiben - belegt war und rundum mit Kartoffelsalat, Fleisch- und Heringssalat und kleinen Gürkchen dekoriert war.“ (126, Köln)

Rettich
Raphanus sativus L. var. vulgaris. Verschiedene Kulturformen: Schwarzrettich, Monatsrettich, Radieschen etc. Unterschiede in Länge und Farbe der Wurzeln. Auch als Heilpflanze gebraucht. Nähere Beschreibungen bei Gorys, Küchenlexikon, S. 404, und Uhlich, S. 136

Reuessen
Auch Reuzeche. „... bis etwa 1880 allg. ... Leichenschmaus, -kaffee im Hause oder in einer Wirtschaft; es gab Kaffee mit Korinthenweck, Schnaps.“ (RhWb 7, Sp. 369f). Vgl. Heizmann, Ländliche Festspeisen, 1984

Rilles Ralles
Im Aachener Raum gebackene Kartoffeln auf dem Backblech: roh in Scheiben geschnitten, mit Speck und Zwiebeln lageweise geschichtet (100 Jahre - Küche unserer Heimat). Nach RhWb 7, Sp. 428 für den Kreuznacher Raum „Rilles-raltes“ als ein „Gericht aus Kartoffeln mit gerollter Gerste (Reis)“

Riwelkuche
In Schweppenhausen/VG Stromberg (156) für Streuselkuchen. Unter Ribbelkuchen im RhWb 7, Sp. 384

Römische Pastete
In Rees-Speldrop (218) eine Vorspeise bei Festessen: „Blätterteigpastete wurden bestellt, für die Römische hatte man Förmchen am Stiel, wurden im schwimmend. Fett gebacken.“ Gefüllt mit Kalbssfrikassee

Römischer Kohl
„Rübenmangold, beta vulg. cicla“ (RhWb 7, Sp. 497). →Mangold

Römischer Salat

„(Sommerendivie, Bindesalat, Kochsalat), Abart des Kopfsalates mit spatelförmigen, aufrechten Blättern. Die inneren, zarten Blätter werden roh als Salat oder gekocht als Gemüse geschätzt." (Gorys, Küchenlexikon, S. 414) →Lattich

Rööpemoos

In Hellenthal (84) für Stielmus. Im Rhwb 7, Sp. 555 unter Rübenmus „NBerg: Rübstiel"

Rogner

Weiblicher Hering mit Eiern

Rohesser

Geräucherter Hering, in Essig eingelegt (frdl. Auskunft Herr Uerlings, Düren-Mariaweiler). Belegt für mehrere Orte (20, Hürtgenwald-Gey; 129, Köln: „Der Vater aß gerne Rohesser. Meist abends zu einer Scheibe Brot."; 135, Köln, als Gericht am Freitagabend; 227 Nohn). Nach Ankunft eines Profi-Koches bezeichnete in Köln der Begriff eine „geräucherte Makrele" (frdl. Auskunft Herr Vosen, Sankt Augustin-Mülldorf)

Rüböl

Allg. „... aus Raps gewonnenes Öl" (RhWb 7, Sp. 553). Nach Uhlich, S. 140 „Sammelbezeichnung für die aus den Samen des Rapses (Brassica Napus), des Sommer- und Winterraps sowie des Rübsens (Brassica campestris) gewonnenen Öle." Für das Ausbacken von „Muuze" wurde in Ermangelung von teurem Salatöl bzw. Butter/Schmalz das Rüböl „genußfähig gemacht": „Die benötigte Menge Rüböl wurde in einen gußeisernen Kessel gegeben und erhitzt. Wenn es ungefähr siedete, gab man die Endkrusten von Schwarzbrot dazu. Jetzt entwich unter Brodeln und Zischen ein unangenehmer Geruch aus dem Öl und es wurde verwendbar, hatte aber nicht die Qualität unseres heutigen Salatöls." (20, Hürtgenwald-Gey)

Rübstiel

Auch Rübenstiel. Allg. Stiel des Rübenblattes. Als Salat „... aus Stielen der weissen Rübe u. der Runkelrübe, von denen die Oberhaut entfernt ist; die Stiele werden in Streifen geschnitten." (RhWb 7, Sp. 556) Als Gemüse „... aus den Stielen der Gartenrübe; auch eingemacht, wobei die Nachbarsfrauen gemeinsam die Blätter von den Stielen abstreifen u. die Stiele zerschneiden..." (RhWb 7, Sp. 553)Richtiger eigentlich Brassica rapa var. esculenta = nahe Verwandte der Weißen Rübe. Zur Verwendung: „Blattspreiten und -stiele werden in Salzwasser gekocht. Sie zeichnen sich durch einen feinen, säuerlichen Geschmack aus und werden bisweilen gesüßt. Rübstiel wird am besten frisch zubereitet; nur kurzzeitig lager- und tiefkühlfähig." (Steinbach, Lexikon der Nutzpflanzen, S. 25)

Rümpchen

Kleine Fische, die besonders in der Ahr gefangen wurden. RhWb 7, Sp. 606: „Elritze, leuciscus phoxinus, bis 13 cm lang, in den Nebenflüssen des Rheins u. der Roer; sie kamen abgekocht u. in grünen Blättern u. Weidenrinden verpackt als Delikatesse in den Handel..."

Safran

Gewürz: Crocus sativus. Orangerote Narben aus den Blüten dieser Krokusart, getrocknet, vermahlen oder als Fäden. Gilt als das teuerste Gewürz der Welt. In Mechernich-Lessenich (120) „Ersatzmittel für Eier ... zum Färben zum Beispiel von Gries oder Kuchen."

Sago

Körniges Stärkemehl. „... wird aus dem stärkereichen Mark verschiedener Pflanzenarten gewonnen. (...) Deutscher Sago wird aus Kartoffelstärke hergestellt." (Gorys, Küchenlexikon, S. 426) Quillt in heißer Flüssigkeit auf und wird glasig. Stark bindend, besonders für Süßspeisen verwendet

Salicyl(säure)

Organische Säure, früher verwendet zum Konservieren von Lebensmitteln, seit 19.12.1959 verboten. In Köln (4*) beim Einlegen von Gurken: „abgekochte(n) Halbessig-Halbwasserlösung ..., in der Salizyl aufgelöst worden war ..." Ebenso beim Marmeladekochen: „Auf ein Papierchen, das als Abschluß auf die Marmelade gelegt wurde, streute man zur Sicherheit auch noch etwas Salizyl und band dann erst das Glas zu."

Salzbiggel

In Dickenschied (169) für Salzbrühe, die beim Fleischeinlegen entstand. →Bökel →Pickel →Solper

Saure Rolle

Bis 1945 in Rees (69) „in Schwarte eingewickeltes Schweinefleisch im Essigsud". Rezept aus Rees-Speldrop (218) für Rindfleischrollen:" Dafür wurden Abfallstücke vom Rindfleisch genommen, in kleine Streifen geschnitten, mit Salz, Pfeffer u. Nelken gewürzt. Von dem Panzen wurden längliche, viereckige Lappen geschnitten u. zugenäht. Darin wurde das Fleisch gefüllt, die Öffnung zugenäht u. gar gekocht. Erkaltet wurden diese Rollen in einen Steintopf gelegt in ein Gemisch von Essig u. Brühe, dann mit einer dicken Schicht voll heißem Nierenfett zugeschmolzen. Für Gäste zum Abendbrot wurden die Rollen in dicke Scheiben geschnitten, in Butter gebraten u. mit gebratenen Apfelscheiben belegt. Das war eine Delikatesse. Ebenso gut waren die sauren Röllchen von Schweinefleisch in Gelee, die auch nur für Gäste serviert wurden."

Savoyen

Auch Savoyer Kohl, Savojen, Safoj(en) = Wirsing

Schabefleisch
In Köln bzw. Niederdollendorf (235): „Mittwochs gab es (für arme Leute) Schabefleisch beim Metzger." Die Art ist nicht genau festlegbar, sicher nicht im
heutigen Sinne von fett- und sehnenfreiem Rindfleisch (Tatar)

Schachtelhalm
→Zinnkraut

Schäfchen-Bohnen
In Hückeswagen (13) für →Wollbohnen. Vgl. RhWb 7, Sp. 847

Schälrippchen
Belegt für Warmsroth/VG Stromberg (161). „R.stück des geschlachteten
Schweines, aus der Lake genommen u. gekocht bei der Erbsensuppe, beim
Sauerkraut; Kotelettstück." (RhWb 7, Sp. 881)

Schafsnase
In Mennkausen bei Wiehl (103) für eine süße Apfelsorte. Gehörte zur Klasse
der Schotteräpfel, wird heute nicht mehr angebaut. Nach RhWb 7, Sp. 849:
„längliche, spitzzulaufende, süsse Apfelart"

Schalert
→Scharlett

Schales
In Traben-Trarbach (232) entweder in der Schale gebackene Kartoffeln oder
Pellkartoffeln. Für Nahe, Hunsrück und Mosel „Kartoffelkuchen der Juden;
dann auch bei den Christen. Kuchen aus roh geriebenen u. gepressten Kartoffeln mit Speckscheiben, Mehl, eingeweichten Brötchen, Eiern, Gewürz,
im Tiegel im Backofen des Herdes in Fett gebacken." (RhWb 7, Sp. 882)
→Scharlett

Scharlett
In Dörrebach/VG Stromberg (154) Bezeichnung für einen Kartoffelkuchen.
In Schweppenhausen/VG Stromberg (156) als Schalet. Im RhWb 7, Sp. 881
unter „Schalert": „... ein in Öl im Tiegel (nicht in der Pfanne) gebackener
dicker Kartoffelreibekuchen, dem geweichter Wasserweck u. Rinderfett zugesetzt sind." →Schales

Schawu
1.   „Choucroute savoyer = Sauerkraut", Köln (244)
2.   Wirsing (RhWb 7, Sp. 983) →Savoyen
3.   „Schawu = Schnüss un Ühren in Sülze mit Bratkartoffen und Remoula-
      de." Köln (244)

Schellfisch
„Wichtiger Seefisch der nördlichen Meere ... Sein weißes Fleisch ist schmackhafter als das der Kabeljaus. Er wird wie Kabeljau zubereitet, meistens jedoch gekocht oder gedünstet und mit Butter und Salzkartoffeln aufgetragen." (Gorys, Küchenlexikon, S. 443)

Schlabbesalat
In Hürtgenwald-Gey (20): ausgelassene Speckstückchen, gedünstete Zwiebelringe, in Wasser sämig gerührtes Mehl. Umrühren, zarter geputzter Löwenzahn dazu. Diese Soße unter Kartoffeln verrührt. In Hürth (43) bekannt als Schlammsalat: „Kartoffelbrei mit jungem Salat". In Rhwb 7, Sp. 1164 unter „schlabberig": „weiche Salatblätter, mit Rahm, Milch, gedrückten Kartoffeln, die an den Blättern hängenbleiben, angemengt."

Schlodderkappes
Eintopf aus sauer eingelegten, ganzen Kohblättern (Weißkohl), Fleisch und Kartoffeln, geschichtet und gegart ohne umzurühren

Schluchplätzchen
In Mennkausen bei Wiehl (103) „gekochte Kartoffeln mit Mehl u. Eiern verrührt u. gebraten". Ähnlich in Sotterbach/Wiehl (104)

Schlüetsch
Halbmondförmiger Apfel, in Teig gebacken. In Roetgen (231) →Apfelzuschlag als typisches Gebäck. Vgl. Schlütsch (RhWb 7, Sp. 1417)

Schmalzapfel
In frischem Schmalz geschmorte süße Äpfel. Am unteren Niederrhein Spezialität am Schlachttag: „... oder Kotelett mit Schmalzäpfeln ." (108, Xanten) In Kerken (192) um 16h gereicht, in Rees-Speldrop (218) zum Kaffee heiß auf Brot. Vgl. RhWb 7, Sp. 1434

Schmalzblättchen
In Radevormwald (27 c) für Salatpflanze, die an lichten Stellen im Hochwald wuchs. Kleine runde, sattgrüne Blätter. Genaue Bezeichnung nicht bekannt, evtl. Schmalzkraut (Feldsalat, Fetthenne) oder Schmalzblume

Schmier
Allg. jede Art von Brotaufstrich, süß, neutral oder salzig. Im Rheinland häufig Ersatzbrotaufstrich aus Mehl und Eiern, Salz, evtl. mit Speck und/oder Zwiebeln. Zu den verschiedenen Bedeutungen vgl. bes. RhWb 7, Sp. 1481 f.
→Eierkäse →Eierschmier

Schnibbelskuchen
Kartoffelkuchen, in Willich (113) zum Abendessen „Schnibbelskuchen aus Kartoffeln...", allgem. für Bergisches, Nordeifel und linker Niederrhein als

Schnippelkuchen „in Fett gebratener K., auf einer Seite mit Kartoffelstreifen belegt" (RhWb 7, Sp. 1626)

Schnieders Courage
Im Ruhrgebiet für →Mohregubbel →Kieköm etc.

Schnittkohl
Brassica napus var. arvensis Lam. f. biennis. Gehört zum Gartenkohl, Stiele und Blattflächen als Gemüse wie Spinat verwendet

Schöäpkes
„Die unteren getrockneten Bohnen der Fizzebohnen... Nachdem sie schon an der Stange bis in den Herbst hinein relativ getrocknet waren, schnürte ... man sie zum Schluß in Bündeln auf und hängte sie zum Resttrocknen über den Küchenherd." (27b, Radevormwald)

Schöne Luise
In Köln-Müngersdorf (193) für eine Birnensorte. Geläufiger ist die Bezeichnung Gute Luise

Schöner Alexander
Birnensorte (193, Köln-Müngersdorf)

Schößje
In Königswinter (236) ein Brötchen von besonderer Form zum Frühstück. Als Schösschen für das Gebiet südlich von Köln „Semmel aus gebeuteltem Roggenmehl, dessen Teig statt mit Milch mit Wasser u. Salz angerührt ist, zwei nebeneinander gebakken, 10 - 15 cm lang, 5 cm breit u. dick." (RhWb 7, Sp. 1740)

Schrapp
In Mechernich-Lessenich (119) „abgeschabter roher oder gekochter Speck" zu Frühstück, Abendessen oder als Zwischenmahlzeit

Schrattelen
Kartoffelgericht, belegt in der Nähe von Mendig (252, 253). Zwischen Zell und Koblenz als Schrattel „gekochte, flach geschnittene Kartoffeln mit Milchtunke" (RhWb 7, Sp. 1784). Manchmal auch mit Specksoße und Lorbeerblatt

Schusterschnittchen
In Holthausen / Düsseldorf (246) „Schwarzbrot - Butter - kalte gekochte Kartoffeln". Als Armeleute-Essen bezeichnet. Ähnlich in Hückeswagen (13) als „Kartoffelbötter"

Schwartemagen
„Kochwurst aus Schwarte, Kochfleisch und Speck, pikant gewürzt" (Gorys, Küchenlexikon, S. 456). Ausführlicher ein Rezept aus Emmerich (98): „Die

Schwarten, die dicken Rippen, die Öhrchen, gepellte Zwiebeln u. einige Gewürze wie Pfeffer, Muskat, Nelken u. Lorbeer, werden knapp mit Wasser bedeckt u. müssen 2 bis 3 Stunden garen. Dann wird das Fleisch u. die Schwarten kleingeschnitten u. mit der schon leicht gelierten Brühe in den vorher gereinigten Magen gefüllt. Der Magen wird sorgfältig verschlossen u. noch einmal 1 Stud. bei milder Hitze in Salzwasser gekocht." In Xanten (108) wurde der Schwartenmagen erstmals an Weihnachten angeschnitten

Schwaze Fränz
In Aachen-Kornelimünster (149) für →Puttes 2

Schwede
In Wassenberg (31 b) für →Steckrübe

Schwemmkles
In Schweppenhausen/VG Stromberg (156) „Klöße, die im Wasser schwimmen, wenn sie gekocht werden." Nach RhWb 7, Sp. 2054 aus Mehl

Seem
In der Eifel wohl eher Gelee, Nordeifel und teilweise rechtsrheinisch für Kraut. Vgl. RhWb 8, Sp. 56 f.

Siepnat
Im Selfkant und am linken unteren Niederrhein für Obst- oder Rübenkraut. Vgl. RhWb 8, Sp. 47

Silberstrauch
In Kerken (116) für →Alsem

Silber und Gold
„Gemisch von weißen Bohnen u. Möhren" (RhWb 8, Sp. 142)

Sirup
In der Eifel häufig für Obst- oder Rübenkraut

Skorzonere
Scorzonera hispanica = Schwarzwurzel

Soleier
Früher durchgängig in Wirtshäusern als kleiner Imbiß. In Wassenberg (31 a) bis Anfang der 1950er Jahre, in Hückeswagen (13) eine Wirtshausspezialität bis Anfang der 1960er Jahre. Auch in Nieukerk (42*) früher weit verbreitet. Zur Herstellung: „hartgekochte Eier, angeknickt und mindestens 24 Stunden in starker Salzlösung konserviert ... das Ei wird geschält, halbiert, das Eigelb wird mit Senf, Öl, Essig, Salz und Pfeffer vermischt und wieder in die Eiweißhälften gefüllt." (Gorys, Küchenlexikon, S. 473)

Solper
Allg. für Salzlake (→Bökel →Pickel →Salzbiggel). In Alf/Mosel „Solperfleisch (Fleisch aus dem Holzzuwwer, gesalzen und gewürzt" (224*). Vgl. RhWb 8, Sp. 200

Spanischer Lauch
Porree

Spanischer Spinat
Gebraucht für →Gartenmelde oder →Melde

Spiess
In der Aachener Gegend bzw. im Grenzbereich zu Belgien (z. B. 149) Gebäck/Fladen in Tellerform mit Mus aus gedörrtem Obst (hier Birnen) belegt. →Backemües. Allgemeiner im RhWb 8, Sp. 302 „Obst-, Apfel-, Pflaumenmus, das über die Fladen gestrichen wird"

Spillen
1. Holzstange, meist im Rauchfang, „woran Fleisch, die Würste zum Räuchern aufgehängt werden" (RhWb 8, Sp. 346). In Emmerich (25): „Wurst in Därme wurde an Spillen an der Decke aufgehängt." Auch der Stock zum Aufhängen der Würste (RhWb 9, Sp. 668). Elten (78): „Danach kamen die Schinken in Leinensäckchen u. wurden an Spillen aufgehängt."
2. Holzstäbchen zum Verschließen der Wurst. In Emmerich (98): „Wurstbrühe wurde gekocht u. in Darm, Magen u. Blase gefüllt u. verschlossen (teilweise mit Wurstspillen, d. s. Dornen der Weißdornhecke)."

Spröngele
In Roetgen (231) „Sprossen vom Vorjahreskohl (Spröngele) ..." als Bestandteil des →Klatschmus

Sprossenkohl
Rosenkohl

Sprütcher
In Köln (35) für Rosenkohl

Spruten
In Düsseldorf (86*) und Köln (243) für Rosenkohl. Vgl. RhWb 8, Sp. 454

Spruttmus
Die jungen Sprossen vom über Winter stehengebliebenen Grünkohl. Verwendet werden Blätter und Stengel (19, Brünen). In Kapellen/Moers (41) vorzugsweise als Gründonnerstagsgericht, in Hürth (43) mit geräucherter Bratwurst gereicht. In Moers (111) gebraucht für die „letzten Reste vom Grünkohl". Vgl. RhWb 8, Sp. 454

Stampes

Eifeler Eintopf aus Sauerkraut, Kartoffeln und Speck. Nach RhWb 8, Sp. 514 u. a. „Kartoffelbrei,... und Sauerkraut mit Kartoffelbrei gemischt"

Staudensalat

→Lattich

Steckrübe

Brassica napus var. napobrassica. Auch Kohlrübe, Bodenrübe, Wrucke. Als Ersatz für Kohlrabi gebraucht (vgl. RhWb 8, Sp. 562). Allg.: „Gemüsepflanze mit dicker, fest- und gelb-fleischiger Wurzel, die als 'Kriegs- und Nachkriegs-gemüse' sehr an Beliebtheit verloren hat, obwohl sie - gut zubereitet - ganz ausgezeichnet schmeckt." (Gorys, Küchenlexikon, S. 262) Häufig als Not-speise bezeichnet

Stielmus

Gemüse „aus den Stengeln des Blattwerks der violett-weißen Futterrübe, die nach der Halmfruchternte ausgesät und im Spätherbst verfüttert wurde. Aus den Stengeln des Blattwerks wurde Suppe gekocht oder Gemüse zube-reitet", Wassenberg-Myhl (208). In Sotterbach bei Wiehl (104) wurden Stiele und Blätter „auf dem Musböckchen zu 1-2 mm langen Stücken mit Messer geschnitten." Vgl. zur Zubereitung bzw. Konservierung RhWb 8, Sp. 683. Auch aus jungen Mairüben - oder Mangoldstielen im Frühjahr gekocht

Stockfisch

„an der Luft auf Stockgerüsten getrockneter, ungesalzener Seefisch (Kabel-jau, Seelachs, Schellfisch). Durch das Trocknen verliert der Fisch erheblich an Geschmack, das Fleisch wird herb und schwer verdaulich. Vor der Zube-reitung muß Stockfischfleisch ausgiebig gewässert werden." (Gorys, Küchen-lexikon, S. 487). Gilt als Fastenspeise; „früher war es der einzige Fisch, der im Jahr in der Karwoche auf den Tisch kam" (RhWb 8, Sp. 726). →Kabeljau

Stollen

Am Vorgebirge (29*) und in Bonn (255) allg. für süßes Brot. Ansonsten „läng-licher Gebildweck zu Weihnachten" (RhWb 8, Sp. 734)

Stoppa(r)sch

Pflanzliches Mittel gegen Durchfall. Nach RhWb 8, Sp. 748 hauptsächlich Sumpfmädesüss, Mäuseklee, Baldrian und Blutwurz

Stoppelrüben

Belegt für Haldern/Rees (220). Allg. „die nach der Roggenernte noch in das St.feld gesäten Rüben, Brassica rapa" (RhWb 8, Sp. 742)

Stragel
Hier: Astralagus baeticus. Früher als Kaffee-Ersatz auch in Mitteleuropa angebaut

Streichhering
Hering als Armeleute-Essen. Für Hürtgenwald-Gey (20): „Angehörige von drei Familien aus drei verschiedenen Dörfern bestätigten mir, was meine Vorfahren mir berichteten, wie folgt: Bis etwa um 1910 litten die Menschen der Eifel unter großer Not. Wenig Arbeit und wenig Geld führten zu äußerster Sparsamkeit. Wenn eine Familie sich mal einen oder zwei Heringe erlauben konnte, wurden diese am Kopfende mit einer Schnur verknotet und so an einem Deckenbalken-Nagel befestigt, daß man vom Tisch aus den Schwanz des Herings greifen, und mit der anderen Hand ein Stück Kartoffel oder Brot an dem Hering vorbeistreichen konnte. So schmeckte man eine Zeit lang den Hering. Am Schluß der Mahlzeit wurde der, oder die Heringe verteilt.“

Streukuchen
Allg. für Streuselkuchen. In Strempt (2) runder Hefekuchen mit Grießbrei als Auflage und Butter-Mehl-Krümeln. Vgl. RhWb 8, Sp. 828 Streu(sel)kuchen und Sp. 830 Streusel „Zuckerstreusel, eine Mischung von Butter, Zucker, Zimt u. Mehl, auf dem Streuselkuchen“

Stricke
In Krauthausen (150 a) und Gressenich (150 b) in Fett gebackenes Fastnachtsgebäck, ähnlich in Bardenberg (96). Allgem. im Raum Aachen bis Neuss „Fastnachtsgebäck, in Öl od. Fett gebacken, in strickartigen Formen“ (RhWb 8, Sp. 837)

Stuhl und Bank (Bänke)
Eintopfgericht am linken unteren Niederrhein (197, Moers; 110, Neukirchen-Vluyn; RhWb 8, Sp. 920) aus Möhren, (Sellerie), Bohnen (weiß), Kartoffeln, (Suppengrün), Fleisch je nach Jahreszeit (Rippchen, Mettwurst o. ä.). Ausführlich als Wintergericht beschrieben für Kapellen/Moers (41): „Schweinepfötchen, Schwanzstück, Schweineohr oder Rippchen aus dem Salz werden über Nacht gewässert. Als Suppeneinlage zu einer von diesen Fleischsorten kommen Möhren in längere dünne Stücke geschnitzelt, in Wasser über Nacht gequollene weiße Bohnen und Kartoffel in kleine Würfel. Möhren und Bohnen und Kartoffeln dürfen nicht zerkochen, also unterschiedlich ihrer Garzeit in den Topf gegeben werden. Kartoffeln, Zwiebeln und eine Porreestange werden während der letzten halben Stunde an diese Eintopfsuppe gegeben.“

Stuppbrei
Süßes Breigericht als Notspeise: „Mehl mit Milch verquirlen, in kochende Milch laufen lassen, süßen. Gekochte Pflaumen werden dazu gegessen.“ (119, Mechernich-Lessenich)

Stuten

„Kastenförmiger Hefekuchen aus Mehl, Milch, Zucker, wenig Fett und Rosinen oder Korinthen." (Gorys, Küchenlexikon, S. 488) Vgl. RhWb 8, Sp. 960 besonders zum damit verbundenen Brauchtum

Sukarde

Eigentlich Sukkade = kandierte Schale verschiedener Zitrusfrüchte. In Rees (71) „Rosinenbrot (Rosinen, Korinthen, Sukarde) mit Butter und Käse belegt."

Tausendgüldenkraut

Centaurium (Erythraea). Heilpflanze

Teertich

→Tördich

Tiegelsknauel

Kartoffelkuchen. In Bonn-Beuel (251) für →Kesselsbrütcher 2 →Dielsknall, entweder mit Rosinen oder herzhaft mit Speck/Bratwurst: „Gab es nie zum Mittagessen, nur zum Abendessen, da die Zubereitung zu zeitaufwendig war. Mutter begann bereits um 15 Uhr damit." RhWb 8, Sp. 1182 „sehr dicker Kartoffelreibekuchen, im Tiegel (nicht in der Pfanne) gebacken (oft im Backofen), auch Kesselskuchen, -büttchen genannt."

Tördich

RhWb 8, Sp. 1205 unter Tirtei für den Eifeler Raum „Sauerkraut, mit Stampfkartoffeln gemischt", für Aachen-Eschweiler „dicke Suppe von Feuerbohnen" und für den Selfkant „... aus Möhren, Bohnen, Kartoffeln..." →Stampes

Tormentill

Potentilla erecta L. In Mennkausen bei Wiehl (103) „... gegen 'fulen Oprötsch", also bei Durchfall. Auch: Blutwurz. →Stoppasch

Treipenwurst

„Eine Wurst, gefüllt mit Fleischteig, Blut, Brotsuppe, Gewürz u. Weisskohl, auch Kappestr., Kappesworscht ... sonst hausgemachte Blutwurst..." (RhWb 8, Sp. 1342) →Weißkohlwurst

Trevel

In Simmerath (238) „... war (das) eine Mehlspeise, die aufs Brot gestrichen wurde. In der Pfanne wurden Speckstückchen (Jreve) ausgelassen. Hinzu kam ein Teig aus Mehl, Eier, Milch und Salz. Unter ständigem Rühren entstand dann ein weicher Brei. Je nach Lage waren in dem Teig ein und mehrere Eier." In Roetgen (231) galt die Zubereitung als „ausgesprochene Männersache". Für den Raum Monschau-Eupen-Raeren als Tribel: „Als Brotaufstrich dienend, wenn die Butter knapp ist." (RhWb 8, Sp. 1357) →Eierschmier

Tusneldatorte
In Rees-Speldrop (218) eine spezielle Kirmestorte. Sie bestand aus Blätter-teig und kam vom Konditor

Ungel
In Hückeswagen (13) für Nierenfett. Ähnlich in Rees-Speldrop (218): Ongel. Vgl. auch RhWb 9, Sp. 53

Verwendungsschnittchen
In Köln (4*) für →Arme Ritter. Ähnlich im Aachener Raum als „Verwend-schnitte" (100 Jahre - Küche unserer Heimat)

Viehsalz
In Holthausen (246) zur Kühlung zusammen mit Eisstücken verwendet. Vieh-salz ist ein wenig gereinigtes und z. B. mit 0,25% Eisenoxyd rot gefärbtes Salz, das zur Fütterung und als Leckstein in der Viehhaltung dient

Vielliebchen
In Köln (Kk) Bezeichnung für Zwillingsfrüchte, bes. bei Mandeln. Vgl. RhWb 9, Sp. 109

Viez
In der Eifel und auf dem Hunsrück allg. für Apfel- bzw. Birnenwein. Manch-mal auch beide gemischt (9, Mengerschied)

Vogelkirschenmarmelade
In Hückeswagen (13) für Brotaufstrich in Notzeiten. RhWb 9, Sp. 138 f. nennt dafür verschiedene Früchte

Vogelmiere
Stellaria media (L.) Vill. In Brünen (19) als Heilpflanze gebraucht: „Ausschlag u. Geschwüre: Vogelmiere (kleingeschnitten) mit ungesalzener Butter dick auftragen."

Wärmt
Häufig für Brei oder Papp. Vgl. RhWb 9, Sp. 266 „der Haferbrei, der früher das Frühstück (statt Kaffee) bildete; dann Mehl-, Brotsuppe, dicke Suppe..."

Waldehrenpreis
Veronica officinalis L. Besonders im 16.-18. Jahrhundert als Tee-Ersatz, auch als Heilpflanze

Wasserglas
Natrium- bzw. Kaliumsilikat, wasserlöslich, diente früher zur Eierkonservie-rung

Wats
In Mennkausen bei Wiehl (103) „geriebene grüne Kartoffeln", unter „Watz"
im RhWb 9, Sp. 317 „Kartoffelreibekuchen von besonderer Dicke, meist im
Backofen gebacken"

Weck
Kleines Weizenbrötchen, häufig mit Rosinen/Korinthen. Vgl. RhWb 9, Sp.
328-334

Weckmann
„Gebildweck in der Gestalt eines Mannes, zu Nikolaus (Weihnachten); ein
paar Korinthen stellen die Augen dar, am Munde ist eine kleine weiße Ton-
pfeife eingebacken." (RhWb 9, Sp. 333) Heute verbreitet am Martinstag

Wegwarte
→Zichorie

Weingeist
„Durch Hefegärung aus Zucker hergestellt (Äthylalkohol)" (Uhlich, S. 167)

Weinrebenblätter
Blätter der Rebe, wurden in Brünen (19) für die Sauerkrautherstellung benötigt. Gezogen wurden die Reben an günstig gelegenen Südwänden, dienten
der Schattenbildung, Zierde und schließlich zum Frischverzehr von Trauben

Weinsteinsäure
Einmachhilfe, eigentlich Rechts-Weinsäure. Verwendet zur Herstellung von
Backpulvern, Getränken etc.: „Von Beeren bereitete man schönen Saft. Aufge-
löste Weinsteinsäure und Wasser darauf, blieb 24 Std. stehen, durchgesiebt,
Zucker darauf, dann in Flaschen gefüllt." (47, Rees). In Mechernich (181) für
gekochte und rohe Säfte, in Kerken (192) zum Gärprozess in Ballons (3
Wochen)

Weißdorn
Eingriffelig Crataegus monogyna Jacq.; zweigriffelig Crataegus laevigata
(Poir.) DC. Heilmittel. In Notzeiten wurden auch die Früchte gegessen (13,
Hückeswagen), Verwendung auch als Kaffee-Ersatz (56, Ellern)

Weißkohlwurst
„... normale Blutwurst, die damals mit ungefähr einem Viertel Weißkohl -
gestreckt - wurde." (239, Kirf) Gekochter Weißkohl mit Fleisch vermahlen,
bis ein dicker Brei entsteht. Gewürzt, in Dünndärme gefüllt und abgebrüht.
→Treipenwurst

Wellfleisch
„Leicht gekochtes Bauchfleisch frisch geschlachteter Schweine" (Gorys,

Küchenlexikon, S. 535). In Hückeswagen (13) Bestandteil des Schlachttellers, ebenso in Stromberg (158). Häufig genannt in Zusammenhang mit dem Schlachttag

Wellt
In Winterspelt/Prüm (214) „Knödel aus Heidekorn". →Buchweizen

Welscher Hahn
Puter, nach RhWb 9, Sp. 413 für Trier, Mosel, Hunsrück und Saargebiet. Manchmal auch: Kapaun (eigentl. verschnittener und gemästeter Hahn)

Welschkorn
Allg. für Mais; RhWb 9, Sp. 413 für „Merz, Saarbr-Sulzb"

Wermut
Artemisia absinthium L. Aromatisch und bitter-würzig, als Öl oder frische Blättchen heute verwendet bei fettem Fleisch, in Drinks, zur Herstellung von Bitterlikören und Wermutwein, auch zur Würzung von Speiseeis und Süßwaren

Weske
In Sotterbach bei Wiehl (104) für Molke, also „das sich beim Gerinnen der Milch abscheidende Wasser" (RhWb 9, Sp. 310 - hier unter „Wässich")

Wibbelbohnen
In Dabringhausen (204) für Saubohne (vicia faba), also eine Ackerbohne. Sonst nur als Schweinefutter verwendet, nach dem Zweiten Weltkrieg auch als Notspeise. Am besten zubereitet als Gemüse aus jungen, frischen Bohnen, solange die Hülsen noch grün sind

Wiesenmus
Auf dem Hunsrück für Schlangenknöterich (Polygonum bistorta L.). Heilpflanze, manchmal die Blätter auch wie Spinat zubereitet (56, Ellern)

Wildkorn
→Buchweizen

Wilson-Fleisch
In Hürtgenwald (11) amerikanisches Gefrierfleisch, das nach 1918 in Düren zu kaufen war. „Das Fleisch war billiger, der Speck außergewöhnlich hoch und luftgetrocknet." Nachtrag: „Meine Mutter sagte mir, daß nur die armen Leute von dem amerikanischen Fleisch gekauft hätten. Alle die, die sich als was 'Besseres' betrachtet hätten, wären nicht nach Düren zum Fleischeinkauf gegangen." Bezeichnung verm. zurückzuführen auf Th. W. Wilson, 28. Präsident der USA

Winterapfel
„... eine winterharte robuste Sorte, die sich allerdings auch bis zur Kirmes zu Pfingsten hielt." (231, Roetgen)

Wintermotte
Verm. winterharte Birnensorte: „Im Herbst hatte die Großmutter Wintermotten, Haferäpfel und 'Eierprummen' für uns." (194, Bergisch Gladbach) →Bergamotte →Motten

Wischbrei
→Wöschbrei

Wöschbrei
Brotaufstrich, in Bergisch-Gladbach (194) Rührei mit viel Mehl, in Niederdollendorf (234) zusätzlich mit Speck. Ausführlicher ein Rezept vom Schlachttag aus Heisterbacherrott (256): „Speck wurde in der Pfanne ausgelassen, getrocknete Bratwurstscheiben hineingeschnitten; ein Ei wurde aufgeschlagen und zusammen mit einigen Löffeln Mehl unter Rühren in die Pfanne gegeben. Die Masse mußte dann mit geschlossenem Deckel aufkochen." Vgl. RhWb 9, Sp. 584 →Eierkäse →Eierschmier →Schmier →Trevel

Wollbohnen
Belegt für Dörrenbach/Kürten (164). Bedeutet „Feuerbohne, Phaseolus multiflorus" (RhWb 9, Sp. 626). In Kreckersweg bei Dabringhausen (204) für Eintopfsuppe (Mobbelnsuppe) verwendet

Wollkraut
In Köln (35) Kraut zum Gurkeneinmachen

Woßnatt
In Rees (203) für →Wurstbrühe, die nach dem Schlachttag zur Herstellung von →Panhas an die Verwandten abgegeben wurde

Wrucke
→Steckrübe. In Dichtelbach/Simmern (145) als Gemüse in Notzeiten gegessen

Wurstbrühe
Allgem. die Brühe, in der die Würste gekocht worden waren. In Bornheim-Walberberg (29*) nach dem Schlachttag an gute Nachbarn und Freunde, „wurde auch im eigenen Haushalt mit gewürfelten Kartoffeln zu einer schmackhaften Suppe verarbeitet." →Metzelsuppe

Zichorie
Cichorium intybus L. Kaffee-Ersatz, gewonnen aus der Wurzel

Ziesen
„frische Bratwurst ... zu einem Ring gelegt u. mit 2 Stäbchen vom Metzger zusammengehalten ...“ (166, Wermelskirchen) →Zizies

Zimmetkuchen
In Mengerschied (9) für Streuselkuchen. Im Rhwb 9, Sp. 796 „Streuselkuchen; der Belag wird aus Mehl, Zucker u. Zimt hergestellt.“

Zinnkraut
Ackerschachtelhalm. In Kerken/Geldern (116) als Tee und auch für die Reinigung von Zinngerät verwendet. Aus den Wurzeln wurde in Korschenbroich-Lüttenglehn (85) Nierentee zubereitet

Zitronensäure
In Emmerich-Elten (74) für die Herstellung von Himbeersaft verwendet. Auch andere Belege für die Saftherstellung

Zizies
„Bratwurst ..., gerollt mit Holzstäbchen durch die Wurst ...“ (114, Krefeld) →Ziesen

Zuckerditz
→Ditz

Zündhütchen
In Osterath (52) für →Stielmus. Vgl. RhWb 9, Sp. 868: „eingemachtes Rübstiel, Stielmus“

Literaturverzeichnis

Abel, W.: Stufen der Ernährung. Göttingen 1981.

Allkemper, Gisela: Das Kochbuch vom Niederrhein. Gesammelt, aufgeschrieben und ausprobiert von... Münster 1982.

Alt-Kräuterbüchlein. Von der Kraft und Wirkung der Kräuter. Nach dem „New-Kreüterbüchlein" des Leonhart Fuchs (1543). Frankfurt/Main 1980.

Bitsch, Irmgard, Trude **Ehlert** und Xenja von **Ertzdorff** (Hg.): Essen und Trinken in Mittelalter und Neuzeit. Sigmaringen 1987.

Cornelissen, Georg, Peter **Honnen** und Fritz **Langensiepen** (Hg.): Das rheinische Platt · Eine Bestandsaufnahme. Handbuch der rheinischen Mundarten, Teil 1: Texte. (Rheinische Mundarten - Beiträge zur Volkssprache aus den rheinischen Landschaften, Bd. 2) Köln 1989.

Cox, Heinrich L. (Hg.): Rheinische Volkskundliche Bibliographie für die Jahre 1950-1975. (Beiträge zur rheinischen Volkskunde, Bd. 1) Köln 1987.

Diener, G. Walter und Willy **Born**: Hunsrücker Volkskunde. 3. neubearb.u.erw.Aufl. Würzburg 1984.

Ehlert, Trude: Das Kochbuch des Mittelalters. Rezepte aus alter Zeit, eingeleitet und ausprobiert von... 2.Aufl. Zürich/München 1991.

100 Jahre - Küche unserer Heimat. Eine Sammlung der 100 schönsten und originellsten Rezepte aus dem Aachener Raum. Aachen o.J.

Früchte aus aller Welt in Garten und Küche. Alles über Anbau und Verwendung. Köln 1988.

Gemüse in Garten und Küche. Alles über Anbau und Verwendung. Köln 1988.

Gorys, Erhard: Heimerans Küchenlexikon. München 1975.

Heischke-Artelt, Edith (Hg.): Ernährung und Ernährungslehre im 19. Jahrhundert. Vorträge eines Symposiums am 5. und 6. Januar 1973 in Frankfurt am Main. (Studien zur Medizingeschichte im 19. Jahrhundert, Bd. 6) Göttingen 1976.

Heizmann, Berthold: Wenn das Bruder Bio wüßte... Einige Anmerkungen zur Nahrungsmittelverfälschung im 19. Jahrhundert. Kraftfutter 5/1983, S. 215.

ders.: Medizinische Topographien als volkskundliche Quelle. Ein Beitrag zur Nahrungsforschung im Rheinland. Fachwerk 1/2, 1983, S. 24-32.

ders.: Ländliche Festspeisen im nördlichen Rheinland. Das Totenmahl zwischen 1870 und 1910 als Beispiel. RwZfV 29, 1984, S. 147-161.

ders.: Rheinische Gaststätten - Ein Beitrag zur Geschichte des Gaststättenwesens im 19. Jahrhundert. In: Gert Fischer u.a.: Bierbrauen im Rheinland. Köln 1985, S. 143-168.

ders.: Massenverpflegung im frühen 19. Jahrhundert. Einige Anmerkungen zur Nahrungsforschung des Rheinlands. In: Festschrift Wiegelmann (Beiträge zur Volkskultur in Nordwestdeutschland, Bd. 60) Münster 1988, Bd. 1, S. 473-481.

ders.: Trinkhallen - Versuch einer volkskundlich-historischen Annäherung an die Alltagskultur. Volkskultur an Rhein und Maas 1/1989, S. 16-24.

ders.: Von grünem Fleisch, Fladen und Grießmehlbrei. Das Hochzeitsessen im Rheinland. Volkskultur an Rhein und Maas 1/1990, S. 49-58.

ders. und Alois Döring: Krautkochen im Rheinland. RwZfV 26/27, 1981/ 82, S. 57-78.

Herrig, Gertrud: Ländliche Nahrung im Strukturwandel des 20. Jahrhunderts. Untersuchungen im Westeifeler Reliktgebiet am Beispiel der Gemeinde Wolsfeld. (Kultureller Wandel, Bd.1) Meisenheim am Glan 1974.

Klucke, Heinz: Was und wie man im Bergischen ißt und trinkt. Masch.Ms. (Köln) 1939.

Knop, Birgit und Martin **Schmitz**: Currywurst mit Fritten. Von der Kultur der Imbißbude. Zürich 1983.

Köstlin, Konrad: Heimat geht durch den Magen. Oder: Das Maultaschensyndrom - Soul-Food in der Moderne. In: Beiträge zur Volkskunde in Baden-Württemberg, Bd. 4. Stuttgart 1991, S. 147-164.

Lexikon der Küchen- und Gewürzkräuter. Herrsching 1977.

Lichtenfelt: Die Geschichte der Ernährung. Berlin 1913.

Maurer, Emil: 6000 Jahre Gastronomie. Die Geschichte der feinen Kochkunst. Frankfurt/Main 1981.

Mennell, Stephen: Die Kultivierung des Appetits. Die Geschichte des Essens vom Mittelalter bis heute. Frankfurt/Main 1988.

Morton, Julia F.: Kräuter und Gewürze. Herkunft und Verwendung. München/Zürich 1978.

Müller-Klöckner, Lina: Eine Westerwälder Hochzeit um die Jahrhundertwende. In: Beiträge zur Sprache und Volkskunde des Kreises Altenkirchen. Altenkirchen 1980, S. 136 f.

Protzner, Wolfgang (Hg.): Vom Hungerwinter zum kulinarischen Schlaraffenland. Aspekte einer Kulturgeschichte des Essens in der Bundesrepublik Deutschland. (Beiträge zur Wirtschafts- und Sozialgeschichte, Bd. 35) Stuttgart 1987.

Rath, Claus D.: Zur Problematik der Eß-Forschung am Beispiel eines Forschungsprojekts. ZfV 76, 1980, S. 189-210.

Rey, Manfred van: Großbürgerliche Festessen zur Kaiserzeit. Bonn 1880-1914. Ein Beitrag zur Volkskunde städtischer Bevölkerung. RwZfV 34/ 35, 1989/90, S. 143-203.

Rheinisches Wörterbuch Bd. 1 (RhWb 1). Berlin 1928.

Rheinisches Wörterbuch Bd. 2 (RhWb 2). Berlin 1931.

Rheinisches Wörterbuch Bd. 3 (RhWb 3). Berlin 1935.

Rheinisches Wörterbuch Bd. 4 (RhWb 4). Berlin 1938.

Rheinisches Wörterbuch Bd. 5 (RhWb 5). Berlin 1941.

Rheinisches Wörterbuch Bd. 6 (RhWb 6). Berlin 1944.

Rheinisches Wörterbuch Bd. 7 (RhWb 7). Berlin 1948-1958.

Rheinisches Wörterbuch Bd. 8 (RhWb 8). Berlin 1958-1964.

Rheinisches Wörterbuch Bd. 9 (RhWb 9). Berlin 1964-1971.

Rodway, Avril: Kräuter und Gewürze. Die nützlichsten Pflanzen der Natur - Kultur und Verwendung -. Hamburg 1980.

Rüegg, Kathrin: Großmutters Schatztruhe. Altbewährt und überliefert. Augsburg 1989.

Schellack, Gustav: Was man früher auf dem Hunsrück aß und trank. Hunsrücker Heimatblätter 46, 1979, S. 189-197.

Schumacher, Uschi: Das Bergische Kochbuch. Ein Buch zum Schmunzeln und Kochen mit Zeichnungen von Jochen Geilen. Gummersbach 1978.

Segschneider, Ernst Helmut: Not kennt kein Gebet. Formen der Nahrungsbeschaffung nach dem Zweiten Weltkrieg im Raum Osnabrück. RwZfV 34/35, 1989/90, S. 205-238.

Stein, Trude und Veronika: Das Kochbuch aus der Eifel. Gesammelt, aufgeschrieben und ausprobiert von... Münster 1981.

Steinbach, Gunter (Hg.): Das Mosaik-Lexikon der Nutzpflanzen. Der Gemüse-, Kräuter- und Obstgarten in über 250 farbigen Pflanzenportraits. München 1986.

Teuteberg, Hans J.: Die Nahrung der sozialen Unterschichten im späten 19. Jahrhundert. In: Edith Heischke-Artelt (Hg.), Ernährung und Ernährungslehre im 19. Jahrhundert. Göttingen 1976, S. 205-287.

ders. (Hg.): Durchbruch zum modernen Massenkonsum. Lebensmittelmärkte und Lebensmittelqualität im Städtewachstum des Industriezeitalters. (Studien zur Geschichte des Alltags, Bd.8). Münster 1987.

ders. und Günter **Wiegelmann**: Der Wandel der Nahrungsgewohnheiten unter dem Einfluß der Industrialisierung. (Studien zum Wandel von Gesellschaft und Bildung im Neunzehnten Jahrhundert, Bd. III). Göttingen 1972.

dies.: Unsere tägliche Kost. Geschichte und regionale Prägung. (Studien zur Geschichte des Alltags, Bd.6). 2. Aufl. Münster 1988.

Treue, Wilhelm: Das Aufkommen der Ernährungsindustrie. In: Heischke-Artelt (Hg.), Ernährung und Ernährungslehre im 19. Jahrhundert. Göttingen 1976, S. 99-116.

Uhlich, Werner: Nahrungsmittel - ABC. Das Nachschlagewerk für gesunde Ernährung. Stuttgart 1981.

Völger, Gisela und Karin von **Welck** (Hg.): Rausch und Realität. Drogen im Kulturvergleich. 3 Bde. Reinbek bei Hamburg 1982.

Wedertz, Julius: Essensgewohnheiten in alter Zeit. 2. Aufl. Kleinich 1987.

Wiegelmann, Günter: Alltags- und Festspeisen. Wandel und gegenwärtige Stellung. (ADV NF Beiheft 1) Marburg 1967.

Wiswe, Hans: Kulturgeschichte der Kochkunst. Kochbücher und Rezepte aus zwei Jahrtausenden mit einem lexikalischen Anhang zur Fachsprache von Eva Hepp. München 1970.

Wrede, Adam: Rheinische Volkskunde. 2. verb. u. verm. Aufl. Heidelberg 1922. Reprint Frankfurt/Main 1979.

ders.: Eifeler Volkskunde. 3. Aufl. Frankfurt/Main 1983.

Wyrwa, Ulrich: Branntwein und „echtes" Bier. Die Trinkkultur der Hamburger Arbeiter im 19. Jahrhundert. Hamburg 1990.

Ortsverzeichnis

Heiligenhaus, (Velbert-) Kreis Mettmann
Heisterbacherrott, Stadt Königswinter/Rhein-Sieg-Kreis
Hellenthal, Kreis Euskirchen
Hochemmerich, (Duisburg-)
Holthausen, (Düsseldorf-)
Hückeswagen, Oberbergischer Kreis
Hürth, Erftkreis
Hutsherweg, Gem. Kürten/Rheinisch-Bergischer Kreis
Kaldenkirchen, (Nettetal-) Kreis Viersen
Kalenberg, (Mechernich-) Kreis Euskirchen
Kallmuth, (Mechernich-) Kreis Euskirchen
Kapellen, (Moers-) Kreis Wesel
Kempen, Kreis Viersen
Kirf, Kreis Trier-Saarburg
Köln
Königswinter, Rhein-Sieg-Kreis
Körrenzig, (Linnich-) Kreis Düren
Kornelimünster, (Aachen-)
Krauthausen, (Aachen-)
Kreckersweg, Stadt Wermelskirchen/Rheinisch-Bergischer Kreis
Krefeld
Lahnstein, Rhein-Lahn-Kreis
Lessenich, (Mechernich-) Kreis Euskirchen
Lüttenglehn, (Korschenbroich-) Kreis Neuss
Mannebach, Kreis Daun
Mayen, Kreis Mayen-Koblenz
Mechernich, Kreis Euskirchen
Mengerschied, Rhein-Hunsrück-Kreis
Mennkausen, Gem. Reichshof/Oberbergischer Kreis
Millingen, (Rees-) Kreis Kleve
Moers, Kreis Wesel
Mörschbach, Rhein-Hunsrück-Kreis
Much, Rhein-Sieg-Kreis
Müngersdorf, (Köln-)
Myhl, (Wassenberg-) Kreis Heinsberg
Neukirchen-Vluyn, Kreis Wesel
Neuwerk, (Mönchengladbach-)
Neviges, Stadt Velbert/Kreis Mettmann
Nieder Kostenz, Rhein-Hunsrück-Kreis
Niederbardenberg, (Würselen-) Kreis Aachen
Niederdollendorf, (Königswinter-) Rhein-Sieg-Kreis
Nieukerk, (Kerken-) Kreis Kleve
Nirm, (Geilenkirchen-) Kreis Heinsberg
Nohn, Kreis Daun
Nußbaum, (Paffrath-) Rheinisch-Bergischer Kreis
Ober Kostenz, Rhein-Hunsrück-Kreis

Oeverich, Gem. Grafschaft/Kreis Ahrweiler
Orsbeck, (Wassenberg-) Kreis Heinsberg
Osterath, (Meerbusch-) Kreis Neuss
Pantenburg, Kreis Bernkastel-Wittlich
Pferdsfeld, (Sobernheim-) Kreis Bad Kreuznach
Radevormwald, Oberbergischer Kreis
Rees, Kreis Kleve
Richrath, (Langenfeld-) Kreis Mettmann
Roetgen, Kreis Aachen
Schiefbahn, (Willich-) Kreis Viersen
Schleckheim, (Aachen-)
Schöneberg, Kreis Bad Kreuznach
Schützendorf, (Mechernich-) Kreis Euskirchen
Schweppenhausen, Kreis Bad Kreuznach
Seibersbach, Kreis Bad Kreuznach
Simmerath, Kreis Aachen
Sotterbach, Gem. Reichshof/Oberbergischer Kreis
Speldrop, (Rees-) Kreis Kleve
St.Hubert, (Kempen-) Kreis Viersen
Straelen, Kreis Kleve
Straß, (Hürtgenwald-) Kreis Düren
Strempt, (Mechernich-) Kreis Euskirchen
Stromberg, Kreis Bad Kreuznach
Süggerath, (Geilenkirchen-) Kreis Heinsberg
Sürth, (Köln-)
Süsterseel, (Selfkant-) Kreis Heinsberg
Traben-Trarbach, Kreis Bernkastel-Wittlich
Uckerath, Stadt Hennef/Rhein-Sieg-Kreis
Uerdingen, (Krefeld-)
Üxheim, Kreis Daun
Unzenberg, Rhein-Hunsrück-Kreis
Votzhöfe, (Willich-) Kreis Viersen
Walberberg, (Bornheim-) Rhein-Sieg-Kreis
Waldenrath, (Heinsberg-) Kreis Heinsberg
Waldlaubersheim, Kreis Bad Kreuznach
Waldorf, (Blankenheim-) Kreis Euskirchen
Warmsroth, Kreis Bad Kreuznach
Wassenberg, Kreis Heinsberg
Weeze, Kreis Kleve
Weisweiler, (Eschweiler-) Kreis Aachen
Wermelskirchen, Rheinisch-Bergischer Kreis
Wesel
Westum, (Sinzig-) Kreis Ahrweiler
Winterspelt, Kreis Bitburg-Prüm
Würselen, Kreis Aachen
Xanten, Kreis Wesel

Verzeichnis der Gewährspersonen und Bearbeiter

Adolphs, Therese
Althaus, Helene
Amm, Gaby
Apweiler, Leo
Aretz, Maria
Arns-Reineke, Juliane
Aust, Marie-Sophie
Bach, Maria
Backes, Mechtilde
Bär, Helga
Band, Karl
Bange, Hans
Basten, Johanna
Bauhaus, Helene
Baumgärtner, Anna
Bebber, Berta van
Becker, Elisabeth und Willi
Bennmann
Berchem, Adolf
Bergerhoff, Fritz
Berns, Sophie
Beul
Binninger, Christel
Blanik, Gertrud
Bockhorn
Böhmer
Börger, Helene
Boermann, Marga
Boers, Sofia und Heinrich
Bohnen, Käthe
Bongers, Maria
Born, Katharina
Brachten, Maria
Braun, Käthe
Braun, Leo
Breker, Maria
Bremer, Mathilde
Bubach, Anna
Buchholz, Anneliese
Buchholz, Johannes

Budack, Elli
Bücher, Johannes
Bußmann, Anni
Cappel, Christine
Castendyck, Liselotte
Cloße, Hans-Theo
Conrads, Käthe
Corsten, Margret
Crampen, Maria
Daams
Denst, Marlies
Dicks, Maria
Dietrich, Linus
Ditges, Maria
Dolfen, Jakob
Dühr, Peter
Dupont, Waltrud
Dykers, Caroline
Eck, Barbara
Eckert, Irmgard
Effertz, Helene
Effertz, Maria A.
Eisenbarth, Willi
Englert, Wolfgang
Ess, Kathrin und Georg
Esser, Agnes
Faßbender
Feltgen, Christa
Feltmann, Sophie
Ferber, Franz Josef
Ferbers, Katharina
Feuser, Katharina
Föhles, Maria
Franck, Käte
Franken, Johannes
Franken, Josef
Franken, Margarete
Franken, Maria
Franzen, Wilhelm
Geelen, Hubert

Geusen, Änni
Gobbers, Anna
Gobbers, Gertrud
Göbbels, Ännelotte
Görgen, Peter
Goergens, Vera
Golls, Wilhelm
Grabe, Wolfgang
Gruber, Käthe
Gruber, Maria
Grünkorn, Franz
Grünter, Willy
Hammerschmidt, Luise
Hantermann, Gerhard
Hausmann, Valentin
Hautges, Nickolaus
Heiligenpahl, Günter
Heinen, Elmar
Helten, Anna
Hensch, Maria
Hermann, Maria
Hermes, Michael
Heuser, Lina
Heuter, Gertrud
Hilgers, Gerta
Hoffmann, Christina
Hoffmann, Elsbeth
Hoffmann, Else
Hopermann, Berta
Hoven, Irmgard
Hubbertz, Carl
Hubbertz, Erich
Hucks, Caroline
Hunger, Arnold
Hyna, Anita
Ising, Maria
Jäger, Friedel
Jansen, Maria
Jansen, Theo
Janssen, Hubertus
Josek, Käthe
Kehrein, Liese Lotte
Kelkel, Franz
Kerkhoff, Maria
Kersten, Katharina
Kisters, Johannes

Klinkhammer, Katharina
Klug, Clemens
Klumb, Wilhelm
Knüfermann, Marga und Arnold
Köller, Josef
Köllmann, Anni und Heinz
Köpping, Maria
Köster, Änne
Kohlgruber
Konrads, Manfred
Koster, Anna
Kränzer, Agnes
Kreiten, Hanni
Kremer, Maria
Krewett, Gerda
Kribbeler, Margarete und Jakob
Krings, August
Küsters
Lehnhoff, Franz
Leineweber, Werner
Leischner, Margret
Linden
Linzenich, Friedel
Löffels, Elisabeth
Lohbeck, Karl
Mandt, Katharina
Margraf, Paula
Martin, Rudi
Martiny, Ute
Mathee, Luise
Maybaum, Elisabeth und Andreas
Meid, Margret
Mertens, Josef
Mießohr, Katharina und Josef
Mostert, Franz
Mückter, Gerhard
Müller, Maria
Müllers
Münz, Anna
Nacken, Agnes
Naß, Paula
Neugebauer, Katharina
Neyses, Gertrud
Neyses, Josefine
Niederehe, Cilly
Niedling, Johanna

Nießen, Sofie
Nolden, Anneliese
Nolden, Margarethe
Oostendorp, Hilde
Oostveen, Helene van
Pampus, Werner
Paulus, Thea
Peltzer, Helma
Pesch, Lina
Peters, Günter
Peters, Margarete
Pollmann, Änne
Preyer, Ursula
Probst, Maria
Prothmann, Ottmar
Raffenberg, Heinz
Raskob, Josef
Regge, Carla
Reimann, Liesel
Rekowski, Winfriede von
Reth, Egon von
Reths, Paula
Reuter, Elisabeth
Riemer, Elisabeth
Ring, Klaus
Ritterskamp, Ingeborg
Rötjes, Sophie
Roos, Dieter
Roos, Klara
Roschinski
Roth, Elli
Schäffer, Fritz
Schellack, Gustav
Schiffer, Dieter
Schippers, Arnold
Schlechter, Käthe
Schlösser, Heinz-Josef
Schmalz, Heinz
Schmidt, Liesel
Schmitz, Johanna
Schmitz, Ottilie
Schnitzler
Schreinemacher, Josef
Schröder, Otto
Schubert
Schüler, Lilli

Schütz, Karl
Schüürmann, Herbert
Schuler, Hedwig
Schumacher
Schwarz, Heinrich
Siefer, Sibille
Siemes, Walter
Siemons, Maria und Ludwig
Simon, Genia
Skopnick, Margarete
Sondermeier, Marga
Sontag, Veronika
Specht, Katharine
Spitzfaden, Ottilie
Spoo, Elisabeth
Springer, Christel
Stauer, Heinrich
Steegmann, Käte
Steffens, Josef
Stehmann, Elisabeth
Steyer, Frieda
Stolzenberg, Monika
Strack, Dorothea
Straver, Hans
Streuf
Strunck, Maria
Stumm, Peter
Tacke, Hedwig
Tekaat, Eugenie
Terlinden, Hermann
Tervoort
Thewis
Tholen, Gerhard
Thomas, Lydia
Tinnefeld, Gesine
Trauer, Anna
Tries, Käthe
Ueberberg, Hubert
Vels, Hermann
Vogelsberg
Voss, Margret
Vossemer, Wilhelm
Wagner, Mathilde
Weber, Amanda
Weber, Elisabeth
Weber, Peter

Webers, Marga
Webers, Ulrike
Weckmüller, Peter
Weisskopf, Elisabeth
Werthes, Rolf
Wessels, Johanna
Wiesel
Wilken, Johanna
Windelen, Christine
Winkens, Fritz
Winzen
Wirtz, Therese
Wohlfahrt, Rudi
Wollborn, Käthe
Wolters, Elisabeth
Wolz, Margarethe und Gottfried
Zander, Helene van der
Zehnpfennig, Johannes
Zensen, Hans
Zohren, Maria und Fritz

Abbildungsnachweis

Bursch 33, 40, 41

Rheinisches Bildarchiv Köln 1, 4, 48

Rheinisches Volkskundearchiv Bonn
- Landesbildstelle Rheinland/Slg. Ohm 51
- Slg. Böcking/Lisner 30
- Slg. Eschweiler Geschichtsverein e.V. 11, 27 (A. Englaender)
- Slg. Peil 13, 18, 23, 24, 25, 35, 42
- Slg. Weber 44
- Slg. Zerlett 15, 19 (N. Zerlett), 43
- Serie Kindheit 17 (J. Hallberg), 31 (T. Briant), 36 (M. Bertges), 37 (M. Werker), 38 (I. Fallmann), 50 (A. Nöthen)
- Serie Spielwelten 14 (A. Thees), 20 (Eschweiler Geschichtsverein e.V.), 28 (G. Weisbrod)
- Serie Straße 2 (Slg. Herdes), 3 (Eschweiler Geschichtsverein e.V./A. Englaender), 5 (Stadt Herzogenrath), 6 (H. Crysandt), 7 (Marie-Sophie Aust), 8 (Slg. Gobbers), 9 (Heimatverein St. Hubert 1964 e.V.), 10 (Heimatverein Oedt e.V.), 12 (E. Schömer), 16 (R. Römer), 21 (Stadtarchiv Rees), 26 (Slg. Hilger), 32 (M. Jansen), 34 (Heimat- und Eifelverein Kornelimünster e.V./Brauerei Schmitz), 39 (Slg. Suytings), 45 (Heimat- und Eifelverein Kornelimünster e.V.), 46 (K.-H. Roos)
- Heizmann 52
- Jülicher 47
- Ludwig 49
- Pickel (Repro) 22
- Weber jun./Pfefferkorn 29

Kartengrundlage: Bundesrepublik Deutschland 1:1 Mio. Mit Genehmigung des Instituts für Angewandte Geodäsie, Frankfurt am Main, Nr. 42/94 vom 22.06.1994.